国家社科基金
后期资助项目
GUOJIA SHEKE JIJIN HOUQI ZIZHU XIANGMU

审计监督的企业治理效应与治理路径研究

Research on corporate governance effect and governance path of audit supervision

张曾莲 著

中国财经出版传媒集团

经济科学出版社
Economic Science Press

图书在版编目（CIP）数据

审计监督的企业治理效应与治理路径研究／张曾莲
著．—北京：经济科学出版社，2022.1
国家社科基金后期资助项目
ISBN 978 - 7 - 5218 - 3367 - 6

Ⅰ.①审…　Ⅱ.①张…　Ⅲ.①审计监督—关系—国有
企业—企业管理—研究—中国　Ⅳ.①F279.241

中国版本图书馆 CIP 数据核字（2022）第 009479 号

责任编辑：李　军　谭志军
责任校对：齐　杰
责任印制：范　艳

审计监督的企业治理效应与治理路径研究
张曾莲　著
经济科学出版社出版、发行　新华书店经销
社址：北京市海淀区阜成路甲 28 号　邮编：100142
总编部电话：010 - 88191217　发行部电话：010 - 88191522
网址：www. esp. com. cn
电子邮箱：esp@ esp. com. cn
天猫网店：经济科学出版社旗舰店
网址：http://jjkxcbs. tmall. com
北京季蜂印刷有限公司印装
710 × 1000　16 开　20. 75 印张　360000 字
2022 年 2 月第 1 版　2022 年 2 月第 1 次印刷
ISBN 978 - 7 - 5218 - 3367 - 6　定价：96. 00 元
（图书出现印装问题，本社负责调换。电话：010 - 88191510）
（版权所有　侵权必究　打击盗版　举报热线：010 - 88191661
QQ：2242791300　营销中心电话：010 - 88191537
电子邮箱：dbts@ esp. com. cn）

国家社科基金后期资助项目
出版说明

后期资助项目是国家社科基金设立的一类重要项目，旨在鼓励广大社科研究者潜心治学，支持基础研究多出优秀成果。它是经过严格评审，从接近完成的科研成果中遴选立项的。为扩大后期资助项目的影响，更好地推动学术发展，促进成果转化，全国哲学社会科学工作办公室按照"统一设计、统一标识、统一版式、形成系列"的总体要求，组织出版国家社科基金后期资助项目成果。

全国哲学社会科学工作办公室

前　言

　　审计署每年都对部分中央企业进行审计，并对这些中央企业控股的上市公司进行延伸审计，对这些中央企业及其控股的上市公司的治理能力的提升起到了很大的促进作用。本书以中央企业控股的上市公司为样本，通过理论分析和实证分析，考察审计监督的企业治理效应与治理路径。该研究具有较好的理论意义与实践意义，有利于审计监督更好地发挥治理功能，有利于企业治理能力的提升，也有利于丰富相关文献。

　　全书分为八章。第一章为绪论；第二章为理论基础；第三章为审计监督企业治理的基本情况分析；第四章从十二个方面理论推导与实证分析审计监督的企业治理效应；第五章采用理论分析与实证检验探讨审计监督与多种外部监督对企业进行协同治理；第六章采用理论分析与实证检验探讨审计监督与多种内部监督对企业进行协同治理；第七章是审计监督自身能力提升分析；第八章为全书的结论与建议。

张曾莲

2021 年 6 月

目　　录

第一章　绪　论

第一节　研究背景

中央企业由国资委监督管理，在国民经济中占据极其重要的地位。截至 2017 年末，我国共有 96 家中央企业，资本规模大、盈利能力强。因此，中央企业应合理分配并运用国有资产，为国民经济持续健康发展作出积极贡献。研究中央企业治理能力的提升，具有重要的理论意义与实践价值。

国家为了维护财政经济秩序，提高财政资金使用效益，保证国民经济和社会健康发展，实行审计监督制度，在国务院和县级以上地方人民政府设立审计机关，有权对国有资本占控股地位或主导地位的企业、金融机构进行审计监督。审计署每年会对部分中央企业进行审计。2018 年 6 月，审计署发布了在 2017 年对 35 家中央企业财务收支情况的审计结果，发现 35家央企多计利润 28 亿元，部分央企在重大投资项目、资金运用方面出现决策失误，造成资产损失。审计署审计中央企业会出具审计结果公告，提示审计发现的问题，提出改进建议，并后续会反馈中央企业的整改情况。

那么，审计署审计中央企业对中央企业的治理效应如何？如果能发挥积极的治理效应，如何发挥治理效应？这是值得研究的课题。因此，本书以中央企业控股的上市公司为研究样本，理论探讨和实证分析审计监督的企业治理效应与治理路径。

第二节　文献综述

本书从五个方面综述相关文献，以更好地研究审计监督的企业治理效应与治理路径：审计监督企业的国际经验文献；审计监督的企业治理效应文献；审计监督企业的外部协同治理路径文献；审计监督企业的内部治理路径文献；审计监督自身质量提升以更好地促进企业治理文献。

一、审计监督企业的国际经验文献

许宁舒（2016）认为，作为国有经济占比重相对较高的法国，法国政府对国企审计的经验对中国审计署审计央企具有较好的参考价值。其总结了法国审计法院对其国企的审计情况与特点，并分析了国有企业私有化进程中的审计重点。结合中国国有企业改革的现状，对国有企业的审计提出了建议，包括全面审计、突出重点，拓宽审计内容等。

王长友和戚艳霞（2016）在对美国、英国、法国、德国等八个国家最高审计机关对国有企业审计进行比较研究的基础上，归纳提炼了各国国企政府审计的特点与经验，为审计署审计央企提供了指导思想和基本原则，提出了完善国有企业审计监督制度的七点建议。

杨建荣（2016）分析了英国审计署对其国企进行审计的法律依据、对象、范围、程序和方法等，并基于英国审计署1984年以来出具的相关审计报告，从一般财务收支审计、特定事项绩效审计、私有化审计等角度对英国国有企业审计的重点和内容进行了归纳总结；在阐述其审计结果运用途径的同时，提出了英国的经验有助于我国审计署审计央企工作的开展。

蒋丽（2016）认为德国联邦审计院对公共企业特别是国家参股企业开展的审计监督，对我国政府审计国企具有参考价值。在梳理德国公共企业的分类及相应的审计监督制度的基础上，归纳了德国联邦审计院对公共企业的审计监督的特点。结合国务院有关国有企业改革措施的要求，针对如何进一步改进政府审计的国企监督，建议完善直接审计对象筛选机制，加强监管部门之间的沟通协作，进一步拓展审计结果的运用渠道，加强相关法律法规的修改和制定等。

刘瑛（2016）介绍了美国国有企业监管概况及美国审计署对国有企业的审计情况，总结了美国国有企业审计的特点以及对中国政府审计的国企监督的启示。

陆晓辉（2017）分析了意大利国有企业审计情况，分析了意大利审计法院对国有企业审计的特点和对中国的启示：关注国有企业的经营效率，保障经济活动的合法性；对国企混合所有制改革开展审计；加强对公共资产管理人员的监督检查。

马薇和金太军（2019）分析了新时代政府审计机制的总体定位与优化

路径。

二、审计监督的企业治理效应文献

目前有较多文献分析审计监督对国企治理的影响，既有采用省级面板政府审计数据分析审计监督对地方国企的影响，也有采用审计署央企审计结果公告数据分析审计监督对央企控股上市公司的影响。而且后一类文献在逐步增多，大多采用双重差分的方法，得出的结论更加稳健。本部分仅回顾期刊文献，相关学位论文没有一一综述。

德肖和斯隆（Dechow and Sloan，1996）实证检验得出，政府审计公告的不利结果会导致市场对违规企业产生消极反应，政府审计结果公告主要是披露问题，公告的发布是利空消息，市场会产生负面反应。

贝克（Becker，1998）认为，高质量的政府审计更能发现和制约会计错误和违规，更能抑制盈余管理行为。

纳尔逊（Nelson，2002）检验了政府审计对企业盈余管理决策的影响。

琼·亨特（Joel Hunter，2003）实证分析发现，政府审计机构的质量及政府审计人员的素质，对于国企审计质量有较大的影响。

皮特曼和富蒂（Pittman and Forti，2004）发现，政府审计有利于企业融资行为的改善，能降低企业债券发行价格和降低贷款成本。

纽曼、帕特松和史密斯（Newman，Patterson and Smith，2005）发现政府审计可以抑制经济权力的滥用，促进企业资源有效配置。

方哲（2008）对2005年审计署发布的涉及上市公司的审计公告，采用事件研究法对上市企业股价和超额收益率进行分析，发现证券市场对审计公告中涉及的问题企业做出了负面的市场反应，对事务所审计发现问题的上市企业也做出了负面市场反应，这说明审计公告能引起市场反应。

朱洪泽和王淑梅（2009）通过分析2002～2005年审计署移交证监会处理处罚的和未移交证监会处理处罚的两类企业进行分析发现，政府审计核查质量较高，通过延伸审计，政府审计将一些财务质量不高和存在较大违规风险的上市企业移交证监会处理；从股权之力角度看，政府审计对上市公司一视同仁，说明政府审计作为外部监督具有较好的独立性。

陈宋生等（2013）采用案例分析认为，政府审计署审计央企控股上市企业，能降低被审企业的盈余管理程度。

李小波和吴溪（2013）采用2002～2012年审计署审计的38户央企审计公告，分析审计公告的市场反应，结果表明，被审央企控股上市公司的股价反应显著为负,平均超额累计收益率(CAR)为 -1%。审计公告中披露的违规金额越严重,央企控股上市公司的市场反应越负面。

赫里巴尔(Hribar,2014)实证检验了政府审计对企业会计信息质量的影响。

刘争(2014)实证检验了政府审计能提升央企控股上市企业的会计信息质量。

陈宋生、陈海红和潘爽(2014)基于审计署 2007~2012 年央企审计公告讨论政府审计功能。分析发现,公告后被审央企控股上市公司的盈余反应系数增加;政府审计后被审央企控股上市公司的会计稳健性增加。

蔡利和马可哪呐(2014)对审计署审计央企数据分析发现,政府审计有利于央企控股上市企业绩效的提升,但需要在审计结果公告后的两个期间才能发挥这种提升作用。不过政府审计的促进作用只限于央企经营业绩考核指标的完成,对真实经营效率贡献不大。

陈海红、陈宋生和罗少东(2014)对审计署央企审计分析发现,政府审计提高了被审央企控股上市公司的投资效率,提升的路径是通过改善被审央企控股上市公司的盈余质量,而且政府审计主要抑制过度投资,但不能缓解投资不足。

陈筱玥(2014)以审计署发布的 2011 年央企财务收支审计数据分析发现,政府审计监督能抑制央企控股上市公司盈余管理行为。

审计署济南特派办理论研究会课题组(2015)认为,当前政府审计央企的内容和目标主要通过央企领导人经济责任审计实现,与审计监督全覆盖还相差较远。

李江涛等(2015)采用中国工业企业数据分析政府审计对国企绩效的影响发现,政府审计能持续提升国企绩效,而且政府审计的反腐职能在提升国企绩效中起到中介作用,但这种正向中介作用具有一定的滞后性,主要影响下期国企绩效。

张立民等(2015)采用中国审计年鉴的数据构建政府审计的三个指标,分析发现,政府审计质量越好,国有企业高层管理者的政治关联越不利于国企业绩的提升。

褚剑和方军雄(2016)采用 2010~2015 年审计署的央企审计数据,采用双重差分法(DID)的准自然实验分析了政府审计能抑制国企上市企业高管的过度在职消费。

苏回水(2017)采用 2007~2014 年审计署央企审计结果公告数据分析发现,审计署审计央企控股上市公司能促进其经营绩效提升;政府审计通过经济权力异化治理对央企控股上市公司绩效具有正面中介作用，而且这种中介作用具有滞后性和持续性，对下期央企控股上市公司经营绩效的影响更大。

李映照和孙秀利（2017）分析 A 股国企绩效与首席执行官（CEO）强制变更的关系发现，国企发生亏损时，企业绩效越差，CEO 越可能强制更替，加入经济责任审计的影响后，在国企营利或亏损时，经济责任审计均会显著提升 CEO 强制更替。而且公益型国企与竞争型国企目标不同，当国企亏损时，竞争型国企强制更替 CEO 对业绩的敏感性更大。

褚剑和方军雄（2017）采用 2009～2015 年审计署实施的央企审计数据，从企业股价崩盘风险视角，采用 DID 分析政府审计的监督作用。结果表明，政府审计后，被审计央企控股上市公司的股价崩盘风险明显降低。进一步分析发现，政府审计通过督促被审企业及时披露负面信息，降低了企业股价崩盘风险；而且，政府审计次数越多，降低股价崩盘风险作用越大；政府审计具有溢出效应，未被审计央企在其他央企审计后的股价崩盘风险也有降低。

田峰和孟佳琪（2017）对 25 个省份的审计厅以及广东、山西和甘肃的企业事业单位的内部审计机构进行问卷调查，结果表明，政府审计机关监督、指导内部审计方法的有效性较低，建议从法律制度、方法创新等方面改善政府审计机关的监督。

阮滢和赵旭（2017）采用审计署的央企年度财务收支审计结果公告，实证分析了 2010～2014 年政府审计如何影响央企控股上市企业的盈余管理。结果表明，政府审计会抑制国企的真实盈余管理，但不能抑制其应计盈余管理。而且，政府审计的监督作用具有一定的滞后性（持续到审计公告年份）。

曹源芳等（2017）研究发现，政府审计可以保障银行资管业务稳健性，从而明显降低系统性金融风险，而且政府审计监管具有明显的滞后效应。

王兵等（2017）基于 2010～2014 年审计署的央企审计结果公告，通过 PSM 配对样本进行分析发现，政府审计能抑制企业过度投资行为，但相对于一次审计而言，二次审计对过度投资的影响不大。而且，一次审计中，政府审计抑制过度投资主要发生在非"十大"[①] 的会计师事务所中。

---

① "十大"会计师事务所指普华永道、德勤、安永、毕马威、瑞华、立信、天健、信永中华、致同、大华。

在二次审计中，政府审计能够更加抑制小事务所审计企业的过度投资行为。

周微等（2017）以2009～2014年接受政府审计的中央控股上市公司为样本，以企业投资为着力点，从腐败曝光视角分析非效率投资产生的社会后果，并进一步考察政府审计是否能促进非效率投资企业的腐败曝光。

姬霖和汪少英（2018）结合政府审计央企现状分析政府审计的央企治理功能，建议扩大绩效审计、拓宽审计结果利用渠道、促进审计能力建设。

程军和刘玉玉（2018）研究发现，政府审计能促进地方国企创新，提升地方国企创新投入力度；而且政府审计主要通过降低地方政府干预对地方国企创新的不利影响与降低地方国企代理成本这两条路径来促进地方国企创新投入；政府审计能提升地方国企未来财务绩效，但提升地方国企创新绩效不明显。

段训诚和唐立新（2018）采用2008～2016年审计署审计央企控股上市公司数据分析表明，政府审计介入对央企控股上市公司内部控制的有效性具有明显的促进作用，但也具有一定的阶段性，主要体现在首次审计公告的中度介入期。

崔昱晨和杨永淼（2018）以2010～2015年审计署公告的央企控股上市公司为研究样本，分析结论为，政府审计能抑制国企的正向盈余管理。通过分组研究发现，政府对上市公司盈余管理水平的抑制具有明显的方向性差别。

吴秋生和郭檬楠（2018a）采用2010～2017年政府审计央企的数据，分析政府审计对央企资产保值增值的影响。研究发现，政府审计能够督促央企资产保值增值，这种功能的发挥能够通过扩大政府审计的对象广度，加强政府审计权限行使力度，提高政府审计目标深度来达到。

吴秋生和郭檬楠（2018b）采用2010～2017年审计署的央企审计结果公告分析发现，国企审计查出问题数量与国企资产保值增值无关；实施的处理处罚额度却明显有利于国有企业资产管理。

王成龙、冉明东和刘思义（2018）采用DID分析2007～2016年省级以下地方国企上市公司接受政府审计的影响，分析发现，政府审计改革有利于减轻地方国企税负，通过降低税负提升国企价值。而且，经济发展水平和内外部治理环境越差，政府审计改革的税收治理作用越强。

杨华领和宋常（2019）通过实证分析发现，政府审计能够显著抑制央企控股上市公司的虚增收入行为。

郝素利和李梦琪（2019）采用演化博弈论方法分析政府审计监督抑制国企的盈余管理行为。

王新奎（2019）通过实证分析发现，政府审计监督能促进国企去杠杆。

王海林和张丁（2019）通过实证分析审计公告语调，检验政府审计对企业真实盈余管理的治理效应。

王美英等（2019）实证分析了政府审计能促进企业提高风险承担水平。

李斐和焦跃华（2019）实证分析了政府审计对银行股利政策的影响。

胡志颖和余丽（2019）实证分析了政府审计通过影响高管隐性腐败来影响公司创新投入。

张曾莲和赵用雯（2019）通过实证分析发现，政府审计能提升国企产能利用率。

马东山等（2019）基于企业价值视角实证分析了政府审计的央企治理效应。

王如燕等（2019）实证分析了政府审计介入与国企经营表现的关联度。

李志强等（2020）实证分析了政府审计和媒体报道对央企高管在职消费行为的影响。

潘俊等（2020）实证分析了政府审计结果公告语调对国有企业社会责任的影响。

李校红和郭檬楠（2020）以央企控股上市公司的经验数据，实证分析了大股东持股和政府审计对国企资产保值增值的影响。

潘俊等（2020）基于中央企业控股上市公司的经验证据，实证分析了政府审计对国有企业现金持有的影响。

陈茹（2020）实证分析了政府审计改革对地方国有企业全要素生产率的影响。

张兴亮和罗红雨（2021）分析了政府审计能提升财政补贴对企业创新的促进作用。

刘瑾等（2021）实证分析了政府审计对管理层权力影响国企高管腐败的调节效应。

郭檬楠等（2021）分析了社会审计质量和政府审计监督对国企资产保值增值的影响。

褚剑和陈骏（2021）基于审计官员国资监管背景，实证分析了审计监督和国资监管对国有企业治理的影响。

三、审计监督企业的外部协同治理路径文献

1. 审计监督与市场环境的协同治理文献

唐雪松、罗莎和王海燕（2012）以2003～2007年地方审计机构为例分析发现，各省市场化程度越好，政府审计的监督和治理作用越强。

李越冬、周蕾和周阳（2018）采用省级面板数据实证分析发现，政府审计能揭示腐败，政府审计也能加快市场化进程，而市场化进程在政府审计抑制腐败的路径中起到中介作用。

王成龙等（2018）通过实证分析发现，市场化发展水平较低时，政府审计改革更能有效降低地方国企的税负。

2. 审计监督与巡视监督的协同治理文献

王会金（2015）基于反腐视角分析了政府审计与纪检监察的协同治理。

乔林等（2016）分析了政府审计与纪委巡视的异同和协同。

丁爱民（2016）提出了八条促进政府审计与纪委巡视协同的建议。

陈彬彬（2018）分析了纪委巡视以来，政府审计与纪委巡视协同的成绩与问题，并分析了两者协同治理的新模式。

郭檬楠等（2020）基于资产保值增值，实证分析了政府审计与巡视频度的安排与协同。

3. 审计监督与新闻媒体的协同治理文献

华金秋和刘传红（2009）采用案例分析救灾资金管理，讨论政府审计与媒体监督的外部协同监督。

蒲丹琳和王善平（2011）采用省级面板数据分析发现，在审计前期和中期，媒体越多报道政府审计事项，政府审计就越能发现违规资金，被审单位也整改得更好。

王慧敏和王会金（2014）以安居工程为例，讨论媒体监督与政府审计的外部协同治理机制。

张琦、郑瑶和宁书影（2016）采用中央部门数据分析发现，媒体监督不仅能显著提高政府财务信息披露质量，而且提高作用部分依靠政府审计的中介作用。

金晓红（2017）通过案例分析新媒体环境下政府审计结果公告存在的问题，从媒体层面和审计公告层面提出改进的建议。

王会金和马修林（2017）通过省级面板数据的实证检验得出，媒体监

督和财政透明度都能促进政府审计绩效的提升。

傅樵和高晓雅（2018）分析2002~2016年省级面板数据发现，媒体关注度越高，越能促进政府审计范围扩大带来的腐败治理效应。

段训诚和唐立新（2018）通过2008~2016年审计署审计央企的数据分析发现，政府审计与媒体关注能形成良好的协同效应，以共同促进企业内部控制有效性的提升。

池国华、杨金和谷峰（2018）采用省级面板数据实证分析媒体关注能否提升政府审计功能。研究发现，媒体对政府审计的关注度越高，越能发挥政府审计的揭示和处罚功能。媒体环境越好，媒体关注对政府审计的促进功能越好，并且从揭示功能提升到威慑功能。

陈艳娇和张兰兰（2019）采用省级面板数据分析发现，政府审计作为媒体监督提升省政府财政安全的中介变量，媒体对地方财政安全的报道并不直接提高地方财政安全程度。

4. 审计监督与社会审计的协同治理文献

哈迪曼（Hardiman，1987）发现西方的政府审计通常聘请CPA完成，而CPA在执行政府审计的质量上存在较多问题。

柳宁（2003）分析了政府审计应该对社会审计上市公司的审计质量进行监督。

许汉友（2004）实证发现，政府审计能与社会审计协同治理，有利于共同加强对国企的审计监督。

陈（Chen，2010）发现，与社会审计相比，接受政府审计的被审单位预期暴露更多的问题，被审单位接受政府审计后更加谨慎。

李莉（2010）认为，政府审计利用CPA资源也存在不足，在资源整合上既要考虑整合产生的优势，也要考虑整合时的潜在问题。

李青原和马彬彬（2017）采用2010~2015年审计署的审计结果公告，分析政府审计如何影响事务所审计收费。分析结果表明，政府审计对社会审计定价具有促进作用；政府审计涉及的财务收支的处罚程度越高，相关性越大。而且，政府审计的警示作用主要体现在非"十大"会计师事务所审计的央企控股上市公司。

张杰（2017）采用CQ市JNX区审计局的案例分析了政府审计如何整合社会审计资源。

许汉友等（2018）利用2016年审计署公布的审计公告对象，运用DEA检验国有控股上市公司CPA审计效率以及政府审计对其CPA审计效率的影响。为避免研究可能存在的内生性问题，运用DID进行了分析。结果表明，政府审计后的国企的事务所审计效率明显提高，这充分表明政府审计对提升 CPA 审计效率具有传导效应。结论表明，政府审计与会计师事务所之间的协同审计能激发审计效率的提升，从而为审计全覆盖的实现提供了有力的支撑证据。

李晓慧和蒋亚含（2018）采用 2012～2015 年的审计署结果公告，分析了政府审计对社会审计的影响，并分析了影响的具体路径。研究表明，政府审计通过"顺风车"和威慑力两个路径来提升社会审计的质量。首先，采用社会审计的审计延迟缩短，证明了顺风车作用。其次，采用目标社会审计客户中类似企业的审计质量提高，说明政府审计具有威慑力。

白雪珺（2018）实证验证了政府审计对社会审计质量的监督能在其提升央企控股上市公司绩效的路径中起到部分中介效应。

钟文胜和张艳（2018）通过湖南省审计机关在高速公路跟踪审计中购买社会审计的案例说明需要防范社会审计的审计质量风险。

聂丛薇（2018）从合作平台构建角度分析了政府审计对社会审计成果的利用与管理。

王成龙等（2018）通过实证分析验证社会审计对政府审计影响国企税负的调节作用，发现只有当地方国企由非"十大"会计师事务所审计时，政府审计改革才能有效降低地方国企税负。

吴秋生和王婉婷（2019）采用 2010～2017 年审计署审计央企的结果公告数据分析发现，央企的政府审计介入越多，CPA 审计定价越高，但与事务所审计质量不相关。

李晓慧和蒋亚含（2019）基于供需双方力量变化视角，实证分析了政府审计对年报审计市场的影响。

孙文远等（2020）分析了政府审计利用社会审计资源的路径、风险及防范。

刘国常和许婷（2020）分析了政府审计与社会审计的协同治理。

四、审计监督企业的内部治理路径文献

1. 审计监督与公司治理的协同治理文献

褚剑和方军雄（2016）通过公司治理变量的大小分组检验发现，公司治理越好，对政府审计抑制高管过度在职消费的调节作用越强。

王成龙等（2018）通过实证分析验证公司治理对政府审计影响国企税负的调节作用，发现只有当机构投资者持股比例较低时，政府审计改革才能有效降低地方国企税负。

崔昱晨（2018）采用2010～2016年审计署的央企审计结果公告分析发现，政府审计介入能有效提升公司治理水平；高的公司治理水平能提升国企价值；政府审计介入与公司治理水平对国企价值的影响具有互补效应，两者共同提升国企价值，但该效应具有时效性，到第三年时减弱。

王美英等（2019）实证分析发现，政府审计能提升企业风险承担水平，当企业公司治理更好时，政府审计更能促进企业提高风险承担水平。

2. 审计监督与内部审计的协同治理文献

张文慧（2010）分析了政府审计与内部审计的关系与协作。

毕秀玲和郭骏超（2015）分析了政府审计与内部审计的互动关系。

和秀星、潘虹和赵青（2015）借鉴国际经验分析了政府审计对内部审计资源的利用与风险防范。

鲍圣婴（2016）分析了政府审计与内部审计各自的定位与两者的协作。

田峰和孟佳琪（2017）通过问卷调查讨论政府审计机关监督内部审计的效率发现，政府审计难以有效监督内部审计，并从法律制度、方法实施、方法创新等方面提出建议。

3. 审计监督与内部控制的协同治理文献

褚剑和方雄军（2018）采用2009～2015年审计署审计央企的数据，通过DID检验政府审计对国企内控的影响。结果表明，政府审计有利于国企内控质量的提升，但这种影响具有短期性。而且，借助社会审计能更好地改善央企控股上市公司内部控制有效性，多次政府审计能长期改善央企控股上市公司内部控制。

段训诚和唐立新（2018）以2008～2016年审计署审计央企数据分析政府审计如何影响国企内控有效性，结果表明，政府审计介入程度能提升央企内部控制有效性，但具有一定的阶段性。

时现（2019）分析了政府审计与内部审计的耦合联动机制。

张曾莲和刘一婷（2019）基于审计署央企审计结果公告的PSM－DID方法，分析政府审计能提升企业内部控制有效性。

池国华等（2019）基于央企控股上市公司数据，实证分析政府审计对内部控制制度完善的影响。

五、审计监督自身质量提升以更好地促进企业治理文献

褚剑和方军雄（2017）认为，频繁政府审计具有更强的央企治理效应。将央企被审计署多次审计取1，否则为0，考察频繁审计的增量效应，实证分析发现，多次审计缓解股价崩盘风险更显著。

吴秋生和郭檬楠（2018）采用政府审计对央企监督的广度、力度和深度三个方面分析政府审计促进央企资产保值增值的路径，实证分析发现，政府审计能督促央企资产保值增值，而且这种效应的发挥通过扩大政府审计对象广度、加强政府审计权限行使力度和提高政府审计目标实现深度来实现。

韩丽荣和赵彩虹（2019）构建了新时代背景下政府审计机关审计风险管理的保障机制。

唐衍军和蒋煦涵（2019）认为政府审计职业化建设中应协同培育工匠精神。

周维培（2019）认为全球视野下政府审计服务国家治理的路径应该是从财务审计到绩效审计，从鉴证到问责。

第三节　概念界定

一、审计监督的企业治理效应

效应是指在有限的环境下，一些因素和一些结果构成的一种因果现象，多用于对一种自然现象和社会现象的描述。效应一词适用范围较广，并不一定指严格的科学定理、定律中的因果关系。

治理效应包括两个方面：对负面行为的纠正和制止，以及对正面行为的促进和加强。

企业治理效应是指企业治理的效果，包括对企业负面行为的纠正和制止，比如防范企业避税、防范企业违规等；也包括对企业正面行为的促进和加强，比如提升企业产能利用率、提升企业绩效等。

审计监督的企业治理效应是指通过审计监督能提升企业的治理水平。本书在第四章从促进企业财务合规等十二个方面，通过理论推导和实证分析审计监督的企业治理效应。

二、审计监督的企业治理路径

路径在不同领域有不同含义：道路；到达目的地的路线；比喻办事的门路、办法；人的行径等。本书的路径是指审计监督的办法，具体指审计监督如何促进企业治理。

审计监督的企业治理路径，是指审计监督与企业治理的协同探索，以及在央企治理过程中的作用手段和机制实现。审计监督企业治理路径分为直接路径和间接路径。直接路径主要通过审计公告以及相关财务审计活动来提升审计监督自身的企业治理能力，以及企业自身治理能力的提升。间接路径是通过审计监督与企业内外部相关机制协同合作途径。

第四节　研究内容与创新

一、研究内容

第一章为绪论。主要内容为：研究背景、文献综述、概念界定、研究内容与创新。

第二章为理论基础。主要分析审计监督企业治理的四个理论基础：审计监督企业治理的效应分析；审计监督企业治理效应的理论基础；审计监督企业治理的路径分析；审计监督企业治理路径的理论基础。

第三章为审计监督企业治理的基本情况分析。主要内容为：审计监督企业的概况分析；审计结果公告分析。

第四章从十二个方面理论推导与实证分析审计监督的企业治理效应：促进企业财务合规；提升企业财务报告质量；规范企业纳税行为；提升企业盈余质量；控制企业适度金融化水平；规范企业股权质押；规范企业高管薪酬；提升企业产能利用率；提升企业全要素生产率；提升企业资源配置效率；提升企业创新水平；提升企业绩效等。

第五章采用理论分析与实证检验探讨审计监督与多种外部监督对企业进行协同治理：市场环境、巡视监督、媒体监督、社会审计监督以及其他。

第六章采用理论分析与实证检验探讨审计监督与多种内部监督对企业进行协同治理：公司治理；内部审计；内部控制。

第七章是审计监督自身能力提升分析：优化审计公告质量和审计结果利用；优化企业审计安排；优化审计的机构、人员与方法。

第八章为全书的结论与建议。

二、可能的创新

本书将2008～2016年中央企业控股的上市公司的年度面板数据作为

样本①，通过 PSM – DID 的准自然实验，检验审计监督企业的治理效应与治理路径。本书可能的创新如下：

首先，PSM – DID 方法研究政策实施效果具有一定新意。审计署每年会对部分央企进行审计，这相当于一个准自然实验，为全书采用 PSM – DID 方法进行回归提供了天然条件，能在一定程度克服互为因果和样本自选择的内生性问题。并对 DID 可能存在的不足，进行了安慰剂检验、HECKMAN 检验等稳健性检验，确保结果可信。

其次，从审计监督企业的治理效应与治理路径两个维度来考察，思路具有一定新意。审计监督企业治理效应主要从促进企业财务合规等十二个方面进行分析。审计监督企业治理路径主要从企业外部协同治理、企业内部协同治理、审计监督自身条件优化三个维度分析。

最后，在审计监督企业的治理路径分析中，已有协同治理主要是规范研究。本书采用交互项来验证审计监督企业的外部协同治理和内部协同治理。

---

① 本书基于审计署发布的中央企业集团审计结果公告，选取 2010～2018 年经审计署进行财务收支审计并公告的中央企业集团下属上市公司作为研究对象。由于审计署自 2010 年起才开始披露单家企业的审计结果，因此选取的企业审计公告数据自 2010 年始。因为审计署发布的公告较央企财务报表报告期滞后两年，因此选取了 2008～2016 年的中央企业，并将其与上市公司进行匹配，以匹配出中央企业控制下的上市公司。本书 2018 年完稿，2019 年申请国家社科基金后期资助项目并立项。因此，数据只更新到完稿的 2018 年。

第二章　审计监督企业的研究基础

本章分析审计监督对企业治理的四个理论基础：审计监督的企业治理效应分析；审计监督企业治理效应的多重理论基础；审计监督企业治理的具体路径分析；审计监督企业治理路径的多重理论基础。

第一节　审计监督企业治理效应

一、审计监督在企业治理效应中的定位与目标

政府审计机关对国企进行审计具有多重目标：监督中央经济政策的贯彻执行情况，促进国企改革的进一步深化，促进国企产业结构的升级；查处国企存在的违法违规、以权谋私和贪污腐败等现象，确保国有资产的保值增值；监督国企的财务收支，防止国企违规经营，促进国企合法经营和良性发展；提升服务观念，关注国企内控质量，提升国企自身治理水平；揭示国企内外风险，维护国企的稳定和安全。

新制度经济学认为，制度的有效执行需要相应的奖惩机制。审计监督就是一种有效的惩罚机制。在央企治理中，政府审计机构通过审计的监督功能和建设功能将委托代理问题尽可能降低。政府审计的央企治理属于外部监督，政府审计对提升央企绩效具有重要作用。这种治理作用主要是通过政府审计的监督功能和建议功能的发挥来实现。

通常，财务收支审计与财务报表审计是审计的鉴证功能，关注被审单位经济活动的合法、公允与真实，主要发挥监督功能。政府绩效审计与经济责任审计，通常是基于财务报表审计，更侧重于考察被审单位被审事项的效率与效果，主要发挥建设功能。鉴证审计主要鉴证被审单位被审事项的合规性和合法性，能提升被审单位经济事项的可信度，可作为奖惩的依据。咨询审计的重点是从提升被审单位价值角度进行审计，它在鉴证审计

的基础上，首先评价被审事项的过程与绩效，寻找绩效高低的原因；然后提出针对性的改进建议，协助被审单位提升治理水平。

二、审计监督通过四种能力实现企业治理效应

国家对企业治理效应的审计主要是通过政府审计的监督、鉴证、评价和前瞻四种能力体现出来，服务于国家治理现代化的目标。

第一，监督能力。国家治理最终是追求公共受托责任的全面高效执行，从而优化公共资源的配置，确保公共权力运行于阳光下。为此需专设监督机构，而政府审计刚好是国家治理系统中的核心监督机构，而且独立于其他行政部门，其实质是国家治理依法行使监督权，确保国家治理现代化。审计监督能力可以预防和发现各种违法违规事件，有利于提升财政资金使用效益和效率，确保中央政策的贯彻落实，确保社会经济的良性发展。尤其是通过经济责任审计，可以发现官员及国企高管的贪污、浪费、不作为等行为，防止滥用公共权力，确保国有资产的保值增值，保护公众利益不受损害。而且，政府审计的建设功能提供了公平、正义的制度环境，提升了政府官员和国企领导的政治素质，使得政府审计监督职能高效运行，促进国家治理能力的提升。

第二，鉴证能力。从政府审计过程看，政府审计的很多工作是收集、整理和鉴定审计证据，鉴证是政府审计的基本职能。政府审计对被审计企业的报表等相关信息进行鉴证，判断央企业务的真实性和合法性，通过公示央企的审计结果，把央企的政府审计意见公示于众。审计署作为我国最高审计机关，接受国家和人民委托，监督央企的公共受托责任的执行情况。首先，经过审计署对央企的审计，能有效避免"糊涂账"的出现，降低会计造假、滥用职权和国有资产流失等发生的可能性，尤其是经济责任审计能明确领导责任。其次，审计署的央企审计通过到被审央企执行具体审计流程，能了解央企内控、公司治理的质量，并与央企高管进行沟通，能完善央企的内部治理，促进央企高质量发展。

第三，评价能力。政府审计的评价职能是其鉴证职能的升级，是对央企审计的再次评价，衡量的是"做得好不好"。政府审计的评价职能不仅仅作为奖惩判断的依据，而且更能发挥政府审计的建设职能和激励职能。政府审计央企主要通过政府绩效审计、经济责任审计来评价央企经济业务的"3E"（即经济、效率和效益），确保央企贯彻国家重大政策，促进央企治理水平的提高。一是评价央企业绩信息的真实与可靠，了解央企经济活动的数量与质量是否合格，判断其是否能更好地实现高质量发展，评价

央企是否满足"3E"标准。二是评价央企经济业务开展过程中对"3E"中经济性的执行情况，即考察央企是否有严重的损失、浪费等行为。如果有，首先责令央企改正，然后深入分析央企这些问题的深层成因，并向央企提出建设性整改措施。三是政府审计评价央企经济业务的投入产出绩效，判断与标杆的差异，督促央企分析差距，再明确努力目标，后续在央企官网说明整改情况，最终实现央企经济业务满足"3E"的效率性。综上，政府审计通过对央企经济业务进行"3E"评价，实现评价央企治理效果，最终提升国家治理能力。

第四，前瞻能力。为了更好地服务于国家治理，政府审计的职能在不断延伸。当今，央企的经营环境面临各种风险和挑战，政府审计央企的前瞻性职能由此产生，并迅速成为政府审计央企治理效应实现的重要能力。首先，政府审计通过对央企的专项审计，深入了解央企经济业务，识别央企面临的主要风险，分析央企面临的挑战，为央企高层献策，将危机防患于未然。其次，政府审计的前瞻职能表现在政府审计重视分析的理念。政府审计利用审计特派办和央企审计局，审计央企具有审计资源和能力的优势，通过创新审计方式来履行前瞻职能，服务于国家治理，深入分析央企经济业务中存在的体制机制方面的问题，并查找深层原因。

三、审计监督实现企业治理效应的机制

首先，审计署审计央企是央企治理的重要构成部分。而且央企治理也与政府审计一样，都是服务于国家治理，均是国家治理的重要组成部分。由于央企高层的行政化导向和央企非市场化的优越性，央企治理先天不足，存在行政垄断、监管缺位等问题，容易产生贪腐等问题。这是由于国家治理时缺乏对央企的制约与监督。这需要构建一个应对制约公共权力的体制机制来改进央企治理。而央企的行政型治理，使其治理不同于普通公司治理，央企治理的核心是外部治理。国家是央企的出资人，政府审计是对国家出资的资源使用情况进行监督和制衡的一种体制安排，是优化国家治理体系的应对之策，也是央企外部治理的重要内容。

其次，政府审计可以监督央企经济活动的健康运行。政府审计具有独立性，是一个独立的监督机关，依法行使监督职能，确保央企治理能力的提升。第一，政府审计通过对央企人、财、物的全面审计和监督，监督和评价央企的财政资金运用效果、执行重大经济政策效果、央企高层的经济责任等，揭露央企的违法违规行为，能对央企高层产生威慑效应，使得央企治理于阳光之下，使得央企的权力制衡和问责机制更加完善。第二，政

府审计通过对央企的专项调查、连续审计、跟踪审计等，连续监督央企是否合法经营，及时发现并纠正影响央企高质量发展和可持续发展的行为，从而连续监督央企是否有效治理。第三，政府审计具有独立性，而央企首先需要接受社会审计，然后可能再次接受审计署审计，审计署审计央企是对央企内审的再次评价，并与央企负责人及时沟通，能防范央企舞弊的发生。当然，政府审计也与央企其他内外监督机制进行协同治理，使得央企的监督体系更加完备。

最后，政府审计可以提升央企治理能力。政府审计通过治理能力的发挥，能提升央企治理能力，最终服务于国家治理。第一，审计署代表国家审计央企，央企应积极配合审计署的审计，使得审计署能够深入审查央企的经营管理情况；审计署通过了解央企的内控、决策制定、资源配置、社会责任履行等情况，了解央企的真实业绩，及时发现严重问题，披露央企不合规事项和潜在风险，促进央企降风险、提效益、去产能、去杠杆。第二，审计署拥有学科知识背景完备的审计人员队伍，审计人员实践经验丰富，职业素质优良，这是审计署审计央企的审计质量保障。这使审计署的央企审计能够提出具有典型性和针对性的问题和建议，更有利于央企治理的完善。第三，审计署审计央企具有整改机制，能监督央企切实整改存在的问题，而且审计署会与央企的公司治理和内部审计实现内部协同治理，来更好地实现对央企的监督。

第二节　审计监督企业治理效应的理论基础

一、公共受托责任理论

政府审计的产生和发展都与政府履行公共受托责任密切相关。央企的公共受托责任，是指央企的高管作为受托方，按照委托方的要求经营管理央企的经济资源，并定期向国资委受托方报告其责任的履行情况。

央企占据国家的很多重要公共资源，也承担了很多公共责任。央企的经营业绩与国家和人民的利益紧密相连。审计署一直将提升央企业绩作为其重要目标之一。审计署央企审计能否达到该目标，为央企是否有效履行公共受托责任提供依据，从而更好地保护国家和人民的利益。政府审计机关审计对应层级的国企，因此审计署审计央企，但并不是全部审计，而是每年抽取部分央企进行审计。

政府审计服务于国家治理具有历史必然性。首先，从政府审计发展历程看，在政府审计产生初期，政府审计就具有治理职能。历史上，政府审计是国家监督政府官员履职和行权的一种方式，这实质上是服务于国家治理。其次，按照公共受托责任理论，政府审计伴随着公共受托责任的产生和发展。公共受托责任规定了政府审计的实质，政府审计的实质进而明确了政府审计的工作方向，并导致政府审计目标的延伸。不同时期经济社会发展水平不一致，公共受托责任的内涵也不断变化。与此相应，政府审计的实质也不断延伸，导致政府审计职能的延伸和审计重心的转移。通常而言，公共受托责任有三个发展阶段。

第一，基于公共财务责任，委托方更加关注财政资金利用的合法性和合规性。与此对应，政府审计主要是财务审计，侧重发挥鉴证职能，主要考察被审单位经济事项的真实性和合法性，对效益监督不足。

第二，公共受托责任发展到了受托管理责任，此时财政资金迅速增加，委托方对财政资金的使用效益也有了相应的需求。与此对应，政府审计通过重点发挥监督和评价两种职能，既重点关注财政资金使用的合法性，又开始关注财政资金使用的效益性。

第三，公共受托责任发展到了受托社会责任阶段。伴随着经济社会不断发展，国家治理也存在失灵现象，委托方关注点集中到更好地解决社会问题，受托方也遇到腐败、利益冲突等委托，这时兴起了国家治理和政府审计免疫系统的热潮。政府审计免疫系统认为，政府审计需要及早判断、揭示和防范经济社会发展存在的问题。与此对应，政府审计除了具有监督和评价职能外，还必须具有前瞻职能，发挥政府审计的建设性职能。政府审计是国家治理的构成部分，服务于国家治理能力的提升。

二、免疫系统理论

从央企的政府审计供需角度看，若需达到央企审计的平衡供需，政府审计治理作用需要不断发挥。政府审计供需平衡时，审计署能更好地促进央企治理。为了促进央企改革的顺利，需要优化政府审计的供需，针对央企审计进行相应调整。

政府审计免疫系统观认为政府审计主要具有三大功能。首先是预防功能，它能防患于未然，并贯穿审计全程。其次是揭示功能，能发现央企治理中的管理漏洞与制度缺陷，并通过审计公告揭露出来。最后是抵御功能。审计署利用自身央企审计的处理权限，将央企审计中发现的违法违规问题进行相应处罚或转交相应政府部门处理。

第三节　审计监督企业治理路径

一、审计监督与外部监督机制对企业进行协同治理

审计监督与多种外部监督机制配合，共同实现对央企的协同治理。其他外部监督机制包括市场环境、纪委巡视、媒体监督、社会审计、全国人大、国资委、证监会与银保监会等。政府审计与其他外部监督机制对央企的治理存在异同，有些能互补，有些还存在冲突。为了更好地实现央企的共同监督，从成本收益角度，需要协调各个外部监督机制。通过实证分析，研究政府审计与其他外部监督机制的交互项系数，判断两者是互补还是替代，并提出针对性的协同建议。

二、审计监督与内部监督机制对企业进行协同治理

审计监督与多种内部监督机制配合，共同实现对央企的协同治理。央企的内部监督机制主要是公司治理机制和内部审计。政府审计与这些内部监督机制对央企的治理也存在异同，有些能互补，有些也存在冲突。为了更好地实现央企的共同监督，从成本收益角度，需要协调政府审计与内部监督机制的关系。比如政府审计与央企的内部审计，政府审计既可以指导央企的内部审计工作，也需要利用内部审计的工作成果，同时指出央企内部审计存在的问题，并提出改进建议。同样通过实证分析，研究政府审计与央企两个内部监督机制的交互项系数，判断两者是互补还是替代，进而提出相应的协同措施。

三、审计监督自身能力的提升来更好地进行企业治理

审计监督通过提升自身能力来更好地进行央企治理。审计署自身能力的提升可以通过提升审计公告质量、加强对审计结果的利用、优化央企的审计安排、提升审计机关工作能力和审计人员综合素质。

四、通过企业的整改机制来更好地进行企业治理

审计监督的企业治理效应的有效发挥，需要被审计企业根据审计报告指出的问题及整改建议，进行认真整改。部分被审计企业公布了审计整改报告，从这些整改报告可以看出：一是在被审计央企的集团公司公开披露

整改报告的并不多。截至 2019 年 2 月 16 日，在被审央企集团公司官网我们初步找到了 46 份整改报告，这比审计署审计的央企数量要少很多。二是有的公司被审计了也很少披露整改报告，有些公司基本每次被审计均会披露整改报告，比如中国石油天然气集团等。三是在公开披露的整改报告中，整改报告内容繁简程度也差别很大。有的整改报告只有几百字大体介绍了基本情况，比如哈电集团、北京矿冶科技集团等；有的整改报告非常详细地回顾了需要整改的问题、公司的具体整改措施等，比如鞍钢集团、华润集团等。

第四节　审计监督企业治理路径的理论基础

一、监督理论

国有企业作为我国国有经济的微观载体，在我国的国民经济中起主导作用，但由于国有企业自身的特殊性，使得国有企业无论采取何种经营模式，始终无法避免所有者和管理者相分离的问题。因此，国有企业的监督机制就显得尤为重要。目前，国内学者依据国有企业监督主体的不同，已将国有企业监督划分为国有企业的内部监督和外部监督。

国有企业内部监督是国有企业通过公司治理、内部审计、内部控制等方式进行监督。加强国有企业内部监督具有重要意义。一方面，可以有效降低企业在经济运营中的风险，也可以更好地保障企业资产完整性，以及企业财产的安全性；另一方面，能够更加有效地提升企业的经济效应。那么，企业如何加强内部监督？第一，健全规章制度。对于内部管理来说，建立健全规章制度，才能有据可依。第二，完善内部流程，详细规定每项工作具体如何运行。第三，形成长效机制。第四，建立奖惩机制。运用内部考核监督机制，建立适当的奖惩机制，通过奖惩机制来让考核监督机制的各项工作落到实处。第五，注重结果运用。

根据监督力量的来源不同，国有企业外部监督包括巡视监督、媒体监督、社会审计监督等。例如，社会审计监督是指注册会计师接受委托，根据有关规定，以独立第三者的身份对委托单位的经济活动进行客观、公正、全面的评价，对依法公开披露的单位会计报告的真实性负法律责任。加强注册会计师审计工作的有效性，是提高企业治理效应的外部监督之一。另外，国家监督具有权威性，是指财政、审计、税务、工商、央行、证券监督、保险监管等政府机关应当依照有关法律、行政法规规定的职责，代表国家对各企业进行监督检查，进行宏观调控，它是我国经济监督体系的重要组成部分，是企业外部监督的重要组成部分，与企业内部监督起互补作用。政府监督要明确职责，合理分工，建立责任制，各负其责。

二、协同理论

协同理论认为，系统千差万别，虽然属性各不相同，但在整体环境下，每个系统都相互影响，也能共同合作。协同绝不是简单的协调，更不是盲目竞争，而是更加强调协同各方协同时地位相同、作用不可替代、相互配合。

协同理论包括三个主要方面。一是协同效应。是指因协同作用所导致的结果，是很多子系统相互影响导致的整体效应。协同效应广泛存在于经济社会各个方面。二是伺服原理。是指当系统临近临界点时，系统的动力与突现结构一般由序参量决定。三是自组织原理。它是指当系统没有外部指令时，各个内部子系统可以按照某个规则自动形成既定的结构。

本书主要运用协同效益理论，追求政府审计央企的各种内外协同机制更好的协同，即实现一加一大于二的结果。

协同是一个过程，更是一种效应。央企治理的各种内外监督机制构成的开放系统中，每个内外监督机制相互作用，也相互依存，最终的协同目标是让央企共同治理得更好。央企治理协同提升机制需要政府审计、央企内外其他监督机制、央企自身处理好协同关系，共同发挥好协同作用。这样，央企治理看似杂乱无章的系统就变成了思路清晰的有序系统。

第三章　审计监督企业治理的基本情况分析

本章分析的是央企 2010～2016 年财务报告年度的数据。使用数据全部来源于审计署官网的央企审计结果公告。

第一节　审计监督企业的概况

一、审计的企业数量分析

2010～2016 年，审计署加大了对央企的审计力度，每年均会抽查部分代表性央企进行审计。从表 3－1 可知，审计署审计的央企数量逐年增加，从 2010 年的 15 户增加到 2016 年的 35 户。每年政府审计央企数量总体而言逐步增加，表明政府审计对央企的监督力度加大，政府审计也越来越受重视。但审计央企数据上升速度并不太快，政府审计的央企监管力度还不够。审计覆盖率在逐步增加，从 2010 年的 8.88% 增加到 2016 年的 34.31%。

表 3－1　　　　　2010～2016 年审计署对央企审计数与审计率

年份(财务报告年度)	审计央企数(家)	全部央企数(家)	审计率(%)
2010	15	169	8.88
2011	11	122	9.02
2012	11	117	9.40
2013	14	116	12.07
2014	10	113	8.85
2015	20	106	18.87
2016	35	102	34.31

二、审计的企业次数分析

从表3-2可知，2010~2016年，接受审计署的一次、二次、三次和四次审计的央企数分别为63家、29家、6家和1家。说明63.64%的央企只接受了一次政府审计，29.29%的央企接受了两次政府审计。这说明同一家央企接受政府审计的次数并不多，可能导致部分央企接受政府审计后出现放松情绪。

表3-2　　　　　　　　　政府审计央企次数及占比

被审计次数	央企数（家）	占比（%）
一次审计	63	63.64
二次审计	29	29.29
三次审计	6	6.06
四次审计	1	1.01

第二节　审计结果公告分析

一、审计结果公告的问题金额分析

根据审计结果公告的结构，将问题金额分为"会计和财务管理的问题金额"和"其他问题金额"两类，并计算了问题金额的绝对数和比率。

（一）审计发现的问题金额占利润总额或净利润的比率分析

从表3-3可知，几乎每份央企审计结果公告均会披露问题金额，而且大多数是正向问题金额（正向盈余管理，很多是为了达到业绩目标），少数为负向问题金额（负向盈余管理，可能为了避税）。问题金额占利润总额或净利润的比重各年之间变动较大，但很多年份问题金额比率大于100%的央企数超过了35%（2013年只有7.5%）。

表3-3　　2010~2016年央企审计发现的问题金额占利润总额或净利润的比率

单位:%

央企	2010年	2011年	2012年	2013年	2014年	2015年	2016年
1	122.02	27.45	96.04	5.58	53.59	15.02	-29.54

央企	2010 年	2011 年	2012 年	2013 年	2014 年	2015 年	2016 年
2	218.42	26.27	-111.37	87.83	41.49	447.11	6802.36
3	344.24	13.82	1007.71	34.02	3.43	-579.47	32.78
4	10.37	655.26	821.57	60.34	82.32	-0.01	81.14
5	63.75	198.23	180.75	18.37	12.23	15677.14	-1.23
6	22.04	557.70	4.79	10.02	12.18	34.86	31.40
7	4.11	38.69	23.40	-7.48	10.17	41.19	145.31
8	3.74	23.73	14.25	5.46	-18.88	49.42	11.71
9	12.21	24.39	7.47	-8.99	84.81	-595.33	22.82
10	1995.72	135.74	-387.83	17.09	534.44	72.94	-235.95
11	70.64	13.63	79.89	78.59		6.71	68.60
12	58.69			16.65		579.50	8.14
13	115.68			1.46		77.01	97.35
14	910.39			102.92		320.82	3208.81
15	0					193.91	42.65
16						-42.83	175.12
17						18.06	81.68
18						39.20	738.61
19						-12.21	1540.49
20						-18.37	8.74
21							40.31
22							36.08
23							332.44
24							47.15
25							427.96
26							19.14
27							27.01
28							-329.75
29							84.35
30							33.48
31							716.30
32							209.79
33							-566.29
34							24.37

央企	2010 年	2011 年	2012 年	2013 年	2014 年	2015 年	2016 年
35							2.14
均值	263.47	155.9	157.88	30.13	81.58	816.23	398.23
正向问题金额家数/总家数	100	100	81.82	85	90	70	88
负向问题金额家数/总家数	0	0	18.18	15	10	30	12

（二）审计发现的会计与财务问题金额占利润总额或净利润的比率分析

由表3-4可知，各年央企审计发现的会计与财务问题金额占利润总额或净利润比率的均值波动较大，从2010年的46.12%逐年下降到2013年的1.85%，后续又开始逐步增加到2016年的129.7%。同样，审计发现的会计与财务问题金额主要是正向问题金额。各年会计与财务问题金额区间变动较大，没有明显规律。

表3-4　2010~2016年会计与财务问题金额占利润总额或净利润的比率　单位:%

央企	2010 年	2011 年	2012 年	2013 年	2014 年	2015 年	2016 年
1	21.48	3.53	20.82	0.29	21.97	4.99	-4.28
2	92.75	19.51	-5.94	0.40	16.75	22.18	648.90
3	330.65	4.50	5.35	0.59	0.36	-102.60	5.32
4	0.84	55.29	36.60	2.40	2.86	-0.01	26.79
5	22.69	8.53	152.23	0.88	7.94	2209.40	0.56
6	12.82	17.45	0.27	3.47	8.91	32.44	21.79
7	1.39	0.48	0.80	-1.51	6.18	5.37	2.34
8	1.35	0.29	10.68	2.79	-0.27	19.64	0.39
9	0.37	6.19	1.92	-3.01	5.65	-585.82	2.28
10	101.18	69.88	-54.23	2.26	25.68	23.71	-220.36
11	7.37	12.38	0.31	2.44		2.24	7.92
12	1.76			1.83		10.77	0.01
13	17.61			0.15		55.08	1.58
14	79.50			13.04		259.97	2721.34
15	0					5.59	21.68
16						-0.37	16.01
17						1.97	24.18

央企	2010 年	2011 年	2012 年	2013 年	2014 年	2015 年	2016 年
18						2.58	724.95
19						-4.33	22.00
20						-12.35	0.66
21							1.99
22							6.98
23							97.05
24							3.32
25							62.29
26							7.28
27							5.85
28							-146.90
29							8.76
30							0.68
31							514.21
32							125.63
33							-186.64
34							14.69
35							0.21
审计发现的会计与财务问题金额占利润总额或净利润比重的均值	46.12	18	15.35	1.86	9.6	97.52	129.7
审计发现的会计与财务正向问题金额家数/总家数	100	100	81	85	90	70	88
审计发现的会计与财务负向问题金额家数/总家数	0	0	19	15	10	30	12

（三）审计发现的非会计与财务问题金额占利润总额或净利润的比率分析

由表 3 - 5 可知，央企审计发现的非会计与财务问题金额占利润总额或净利润的比率从 2010 年的 217.35% 逐年降低到 2013 年的 28.27% 后，又逐年增加到 2016 年的 268.53%。同样，审计发现的非会计与财务问题金额也是以正向问题金额为主；问题金额区间年度之间也波动较大，没有明显规律。

表 3 – 5　2010～2016 年非会计与财务问题金额占利润总额或净利润的比率

单位:%

央企	2010 年	2011 年	2012 年	2013 年	2014 年	2015 年	2016 年
1	100.54	23.92	75.22	5.29	31.63	10.03	-25.26
2	125.67	6.76	-105.44	87.43	24.73	424.93	6153.46
3	13.59	9.32	1002.36	33.43	3.07	-476.87	27.46
4	9.53	599.98	784.98	57.94	79.46	0.00	54.35
5	41.06	189.70	28.52	17.49	4.29	13467.74	0.67
6	9.22	540.25	4.52	6.55	3.27	2.42	9.60
7	2.73	38.21	22.60	-5.97	3.98	35.82	142.98
8	2.39	23.44	3.57	2.66	-18.61	29.78	11.31
9	11.84	18.20	5.55	-5.97	79.16	-9.51	20.54
10	1894.54	65.86	-333.60	14.83	508.76	49.23	-15.59
11	63.28	1.25	79.57	76.14		4.47	60.67
12	56.93			14.82		568.74	8.13
13	98.07			1.31		21.93	95.77
14	830.90			89.88		60.85	487.47
15	0					188.32	20.97
16						-42.46	159.11
17						16.09	57.50
18						36.62	13.65
19						-7.88	1518.49
20						-6.02	8.08
21							38.32

央企	2010 年	2011 年	2012 年	2013 年	2014 年	2015 年	2016 年
22							29.09
23							235.38
24							43.83
25							365.67
26							11.86
27							21.16
28							− 182.85
29							75.60
30							32.80
31							202.09
32							84.16
33							− 379.65
34							9.68
35							1.93
非会计与财务问题金额占利润总额或净利润比重的均值	217.35	137.9	142.53	28.27	71.97	718.71	268.53
正向问题金额家数/总家数	100	100	81	85	90	75	88
负向问题金额家数/总家数	0	0	19	15	10	25	12

二、审计结果公告的篇幅分析

对每份央企审计结果公告的总字数和每部分的总字数及篇幅比重进行计算。从图 3 − 1 可知，央企审计结果公告的篇幅一般在 2200 字左右，其中"基本情况"的字数大约为 300 字；"审计发现的主要问题"的字数大约为 1400 字，为审计结果公告的主体；"审计处理及整改情况"的字数大约为 180 字。

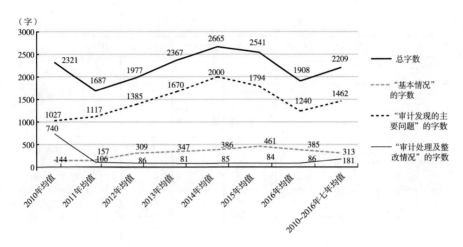

图3-1　各年央企审计结果公告的字数均值

从图3-2可知,央企审计结果公告三个部分的篇幅中,"审计发现的主要问题"篇幅最大,约占65%,其他两部分内容字数相差不大,各占15%左右。

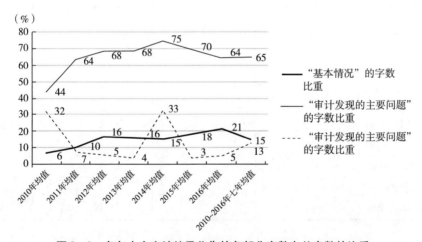

图3-2　各年央企审计结果公告的各部分字数占总字数的比重

三、审计结果公告的数据个数分析

根据每份央企审计结果公告,计算每份的总数据个数和每部分的数据个数及占比。

由图3-3可知,各年每份央企审计结果公告总数据个数均值逐年增加,从2010年的80个数据增加到2014年的166个,后续逐步降低到

2015 年的 86 个，2016 年又回升到 110 个。在审计结果公告的各部分中，数据主要出现在第二部分"审计发现的主要问题"中。

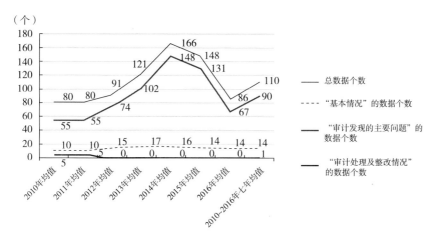

图 3－3 央企审计结果公告年均数据个数

由图 3－4 可知，央企审计结果公告各部分中，第二部分"审计发现的主要问题"的数据个数最多且逐年增加，从 2010 年的 67.8% 增加到 2014 年的 88.6%，后续有所回落。第一部分"基本情况"也披露了部分数据，一般数据个数占比在 10% 左右。第三部分"审计处理及整改情况"的数据最少，而且从 2012 年开始，该部分内容不再出现具体数据。

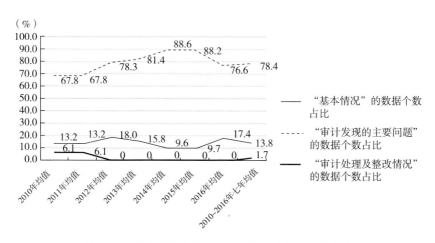

图 3－4 央企审计结果公告各部分年均数据个数占比

四、审计结果公告的问题条数分析

由于央企审计结果公告的内容各年有所不同，所以，各年的问题条数的类型有所不同。从表3-6可知，央企审计结果公告披露的问题条数总体逐年增加，从2010年的14.5条逐步增加到2015年的30.3条后，2016年降低为24.2条。由于各年审计结果公告的构成内容不同，导致各部分问题占比缺乏一定的可比性。7年中，只有"财务管理和会计核算"和"经营管理"两项内容一直有，两者也是问题条数的主要部分。

表3-6　　　　　　　各年央企审计结果公告披露的问题条数

年份	总问题条数	"财务管理和会计核算"方面的问题		政策,决策及项目管理方面的问题条数		"经营管理"方面的问题条数		"审计处理及整改情况"方面的问题条数		"发展潜力"方面的问题条数		"中央政策及廉洁从业"方面的问题条数	
		条数	比例（%）	条数	比例（%）	条数	比例（%）	条数	比例（%）	条数	比例（%）	条数	比例（%）
2010年均值	14.5	4.5	31.0	3.4	23.4	6.6	45.5	0.0	0.0	0.0	0.0	0.0	0.0
2011年均值	13.0	3.5	26.9	3.6	27.7	5.8	44.6	0.0	0.0	0.0	0.0	0.0	0.0
2012年均值	14.2	4.9	34.5	0.0	0.0	9.3	65.5	0.0	0.0	0.0	0.0	0.0	0.0
2013年均值	19.5	2.8	14.4	0.0	0.0	10.9	55.9	0.0	0.0	3.7	19.0	2	10.3
2014年均值	26.4	7.3	27.7	0.0	0.0	12.7	48.1	0.0	0.0	3	11.4	3.2	12.1
2015年均值	30.3	6.4	21.1	4.0	13.2	16.9	55.8	0.0	0.0	0.0	0.0	3.1	10.2
2016年均值	24.2	5.0	20.7	0.0	0.0	16.3	67.4	0.0	0.0	0.0	0.0	2.9	12.0
各年均值			25.2		9.2		54.7		0.0		4.3		6.4

五、审计结果公告的问题部门数与问题项目数

从表3-7可知，各年央企审计结果公告披露的问题单位部门数整体而言逐年波动下降，从2010年的11.1个下降到2015年的7.3个。而问题项目数各年基本持平在3.5个左右。

表 3 - 7　各年央企审计结果公告披露的问题单位部门数及问题项目数

年份	问题单位部门数	问题项目数
2010	11. 1	3. 4
2011	12. 0	4. 0
2012	11. 6	3. 0
2013	9. 5	2. 8
2014	7. 8	4. 3
2015	10. 8	4. 2
2016	7. 3	3. 0
均值	10. 0	3. 5

第四章 审计监督的企业治理效应分析

本章从十二个方面分析审计监督的企业治理效应：促进财务合规；提升财务报告质量；规范纳税行为；提升盈余质量；控制适度金融化水平；规范股权质押；规范高管薪酬；提升央企产能利用率；提升央企全要素生产率；提升央企资源配置效率；提升央企创新水平；提升央企绩效等。

第一节 审计监督促进企业财务合规分析

自 2014 年、2015 年中共中央办公厅和国务院办公厅《关于加强审计工作的意见》《完善审计制度若干重大问题的框架意见》等相关配套文件的颁布，政府审计在国有企业监督中扮演着越来越重要的角色。从政治学的视角看，审计监督是国家政治制度的重要组成部分，是国家治理的监督控制系统之一。审计监督就像一个具有预防、揭示和抵御功能的"免疫系统"，可以帮助国家实现良好的治理、推动民主法制以及促进国家经济的健康发展。

据 2012 年审计署公布的中央企业年度财务收支审计结果显示，就接受审计的 11 家中央企业来看，存在着滥发福利、虚增利润等财务违规现象，涉及金额高达 480 亿元。同时，上市公司的财务违规行为也层出不穷，据中国经济金融研究数据库（CSMAR）统计，2000～2014 年，上市公司违规事件共 2364 起，其中虚构利润、虚列资产、虚假记载等与财务关联的违规占了绝大多数。在中央企业和上市企业财务违规情况如此严重的情况下，我们不禁产生这样的疑惑：审计监督是否能够帮助提高对上市公司的监督呢？审计监督对上市公司的监督是否能够有效规范上市公司的财务行为呢？

一、理论分析与假设提出

（一）制度背景

20世纪80年代初国家建立审计制度，由于当时我国政治体制改革尚未全面启动，建立兼具立法型、司法型以及独立型的审计模式缺乏一定的生存环境，并且政府仍然是社会经济的中心，掌握着大量的社会资源，因此审计只有在政府的扶持下才得以启动、发展并快速成长。于是，由政府领导的行政型的审计模式，以及由国务院设立的审计机关——"审计署"应运而生。

与此同时，一方面，公民、法人和其他组织有意愿也有需求希望获取政府信息，参与政府监督工作；而另一方面，政府也逐渐关注其财务信息的透明度问题，希望发挥政府信息对人民群众生产、生活、政治和经济社会活动的作用，确保人民群众的知情权、参与权和监督权。其中，审计监督是一种有效的途径，可以帮助促进和提升政府透明度等方面的治理功能。因此，随着中国经济的发展，审计监督也处于一个不断调整的过程，以更好地服务政府监管工作。

（二）文献回顾

在中国特色的审计环境下，审计监督对国企的经营管理、重大决策制定等方面都有很强的约束效应和震慑效应，促进其受托责任的履行。对于审计监督的研究，目前研究的领域范围比较广泛。目前为止，相关研究主要认为审计监督在企业监管、社会监督的方方面面都具有很强的影响作用。在企业行为上，审计监督对企业绩效、盈余管理、收支等其他管理上都有着积极作用。在企业的盈余管理行为上，相关研究表明：与审计前相比，接受审计监督后的公司盈余管理程度降低；与未接受审计监督的上市公司相比，接受审计的公司盈余管理程度较轻。这表明审计监督可以有效抑制公司盈余管理行为。阮滢、赵旭在2017年的研究表明：审计监督监督能够抑制央企控股上市公司的真实盈余管理行为，但这种监督作用并不对公司的应计盈余管理行为产生影响。崔昱晨、杨永淼在2018年的研究进一步验证：审计监督的介入能够有效改善国有企业的正向盈余管理行为。在企业的收支行为上，相关研究表明，审计监督能够抑制公司过度投资行为，但与一次审计相比，二次审计对过度投资没有显著影响。对于企业绩效上，审计监督也有助于提升企业绩效，研究表明：审计署对国有控股上市公司实施审计，有助于提升国有控股上市公司经营绩效，但这种作用具有一定的滞后性，集中表现在审计结果公告后的连续两个期间，进一步分析，审计监督具有督促国企资产保值增值的功能，这种功能的发挥可以通过扩大审计监督对象广度、加强审计监督权限行使力度和提高审计监督目标实现深度来实现。不仅如此，周微等的研究表明，审计监督与非效率投资企业的腐败被曝光概率也是正向关系。在企业高管行为上，褚剑、方军雄认为，审计监督能够抑制央企控股上市公司高管的超额在职消费行为，并且审计监督的这种外部治理效应在上市公司的公司治理状况较好、审计署的监督力度较强时更为明显。国外很多文献也围绕着公共部门等领域也开展了相关研究。但由于国外的审计监督不存在类似我国这样的国有控股上市公司审计对象，所以不可能研究审计监督对国有控股上市公司的影响。说明此类研究是中国所独有的，而且从现有研究来看，审计监督对企业或者高管等的监督作用都有着重要的积极意义。

企业违规行为主要分为企业财务违规和非财务违规行为。目前，企业财务违规主要分为以下几个层次：第一，违反国家相关法律法规等行为，如漏税、虚报税收等；第二，违反行业准则、企业准则，如虚假做账等行为；第三，违反企业管理规章制度的行为，如不按企业核算制度进行工资核算等；第四，违反财务部门相关规章条款，如不遵守报销制度等行为。在企业违规方面相关学者的研究可分为以下几类：第一类集中于公司董事会特征对企业违规行为的影响，蔡志岳和吴世农的研究表明，董事会规模过大会降低工作效率，当独立董事比例越高，公司经营越规范；同时，审计委员会的设立可以在一定程度上监督约束公司行为。全怡等的研究也表明，在抑制违规方面，资深独立董事发挥了更好的公司治理作用，且这一监督作用遵循"反木桶原理"。第二类集中于公司的股权结构的影响，如相关研究发现，机构投资者持股比例降低了公司违规行为倾向。施莱弗和维什尼（Shleifer and Vishny）、麦康奈尔和瑟韦斯（McConnell and Servaes）均认为，作为股权集中度较大且独立的股东，机构投资者有动力积极监管上市公司，以追求更高的投资回报，因此也降低了企业发生财务违规的可能性。第三类认为公司治理环境，也会对企业治理起到监督作用如国家政策、法律环境等。相关研究表明，一国（地区）的裙带主义与其企业违规程度显著正相关，而政府决策透明度、法律解决纠纷的效率以及警务可靠性均与企业违规程度显著负相关。第四类研究认为教育也会影响企业违规行为，即教育质量不仅直接抑制企业违规，而且显著地正向调节了警务可靠性与企业违规程度之间的负相关关系。而就具体分析企业财务违规的相关研究中，相关研究表明，首席财务官（CFO）专业能力和薪酬动力的增强均能抑制公司财务违规发生的次数和严重性；内部控制也能够抑制公司财务违规。有意思的是管理层的党员身份也会影响到企业的财务违规行为，戴亦一等的研究表明，董事长是党员的民营企业更不可能出现报表造假等财务违规行为，其会抑制公司财务违规行为。

从已有文献中可以发现，目前审计监督对中央企业或其控制的上市公司行为都有一定程度的影响，而对影响企业财务违规行为因素的研究现有文献涉猎不多，并且基本集中在企业内部管理层面上，如企业本身治理情况或管理者特征等，并没有从外部因素分析对企业财务违规行为的影响。目前没有文献研究审计监督对中央企业控股上市公司财务违规行为的影响。因此，本节从 2010～2018 年的审计结果公告中整理出实验组样本，以 2008～2016 年为样本区间，采用 PSM 方法寻找匹配的控制组，并利用双重差分模型就"审计监督是否能抑制财务违规？"这一问题进行深入研究。

（三）企业财务违规动机

中央企业作为一种生产经营组织形式，同时具有营利法人和公益法人的特点。其营利性主要体现在为追求中央资产的保值、增值，而其投资上市公司也是为了达到盈利目的；其公益性主要体现在中央企业的设立通常是为了实现国家调节经济的目标，起着调和国民经济各个方面发展的作用。

对于上市公司而言，如果被中央企业控股，在企业资源、企业借款利率和企业治理等方面都会受到政策性倾向，央企控股上市公司通常能获得一些利益优待。上市公司有动机通过虚增利润、虚增资产等违规操作获取更好的经营业绩，其高管借此获取晋升的机会。不仅如此，由于我国目前企业尚未建立和完善相关的证券法律制度，企业监督机制不健全，违规成本过低，这种固有因素也会使企业发生财务违规行为。最后，依据信息不对称以及委托代理理论，以营业业绩为基础的高管薪酬契约下，高管也有足够动机进行盈余管理其至财务违规等行为。

（四）审计监督与企业财务违规行为

作为一项政府监管措施，审计监督在监督中央企业和中央企业控股上市公司行为方面扮演着重要角色。一方面，审计监督较会计师事务所审计而言，具有更丰富的审计资源；而且在审计收费方面，审计监督属于行政监督，并不向被审计单位收取费用，在进行审计行为时不需要担心客户流失或相关利益问题而影响其审计的质量。因此，审计监督更有可能揭露真实存在的问题并解决问题。所以，审计监督更有可能披露企业真实的财务违规行为。另一方面，审计监督具有强烈的威慑效应。一是由于其具有固有的强制性、权威性、独立性等属性，无形之中会给予被审计者以压迫感；二是审计监督于2003年开始将审计结果公告制度引入社会监督，同时也会吸引新闻媒体的关注，一旦披露的被审计公司情况恶劣，企业声誉、企业经营都会受损，无疑进一步加大了审计监督的威慑作用。这种威慑作用会使被审计者在心理上产生变化，进而采用积极的措施去应对，具体表现也会反映在减少企业财务违规行为上。

不仅如此，由于中央国有企业大部分有效资产会下沉至控股上市公司。审计署审计央企，不仅会对母公司进行审计，还会对下属上市公司进行延伸审计，部分审计结果公告会明确提及延伸审计的上市公司名称。因此，通过审计监督，更有可能发现和抑制上市公司财务违规行为。综上所述，本节提出假设4-1：在其他条件不变的情况下，审计监督与中央控股上市公司发生财务违规行为频率存在负相关关系。

二、研究设计

（一）数据来源

本节基于审计署发布的中央企业集团审计结果公告，选取2010~2018年经审计署进行财务收支审计并公告的中央企业集团下属上市公司作为研究对象。由于审计署自2010年起才开始披露单家企业的审计结果，因此选取的企业审计公告数据自2010年开始。因为审计署发布的公告较央企财务报表报告期滞后两年，因此选取了2008~2016年的中央企业，并将其与上市公司进行匹配，以匹配出中央企业控制下的上市公司，一共得到1338条数据，具体情况分布见表4-1。

表4-1　　　2008~2016年匹配出的中央企业控制下的上市公司情况　　　单位：条

项目	2008年	2009年	2010年	2011年	2012年	2013年	2014年	2015年	2016年	总计
已匹配的数据样本量	123	128	150	163	159	157	154	153	151	1338

在已匹配的1338条样本量中进行如下的处理：剔除银行、保险、多元金融等金融机构上市公司共8条；剔除ST的上市公司共41条；剔除已退市的上市公司1条；为控制极端异常值的影响，对所有连续变量按照1%的标准进行Winsorize处理。最终共得到1288条数据。其中已被审计过的数据为191条，未被审计过的数据为1097条。其中2008~2016年央企名单来自百度文库中统计的名单，中央企业被审计情况来自审计署官方

网站披露的数据，上市公司的财务数据以及财务违规情况来自 CSMAR 数据库，其他缺失数据手工收集自新浪财经网站。

（二）变量界定

自变量的度量：借鉴许汉友等的相关研究，定义审计年度变量 T，若被审计央企该年接受审计监督记为 1，反之则为 0。对于审计监督哑变量 I，被审计公司被审计年度当年及以后年度均取 1，否则取 0。

财务违规的度量：参照尚洪涛等的研究，依据公司违规事件的性质归类财务违规。借鉴蔡志岳和吴世农的做法，使用违规概率和违规程度作为财务违规的测度指标。其中，财务违规概率（VIO1）分为两类，即发生财务违规（1）和未发生财务违规（0）；违规程度（VIO2）分为无处罚（0）、低处罚（1）、中处罚（2）和高处罚（3）四种状态，分别对应未被监管部门处罚、公开批评、公开谴责（包括谴责和警告）和公开处罚（包括罚款、没收非法所得和市场禁入）。

进行倾向值评分匹配的协变量选取：借鉴褚剑等的相关研究，本节控制了在相同年份（Year）和相同行业（Industry）下，资产规模（LnSize）、资产报酬率（Roa）、董事会规模（Board）、监事会规模（Supervisor）以及独董规模（IndepDir）与样本组具有相似性的样本作为对照组，最终获得1272条已匹配成功数据。

控制变量的选取：借鉴陆瑶等 2016 年的相关研究，本节选取了以下控制变量：公司规模（LnSize）为公司年末总资产的自然对数，公司规模越大，公司治理越完善，企业越不容易发生财务违规行为。财务杠杆（Lev）为年末总负债占年末总资产的比例，如果资产负债率越大，企业的偿债能力越弱，企业更有可能通过财务违规进行企业财务调整。资产报酬率（Roa）为企业当年净利润与期末期初总资产平均额的比例。净资产收益率（Roe）为企业当年净利润与期末期初股东权益平均额的比例，如果企业盈利能力越强，企业越不会进行财务违规行为去承担违规风险。股权集中度（First）为年末第一大股东持股数量与总股数的比例，如果第一大股东持股比例越高，越容易操控企业，进而越容易发生企业财务违规行为。成长能力（Growth）为营业收入的增长额与上期营业收入金额的比例，如果企业成长越快速，企业越不会进行财务违规行为去承担违规风险。公司相对价值（TobinQ）为企业市值与（资产总计—无形资产净额—商誉净额）的比值，如果企业相对价值越高，企业更不会进行财务违规行为去承担违规风险。董事规模（Board）为包含董事长的董事人数，当董事规模越大时，董事与董事之间会存在董事之间的制衡关系，越不容易使企业发生财务违规行为。独立董事规模（IndepDir）为独立董事人数，独立董事的人员大多来自相关机构的具有专业知识的学者，因此会利用自身的专业知识帮助企业进行管理规避风险，因此企业越不容易发生财务违规行为。监事规模（Supervisor）为包含监事会主席的监事人数，当监事规模越大时，监事会实施的监督效果越强，越不容易发生财务违规行为。相关变量定义情况如表4-2所示。

表4-2 变量定义

变量类型	变量名称	变量代号	变量定义
因变量	财务违规发生概率	VIO1	是否发生财务违规，若发生财务违规事件为1，否则为0
	财务违规程度	VIO2	财务违规程度可划分为无处罚、低处罚、中处罚、高处罚，分别赋值为0、1、2、3
自变量	审计年度	T	该年度是否接受审计监督，若该年度接受了审计监督为1，否则为0
	审计监督	I	该样本是否接受审计监督，若为接受审计监督的样本为1，否则为0
	二次审计监督	Second	接受二次和三次审计检查企业的二次审计
控制变量	行业	Industry	根据2012年中国证监会修订的上市公司行业分类指引
	资产规模	LnSize	上市公司总资产的自然对数
	财务杠杆	Lev	上市公司的资产负债率[总负债/总资产]
	资产报酬率	Roa	上市公司的资产报酬率[净利润/总资产平均余额，其中总资产平均余额=（资产合计期末余额+资产合计期初余额）/2]
	净资产收益率	Roe	上市公司的净资产收益率[净利润/股东权益平均余额，其中股东权益平均余额=（股东权益期末余额+股东权益期初余额）/2]
	成长能力	Growth	上市公司的营业收入增长率[（营业收入本年本期金额-营业收入上年同期金额）/营业收入上年同期金额]
	股权集中度	First	上市公司的第一大股东持股比例
	公司相对价值	TobinQ	上市公司的托宾Q值[市值/（资产总计-无形资产净额-商誉净额）]
	董事会规模	Board	上市公司董事人数（含董事长）
	独立董事规模	IndepDir	上市公司独立董事人数
	监事会规模	Supervisor	上市公司监事人数（含监事主席）
	市场化指数	Index	中国省份、直辖市、自治区的市场化指数

（三）倾向值得分匹配（PSM）和双重差分模型（DID）

基于倾向得分匹配的双重差分法在一定情况下可以有效克服违背平行趋势假设所带来的问题，同时其在因果关系分析、内生性问题缓解、事前差异控制等方面具有独特优势。由于被审计署抽中的中央企业通常为行业的龙头企业，即使该企业和其他中央企业相比，仍然存在财务报告质量较高不会发生财务违规情况等系统性差异。

为了控制相关问题，本节运用 PSM 方法为被审样本选择配对，从未被国家审计的中央企业控制的上市公司中构造一组与被审计央企控制的上市公司最为接近的样本作为匹配的控制组，其中，控制组中样本"被审计"当年及以后年度政府审计哑变量 I 取 1，否则取 0，最后采用 DID 的研究设计检验实证结果，模型的一般形式如下：

$$VIO1_{i,t} = \beta_0 + \beta_1 T_{i,t} + \beta_2 I_{i,t} + \beta_3 T_{i,t} \times I_{i,t} + \sum Controls + Year\&Industry$$
$$Fixed\ Effects + \varepsilon_{i,t}$$

三、实证结果分析

（一）描述性统计

从表 4 - 3 可以看出，2008 ~ 2015 年被审计央企数量变化幅度不大，但被审计央企数量 2015 ~ 2016 年有大幅度的上升。

表 4 - 3　　　　　　　2008 ~ 2016 年被审计央企情况　　　　　　单位：家

项目	2008 年	2009 年	2010 年	2011 年	2012 年	2013 年	2014 年	2015 年	2016 年	总计
被审计央企数量	10	15	17	13	14	17	15	19	38	158

从表 4 - 4 可以看出，大部分发生财务违规的企业并没有接受处罚，说明大部分违规行为并不严重，并且可以很明显看出，财务违规行为发生频率 2015 ~ 2016 年有很明显的下降。说明有可能因为被审计央企数量的大幅度上升，被央企控股的上市公司受到影响，进而发生财务违规的情况减少。

表 4 - 4　　　　　　　2008 ~ 2016 年发生财务违规情况　　　　　　单位：家

项目	2008 年	2009 年	2010 年	2011 年	2012 年	2013 年	2014 年	2015 年	2016 年	总计
未接受处罚的 财务违规	220	275	324	471	542	506	449	501	354	3642

项目	2008 年	2009 年	2010 年	2011 年	2012 年	2013 年	2014 年	2015 年	2016 年	总计
接受低处罚的财务违规	37	36	39	50	67	64	54	72	61	480
接受中处罚的财务违规	26	22	15	26	36	33	28	33	24	243
接受高处罚的财务违规	36	40	36	48	63	66	64	65	33	451
总计	319	373	414	595	708	669	595	671	472	4816

表 4 – 5 是变量的描述性统计结果，从表 4 – 5 中控制变量的均值中可以看出，被央企控股的大部分上市公司具有一定的成长能力，其均值为正，具有一定的发展前景。不仅如此，这些上市公司的规模较大，公司总资产的对数均值达到 22.34 且标准差较小，彼此之间的规模差异不大。

表 4 – 5　　　　　　　　　　变量描述性统计结果

变量	观测量	平均数	标准差	最小值	最大值
VIO1	1288	0.11	0.31	0.00	1.00
VIO2	143	0.09	0.37	0.00	3.00
T	1288	0.15	0.36	0.00	1.00
I	1288	0.41	0.49	0.00	1.00
Board	1288	9.46	1.84	5.00	21.00
IndepDir	1288	3.39	0.69	1.00	6.00
Supervisor	1288	4.20	1.42	2.00	11.00
First(%)	1288	40.65	13.99	8.12	89.09
Roa	1288	0.03	0.06	− 0.21	0.23
Roe	1288	0.05	0.18	− 1.16	0.40
Growth	1288	0.60	2.94	− 0.58	23.94
TobinQ	1288	1.96	1.78	0.15	9.53
Lev	1288	0.52	0.22	0.06	1.05
Lnsize	1288	22.34	1.32	19.89	26.47

（二）PSM 倾向性评分匹配

在保证控股公司同为中央企业或机构、同年度、同行业的前提下，本节的测试变量选择了公司规模、资产报酬率、董事会规模、独董人数、监事会规模 5 个特征变量。根据模型预测值得到每个公司每年的倾向值得分，由于样本数量不大，本节进行了有放回的一对一倾向性评分匹配（PSM）。为了检验匹配的有效性，本书对模型的变量进行了匹配前和匹配后的测试，结果如表 4 - 6 所示，样本组和对照组在所选公司特征变量上均无显著差异，其中董事会规模、独董人数、资产报酬率以及资产规模 4 个变量经过匹配后样本组和对照组之间的偏差值有明显的大幅度下降。

表 4 - 6   PSM 配对有效性检验

| 变量 | 不匹配 | 均值 | | % 偏差 | % 偏差变动程度 | P 值 |
	匹配	T = 1	T = 0			
Board	不匹配	9.490	9.405	4.5	27.2	0.665
	匹配	9.518	9.452	3.6		0.647
IndepDir	不匹配	3.384	3.395	- 1.5	142.6	0.881
	匹配	3.393	3.388	0.6		0.937
Supervisor	不匹配	4.251	4.191	4.3	- 99.1	0.584
	匹配	4.247	4.126	8.5		0.393
Roa	不匹配	0.030	0.031	- 2.4	59.6	0.750
	匹配	0.030	0.029	1.0		0.926
Lnsize	不匹配	22.475	22.315	11.9	28.6	0.123
	匹配	22.470	22.584	- 8.5		0.420

（三）双重差分模型

表 4 - 7 报告了全样本和经过倾向值得分匹配后的审计监督与财务违规概率之间的回归结果。从表 4 - 7 中可以很明显地看出，全样本中在控制其他变量后，T 与 I 交互项的回归系数在 5% 的水平上显著为负（分别为 - 0.0562 和 - 0.0558），符合本文预期的假设 4 - 1。表明在审计署实施审计监督后，被审计的央企控股的上市公司财务违规事件发生的概率明显降低。

控制变量中，大部分变量的回归系数与预期的情况是一致的。当企业规模越大、企业成长能力越强、企业盈利能力越强时，回归系数为负，说明企业运行的效果较好，越不容易发生财务违规行为。当企业偿债能力较弱和上市公司股权集中度较高时，发生财务违规情况可能性越高。同时，独立董事的监管行为与预期的想法一致，会对企业行为进行监督，从而抑制财务违规行为。但有趣的是董事会规模和监事会规模对财务违规行为的影响与预期相反，本节分析可能是由于会存在董事会或者监事会联合操纵控制企业的情况，并没有很好地起到监督作用的缘故，导致其与财务违规行为存在正向关系。

表 4 - 7   政府审计与财务违规概率

变量	全样本	PSM 样本
	(1)	(2)
	VIO1	VIO1
T × I	- 0. 0562 **	- 0. 0558 **
	(- 0. 026)	(- 0. 026)
T	0. 085	0. 100
	(0. 046)	(0. 048)
I	0. 006	0. 008
	(- 0. 022)	(- 0. 022)
Board	0. 010	0. 011
	(- 0. 007)	(- 0. 007)
IndepDir	- 0. 004	- 0. 004
	(- 0. 020)	(- 0. 020)
Supervisor	0. 002	0. 002
	(- 0. 007)	(- 0. 007)
First(%)	0. 000	0. 000
	(- 0. 001)	(- 0. 001)
Roa	0. 404	0. 424 *
	(- 0. 251)	(- 0. 255)
Roe	- 0. 251 ***	- 0. 239 ***
	(- 0. 082)	(- 0. 083)
Growth	- 0. 001	- 0. 001
	(- 0. 003)	(- 0. 003)
TobinQ	0. 0134 *	0. 0130 *
	(- 0. 008)	(- 0. 008)
Lev	0. 109 **	0. 112 **
	(- 0. 051)	(- 0. 052)
Lnsize	- 0. 009	- 0. 012
	(- 0. 008)	(- 0. 008)
Constant	0. 170	0. 199
	(- 0. 164)	(- 0. 170)

变量	全样本	PSM 样本
	（1）	（2）
	VIO1	VIO1
年份和行业	控制	
观测值	1288	1272
调整 R^2	0.029	0.028
F 值	2.41	2.33

注：***、**、*分别代表1%、5%和10%的显著性水平（下同）。

（四）稳健性检验

此外，本节还进行了如下的稳健性检验，以更好佐证本书结论。

1. 区分对照组与实验组

为了进一步考察央企控股上市公司在审计监督前后公司财务违规情况，分别以实验组和控制组为样本进行研究。相较于被审计之前，上市公司在被审计署审计之后的财务违规情况有明显下降，而未被审计的企业的财务违规情况没有明显的下降迹象。

2. 重新定义审计监督哑变量 I

重新定义审计监督哑变量，前文中审计监督哑变量 I 定义为：被审计公司被审计年度当年及以后年度均取 1，否则取 0。在此，将审计署进驻央企审计当年及以后年度哑变量取值为 1，否则为 0。之后，重新进行双重差分 DID 模型检验，结果如表 4 - 8 所示。从表 4 - 8 中很明显可以看出，T 和 I 的交互项系数在全样本和 PSM 样本中均为负数显著（分别为 -0.0494 在 5% 水平上显著和 -0.475 在 10% 水平上显著）。说明即使替换了审计监督哑变量 I 的定义标准，同样可以印证本节假设 4 - 1，即审计监督与上市公司财务违规情况负相关，发生审计监督之后可以有效抑制上市公司财务违规行为。同时，控制变量的回归系数变化与前文结果并不明显。因此，说明主假设稳健性较强。

表 4 - 8　　　　　　　　　　　审计监督与财务违规概率

变量	全样本	PSM 样本
	(1)	(2)
	VIO1	VIO1
T×I	-0.0494 **	-0.0475 *
	(-0.024)	(-0.024)
T	-0.008	-0.009
	(-0.049)	(-0.050)
I	0.006	0.007
	(-0.022)	(-0.022)
Board	0.010	0.011
	(-0.007)	(-0.007)
IndepDir	-0.004	-0.004
	(-0.020)	(-0.020)
Supervisor	0.002	0.002
	(-0.007)	(-0.007)
First(%)	0.000	0.000
	(-0.001)	(-0.001)
Roa	0.404	0.423 *
	(-0.250)	(-0.254)
Roe	-0.251 ***	-0.239 ***
	(-0.082)	(-0.083)
Growth	-0.001	-0.001
	(-0.003)	(-0.003)
TobinQ	0.0134 *	0.0130 *
	(-0.008)	(-0.008)
Lev	0.109 **	0.111 **
	(-0.051)	(-0.052)
Lnsize	-0.009	-0.011
	(-0.008)	(-0.008)
Constant	0.169	0.198
	(-0.164)	(-0.169)
年份和行业	控制	
观测值	1288	1272
调整 R^2	0.029	0.028
F 值	2.22	2.15

3. 更换 PSM 倾向性评分匹配的特征变量

从表4-9的结果可以看出，在控制同年度、同行业的情况下已选择5个特征变量可以很好地匹配出相应的对照组，使得公司的特征变量对结果影响不大。但其中，监事会规模变量经过匹配后样本组和对照组之间的偏差值并没有大幅度下降。因此，本节在这里增加了上文使用的其他控制变量对监事会规模变量进行了替换，并重新进行 PSM 匹配和双重差分 DID 模型检验。首先，进行更换特征变量倾向评分匹配后，共得到1250条匹配上数据，有38条数据未匹配上。进一步检验匹配的有效性，在此又对模型的变量进行了匹配前和匹配后的测试，结果如表4-9所示，P 值均不显著，说明样本组和对照组在所选公司特征变量上均无显著差异，当替换掉监事会规模变量而采用其他特征变量进行检测时，可以发现变量经过匹配后样本组和对照组之间的偏差值均有不同程度的下降，说明本组 PSM 应用的变量选取情况较好。之后，在此进行更换变量后匹配的样本双重差分回归分析，从表4-10中可以看出，T 和 I 的交互项回归系数在 PSM 样本中为负数显著（为 -0.0560 在 5% 水平上显著）。说明更换 PSM 协变量进行回归后同样可以印证本节假设4-1，即审计监督与上市公司财务违规情况负相关，即发生审计监督之后可以有效抑制上市公司财务违规行为。同时，控制变量的回归系数变化与前文的结果差异并不明显。因此，进一步说明主假设稳健性较强。

表4-9   **PSM 配对有效性检验**

变量	不匹配	均值		偏差(%)	偏差变动程度(%)	P 值
	匹配	T = 1	T = 0			
Director	不匹配	9.518	9.452	3.6	13.0	0.647
	匹配	9.518	9.461	3.1		0.773
IndepDir	不匹配	3.393	3.388	0.6	100.0	0.937
	匹配	3.393	3.393	0.0		1.000
First	不匹配	40.036	40.759	− 5.1	47.4	0.510
	匹配	40.036	39.656	2.7		0.798
Roe	不匹配	0.026	0.053	− 13.5	28.9	0.060
	匹配	0.026	0.007	9.6		0.445
Growth	不匹配	0.837	0.558	8.6	58.4	0.226
	匹配	0.837	0.721	3.6		0.753

变量	不匹配	均值		偏差（%）	偏差变动程度（%）	P值
	匹配	T = 1	T = 0			
TobinQ	不匹配	2.139	1.927	11.3	35.9	0.128
	匹配	2.139	2.275	−7.2		0.516
Lev	不匹配	0.510	0.476	15.6	415.2	0.146
	匹配	0.510	0.517	−3.0		0.698
Roa	不匹配	0.030	0.038	−13.0	447.8	0.225
	匹配	0.030	0.031	−2.4		0.750
Lnsize	不匹配	22.475	22.286	14.1	18.1	0.176
	匹配	22.475	22.315	11.9		0.123

表 4 – 10　　　　　　　　　审计监督与财务违规概率

变量	PSM 样本	
	系数	T 值
T × I	−0.0560 **	−2.17
T	0.063	1.07
I	0.005	0.22
Board	0.008	1.12
IndepDir	0.002	0.12
Supervisor	0.002	0.32
First(%)	0.000	−0.25
Roa	0.305	0.98
Roe	−0.203 **	−2.00
Growth	−0.001	−0.21
TobinQ	0.012	1.48
Lev	0.116 **	2.16
Lnsize	−0.014 *	−1.74
Constant	0.269	1.54
年份和行业	控制	
观测值	1250	
调整 R^2	0.025	
F 值	2.280	

（五）进一步分析

1. 审计监督与财务合规程度

通过以上研究我们发现，在审计监督实施后，相关央企控股的上市公司的财务违规行为发生的频率得到了控制。随之，进一步研究审计监督对财务合规行为程度的影响情况。

同样采用了 DID 模型进行实证结果的检验，模型的形式如下：

$$VIO2_{i,t} = \beta_0 + \beta_1 T_{i,t} + \beta_2 I_{i,t} + \beta_3 T_{i,t} \times I_{i,t} + \sum Controls + Year\&Industry$$
$$Fixed\ Effects + \varepsilon_{i,t}$$

从表 4-11 中可以很明显地看到，不论是全样本数据，还是经过 PSM 处理后的数据，T 和 I 的交互项回归系数均为负（分别为 -0.191 和 -0.169）且在 5% 水平上显著，说明审计监督变量与受央企控股上市公司的财务违规程度为显著负相关，即当接受审计监督后，上市公司发生财务违规行为的严重程度会减弱。

表 4-11　　　　　　　　　　审计监督与财务合规程度

变量	全样本	PSM 样本
	(1)	(2)
	VIO2	VIO2
T × I	-0.191 **	-0.169 **
	(-0.077)	(-0.071)
T	0.552	0.631
	(0.549)	(0.490)
I	0.079	0.099
	(-0.087)	(-0.087)
Board	-0.0539 **	-0.0403 *
	(-0.026)	(-0.021)
IndepDir	0.078	0.053
	(-0.056)	(-0.045)
Supervisor	-0.008	-0.008
	(-0.012)	(-0.011)
First(%)	0.003	0.003
	(-0.003)	(-0.003)
Roa	-1.298 ***	-0.907 **
	(-0.477)	(-0.368)

变量	全样本	PSM 样本
	(1)	(2)
	VIO2	VIO2
Roe	-0.099	0.009
	(-0.189)	(-0.162)
Growth	-0.005	-0.004
	(-0.003)	(-0.003)
TobinQ	0.000	0.001
	(-0.015)	(-0.014)
Lev	-0.028	-0.061
	(-0.339)	(-0.342)
Lnsize	-0.052	-0.037
	(-0.042)	(-0.041)
Constant	1.430	1.065
	(-0.877)	(-0.855)
年份和行业	控制	
观测值	143	141
调整 R^2	0.155	0.098
F 值	1.16	0.94

控制变量的回归系数与上文结果类似,但其中董事会规模、独立董事人数以及监事会规模的回归结果与上文情况正好相反。本节认为当企业已经发生财务违规后,会引起董事会和监事会对上市公司行为的重视,因此其会起到相应的监督作用,进而在审计监督后财务违规行为的严重程度下降,情况得到了控制。

2. 一次审计与二次审计

从表 4 - 12 中可以看出,接受三次审计署检查的中央企业公司只有 4 家,因此暂不考虑审计署的第三次审计。本节将定义样本范围内首次接受审计检查的样本包括:接受一次审计检查的 99 家公司、接受二次和三次审计检查的 45 家公司的第一次审计检查。定义样本范围内二次接受审计检查的样本包括:接受一次和三次审计检查的 45 家公司的第二次审计检查。首次接受审计检查的观测定义 Second = 0,二次接受审计检查的观测定义 Second = 1。

表 4 −12 被审样本审计次数统计

审计署审计次数	0	1	2	3
中央企业数	1134	99	41	4
观测数	1134	99	82	12

为探究审计署一次审计检查、审计署二次审计检查对央企控股上市公司的影响差异，以考察审计署多次审计检查是否有起到应该的效果，回归结果如表 4 −13 所示。从表 4 −13 中很明显可以看到，Second 和 T 的交互项回归系数为 −0.043 但并不显著，说明政府的第二次审计对央企控股上市公司的财务违规行为存在抑制的效果，但是效果并不显著，即政府的二次审计没有起到进一步显著的抑制作用，也可以说明审计署的第一次审计之后，对于上市公司已经起到一定作用，已经可以很有效地抑制企业财务违规行为。

表 4 −13 二次审计监督与财务违规概率

变量	PSM 样本	
	系数	T 值
Second × T	− 0.043	− 0.67
T	− 0.040	− 1.37
Second	0.037	0.82
First(%)	− 0.002	− 1.52
Board	− 0.006	− 0.45
IndepDir	0.019	0.49
Supervisor	0.007	0.66
Roa	− 0.051	− 0.09
Roe	− 0.188	− 0.93
Growth	− 0.0043 *	− 1.76
TobinQ	0.019	1.64
Lev	0.139	1.59
LnSize	− 0.010	− 0.79
Constant	0.274	1.03
年份和行业	控制	
观测值	533	
调整 R^2	0.048	
F 值	2.7	

3. 考虑审计署特派办的影响

审计署共有 18 个驻地方特派员办事处。依据法律法规和审计署的规定，特派办的职责之一是审计中央国有企业、中央国有资本占控股地位或主导地位的企业的资产、负债和损益，所以中央企业控制的上市公司是受所属特派办管辖的，在此认为审计监督的监督作用可能与特派办也有着密切的联系。

为了验证审计署特派办的分布情况在审计监督央企控股上市公司时的影响，本节先后以中央企业控制的上市公司所在省份中是否有审计署特派办和所在市区是否有特派办，分组考察特派办的地理位置是如何影响审计监督发挥效力的。

从表 4-14 中可以看出，省内是否有特派办对审计监督抑制企业财务违规行为并没有显著的促进作用，无论上市公司所在省份是否有特派办，交互项系数均不显著为负（-0.050 和 -0.073），因此当一家上市公司所在省份有特派办相较于一家上市公司所在省份没有时，审计监督不会因此进一步抑制企业的财务违规行为。

表 4-14　　　　审计署特派办的地理分布对审计监督抑制财务违规概率的影响

变量	所在省份有特派办		所在省份无特派办		所在市有特派办		所在市无特派办	
	系数	T 值	系数	T 值	系数	T 值	系数	T 值
T×I	-0.050	-1.36	-0.073	-1.64	-0.0695 *	-1.85	-0.055	-1.34
T	-0.028	-0.86	0.021	0.82	0.023	0.84	-0.008	0.782
I	0.013	0.48	-0.012	-0.36	0.029	1.03	-0.009	-0.30
First(%)	-0.000	-0.11	-0.001	-1.14	0.001	0.62	-0.0017 *	-1.77
Board	0.009	1.01	0.007	0.56	0.006	0.56	0.007	0.71
IndepDir	0.004	0.17	0.007	0.20	0.043	1.44	-0.035	-1.28
Supervisor	-0.001	-0.11	0.001	0.13	-0.0206 **	-2.33	0.0188 **	2.00
Roa	-0.038	-0.89	0.239	1.12	-0.014	-0.36	-0.138	-0.70
Roe	-0.056 ***	-2.58	-0.0586 ***	-3.73	-0.004	-0.17	-0.0708 ***	-4.46
Growth	-0.002	-1.07	0.003	1.35	-0.002	-0.91	0.002	0.82
TobinQ	0.0201 *	2.60	-0.005	-0.56	0.007	0.80	0.015 **	1.97
Lev	0.016	0.47	0.1365 *	1.95	-0.003	-0.11	0.103	1.63
LnSize	-0.006	-0.56	-0.009	-0.66	-0.018	-1.62	0.001	0.08
Constant	0.109	0.47	0.218	0.77	0.342	1.36	0.080	0.32
年度和行业	控制		控制		控制		控制	

变量	所在省份有特派办		所在省份无特派办		所在市有特派办		所在市无特派办	
	系数	T 值	系数	T 值	系数	T 值	系数	T 值
观测值	806		479		554		731	
调整 R^2	0.03		0.059		0.039		0.036	
F 值	2.09		2.45		1.82		3.28	

但是，当范围由省份缩小到市区时，可以看出，当上市公司所在市存在特派办时交互项系数在10%水平上显著为负（－0.0695），而当上市公司所在市无特派办时，系数为负（－0.055）但并不显著。因此当一家上市公司所在市有特派办相较于一家上市公司所在省市区没有时，审计监督会因此进一步抑制企业的财务违规行为。

在此，本节认为由于省份内部存在很多市区，存在一种情况：上市公司所在省市区虽然有特派办，但是距离很远，并不处在同一市区内，使得审计监督的效果并没有发挥得很明显。但是，当范围由省份缩小到市区时，由于距离的缩进，当上市公司与特派办位于同一省份的同一市区的时候，审计监督发挥的效用被加大，可以更好地抑制企业的财务违规行为。

4. 审计监督与社会审计

央企控股上市公司不仅接受政府的连带审计，还要接受社会审计，如"四大"（德勤、安永、毕马威、普华永道）会计师事务所或其他事务所的审计。由于事务所规模、能力各方面存在差异，因此审计质量可能也会存在差异。当上市公司接受完不同类型或级别的事务所的社会审计后，审计监督可能会由于社会审计的差异而影响自身的审计行为，进而对企业财务违规行为产生一定影响。

在此，本节将社会审计分为"四大"会计师事务所审计，以及非"四大"会计师事务所审计。考虑两种社会审计情况下，审计监督对央企控股上市公司财务违规行为的影响。

如表4－15所示，当央企控股上市公司接受非"四大"会计师事务所审计时，其交互项系数为－0.0574在10%水平上显著，而当其接受"四大"会计师事务所审计时，系数虽为复数，但并不显著。这说明，审计监督对于社会审计来说起到了互补的作用，即当央企控股上市公司接受非"四大"会计师事务所审计时，审计监督发挥的抑制作用反而更强烈。可能由于审计监督不足够相信非"四大"会计师事务所的审计质量，因此加强了对相关上市公司的审计监督工作，故而可以更好地抑制企业的财务违规行为。

表 4 - 15   "四大"会计师事务所审计对审计监督抑制财务违规概率的影响

变量	央企控股上市公司受"四大"会计师事务所审计		央企控股上市公司受非"四大"会计师事务所审计	
	系数	T 值	系数	T 值
T × I	-0.052	-0.90	-0.0574 *	-1.85
T	0.0833 **	2.03	-0.005	-0.2
I	0.0962 **	2.17	-0.008	-0.36
Roa	-0.244	-0.38	-0.028	-0.66
Roe	-0.022	-0.10	-0.0604 ***	-4.58
First(%)	0.001	0.63	-0.000	-0.55
Growth	-0.012	-0.45	-0.000	-0.17
Board	0.002	0.12	0.0139 *	1.66
IndepDir	0.051	1.33	-0.008	-0.35
Supervisor	-0.015	-1.11	0.006	0.77
TobinQ	0.034	1.23	0.0119 **	1.97
Lev	0.132	1.00	0.029	0.93
LnSize	-0.017	-0.85	-0.003	-0.28
Constant	0.113	0.27	0.039	0.19
年度和行业	控制		控制	
观测值	131		479	
调整 R^2	0.090		0.059	
F 值	0.97		2.45	

5. 市场化程度对审计监督的影响

除了审计署的地理位置会对审计监督造成一定影响之外，央企控股上市公司所在地区、城市本身的环境也会对审计监督造成一定的影响。很显然，北京、上海、广州、深圳等一线城市发展的程度更好，显然政府监管力度会更强，反映在审计监督上很有可能是审计署对该地区的央企控股上市公司的审查力度更大，更加会抑制企业发生财务违规行为。

在此，借鉴樊纲等在《中国市场化指数》一书中的各个地区和省份的市场化指数（Index），试图用一种统一的体系衡量各省份的市场化发展进程，整体情况如表 4 - 16 所示。

表4-16　　　　　2008~2016年各省份的市场化指数均值情况

指数为7以上		指数在6~7		指数在5~6		指数为5以下	
省份	指数	省份	指数	省份	指数	省份	指数
江苏	9.222	福建	6.994	广西	6.000	山西	4.901
上海	8.974	重庆	6.910	湖南	5.956	云南	4.778
浙江	8.954	辽宁	6.676	黑龙江	5.721	宁夏	4.513
广东	8.464	安徽	6.662	河北	5.689	贵州	4.332
北京	8.340	河南	6.553	海南	5.292	甘肃	3.667
天津	8.197	湖北	6.419	陕西	5.248	新疆	3.147
山东	7.411	四川	6.172	内蒙古	5.043	青海	2.666
		吉林	6.059			西藏	0.570
		江西	6.024				

当进一步分析城市的发展情况对审计监督的具体影响时，从表4-17中可以看出，引入城市市场化指数控制变量后，交互项回归系数仍为负值（-0.0552）在10%水平上显著，说明审计监督仍然可以起到抑制企业财务违规行为的作用。但是相较于表4-17中交互项系数与显著水平时，加入市场化指数变量后，其显著性变弱，市场化好的城市或地区没有很好地推进审计监督发挥效力。当关注市场化指数的系数时，系数为正，说明市场化指数与企业财务违规概率存在正向的相关关系，即市场化指数越高的城市，发生企业财务违规的概率反而越高，但是影响并不显著。

表4-17　　　　　　审计监督与财务违规行为概率

变量	系数	T值
T × I	-0.0552*	-1.95
T	-0.253	-0.757
I	-0.000	-0.01
Index	0.004	0.71
Roa	-0.031	-0.74
Roe	-0.0605***	-4.73
First(%)	-0.001	-0.79
Growth	-0.000	-0.11
Board	0.011	1.44

变量	系数	T 值
IndepDir	0.000	−0.00
Supervisor	0.002	0.29
TobinQ	0.010	1.78
Lev	0.036	1.20
LnSize	−0.010	−1.14
Constant	0.181	1.04
年度和行业	控制	
观测值	533	
调整 R^2	0.048	
F 值	2.7	

综上，从两种角度都说明了省份的市场化水平越高，即市场化指数越高，审计监督对企业财务违规行为发生的抑制作用并不能够越强。

第二节　审计监督提升企业财务报告质量分析

现有研究主要集中于内部审计和社会审计对公司治理的作用。约瑟和王（Joseph and Wong，2005）基于东亚市场，发现外部审计可以缓解所有者与外部投资者之间的代理冲突，有利于提高公司治理水平。比斯利和马克（Beasley and Mark，1996）研究表明，与设置了内部审计机构的上市公司相比，未设置内审机构的上市公司财务欺诈行为发生频率更高。对于央企，除了接受内部审计和外部审计外，审计监督也是对其进行监管的重要手段。本节基于审计署审计结果公告，分析审计监督对于央企控股上市公司财务报告重述的影响，为审计监督在央企控股上市公司治理中的作用提供经验证据。

一、理论分析与假设提出

（一）财务重述与经济后果

财务报告重述，是指在上市公司财务状况信息公开之后，发现由于主客观原因，导致错报或者漏报等情况存在。为了纠正出现的重大会计差错，上市公司会重新表述财务报告。财务报告重述有三种类型，分别是更正公告、补充公告和补充更正公告，涉及对之前对外报告的补充、对之前报告中错误的修改说明以及补充与修改说明的综合。上市公司进行财务重述，一是自身主动进行披露，二是在外部监管机构发现问题后要求披露。财务报告质量越高，那么发生财务重述行为的可能性就越低。但是财务重述的公告披露常常具有滞后性，在年报披露一段时间后才会发布，部分上市公司有意借此推迟不利事项的公布，上市公司存在利用财务报告重述进行盈余管理的动机（周晓苏和周琦，2011）。德丰和加姆巴沃（Defond and Jiambalvo，1991）对41家进行财务重述的公司进行分析，并选取对照组进行配对检验，发现管理层可能将财务重述作为收入管理的工具，给公司发展带来不确定性。现有研究表明，财务重述会给市场造成负面冲击。除了会引起股票价格在短期内下降外，还会抬高上市公司的资本成本。上市公司发布财务重述公告，会损害投资者的利益，同时导致上市公司市场价值下跌（王清刚和尹文霞，2011）。财务报告重述是内部控制缺陷的一个重要信号（袁敏，2012）。因此，通过对上市公司财务报告重述的行为分析，可以了解公司的财务管理水平。

（二）内部审计、社会审计与财务重述

内部审计在上市公司治理中发挥重要作用，内部审计有很高程度的独立性，对公司内部控制做出评价并进行完善，降低发生财务重述行为的概率。通过检查公司的经济活动，内部审计能起到促进公司良性运营的作用。杨红心（2015）从内部审计的机构设置、人员构成和体系有效性三个角度，分析内部审计对于财务重述的影响，发现上市公司财务重述会给公司带来较大负面影响，易引发投资者质疑，不利于公司长期发展。

社会审计是上市公司在接受内部审计外，必须接受的另一种审计类型，是由独立的会计师事务所负责执行，目的是对上市公司的财务状况、经营成果等发表公允意见，为报表使用者提供参考。随着审计市场的不断发展，上市公司都会购买事务所的内部控制审计服务，以提高审计的效率和效果。鲍尔萨姆、克里希南和杨（Balsam，Krishnan and Yang，2003）研究认为，拥有市场份额更高的事务所审计效率和效果更好，盈余质量更高。郑伟、朱晓梅和季雨（2015）以实施整合审计的A股上市公司为研究样本，检验内部控制审计费用与财务重述的关系，研究事务所提供的内部控制审计对审计质量的影响。结果表明，内部控制审计费用与总审计费用越高，上市公司进行财务重述的概率越低。马晨、程茂勇、张俊瑞和祁珺（2015）基于中国的特殊背景，构建了外部审计、媒介环境和财务重述三者之间的框架，从六个方面衡量外部审计，得出经过事务所外部审计，上市公司发生财务重述的概率会降低。

（三）审计监督与治理作用

审计监督是国家治理中的一项制度安排，具有基础性作用，在提升国家治理能力中发挥重要作用（刘家义，2015）。审计监督是对国有企事业单位进行审计，检查其是否存在违法乱纪行为，并督促其整改。国有企业是中国特色社会主义的重要物质基础和政治基础，而中央企业在国有企业中占据重要地位，因此要加强对央企的监督，加强国有资产的监管。在过去年度披露的审计结果公告表明，审计监督中央企业，揭示了其会计信息、资产质量和盈利能力方面的问题，有助于其加强财务预算管理、规范财务收支核算，提高发展质量和效益，优化资本布局。唐大鹏、李鑫瑶、刘永泽和高嵩（2015）研究认为，审计监督可以推动内部控制的优化、内部流程的管控及其监督制度设计的完善。段训诚和唐立新（2018）经过研究证实，审计监督介入对央企所控制的上市公司内部控制有效性的提升具有显著提升作用，且这种提升作用在中度介入期最为明显，之后会有一定的下降。陈宋生、陈海红和潘爽（2014）基于审计署公布的国有控股上市公司审计结果公告，从市场感知和内隐质量进行分析，发现审计结果公告会引起负面的市场反应，审计监督具有更强的信服力，受到市场认可。

通过以上学者的研究，可以发现现有文献大多是分析内部审计或社会审计与财务重述的关系。在审计监督方面，主要研究的内容涵盖审计监督对被审企业内部控制、业绩等影响以及带来的市场反应等。本节在相关学者已有研究的基础上，根据 2008～2016 年审计署公布的审计结果公告中的财务收支公告，研究央企控股上市公司财务报告重述行为，以期验证审计监督在央企控股上市公司治理中的有效性。

（四）假设提出

根据公共受托责任理论，政府受托经营公共财产，有责任汇报对这些财产的经营管理情况。在我国，一切权力属于人民，国家财富是全民的公共财产，中央和各级政府受托进行经营管理，有责任进行审计监督，以保证被审计对象有效履行受托经济责任。在我国资本市场，发生财务重述行为的上市公司逐渐增加。仅 2017 年，沪深的上市公司就有 500 多家存在财务重述行为，这其中不乏央企、地方国企控股的上市公司。财务重述的发生与上市公司财务报告质量密切相关，反映了上市公司的财务管理水平，而财务管理水平又与上市公司持续健康发展息息相关。为了对上市公司进行约束，外部独立第三方审计机构会对所有上市公司进行审计，帮助上市公司纠正内部控制存在的问题。而对于央企控股的上市公司，除去事务所审计，基于公共受托经济责任，每年审计署应当对其进行审计监督。审计监督具有权威性，审计力度强，且审计署每年都会对前一年的审计结果进行公告，威慑力要高于事务所审计。此外，媒体会对审计监督的被审计单位有所关注，披露金额越大、性质越严重，媒体关注度越高（王春飞和郭云南，2015）。媒体舆论导向会加大被审计单位的压力，可以促进其财务管理水平的提高。2015 年 9 月，国务院发布《关于深化国有企业改革的指导意见》，进一步推动了国有企业改革进程，国资委力推中央企业不留存续资产进行整体上市，央企将更多优质资产注入上市公司。对于央企接受审计监督，其审计也会涉及央企控股的上市公司，因此其发生财务重述的频率可能与其上级控股央企接受的审计监督有关。

综合以上分析，在审计署对央企进行审计并发布审计公告后，被审计央企控股的上市公司，在自身企业性质、相关部门监督、外部媒体压力等因素的影响下，会不断改善财务管理水平，提高财务报告质量，降低财务重述的可能性。由此，本节提出假设 4 - 2：在其他条件一定的情况下，对于接受过审计监督的央企，其控股上市公司发生财务重述的频率下降。

二、研究设计

（一）数据筛选

本节以审计署网站在 2010～2018 年公布的审计结果公告中涉及财务收支审计的中央企业为样本，即审计年度为 2009～2017 年，报表年度为 2008～2016 年。首先将中央企业名称与上市公司的“实际控制人名称”进行匹配，筛选出央企控股的上市公司；其次，将审计结果公告中涉及的中央企业名称与央企控股的上市公司的“实际控制人名称”进行匹配，剔除了金融行业、*ST、ST 和数据缺失的上市公司，最终得到 1191 个观测值。本节参考已有文献的做法（朱晓文和王兵，2016），对于在观测年度内多次审计的央企集团，只取第一次被审计的情况，合计得到 125 家被审计的央企。研究样本中，财务重述的公司是指在 2009～2017 年发布财务重述的公司，共计 55 家。其中，审计监督、财务重述的相关数据分别根据审计署官网的审计结果公告、上海交易所和深圳交易所网站上市公司公告手工整理，其他数据均来自 CSMAR 数据库。此外，本节样本中央企控股上市公司的行业分类，以证监会发布的 2016 年四季度上市公司行业分类结果为依据。为避免异常值影响，本节在上下 1% 对所有连续变量进行了 Winsorize 处理。

（二）指标体系

本节以审计监督是否介入作为审计监督治理作用的代理变量，即作为本节自变量；以是否在观测年度内发布过更正公告、补充公告或补充更正公告作为财务报告重述的代理变量，即作为本节的因变量。结合已有文献（李青原和马彬彬，2017），选定六个控制变量，反映上市公司财务特征、治理情况。主要变量定义见表4-18。

表4-18 变量定义

变量名称	符号	衡量方法
财务重述	restatement	上市公司发生财务重述赋值为1，否则为0
审计监督	audit	上市公司所属央企审计介入当年及之后赋值为1，否则为0
审计监督前后	postaudit	上市公司所属央企审计介入以后年度赋值为1，否则为0
公司规模	size	公司年末总资产的自然对数
财务杠杆	lev	公司年末总负债与总资产的比值
资产收益率	roa	公司净利润与年均总资产的比值
独董比例	indepr	独立董事人数与董事会人数的比值
股权制衡度	eqba	第一大股东和第二大股东持股比例的比值
两职合一	dual	董事长与总经理是同一人兼任赋值为1，否则为0
高管薪酬	salary	高管前三名薪酬总和

（三）模型设定

本节将审计署对央企及其控股的上市公司进行的审计监督视为政策变更，而双重差分模型是对于公共政策和项目实施效果定量评估的常用方法。因此借鉴吴秋生和郭檬楠（2018）设计的双重差分模型，构建式（4-1），检验审计监督对财务报告重述的影响。

$$restatement = \beta_0 + \beta_1 audit + \beta_2 postaudit + \beta_3 postaudit \times audit + \beta_4 size$$
$$+ \beta_5 roa + \beta_6 lev + \beta_7 eqba + \beta_8 dual + \beta_9 indepr + \beta_{10} salary$$
$$+ \sum year + \sum industry + \varepsilon \qquad (4-1)$$

三、实证结果分析

（一）描述性统计

表4-19列示了全样本相关变量的描述性统计。其中，audit均值为0.52，中值为0，表明目前我国被审计的央企控股的上市公司覆盖面已有较大范围的提升，但实验组样本仍需进一步丰富，在下文的分析中需要寻

找合适的控制组。此外，postaudit 均值为 0.41，中值为 0，这表明随着时间的推移，审计监督所覆盖的央企控股上市公司逐渐增加。

表 4-19　　　　　　　　　　　描述性统计结果

变量	N	最小值	最大值	中值	均值	标准差	p25	p75
restatement	1191	0	1	0	0.04	0.19	0	0
audit	1191	0	1	1	0.52	0.50	0	1
postaudit	1191	0	1	0	0.41	0.49	0	1
dual	1191	0	1	0	0.06	0.24	0	0
indepr	1191	0.30	0.57	0.33	0.36	0.05	33	0.38
eqba	1191	1.01	287.39	6.90	18.00	30.71	2.38	19.97
size	1191	19.95	26.65	22.31	22.49	1.35	21.56	23.39
roa	1191	-0.17	0.23	0.03	0.03	0.06	0.01	0.06
lev	1191	0.04	4.87	0.52	0.58	0.56	0.35	0.68
salary	1191	0	1630	155.83	196.82	163.8	105.7	230.6

注：高管薪酬 salary 以万元为单位。

（二）变量回归分析

为了检验假设 4-2，本书进行了全样本的回归分析。在进行回归分析前，对模型中各变量进行了 VIF 方差膨胀因子检验，得出各变量之间的平均 VIF 为 1.52，远小于 2，这表明各变量不存在严重的多重共线性，检验具有合理性。本节控制了行业和年度，以保证结果的稳健，在此基础上进行了回归分析，结果见表 4-20。其中，第一列是未加入控制变量的回归结果，结果显示，postaudit × audit 的交互项系数为负，这表明经过审计监督的央企控股的上市公司，在审计后发生财务重述的频率下降，验证了本节的假设 4-2；第二列是加入控制变量后的结果。结果显示，交互项系数仍为负，这进一步表明审计监督可以促进央企控股的上市公司财务报告重述频率下降，验证了本节假设 4-2。但是回归结果中结果不显著，说明审计监督的影响不明显，因此本书将继续采用双重差分法，分析审计监督与财务报告重述的关系。

表 4 – 20   审计监督与财务重述

变量	(1) restatement	(2) restatement
postaudit × audit	– 0. 0194	– 0. 0168
	(0. 0196)	(0. 0195)
audit	0. 0121	0. 0153
	(0. 0196)	(0. 0195)
dual		0. 0499 **
		(0. 0227)
indepr		0. 0978
		(0. 119)
eqba		– 9. 82e – 05
		(0. 000182)
size		– 0. 00747
		(0. 00490)
lev		– 0. 00614
		(0. 0103)
roa		0. 0593
		(0. 104)
salary		– 4. 43e – 09
		(4. 38e – 09)
Constant	– 0. 00955	0. 0998
	(0. 0554)	(0. 120)
行业	控制	控制
年度	控制	控制
Observations	1,191	1,191
R – squared	0. 027	0. 037

（三） PSM – DID 检验

由于以上结果可能受到内生性的干扰，即财务报告重述频率高的央企更可能受到审计监督，而审计监督之后财务报告重述下降的幅度自然更大。因此，本节采用倾向得分匹配法（PSM）和双重差分模型，将二者结合使用，以识别审计监督与财务报告重述的因果关系，识别可能存在的内生性问题。

首先，根据影响财务报告重述的公司特征因素，采用倾向得分匹配法

（PSM），构造未接受审计监督的央企控股上市公司组（对照组），对接受过审计监督的央企控股上市公司组（处理组）进行样本匹配。新增变量 treat 作为分组变量，被审计过的上市公司均赋值为 1，否则为 0。因此，treat = 1 代表处理组，treat = 0 代表对照组。匹配变量采用公司规模、财务杠杆、资产收益率、独董比例与两职合一等特征指标，并对行业和年份进行控制。在此基础上，得到模型预测的每个样本的倾向值得分，即被审计监督的概率。基于倾向值得分，本节采用最近邻匹配法，对接受审计监督的处理组与未接受审计监督的对照组进行一对一匹配。通过对处理组和对照组的匹配，在其他条件完全相同的情况下，通过接受审计监督的处理组和未接受审计监督的对照组在财务报告重述表现上的差异来判断接受审计监督的行为与财务报告重述之间的因果关系。为检验匹配的有效性，本节检验了匹配前后处理组与对照组特征变量的差异性，结果见表 4-21。各变量偏差比例最大为 7.7%，远小于 20%，可知匹配结果比较理想。由 t 检验结果可知，处理组与控制组公司的匹配变量不存在显著性差异。方差比例 V（T）/V（C）最大为 1.40，结果较为稳定。B 值为 9.9%，R 值为 1.52。综合以上各平衡性检验结果，可知匹配变量比较合理，对照组选取具有合理性，可用于下文与处理组的比较。

表 4-21　　　　　　　　　　　匹配平衡性检验

变量	Mean		t - test			V（T）/ V（C）	B	R
	Treated	Control	% bias	t	p > |t|			
dual	0. 06022	0. 06417	- 1. 6	- 0. 37	0. 713	-		
indepr	0. 36258	0. 36181	1. 6	0. 34	0. 736	0. 94		
size	22. 53800	22. 59000	- 4. 2	- 0. 88	0. 380	1. 21	9. 9	1. 52
lev	0. 57150	0. 58024	- 1. 4	- 0. 32	0. 746	0. 64		
roa	0. 02934	0. 02482	7. 7	1. 92	0. 055	1. 40		

在完成倾向得分配对后，采用双重差分模型控制系统性差异，比较处理组与对照组在审计监督前后财务报告重述的变化，检验审计监督的作用。双重差分模型与前文的式（4-1）一致。其中，审计监督介入的以后年度，处理组 postaudit 取值为 1，其余年度 postaudit 取值为 0，对照组的 postaudit 取值与其对应的配对处理组一致。在利用倾向得分匹配法得出对照组样本后，对处理组与对照组的全样本进行的双重差分回归结果见表 4-22。列（1）是未加入控制变量后的回归结果，列（2）是加入控制

变量后的回归结果。两种情况下的回归，交互项 postaudit × audit 的系数均为负，这一指标反映了审计监督对财务报告重述的净效应为负。但由于系数均不显著，说明在剔除其他影响因素后，审计监督对接受审计的央企控股上市公司发生财务报告重述行为有负向阻碍作用，降低了财务报告重述，但是影响不明显，产生的净效应分别约为 2.33% 和 2.34%。这一检验结果与前文的普通回归结果一致，证明了结论的有效性。

表 4 – 22 审计监督与财务报告重述 DID 检验

变量	(1) restatement	(2) restatement
postaudit × audit	– 0.0233	– 0.0234
	(0.0321)	(0.0325)
audit	0.0115	0.0151
	(0.0238)	(0.0239)
postaudit	0.00398	0.00689
	(0.0238)	(0.0240)
dual		0.0523
		(0.0329)
eqba		– 9.92e – 05
		(0.000122)
indepr		0.101
		(0.122)
size		– 0.00788
		(0.00496)
lev		– 0.00592
		(0.00427)
roa		0.0801
		(0.113)
salary		– 4.65e – 09
		(3.69e – 09)
Constant	– 0.0102	0.105
	(0.0179)	(0.103)
行业	控制	控制
年度	控制	控制
Observations	1,175	1,175
R – squared	0.028	0.039

（四）进一步分析

以上研究结果表明，央企在接受审计监督后，被审计央企控股的上市公司财务报告重述会降低，但是审计监督所起的作用不明显。而上市公司财务报告重述降低可能与审计监督有关，还可能与上市公司本身的治理情况有关。

审计监督通过发挥其批判性功能，对被审计的央企控股上市公司造成影响，发挥了国家治理工具的作用。现有文献表明，针对央企的审计监督，有助于提升其控股上市公司的经营绩效。审计监督在介入后，向社会公告审计结果，在社会和舆论的监督力量的辅助作用下，提升了央企控股上市公司的治理效率（蔡利和马可哪呐，2014）。与审计前相比，审计后央企控股上市公司的盈余管理程度下降，同时接受过审计的公司盈余管理程度低于未接受审计的（陈宋生、董旌瑞和潘爽，2013）。因此，审计监督的介入效果与央企控股上市公司的治理情况有关。此外，审计监督自身的监督力度也会对最终的介入效果带来影响。

借鉴现有文献对审计监督监督力度的衡量方法，一是审计署与央企控股上市公司距离（褚剑和方军雄，2016），采用的是央企控股上市公司与公司注册地所在省份负责的审计署特派办的最短距离。为使之后的分析结果更加准确，采用功效系数法，对距离进行了归一化处理，具体处理方法见式（4-2）。

$$d_i = \frac{z_{ib} - \min(z_{ib})}{\max(z_{ib}) - \min(z_{ib})} \times 0.9 + 0.1 \qquad (4-2)$$

二是对被多次审计的央企控股上市公司样本进行检验。由于部分央企在观测年度内被审计次数超过一次，例如中国电子信息产业集团有限公司、国家开发投资总公司等。由于一次审计和多次审计所带来的效果可能会有所不同，因此设置虚拟变量，将被审计次数超过一次的赋值为1，否则为0。经计算分析，最终选取选取审计署与央企控股上市公司的距离小于其中位数的样本部分以及被多次审计的样本部分，分别进行审计监督与财务报告重述的DID检验，与全样本的检验结果进行对比，检验结果见表4-23。

列（1）是央企控股上市公司距离审计署特派办距离低于中位数的，即与审计署特派办距离相对更近的部分的回归结果；列（2）是被多次审计的样本的回归结果。由结果可知，与全样本交互项系数相比，在其他两种情况下，交互项系数负相关程度更大，但是均不显著。即审计监督对接受审计的央企控股上市公司发生财务报告重述行为的负向阻碍作用更强，产生的净效应更高。说明多次审计对于降低被审计央企控股上市公司财务报告重述的作用更明显。央企控股上市公司距离审计署特派办距离越近，审计监督的监督力度越强，越能够在更大程度上降低被审计央企控股上市公司的财务报告重述。但是总体而言，审计监督在降低央企控股上市公司财务重述方面所起作用较小。

表 4 – 23　审计监督与财务报告重述 DID 检验——基于审计监督特征的角度

变量	(1) restatement 最短距离	(3) restatement 多次审计
postaudit × audit	– 0. 0665	– 0. 0965
	(0. 0601)	(0. 0601)
audit	0. 0337	– 0. 00963
	(0. 0397)	(0. 0722)
postaudit	0. 0186	—
	(0. 0492)	
dual	0. 0319	– 0. 0399 **
	(0. 0376)	(0. 0163)
eqba	– 6. 02e – 05	– 0. 000132
	(0. 000168)	(0. 000185)
indepr	0. 310	0. 217
	(0. 222)	(0. 200)
size	– 0. 0129 *	– 0. 000673
	(0. 00766)	(0. 00603)
lev	– 0. 00667	0. 0133
	(0. 00774)	(0. 00972)
roa	– 0. 145	0. 163
	(0. 190)	(0. 152)
salary	– 7. 62e – 09 *	– 1. 29e – 08 **
	(4. 34e – 09)	(5. 59e – 09)
Constant	0. 0995	– 0. 0683
	(0. 164)	(0. 164)
行业	控制	控制
年度	控制	控制
Observations	579	425
R – squared	0. 050	0. 061

在对审计监督力度进行检验后，本节还从公司治理角度，对审计监督降低财务报告重述的效应进行检验。对于公司治理的衡量，借鉴现有文献（雷辉和龙辉，2016）的变量选取方法，选取两职合一、股权制衡度、内部控制和独立董事在董事会所占比例作为衡量指标。其中，两职合一、股权制衡度和独立董事比例与前文的含义一致。内部控制为新增变量。内部控制采用深圳迪博企业风险管理技术有限公司开发的迪博企业内部控制指数。该指数是基于公司内部控制目标的实现程度而设计的。其中内控指数为0的是由于存在内控重大缺陷，包括上市公司在内控报告中主动披露存在重大缺陷、事务所在内部控制审计报告中披露的重大缺陷或者发表的内部控制审计意见为否定意见等。与陈汉文教授提出的企业内部控制指数主要衡量内部控制制度的健全性相比，迪博指数更加注重衡量内部控制运行的有效性，与本节研究的公司治理的作用相关性更强。因此，采用迪博指数反映央企控股上市公司内控情况。经计算分析，最终选取董事长与总经理不是由一人兼任的样本部分、股权制衡度低于中位数的样本部分、内部控制指数高于中位数的部分以及独立董事比例高于中位数的样本部分，分别进行审计监督与财务报告重述的 DID 检验，与全样本的检验结果进行对比，检验结果见表 4 - 24。

表 4 - 24　　审计监督与财务报告重述 DID 检验——基于公司治理的角度

变量	（1） restatement 两职合一	（2） restatement 股权制衡度	（3） restatement 内部控制	（4） restatement 独董比例
postaudit × audit	− 0. 0362 （0. 0340）	− 0. 0565 （0. 0575）	− 0. 0246 （0. 0560）	− 0. 0569 （0. 0562）
audit	0. 0217 （0. 0251）	− 0. 00200 （0. 0365）	0. 0236 （0. 0391）	0. 0643 （0. 0431）
postaudit	0. 0123 （0. 0246）	0. 0330 （0. 0471）	0. 00699 （0. 0335）	0. 0249 （0. 0421）
dual	—	0. 0540 （0. 0449）	0. 0389 （0. 0446）	0. 0236 （0. 0422）
eqba	− 0. 000105 （0. 000118）	—	− 0. 000108 （7. 78e − 05）	0. 000197 （0. 000311）
indepr	0. 0924 （0. 103）	0. 0505 （0. 212）	− 0. 0510 （0. 122）	—

变量	(1) restatement 两职合一	(2) restatement 股权制衡度	(3) restatement 内部控制	(4) restatement 独董比例
size	− 0.00711 (0.00488)	− 0.0126 * (0.00759)	0.00265 (0.00914)	− 0.00535 (0.00897)
lev	− 0.00568 (0.00449)	− 0.0104 (0.00725)	0.0471 (0.0435)	− 0.00453 (0.00862)
roa	0.0872 (0.120)	0.167 (0.196)	0.215 (0.216)	0.0300 (0.178)
salary	− 4.47e − 09 (3.69e − 09)	− 5.34e − 09 (3.73e − 09)	− 1.33e − 08 ** (6.55e − 09)	− 6.81e − 10 (6.33e − 09)
Constant	0.0984 (0.103)	0.258 (0.178)	− 0.107 (0.182)	0.110 (0.177)
行业	控制	控制	控制	控制
年度	控制	控制	控制	控制
Observations	1,102	588	496	471
R − squared	0.038	0.055	0.131	0.083

列（1）是央企控股上市公司董事长和总经理未出现兼任情况的样本的回归结果；列（2）是股权制衡度低于中位数的样本，由于本节对股权制衡度的计算采用第一大股东和第二大股东持股比例的比值，因此代表的是第一大股东的持股比例相对较小，其他股东对第一大股东的制衡度强的样本的回归结果；列（3）是内部控制指数高于中位数的样本，即内部控制水平相对较好的样本的回归结果；列（4）是独立董事比例高于中位数的样本，即独立董事人数较多的样本的回归结果。由结果可知，与全样本交互项系数相比，在不存在董事长与总经理两职合一时，交互项系数负相关程度更大。这表明非两职合一使总经理受到董事会的监督力度更强，抑制了其自利动机。在接受审计监督后，产生降低财务报告重述的增量效应更强。在第一大股东的持股比例相对较低和内部控制水平相对较高的样本中，交互项系数负相关相对更强。说明有利于抑制大股东的股权结构设计有助于帮助抑制财务重述的发生，内部控制可以防范错报和舞弊，降低公司信息风险。在独立董事比例较高的样本中，交互项系数负相关更强但不显著，说明独立董事占比更高，对审计监督作用于上市公司财务重述行为

的影响更大。在我国，由于独立董事不参与企业经营决策，担任者大多是高校老师或者相关领域的杰出者，不存在相关利益，具有很强的独立性，实现对企业的监督，对审计监督所起作用有所助益。综上，对于央企控股上市公司，独立董事比例更高与其他股东对第一大股东的制衡度更强时，在接受审计监督后，降低财务报告重述的程度更大。董事长与总经理不由一人兼任与内部控制水平所起的作用依次下降。整体而言，与审计监督的监督力度相比，公司治理对于降低财务报告重述所起的作用更小。这可能与央企控股上市公司自身企业性质有关，已有研究表明，对于国有控股公司，其实施财务报告重述行为的频率低于未绝对控股的公司（于鹏，2007）。因此，对于央企控股上市公司，在接受审计监督后，对财务报告重述降低的影响主要取决于审计监督的监督力度，公司本身治理结构的作用相对较小。但是整体而言，审计监督对于上市公司财务重述的影响不大，审计署介入审计，没有明显降低上市公司的财务重述行为。

此外，以上市公司审计事务所是否为国内"十大"会计师事务所为依据进行划分，分析不同层次事务所审计下，审计监督对上市公司财务重述所起的作用的差异，结果见表4-25。列（1）表示审计事务所是"十大"会计师事务所，列（2）表示审计事务所为非"十大"会计师事务所。由结果可知，非"十大"会计师事务所审计后的上市公司，在接受审计监督后，发生财务重述行为频率降幅相对更大。这可能与非"十大"会计师事务所审计的上市公司财务质量相对而言较低有关，审计监督起到了补充震慑作用。

表4-25　　　　　　"十大"与非"十大"会计师事务所审计情况

变量	(1) restatement	(2) restatement
postaudit × audit	- 0.0119 (0.0420)	- 0.0586 (0.0533)
audit	- 0.0107 (0.0198)	0.0691 (0.0504)
postaudit	0.0269 (0.0391)	- 0.0127 (0.0211)
控制变量	控制	控制

变量	(1) restatement	(2) restatement
行业	控制	控制
年度	控制	控制
Constant	0.113	0.0865
	(0.143)	(0.175)
Observations	639	534
R – squared	0.048	0.086

（五）稳健性检验

为了增强结论的稳健性，本节进行了两种稳健性检验。

第一种，重新定义审计监督前后变量 postaudit，将审计介入当年及之后赋值为 1，其余赋值为 0。由于审计署会在前一年或当年年初统一组织审计项目计划，各派出机构要在当年 3 月底前将地区审计项目计划报审计署备案，因此，被审计单位可能会提前了解到相关审计事项，在进行财务管理时会提高准确性和谨慎性，以降低财务报告重述的可能。在变更赋值方法后，重新进行了 DID 检验，回归结果见表 4 – 26 的列（1）。列（1）是加入控制变量的回归结果，回归结果与前文一致。

表 4 – 26　　　　　　　　　　稳健性检验

变量	(1) restatement	(2) restatement
postaudit × audit	− 0.0140	− 0.0175
	(0.0188)	(0.0389)
audit	—	0.0163
		(0.0239)
postaudit	0.0314*	0.00662
	(0.0187)	(0.0240)
time	—	− 0.00190
		(0.00565)
控制变量	控制	控制
行业	控制	控制
年度	控制	控制

变量	(1)	(2)
	restatement	restatement
Constant	0.102	0.102
	(0.103)	(0.102)
Observations	1173	1174
R – squared	0.041	0.039

第二种，选取的样本是具有长期趋势的时间序列，因此，本节增加控制变量 time，构建式（4-3），进行 DID 回归，缓解时间趋势的影响。Time 是累积值，从审计介入当年开始累积，每年增加一个单位。例如，2014 年接受审计监督，则 2014 年 time 赋值为 1，2015 年赋值为 2，2016年赋值为 3。

$$restatement = \beta_0 + \beta_1 audit + \beta_2 postaudit + \beta_3 postaudit \times audit + \beta_4 size$$
$$+ \beta_5 roa + \beta_6 lev + \beta_7 eqba + \beta_8 dual + \beta_9 indepr$$
$$+ \beta_{10} salary + \beta_{11} time + \sum year + \sum industry + \varepsilon$$

$$(4-3)$$

加入控制变量 time 后，进行 DID 回归，回归结果见表 4-26 的列（2）。由表 4-26 的列（2）可知，在加入对时间趋势的考量后，交互项系数仍然为负，审计监督可以降低财务报告重述，但作用不明显，说明本节结论具有稳健性。

四、小结与建议

本节利用 2008～2016 年审计署发布的审计结果公告，以央企控股上市公司为研究样本，利用倾向得分匹配法构建对照组，使用双重差分法检验审计监督对于被审计央企控股上市公司财务报告重述的影响。研究结果发现：审计监督对接受审计的央企控股上市公司发生财务报告重述行为有负向阻碍作用，降低了财务报告重述，但是作用不显著。进一步研究中，检验了审计监督的监督力度和上市公司自身治理结构在审计监督影响财务报告重述中所起的作用，以及不同会计师事务所层次下所起作用的差异。发现对于央企控股上市公司，在接受审计监督后，对财务报告重述降低的影响主要取决于审计监督的监督力度，公司本身治理结构的作用相对较小；审计监督的监督力度越强，能够相对在越大程度上降低被审计央企控股上市公司的财务报告重述；非"十大"会计师事务所审计的上市公司，审计监督所起的作用更大。但在总体上，审计监督在被审计上市公司财务重述方面所起作用较小。这可能与审计监督具有偶然性有关，相对于外部事务所的社会审计，审计监督采用抽审的方式，审计频率较低对其所起作用有影响。对于上市公司的财务重述行为，标准不断提高的事务所审计已经起到了重要作用，事务所审计质量越高，财务重述频率越低。在此基础上，审计监督所起的作用在很大程度上被削弱了。

目前，国家不断加强审计监督的力度，2018年两会期间提出构建统一高效的审计监督体系，创新审计理念，在实践中不断优化审计职责。审计机关要加强审计监督的力度，在审计单位选择上增加合理性，扩大审计覆盖面，促进央企控股上市公司财务管理合理化，使其实现持续健康发展。在事务所审计的基础上，对上市公司财务质量的提升起补充影响作用。央企控股的上市公司也要不断完善自身治理结构，提高内部控制水平，促进股权结构合理化。

本节的不足之处在于涉及的样本量较小，在衡量审计监督力度与公司治理结构作用时，分组筛选出的样本量显著低于全样本，回归结果可能有偏差。此外，受数据获取的限制，本节关注的仅限于央企控股的上市公司，审计监督的主体也局限于审计署，对于地方审计机关对国企审计的作用尚无法说明。随着审计监督的深入实践，审计覆盖面逐渐扩大，披露信息不断完善，地方审计机构对国企审计的影响研究也将实现。

第三节　审计监督规范企业纳税行为分析

中国特色市场经济体制下，"看得见的手"和"看不见的手"需要密切配合，才可以保证经济的稳定运行和蓬勃发展。由于信息不对称等缺陷导致的无效性，市场有时难以合理配置资源，并且市场对公共产品无可奈何，这时政府进行干预就显得至关重要。经济社会的有序运行和健康发展离不开国家的宏观调控，国家的调控离不开国有企业和资本的支持，尤其是受国务院或国资委直接管控的央企及其控制的集团。中共中央和国务院多次发布相关指导意见和决定，强调政府审计的重要性，并不断推进审计监督的有效实行。在中国特色社会主义新时代和全面深化改革的背景下，审计监督作为国有资本监督体系和制度的重要一环，发挥着不可替代的作用，审计监督介入国企的实质就是国家宏观调控的一种方式，是提升国家治理水平的重要途径。

国务院2014年发布的《国务院关于加强审计工作的建议》，从稳增长、促改革、调结构、惠民生、防风险等方面对政策措施落实情况提出审计监督的具体要求：审计的方向从平时的财政财务收支审计慢慢转为政策措施审计，从而实现审计的全覆盖；注重从体制机制制度层面分析原因和提出建议，促进深化改革和创新体制机制；审计监督要从传统审计变为现代理念的审计，不仅要查处问题，更要为政府提供决策参考。以上内容足以体现出政府期望通过审计监督发挥更好的效果，推动惠民和资源、政策落实到位，强化监督治理机制，促进央企等国有企业在社会经济运行中更好地发挥作用。

2015 年中央发布了《关于深化国有企业改革的指导意见》，提出分类推进国有企业改革、完善现代企业制度和国有资产管理体制、发展混合所有制经济、强化监督防止国有资产流失、加强和改进党对国有企业的领导、为国有企业改革创造良好环境条件等举措，强化了国有企业在现代经济中应发挥的作用，这对审计监督等监督体系提出了进一步的要求。审计监督发挥作用了吗？又起到了什么作用呢？这需要深入的研究才能揭示出来。对于审计监督，目前的研究主要集中在其对国有企业的治理效率和内控有效性的影响，是否抑制了上市公司的盈余管理和过度投资以及高管在职消费等，以及审计公告发布后市场对上市公司的股价做何反应，尚未有研究探讨审计监督对被审计央企控制的上市公司的纳税行为的影响，这也是本节的关注点所在。

本节可能的贡献在于：丰富了审计监督影响的研究，通过上市公司纳税这一具体的财务决策为研究对象探讨审计监督的作用，对加强审计监督的观点增添了新的经验佐证。当前审计监督的力度和影响结果有些不尽如人意，本节从一些可能的视角对加强审计监督有效性提出一些建议和参考，为当前正在推进的深化地方国企改革以及相关财税体制改革的政策实践提供一些经验借鉴。

一、理论分析与假设提出

审计监督作为国家治理体系的重要组成部分，是国家基于公共受托责任关系而设立的一种制度，旨在提升央企及央企控制的上市公司治理效率，使国有资产保值增值，避免国有资产流失，发挥国有经济应有的作用。以往有众多文献对审计监督的作用、效果等进行了研究。审计监督功能的发挥能够提升反腐效率，改善腐败治理效果，促进国有企业绩效提升（李江涛，2015），对央企控股上市公司经营业绩的提升也有积极的促进作用，虽然这种作用较好地促进了经营业绩考核指标的完成，但未真正实现企业经营效率的优化（蔡利等，2014）。审计监督还能够抑制国有企业过度投资（王兵等，2017）、促进国有企业创新（程军等，2018）、抑制央企控股上市公司高管的超额在职消费行为（褚剑等，2016）、具有监督国企资产保值增值功能（吴秋生等，2018）。从预算执行的角度来看，审计监督没有能够抑制中央部门预算违规，反而诱导了预算违规，原因是审计监督处罚力度不够（宋达等，2014）。相反地，审计监督具有法定一次性授予的授权，没有审计收费，审计报告格式无固定的审计意见表达方式，以及审计意见的强制性等特点，因而有文献认为相比于民间审计，审计监督具有更高的独立性和独特的优越性，其对被审计公司的审计监督质量可能会更高（陈宋生等，2013）。而高质量的审计可以抑制管理层的盈余管理活动，提高公司的治理水平，因而在接受审计监督后，国有控股公司的真实盈余管理活动相应会得到抑制（陈宋生等，2013）。另外，盈余管理是为完成财务报告目标，避税行为对应于税务筹划活动，两种行为体现不同的两种目标，并且可能会出现在同一家公司。存在盈余管理的公司会税差异也比较大，而在会税差异较大时，研究发现企业的盈余管理与避税行为是正相关的，呈现战略互补的现象（孙雪娇等，2016）。因此，审计监督是否会抑制中央企业的盈余管理，进而影响到其控制的上市公司的税务行为还是一个实证性问题，有待进一步探讨。

从税务行为的角度看，上市公司的避税问题一直是社会各界关注的热点问题。税收是国家凭借公共权力，按照法律所规定的标准和程序对企业价值创造进行强制分享所形成的一种特殊分配关系。据统计，大约1/4美国上市公司的实际所得税率长期维持在20%以下（其中实际税率低于10%的公司比例约为9.2%），远低于35%的法定税率（Dyreng et al.，2008）。在我国，由于新兴转轨时期制度安排的缺失和政策执行的低效率，企业的避税行为更为普遍。以企业所得税为例，尽管我国的法定所得税税率为25%，但2015年深沪两市上市公司的平均税负率仅为10.5%；即便排除享受税收优惠的企业，上市公司的所得税税负也远低于25%（胡晓等，2017）。理论上讲，避税策略是企业决策者对避税的收益、成本以及风险等因素综合考量权衡后的结果。《2015中国企业经营者问卷跟踪调查报告》曾经披露：中国企业税费负担过重，由此带来的成本上升造成企业的进一步发展困难，这已经是企业面临的最主要难题之一。虽然税收征管增加了企业所得税成本，但也显著减少了企业的向上盈余管理程度（叶康涛等，2011），在一定程度上作为一种外部治理机制发挥了公司治理的作用（曾亚敏等，2009）。尽管如此，沉重的税费无疑还是增加了上市公司避税的动机。而避税行为也会带来种种成本和风险，比如代理成本的增加、公司投资经营效率的损失以及被发现违规受处罚的风险等，有证据表明，家族企业因较低的代理成本等会进行更加激进的避税（Chen et al.，2009），也反映出避税行为的潜在风险，这些要素制约着上市公司的税务筹划行为，同时基于企业价值最大化动机的避税计划还需要考虑到各方的利益，牵涉到企业和利益相关者的方方面面，避税的方式也多种多样（Shackelford et al.，2001）。避税计划的筹谋一般由管理层指挥进行，因此，初期对其影响因素的研究主要集中在企业微观层面，诸如公司的经营特征如跨国公司适用税制（Klassen and Laplante.，2012）、税收分配制度（Martini et al.，2014），以及高管薪酬契约、高管背景（Armstrong et al.，2012；Dyreng et al.，2010）、公司治理和所有权结构。以上研究发现：给予管理层的激励补偿的增加，会使得上市公司倾向于降低避税水平（Desai and Dharmapala.，2006）；公司存在财务造假时，其激进避税行为会比较少（Lennox et al.，2013）；公司的所有权集中程度高、控制力强、拥有风险规避型高管，其避税更少（Badertscher et al.，2013）；甚至有研究表明，股权集中度比例大小与避税程度呈倒 U 形关系（Richardson et al.，2016）；并且高管控制权越强，公司的税收激进水平也越强（代彬，2016）；控制权与现金流权相分离以及分离程度越高，避税程度越低（McGuire et al.，2014）；存在政治关联的公司，其避税程度更强、更为激进（Kim et al.，2015）。

基于 2008 年我国的企业所得税法改革，有研究发现税率降低的公司中存在利润推迟行为，但这种行为在国有企业中不明显（王亮亮，2014）。从经济周期视角理解国有企业避税程度，发现在经济下行期，国有企业减少避税程度，呈现显著的"逆经济周期支持效应"（陈冬等，2016），这也显示出具有政府背景的企业有别于其他民营上市公司的特点，其行为不仅是自利的，同时还要担当起支持国家经济发展、维护社会稳定的责任，国家因而也对它们有多种税收优惠的政策。那么，国有企业的税负相比非国企究竟孰高孰低，同时避税水平又当如何呢？这些问题还存在一些争议。之前有研究表明，公司国有股权比例越高，其实际税率也越高；非税收优惠公司的国有股权正向税负效应显著高于税收优惠公司（吴联生，2009）；还有研究证实了地方国企相比于民营企业和中央国企而言，的确承担了更高的税负水平（刘行，李小荣；2012）。而从源于企业在税收返还和增值税税负上的差异进行的研究发现我国国企税负低于非国企（刘骏等，2014）。中央控股的企业股权多呈现层层嵌套的金字塔结构，这种结构在一定程度上体现了中央的放权，放权引致了被监督程度减弱的上市公司的"自由"行为，即提高了它们的税收激进水平，而另一方面，作为避税计划的筹谋者和实施者，央企控制的上市公司高管基于政治晋升动机偏向于采取保守型的税务行为，因为高管所在企业缴税越多，其被提拔晋升的可能性越大，因此高管不愿意采取过激的避税行为（代彬等，2017）。国企税负的复杂性导致其避税行为的多样性，我国针对国有企业避税行为的研究也比较有限。总体认为，因股权控制关系的存在使我国国企与政府有着千丝万缕的联系，在避税行为上更容易受到政府政策的干预。

我国的审计监督在实际执行审计过程中，不仅会对中央企业主体进行审计，也会对央企集团内受央企控制的上市公司进行检查。虽然在审计结束后向社会公告审计的结果主要是针对中央企业集团公司的公告，审计署对发现违规现象严重的集团内的上市公司，在公告中也会提及其名称。因此，审计监督的作用路径可能体现在两方面：一方面，企业被审计查处后，受到了强制性干预和处罚，违规行为得到了纠正，一般认为其合规程度与治理效率得到了提高，因而审计监督在一定程度上会抑制上市公司的避税；另一方面，市场对审计公告的反应是负面的，公告后被审单位的盈余反应系数得到增强（陈宋生，2014），这反映被审计央企集团和上市公司经受审计检查出问题后，市场对其的价值高估得到抑制，这主要是因为公告结果后的声誉受损。声誉的损失可能会导致公司的客户、服务、销售等受到损失，进而影响公司总体的经营和业绩，因此这塑造了审计监督的一定的威慑力（Fung S Y K et al.，2017），这种威慑效应会促使上市公司在审计时自觉规范企业行为，减轻避税激进程度。

由于以央企为主的集团公司股权关系错综复杂，资本市场的投资者很难能通过中央企业的审计结果直接获取针对某上市公司的负面信息，因而上市公司隐藏在庞大的"荫蔽"之下，其行为更多地以公司或管理层利益为重，审计监督并不会对其避税的行为产生影响。另外，对中央企业的审计监督揭示出集团公司存在的问题，上市公司总体可能被认为与审计监督查出的违规问题相关，从而可能受到相应的处罚和损失；被审计央企接受审计监督被查出问题后，其得到的优惠政策和福利待遇可能发生减损，进而导致其控股的上市公司可能得到的经济利益也相应发生减损（李小波，2013）。利益的减损可能导致上市公司采用更加激进的避税行为来获取避税利益。

综上所述，我们并不能确定审计监督的介入对上市公司的避税行为究竟会产生何种影响，因此提出假设4-3：被央企实际控制的上市公司在央企接受审计监督后其避税程度没有明显变化。

二、研究设计

（一）样本选择与数据来源

本节选取 2006~2017 年央企实际控制的上市公司作为样本，由于央企通常指由国务院国资委、财政部及其他有关中央部委等机构履行出资人责任的企业，但是本节基于避税行为的考虑，不包括央行及其控制的各类银行金融机构、中国烟草总公司以及中国铁路总公司。然后，将审计公告样本中的中央企业集团名称与上市公司的"实际控制人名称"手工比对，识别审计公告中所涉及的中央企业集团控股的 A 股上市公司，并以之为对象，为避免异常值的影响，剔除了金融类、ST 股的公司样本，财务数据不全和注册地缺失的公司样本；税项名义税率不全的公司样本；样本期内按照以上三种方法计算实际税率为负或者大于 1 的公司样本，这样处理后得到 1260 组上市公司年度观测值。

审计监督相关变量来自审计署官网，部分数据来自手工网上采集，构造变量所用到的财务数据、公司治理数据来自 CSMAR 数据库。本节在回归分析中对主要连续变量在 1%、99% 分位进行了 Winsorize 缩尾处理。

（二）变量与模型

1. 避税程度的衡量

理论界尚未对避税程度这一指标的衡量达成一致的看法，而且因为增值税、印花税、资源税各种税目五花八门，难以确切地辨识企业的各种税务行为，因此本节讨论的避税以企业所得税为主，这也与以往的研究相一致。之前的许多文献使用了多种不同的方法对避税程度进行估计，有文章在对以往研究文献进行总结后，列出了 12 种避税程度的计算方法，每一种计算方法都有各自的优缺点（Hanlon V et al.，2010）。通常衡量避税主要从以下几方面考虑：实际有效税率及各种变体，包括通过公式计算回归出残差项进行估计；账面税收差异及各种变体，即会计利润和纳税利润的差异；通过会计应计计算出未缴纳的税收益处；采取税收规避行为的倾向；边际缴税额等。其中，前两种方法是使用最为普遍的。实际所得税税率 ETR 及各种变体是国外文献较多采用的方法，因为国外的企业所得税税率较单一，税收优惠较少，实际税率低的企业往往意味着避税更激进。以往有文献也采用了企业的账面税收差异来衡量避税激进程度，因其主要来自成本的扣除，所以差异越大，表明企业避税程度越高（蔡蕾等，2017）。但是由于企业避税行为的隐秘性，会计行为的多变和复杂性，使得避税程度的衡量总是有所缺憾，目前我国税制还处在变革和过渡期，税收政策较复杂，并且避税行为与盈余管理、企业的多元化目标、管理层的领导等相互纠缠，难以找到一个万全的指标来衡量避税行为。

因此本节采用有效税率法来衡量避税行为，以尽量弥补衡量的偏差，并且使用三种方式计算：实际税率 ETR1 = 所得税费用/息税前利润；实际税率 ETR2 = （所得税费用 − 递延所得税费用）/息税前利润（吴联生，2009）。本节认为，实际税率越低，反映企业的税收筹划程度越大。另外，使用另一种计算税负的方法尝试做稳健性分析，实际税负 ETR3 = （支付的各项税费 − 收到的税费返还）/营业收入（刘骏，2014）。ETR3 实际上可能并不是衡量公司所得税税负的合理指标，而是衡量公司全面税负的指标，因为这主要是在公司生产经营过程中所需缴纳的税款，是以营业收入为基础的，并且该变量计算是基于"收付实现制"的现金流量表数据，因此可能存在疏漏和滞后性。但仍不失为可以作为侧面反映企业避税情况的指标。本节使用的税率指标均以百分制列示回归。

2. 倾向得分匹配（PSM）与双重差分法（DID）

根据以往文献的做法，首先构建被审样本时间序列上的纵向数据集。目前约定俗成的是：已知审计署公告审计报告的年份，那么当年为审计公告年份，其滞后一年为审计介入年份，其滞后两年为实际审计的公司报告的年份，也即被审年份。由此设置审计哑变量，定义变量 POST 如下：对于样本期间接受审计检查的上市公司取其被审年份的以前年份 POST = 0，被审年份和介入年份 POST = 1。对于接受多次审计检查的上市公司，若其第一次审计的被审年份、介入年份与第二次审计的被审年份以前年份无交叉，则对每次审计检查，分别按照前面的规则取值；若其第一次审计的被审年份、介入年份与第二次审计的被审年份的以前年份有交叉，则交叉年份的取值以前一次审计下的定义规则为准，因为本次审计会受到前一次审计检查的影响。由于 2009 年以前的审计署公告难以查找，因此以 2009 ~ 2018 年审计署的公告为准，确定样本和被审期间。

然后运用 PSM 方法为被审公司样本每一年的观测选择与之配对的观测。在最终控制人同为央企的前提下，利用 Probit 模型以避税程度的代理即实际税率为被解释变量对每家样本公司的年度观测进行回归预测，根据模型预测值计算出每个公司每年的倾向值得分，选出与被审样本在公司特征方面最为接近但其实际控制人未被审计署审计的观测与之一一匹配。被审观测构成"实验组"（ISAUDIT = 1），配对观测构成"对照组"（ISAU-DIT = 0），并且将配对观测的 POST 变量重新手动取值为与其匹配的被审观测的 POST 值。

剔除 Probit 模型中缺失数据变量的个体，共得到 1249 组观测，"实验组"为 1069 组，"对照组"为 180 组，因此在进行 PSM 匹配时，对照组存在重复选择的情况，手工对数据进行了整理，最终经过倾向得分匹配后的观测有 2138 组。为检验 PSM 匹配的有效性，对纳入评分配对的模型变量进行平衡测试，结果如表 4 – 27 所示，匹配后实验组和对照组的部分变量的差异得到缩小，可以认为 PSM 匹配是有效果的。

表 4 – 27　　　　　　　　　　　PSM 配对有效性检验

变量		均值		偏差（%）	偏差变动程度（%）	P 值
		实验组	控制组			
DISTANCE	不匹配	217.44	157.28	20.5	64.8	0.021
	匹配	217.44	196.24	7.2		0.141
GDISTANCE	不匹配	118.53	159.55	−34.2	49.6	0.00
	匹配	118.53	97.866	17.2		0.00
LSIZE	不匹配	22.432	21.905	39.9	38.2	0.00
	匹配	22.432	22.106	24.7		0.00
LEV	不匹配	0.50846	0.47564	16.0	10.3	0.048
	匹配	0.50846	0.53789	−14.3		0.001
ROA	不匹配	0.05394	0.09608	−9.5	88.8	0.032
	匹配	0.05394	0.05866	−1.1		0.034
INVENTORYTR	不匹配	0.32463	0.44317	−13	73.9	0.038
	匹配	0.32463	0.29368	3.4		0.141
DOL	不匹配	1.6117	1.6305	−2.4	−26.4	0.748
	匹配	1.6117	1.5879	3.0		0.431
DFL	不匹配	1.446	1.7634	−15.8	17.6	0.039
	匹配	1.446	1.7075	−13		0.001
GROWTH	不匹配	0.43238	0.2167	8.4	−56.8	0.416
	匹配	0.43238	0.09414	13.2		0.002
FAR	不匹配	0.26795	0.23233	18.5	65.3	0.028
	匹配	0.26795	0.25559	6.4		0.131
INTANGIBLE	不匹配	0.03622	0.02734	24.6	−95.6	0.004
	匹配	0.03622	0.05359	−48.0		0.00
BIG4	不匹配	0.11413	0.07778	12.3	7.3	0.148
	匹配	0.11413	0.08045	11.4		0.009

变量		均值		偏差	偏差变动	P 值
		实验组	控制组	（%）	程度（%）	
SHRCR	不匹配	57. 337	54. 473	21. 5	9	0. 014
	匹配	57. 337	54. 73	19. 6		0. 00
INDEPR	不匹配	0. 36122	0. 35114	21. 4	83. 3	0. 02
	匹配	0. 36122	0. 3629	− 3. 6		0. 426
ISVIOLATE	不匹配	0. 41254	0. 47778	− 13. 1	45. 5	0. 101
	匹配	0. 41254	0. 44808	− 7. 2		0. 097

由图 4 - 1 可以直观地看出，对于大部分变量，匹配后相比匹配前，实验组与对照组的标准化偏差明显变小了。图 4 - 2 也显示，在剔除缺失值后，所有的观测数据均被纳入 PSM 配对的范围中。

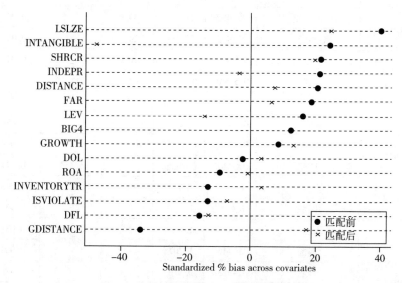

图 4 - 1　PSM 匹配前后各变量标准化偏差

以实际有效税率即避税的代理变量作为因变量，借鉴以往文献的做法，控制上市公司的规模、负债水平、盈利能力、经营能力、风险程度、成长性、资本密集度、无形资产比率、审计师类别、股权集中度、管理层持股比例、独立董事比例，运用式（4 - 4）检验审计署审计对公司税务规避水平的影响。

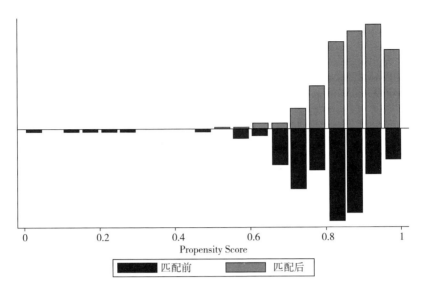

图 4 – 2　PSM 实验组和对照组匹配情况

$$
\begin{aligned}
\mathrm{ETR}_{i,t} = {}& \beta_0 + \beta_1\,\mathrm{ISAUDIT}_{i,t} + \beta_2\,\mathrm{POST}_{i,t} + \beta_3\,\mathrm{LSIZE}_{i,t} + \beta_4\,\mathrm{LEV}_{i,t} + \beta_5\,\mathrm{ROA}_{i,t} \\
& + \beta_6\,\mathrm{INVENTORY\_\,TR}_{i,t} + \beta_7\,\mathrm{DOL}_{i,t} + \beta_8\,\mathrm{DFL}_{i,t} + \beta_9\,\mathrm{GROWTH}_{i,t} \\
& + \beta_{10}\,\mathrm{FAR}_{i,t} + \beta_{11}\,\mathrm{INTANGIBLE}_{i,t} + \beta_{12}\,\mathrm{BIG4}_{i,t} + \beta_{13}\,\mathrm{SHRCR}_{i,t} + \beta_{14} \\
& \mathrm{INDEPR}_{i,t} + \beta_{15}\,\mathrm{ISVIOLATE}_{i,t} + \beta_{16}\,\mathrm{SHRCR\_\,2}_{i,t} + \sum \mathrm{industry} \\
& + \sum \mathrm{year} + \varepsilon_{i,t} \tag{4-4}
\end{aligned}
$$

式（4 – 4）中，因变量 $\mathrm{ETR}_{i,t}$ 为本研究采用的避税程度代理变量，分别用前述三种方法计算的 $\mathrm{ETR}_{i,t}$ 值来度量；$\mathrm{POST}_{i,t}$ 取值为 0，表示审计署审计前，$\mathrm{POST}_{i,t}$ 取值为 1，表示审计署审计后；$\mathrm{ISAUDIT}_{i,t}$ 变量取值为 0 表示对照样本，取值为 1 表示被审计样本，即该公司被审计署审计过，其在样本期所有的年度样本取值均为 1。考虑到双重差分的应用，因而在倾向得分匹配后加入 ISAUDIT 与 POST 的交乘项 POSTAUD 考察审计的实际影响。参考以往研究，本节加入了以下控制变量：公司规模（$\mathrm{LSIZE}_{i,t}$），为年末资产总额的自然对数；负债比率（$\mathrm{LEV}_{i,t}$），为负债总额除以年末资产总额；盈利能力（$\mathrm{ROA}_{i,t}$），为当年税前利润除以年末资产总额；经营能力（$\mathrm{INVENTORYTR}_{i,t}$），为存货周转率即存货除以营业收入；风险程度（$\mathrm{DOL}_{i,t}$），即经营杠杆；（$\mathrm{DFL}_{i,t}$），即财务杠杆；成长性（$\mathrm{GROWTH}_{i,t}$），为营业收入增长率；资本密集度（$\mathrm{FAR}_{i,t}$），为固定资产净额除以年末资产总额；无形资产比率（$\mathrm{INTANGIBLE}_{i,t}$），为无形资产净额除以资产总额；审计师类别（$\mathrm{BIG4}_{i,t}$），即是否国际"四大"会计师事务所审计；股权集中度

（SHRCR$_{i,t}$），为表示公司前五大股东持股比例之和；独立董事比例（INDE-PR$_{i,t}$），为独立董事人数除以董事总人数；违规情况虚拟变量（ISVIO-LATE$_{i,t}$），为上市公司是否因违规行为被制裁，若当年违规被制裁则赋值为1，否则为0。因为受前述文献的启发，加入了股权集中度的二次项变量，以控制股权集中度可能带来的非线性效应。模型中加入了年度 year 和行业 industry 虚拟变量，用来控制年度效应和行业效应。

三、实证结果分析

（一）描述性分析

表4-28列示了全样本相关变量的描述性统计。根据表4-28，本次筛选出的样本中被审计的上市公司约占85.63%，ISAUDIT 平均值为0.856，比例较高，但是 AUDNUM 的平均值为1.277，最大值为5，最小值为0，说明虽然审计署审计的央企涉及的上市公司数目比较多，但是审计频次不足，有些审计可能起不到应有的效果，对避税程度的影响也是一个实证性问题。

表4-28　　　　　　　　　　　　　　全样本描述性统计

变量	mean	max	min	p25	p50	p75	sd	N
ISAUDIT	0.856	1	0	1	1	1	0.351	1260
AUDNUM	1.277	5	0	1	1	2	0.920	1260
ETR1	14.98	92.23	0	9.496	13.55	18.20	10.25	1260
ETR2	23.36	99.34	0	13.36	19.74	29.33	16.64	1260
ETR3	6.385	68.49	0.0307	2.566	4.530	7.905	6.166	1260
r	0.0152	7.283	−0.494	−0.0318	0.00320	0.0355	0.311	575
DIFFTR1	4.119	32.00	−59.30	−0.246	3.274	10.10	10.67	575
DIFFTR2	−5.271	32.00	−72.91	−13.11	−3.390	5.965	17.41	575
DISTANCE	209.6	2159	1.400	17.20	129.6	209.5	324.0	1260
GDISTANCE	124.3	712.3	4.600	124.3	131.5	133.9	73.32	1260
LSIZE	22.35	28.50	18.62	21.38	22.13	23.18	1.428	1260
LEV	0.503	1.293	0.0384	0.355	0.510	0.659	0.206	1260
ROA	0.0600	8.449	−0.570	0.0223	0.0445	0.0712	0.243	1260
INVENTORYTR	0.341	14.17	1.10e−05	0.0938	0.185	0.321	0.707	1260
DOL	1.614	9.418	−0.736	1.223	1.419	1.748	0.724	1260
DFL	1.494	27.97	−18.43	0.997	1.114	1.399	1.902	1260

变量	mean	max	min	p25	p50	p75	sd	N
GROWTH	0.399	103.8	−0.975	0	0.135	0.282	3.277	1260
FAR	0.263	0.885	0.000558	0.108	0.211	0.378	0.201	1260
INTANGIBLE	0.0350	0.442	0	0.00874	0.0259	0.0491	0.0380	1260
BIG4	0.108	1	0	0	0	0	0.310	1260
SHRCR	56.97	98.42	19.37	48.07	56.57	65.95	14.54	1260
INDEPR	0.360	0.667	0.143	0.333	0.333	0.375	0.0535	1249
ISVIOLATE	0.426	1	0	0	0	1	0.495	1260

同时借鉴以往文献的做法，按照上市公司所属的央企集团在样本期内是否被审计过，即 ISAUDIT 变量对上市公司的样本进行分组，描述性统计结果如表 4 – 29 所示。单变量分析显示受样本期被审计过的央企集团控制的上市公司即实验组与未被审计过的对照组的实际有效税率存在显著差异，实验组的税率显著高于对照组，表明上市公司的税负明显较高，避税激进程度比较缓和。这初步说明审计监督对上市公司的避税行为是存在显著影响的。

表 4 – 29（1）　　按照是否审计分组的描述性统计和单变量分析

变量	ISAUDIT = 0	均值	ISAUDIT = 1	均值	T 检验
ETR1	181	12.30	1,079	15.43	0.718 ***
ETR2	181	19.64	1,079	23.98	1.175 ***
ETR3	181	5.336	1,079	6.561	0.494 ***

表 4 – 29（2）　　按照是否审计分组的描述性统计和单变量分析

变量	ISAUDIT = 0				ISAUDIT = 1			
	平均值	中位数	标准差	N	平均值	中位数	标准差	N
ETR1	12.30	11.22	8.661	181	15.43	13.84	10.43	1079
ETR2	19.64	16.12	14.20	181	23.98	20.22	16.94	1079
ETR3	5.336	3.987	6.654	181	6.561	4.676	6.066	1079
r	0.134	0.0222	0.875	69	−0.00103	0.00104	0.0682	506
DIFFTR1	7.032	5.391	8.861	69	3.721	2.995	10.84	506
DIFFTR2	−1.778	0.199	15.11	69	−5.747	−3.754	17.66	506
DISTANCE	156.4	125.5	242.1	181	218.5	131.3	335.0	1079

变量	ISAUDIT = 0				ISAUDIT = 1			
	平均值	中位数	标准差	N	平均值	中位数	标准差	N
GDISTANCE	159.3	131.7	164.8	181	118.4	131.5	38.77	1079
LSIZE	21.90	21.87	1.168	181	22.42	22.20	1.454	1079
LEV	0.476	0.475	0.205	181	0.508	0.516	0.206	1079
ROA	0.0959	0.0441	0.626	181	0.0540	0.0445	0.0571	1079
INVENTORYTR	0.441	0.250	1.128	181	0.324	0.178	0.608	1079
DOL	1.629	1.380	0.858	181	1.612	1.423	0.699	1079
DFL	1.759	1.141	2.141	181	1.450	1.111	1.856	1079
GROWTH	0.217	0.120	0.716	181	0.430	0.137	3.528	1079
FAR	0.232	0.203	0.179	181	0.268	0.213	0.204	1079
INTANGIBLE	0.0273	0.0141	0.0334	181	0.0363	0.0278	0.0385	1079
BIG4	0.0773	0	0.268	181	0.113	0	0.317	1079
SHRCR	54.57	53.97	11.44	181	57.38	57.04	14.96	1079
INDEPR	0.351	0.333	0.0365	180	0.361	0.333	0.0558	1069
ISVIOLATE	0.475	0	0.501	181	0.418	0	0.493	1079

另外，对初始数据按照避税程度高低进行分组分析，由于避税程度是通过三个不同方法计算的实际有效税率来衡量的，因此对三项税率指标进行平均得到税率均值，进一步根据税率均值的中位数对样本进行分组，统计结果如表 4 - 30 所示。变量描述性统计显示高实际有效税率组的固定效应残差项 r（可以用来衡量避税程度）的均值低于低税率组，残差项越小，表明避税程度越低；同时 DIFFTR1 和 DIFFTR2（即名义税率分别减去 ETR1 和 ETR2 之差）的均值低于低税率组，此差值越小，表明避税程度越低。因此可以认为，本节选取的避税程度的衡量指标能够互为印证，较为稳健。高税率组的 ISAUDIT 和 AUDNUM 等表示审计监督及次数相关的变量均略高于低实际税率组，在一定程度上表明实际税率的高低可能与审计监督有关，为本节进行下一步的研究提供了比较好的数据支持。

表 4 - 30（1）　按照避税程度高低分组的描述性统计和单变量分析

变量	低实际有效税率组	均值	高实际有效税率组	均值	T 检验
ETR1	630	9.368265	630	20.59302	- 11.22475 ***
ETR2	630	12.72449	630	33.98664	- 21.26214 ***
ETR3	630	4.564768	630	8.20605	- 3.641282 ***

表 4 – 30 （2）　　　按照避税程度高低分组的描述性统计和单变量分析

变量	低实际有效税率组				高实际有效税率组			
	平均值	中位数	标准差	N	平均值	中位数	标准差	N
r	0.0292	0.00644	0.456	261	0.00352	−0.000464	0.0657	314
DIFFTR1	9.527	8.425	7.943	261	−0.377	0.652	10.57	314
DIFFTR2	5.953	4.942	9.782	261	−14.60	−11.85	16.86	314
ISAUDIT	0.814	1	0.389	630	0.898	1	0.302	630
POST	0.171	0	0.377	630	0.221	0	0.415	630
POSTAUD	0.171	0	0.377	630	0.221	0	0.415	630
AUDNUM	1.198	1	0.870	630	1.356	1	0.962	630
DISTANCE	195.6	129.6	311.7	630	223.5	129.5	335.5	630
GDISTANCE	125.0	131.5	82.25	630	123.6	131.5	63.21	630
LSIZE	22.16	22.07	1.163	630	22.54	22.20	1.629	630
LEV	0.511	0.514	0.198	630	0.495	0.506	0.214	630
ROA	0.0608	0.0405	0.339	630	0.0592	0.0479	0.0539	630
INVENTORYTR	0.273	0.187	0.616	630	0.408	0.184	0.782	630
DOL	1.572	1.423	0.563	630	1.657	1.417	0.853	630
DFL	1.741	1.189	2.235	630	1.247	1.078	1.457	630
GROWTH	0.303	0.150	0.942	630	0.495	0.118	4.537	630
FAR	0.282	0.227	0.209	630	0.245	0.199	0.191	630
INTANGIBLE	0.0312	0.0214	0.0353	630	0.0387	0.0288	0.0401	630
BIG4	0.0841	0	0.278	630	0.132	0	0.338	630
SHRCR	54.80	55.13	14.21	630	59.15	58.25	14.55	630
INDEPR	0.356	0.333	0.0451	625	0.363	0.333	0.0607	624
ISVIOLATE	0.437	0	0.496	630	0.416	0	0.493	630

（二）回归分析

表 4 – 31 列示了对全样本多变量的回归结果和经过倾向得分匹配后的样本回归结果。首先，我们以未被审计的其他上市公司为对照组，曾经被审计署审计过的上市公司为实验组进行全样本回归，由表 4 – 31 的第（1）、第（2）、第（3）列可知，在控制其他变量后，ETR1 的 ISAUDIT 的系数显著为正；其次，鉴于被审计的央企上市公司和未被审计的央企上市公司可能本身存在一定的差异，而这种差异可能对本节的研究产生影响，因此采用倾向性评分匹配（PSM）方法进行稳健检验。从未被审计的央企控制的上市公司中构造一组与被审计的央企控制的上市公司最为接近的样

本作为对照组，基于这一 PSM 样本，控制其他控制变量后进行回归分析，结果如表 4 -31 的第（4）、第（5）、第（6）列。值得注意的是，在对被审计公司匹配上未被审计的样本，样本量增加到 2138 个观测时，回归结果比较全面。

表 4 -31   多变量回归分析

变量	全样本			PSM 样本		
	ETR1	ETR2	ETR3	ETR1	ETR2	ETR3
ISAUDIT	3.526***	2.800	-0.239	2.263***	1.645	-0.786**
	(0.897)	(1.554)	(0.444)	(0.613)	(1.011)	(0.301)
POST	-0.0504	1.086	-0.495	0.370	0.208	0.365
	(0.661)	(1.145)	(0.327)	(0.568)	(0.938)	(0.279)
POSTAUD	—	—	—	-0.242	0.786	-1.150**
				(0.827)	(1.365)	(0.406)
AUDNUM	-0.683*	0.0367	0.310	-0.964**	-1.042*	0.202
	(0.347)	(0.601)	(0.172)	(0.311)	(0.513)	(0.153)
DISTANCE	0.000202	-0.000275	0.00206***	-0.00214***	-0.00131	0.00251***
	(0.000787)	(0.00136)	(0.000389)	(0.000613)	(0.00101)	(0.000301)
GDISTANCE	0.00668	0.00838	-0.00331	0.0336***	0.0605***	0.00602***
	(0.00395)	(0.00684)	(0.00195)	(0.00339)	(0.00560)	(0.00167)
LSIZE	0.242	-0.0983	0.123	0.614***	0.638*	0.322***
	(0.250)	(0.433)	(0.124)	(0.184)	(0.303)	(0.0902)
LEV	-4.624**	0.610	-3.796***	-1.121	-5.866**	-3.401***
	(1.438)	(2.489)	(0.711)	(1.104)	(1.821)	(0.542)
ROA	-0.499	-1.309	0.861	12.54**	-28.42***	18.80***
	(1.000)	(1.732)	(0.494)	(4.361)	(7.196)	(2.141)
INVENTORYTR	-0.468	-1.431	1.323***	-1.832**	-2.579**	1.432***
	(0.517)	(0.895)	(0.256)	(0.589)	(0.972)	(0.289)
DOL	2.781***	7.800***	-0.915***	2.663***	6.944***	-0.543***
	(0.360)	(0.623)	(0.178)	(0.295)	(0.487)	(0.145)
DFL	-0.495***	-0.905***	-0.159*	-0.581***	-1.071***	-0.165**
	(0.133)	(0.230)	(0.0655)	(0.102)	(0.168)	(0.0501)
GROWTH	0.0868	-0.00955	0.0644	0.108	0.0622	0.0589
	(0.0730)	(0.126)	(0.0361)	(0.0677)	(0.112)	(0.0332)

变量	全样本			PSM 样本		
	ETR1	ETR2	ETR3	ETR1	ETR2	ETR3
FAR	− 8.723 ***	− 11.76 ***	4.640 ***	− 6.991 ***	− 8.969 ***	3.592 ***
	(1.775)	(3.072)	(0.877)	(1.384)	(2.284)	(0.680)
INTANGIBLE	13.06 *	11.86	3.405	5.378	− 6.519	0.208
	(6.595)	(11.42)	(3.259)	(3.641)	(6.007)	(1.787)
BIG4	0.0700	− 0.822	− 0.972 *	0.723	− 0.123	− 1.238 ***
	(0.927)	(1.604)	(0.458)	(0.670)	(1.105)	(0.329)
SHRCR	0.0650	0.285	− 0.0557	0.452 ***	0.769 ***	0.0938 *
	(0.101)	(0.176)	(0.0501)	(0.0743)	(0.123)	(0.0365)
INDEPR	− 0.597	8.094	− 1.327	− 2.643	11.23	− 2.938
	(4.689)	(8.118)	(2.318)	(3.878)	(6.398)	(1.903)
ISVIOLATE	− 0.0181	1.403	− 0.291	0.318	− 1.077	0.0962
	(0.529)	(0.916)	(0.261)	(0.392)	(0.647)	(0.193)
SHRCR_2	0.0000201	− 0.00175	0.000858 *	− 0.00346 ***	− 0.00592 ***	− 0.000697 *
	(0.000882)	(0.00153)	(0.000436)	(0.000638)	(0.00105)	(0.000313)
YEAR	CONTROL	CONTROL	CONTROL	CONTROL	CONTROL	CONTROL
INDUSTRY	CONTROL	CONTROL	CONTROL	CONTROL	CONTROL	CONTROL
_cons	2.765	− 6.994	1.090	− 16.97 **	− 36.12 ***	− 7.764 **
	(7.101)	(12.29)	(3.510)	(5.262)	(8.682)	(2.583)
N	1249	1249	1249	2138	2138	2138
R^2	0.251	0.253	0.469	0.262	0.326	0.552

注：括号中为标准误。

如表 4 – 31 所示，对反映企业所得税税负的 ETR1 进行回归时，ISAU-DIT 的系数显著为正，说明相比于实际控制人央企集团未被审计的上市公司，经过审计署审计的上市公司实际税率有所提高，即其避税行为的激进程度有所缓和，虽然这种效应在对不同方式计算的避税程度进行研究时有所差异；而在配对后的回归中第（6）列所示，在对一定程度上反映企业经营营业方面的整体税负的指标 ETR3 进行回归的结果中，ISAUDIT 和 POSTAUD 系数为负，并在 5% 的水平上显著，这可能说明，虽然被审计企业在所得税相关方面的避税行为有所收敛，但是针对其他税务方面的筹划程度有所提升。另外，对于审计次数 AUDNUM、ETR1 和 PSM 样本回归的

ETR2 均对其有负向的反应，且分别在一定水平上显著，这在一定程度上说明，随着审计次数的增多，实际税率有减小的趋势，这可能是因为，第一次审计通常强度和严格程度都比较大，对上市公司有显著影响（王兵，2017），上市公司可能会在各个方面降低避税程度。而在后续多次审计中，上市公司熟悉了审计流程，规范了会计行为，逐渐找到其他合理或更隐秘的避税渠道，从而使实际税率降低，避税程度有所增加。

（三）稳健性检验

1. 替换被解释变量

参考以往文献的做法，使用名义税率与实际有效税率的差异来替代衡量上市公司避税程度，我们认为差异越大，避税行为越激进。样本中剔除了税项名义税率不全的公司样本，同时剔除具有两个以上税率等级的公司：因为这些公司大都享有不同程度的税收优惠，很难区分其有效税率或名义税率与有效税率差异是利用了税收优惠条件还是由于从事了税务规避行为所致（后青松，2016）；另外，这些公司可能是由于设立了海外分公司或经营不同的多种税率的产业，税率征收复杂，难以准确衡量公司的税收负担。替换被解释变量后的回归结果见表 4-32。

由表 4-32 第（1）、第（5）列可以看到，ISAUDIT 的系数在对 DIF-FTR1 的全样本和对 DIFFTR2 的 PSM 样本回归中均为负，并在 10% 的水平上显著，说明被审计的上市公司经过审计后，实际税率与名义税率的差距缩小，税收激进程度减弱。

本书另外采用了第二类计算避税程度的方法衡量避税激进程度。改进后的账面税收差异法认为会计收益与应税所得的差异越大，企业的避税行为越激进，不过该指标也可能涵盖了利润操纵等其他因素的作用。对此德赛和达马帕拉（Desai and Dharmapala）创造性地利用固定效应残差法加以调整，以缓解上述问题的困扰，普遍认为此方法能更准确地捕捉企业的避税程度。其计算公式为：

$$BTD_{i,t} = \beta_1 + TACC_{i,t} + \mu_i + \varepsilon_{i,t} \qquad (4-5)$$

式（4-5）中，BTD = 会税差异/资产总额，会税差异 = 税前会计利润 -（所得税费用/名义税率）；TACC =（净利润 - 经营性现金流量净额）/资产总额；$\mu_i + \varepsilon_{i,t}$ 即残差项用来测度企业的避税激进程度，本节使用 r 表示，该值越大则预示企业的避税行为越激进。根据这种方法衡量避税程度，对原始数据和 PSM 后的数据进行回归，结果如表 4-32 第（3）、第（6）列所示。遗憾的是，根据这种方法计算并进行回归的结果并不显著，这可能是由于样本数量不足所导致的。

表 4－32 稳健性：替换被解释变量回归结果

变量	全样本			PSM 样本		
	（1）	（2）	（3）	（4）	（5）	（6）
	DIFFTR1	DIFFTR2	r	DIFFTR1	DIFFTR2	r
ISAUDIT	－4.472 **	－3.465	－0.0115	－0.679	－3.243 **	0.00592
	（1.615）	（2.604）	（0.0101）	（0.729）	（1.142）	（0.00440）
POST	0.497	－0.918	0.00356	0.226	0.158	－0.00275
	（0.997）	（1.608）	（0.00622）	（0.475）	（0.745）	（0.00287）
POSTAUD	—	—	—	－0.596	－0.947	0.00498
				（0.820）	（1.285）	（0.00495）
AUDNUM	0.681	0.415	－0.00662	0.851 *	1.276 *	－0.00980 ***
	（0.594）	（0.958）	（0.00370）	（0.378）	（0.593）	（0.00228）
DISTANCE	－0.00155	－0.00150	0.00000344	－0.000737	－0.00251 *	0.0000187 ***
	（0.00143）	（0.00231）	（0.00000895）	（0.000684）	（0.00107）	（0.00000413）
GDISTANCE	－0.00745	－0.00678	0.000122 **	－0.0146 ***	－0.0194 ***	0.0000737 ***
	（0.00705）	（0.0114）	（0.0000439）	（0.00317）	（0.00496）	（0.0000191）
LSIZE	0.278	0.285	－0.00371	0.254	－0.345	－0.000349
	（0.419）	（0.676）	（0.00262）	（0.188）	（0.294）	（0.00113）
LEV	8.763 ***	6.210	0.0425 **	2.040	8.599 ***	0.00928
	（2.445）	（3.942）	（0.0152）	（1.101）	（1.726）	（0.00665）
ROA	0.989	1.186	0.855 ***	－16.93 ***	14.11 *	0.412 ***
	（1.173）	（1.892）	（0.00732）	（4.326）	（6.782）	（0.0261）
INVENTORYTR	－1.420	－1.866	0.0251 **	2.734 ***	1.674	0.0188 ***
	（1.285）	（2.073）	（0.00802）	（0.640）	（1.003）	（0.00386）
DOL	－3.801 ***	－9.299 ***	0.0153 ***	－2.575 ***	－6.225 ***	0.00590 **
	（0.608）	（0.981）	（0.00380）	（0.302）	（0.474）	（0.00183）
DFL	0.282	0.406	0.00166	0.416 ***	0.593 ***	0.000999
	（0.209）	（0.338）	（0.00131）	（0.103）	（0.161）	（0.000622）
GROWTH	－0.0504	0.0661	－0.000160	－0.0613	0.0101	0.000161
	（0.0866）	（0.140）	（0.000540）	（0.0593）	（0.0929）	（0.000358）
FAR	18.39 ***	18.53 ***	－0.0987 ***	10.76 ***	12.13 ***	－0.0684 ***
	（3.158）	（5.093）	（0.0197）	（1.497）	（2.347）	（0.00904）

变量	全样本			PSM 样本		
	(1)	(2)	(3)	(4)	(5)	(6)
	DIFFTR1	DIFFTR2	r	DIFFTR1	DIFFTR2	r
INTANGIBLE	-14.79	-35.24	-0.369 ***	-14.01 ***	-35.24 ***	-0.106 ***
	(11.36)	(18.33)	(0.0709)	(3.676)	(5.763)	(0.0222)
BIG4	2.134	1.471	0.00696	2.342 ***	5.732 ***	0.00683
	(1.554)	(2.506)	(0.00969)	(0.678)	(1.063)	(0.00409)
SHRCR	-0.243	-0.217	0.00116	-0.582 ***	-0.404 **	-0.00122 *
	(0.170)	(0.274)	(0.00106)	(0.0787)	(0.123)	(0.000475)
INDEPR	-0.925	-21.78	0.0105	-2.188	-10.97	0.0248
	(8.145)	(13.14)	(0.0508)	(4.336)	(6.797)	(0.0262)
ISVIOLATE	0.567	-1.491	0.00650	-0.0482	-0.440	0.00375
	(0.900)	(1.451)	(0.00561)	(0.399)	(0.626)	(0.00241)
SHRCR_2	0.00132	0.000693	-0.0000137	0.00425 ***	0.00233 *	0.00000770
	(0.00147)	(0.00237)	(0.00000918)	(0.000671)	(0.00105)	(0.00000405)
YEAR	CONTROL	CONTROL	CONTROL	CONTROL	CONTROL	CONTROL
INDUSTRY	CONTROL	CONTROL	CONTROL	CONTROL	CONTROL	CONTROL
_cons	26.38 *	41.80 *	-0.00727	30.67 ***	53.31 ***	-0.00752
	(11.56)	(18.64)	(0.0721)	(5.560)	(8.717)	(0.0336)
N	573	573	573	1573	1573	1573
R^2	0.293	0.297	0.968	0.305	0.320	0.367

2. 区分实验组和对照组

为了进一步考察央企在审计前后公司避税程度的变化，我们分别以实验组和对照组为样本进行研究。表 4 - 33 列示了未被审计和被审计的样本的分组情况，未被审计的公司的年度样本为 181 个，被审计的公司的年度样本为 1079 个。相比于未被审计署审计过的央企集团控制的上市公司，被审计的央企控制的上市公司的避税程度因受审计的影响而略有差异，因此不改变前述结论。

表 4 - 33　　　　　　　　稳健性：分对照组实验组回归结果

变量	ISAUDIT = 0			ISAUDIT = 1		
	ETR1	ETR2	ETR3	ETR1	ETR2	ETR3
o. ISAUDIT	—	—	—	—	—	—
POST	—	—	—	0. 0104	1. 233	- 0. 543 *
				(- 0. 662)	(- 1. 168)	(- 0. 329)
AUDNUM	—	—	—	- 0. 872 **	0. 0686	0. 292
				(- 0. 357)	(- 0. 629)	(- 0. 177)
DISTANCE	- 0. 00228	- 0. 00319	0. 000106	0. 000608	- 0. 0000428	0. 00185 ***
	(- 0. 00349)	(- 0. 00547)	(- 0. 00149)	(- 0. 00081)	(- 0. 00143)	(- 0. 000403)
GDISTANCE	0. 00379	0. 00289	0. 00256	0. 0230 ***	0. 0298 **	- 0. 00569
	(- 0. 00648)	(- 0. 0101)	(- 0. 00277)	(- 0. 00717)	(- 0. 0126)	(- 0. 00356)
LSIZE	0. 655	- 1. 015	0. 226	0. 244	0. 0576	0. 0988
	(- 0. 73)	(- 1. 143)	(- 0. 312)	(- 0. 269)	(- 0. 475)	(- 0. 134)
LEV	6. 635 *	8. 116	0. 367	- 3. 984 **	- 0. 6	- 2. 507 ***
	(- 3. 568)	(- 5. 587)	(- 1. 527)	(- 1. 731)	(- 3. 052)	(- 0. 861)
ROA	- 1. 518	- 3. 560 *	0. 0202	21. 05 ***	2. 681	15. 92 ***
	(- 1. 159)	(- 1. 815)	(- 0. 496)	(- 5. 588)	(- 9. 853)	(- 2. 779)
INVENTORYTR	- 2. 482 **	- 2. 902	0. 0378	1. 059	- 0. 833	2. 407 ***
	(- 1. 178)	(- 1. 844)	(- 0. 504)	(- 0. 757)	(- 1. 335)	(- 0. 376)
DOL	1. 216	3. 245 **	- 0. 756 **	3. 532 ***	8. 797 ***	- 0. 688 ***
	(- 0. 849)	(- 1. 33)	(- 0. 363)	(- 0. 417)	(- 0. 735)	(- 0. 207)
DFL	- 0. 658 *	- 1. 405 **	- 0. 162	- 0. 510 ***	- 0. 886 ***	- 0. 159 **
	(- 0. 362)	(- 0. 567)	(- 0. 155)	(- 0. 144)	(- 0. 254)	(- 0. 0716)
GROWTH	- 1. 208	- 1. 637	- 0. 673 *	0. 0955	- 0. 0132	0. 0714 **
	(- 0. 922)	(- 1. 443)	(- 0. 394)	(- 0. 0724)	(- 0. 128)	(- 0. 036)
FAR	- 2. 876	19. 11 **	2. 069	- 8. 325 ***	- 14. 80 ***	5. 367 ***
	(- 5. 592)	(- 8. 757)	(- 2. 393)	(- 1. 942)	(- 3. 423)	(- 0. 965)
INTANGIBLE	2. 969	- 9. 593	- 5. 058	12. 08 *	9. 232	4. 674
	(- 20. 24)	(- 31. 7)	(- 8. 661)	(- 7. 007)	(- 12. 36)	(- 3. 484)
BIG4	- 0. 542	- 1. 626	- 1. 406	0. 506	- 0. 0165	- 1. 005 **
	(- 2. 617)	(- 4. 097)	(- 1. 12)	(- 0. 997)	(- 1. 758)	(- 0. 496)

变量	ISAUDIT = 0			ISAUDIT = 1		
	ETR1	ETR2	ETR3	ETR1	ETR2	ETR3
SHRCR	1. 218 ***	1. 323 *	0. 14	0. 00704	0. 256	− 0. 0880 *
	(− 0. 45)	(− 0. 705)	(− 0. 193)	(− 0. 105)	(− 0. 185)	(− 0. 052)
INDEPR	− 4. 777	100. 0 ***	10. 85	0. 764	1. 413	− 1. 304
	(− 19. 91)	(− 31. 17)	(− 8. 519)	(− 4. 864)	(− 8. 577)	(− 2. 419)
ISVIOLATE	− 1. 207	− 4. 583 *	− 2. 284 ***	0. 0535	2. 098 **	0. 0755
	(− 1. 525)	(− 2. 388)	(− 0. 653)	(− 0. 571)	(− 1. 007)	(− 0. 284)
SHRCR_2	− 0. 00926 **	− 0. 00831	− 0. 000842	0. 00028	− 0. 00171	0. 00108 **
	(− 0. 00404)	(− 0. 00633)	(− 0. 00173)	(− 0. 000908)	(− 0. 0016)	(− 0. 000451)
YEAR	CONTROL	CONTROL	CONTROL	CONTROL	CONTROL	CONTROL
INDUSTRY	CONTROL	CONTROL	CONTROL	CONTROL	CONTROL	CONTROL
Constant	− 40. 81 **	− 54. 58 *	14. 83 *	4. 24	− 7. 196	1. 104
	(− 20. 59)	(− 32. 24)	(− 8. 81)	(− 7. 54)	(− 13. 3)	(− 3. 749)
Observations	180	180	180	1,069	1,069	1,069
R – squared	0. 306	0. 368	0. 614	0. 284	0. 274	0. 493

3. 重新定义 POST 变量

重新定义审计前后哑变量 POST。替换 POST 变量为 RPOST 变量，RPOST 定义为被审计署审计当年及以后年份均取 1，否则取 0。发现回归结果与前文没有较大差别，仅对 ETR1 的回归 ISAUDIT 的系数是显著为正的，说明被审计的上市公司的实际税率有所增加（见表 3 – 34）。

表 4 – 34　　　　稳健性：重新定义解释变量 – RPOST 回归结果

变量	全样本			PSM 样本		
	ETR1	ETR2	ETR3	ETR1	ETR2	ETR3
ISAUDIT	2. 704 ***	2. 519	0. 268	1. 155 *	0. 319	− 0. 174
	(0. 778)	(1. 345)	(0. 385)	(0. 516)	(0. 850)	(0. 253)
RPOST	− 0. 566	1. 325	− 0. 303	0. 638	0. 309	0. 496 *
	(0. 710)	(1. 228)	(0. 351)	(0. 481)	(0. 793)	(0. 235)

变量	全样本			PSM 样本		
	ETR1	ETR2	ETR3	ETR1	ETR2	ETR3
RPOSTAUD	—	—	—	− 0. 758	− 0. 0952	− 1. 189 **
				(0. 748)	(1. 233)	(0. 367)
DISTANCE	0. 0000936	− 0. 000257	0. 00210 ***	− 0. 00224 ***	− 0. 00141	0. 00250 ***
	(0. 000786)	(0. 00136)	(0. 000389)	(0. 000614)	(0. 00101)	(0. 000301)
GDISTANCE	0. 00623	0. 00835	− 0. 00308	0. 0329 ***	0. 0595 ***	0. 00636 ***
	(0. 00395)	(0. 00683)	(0. 00195)	(0. 00339)	(0. 00559)	(0. 00166)
LSIZE	0. 234	− 0. 0943	0. 125	0. 633 ***	0. 663 *	0. 319 ***
	(0. 250)	(0. 432)	(0. 124)	(0. 184)	(0. 303)	(0. 0901)
LEV	− 4. 490 **	0. 742	− 3. 914 ***	− 0. 990	− 5. 715 **	− 3. 509 ***
	(1. 439)	(2. 488)	(0. 712)	(1. 107)	(1. 824)	(0. 542)
ROA	− 0. 428	− 1. 272	0. 812	12. 52 **	− 28. 41 ***	18. 78 ***
	(1. 001)	(1. 730)	(0. 495)	(4. 369)	(7. 202)	(2. 140)
INVENTORYTR	− 0. 506	− 1. 406	1. 330 ***	− 1. 949 ***	− 2. 710 **	1. 471 ***
	(0. 517)	(0. 894)	(0. 256)	(0. 589)	(0. 970)	(0. 288)
DOL	2. 777 ***	7. 808 ***	− 0. 916 ***	2. 681 ***	6. 959 ***	− 0. 548 ***
	(0. 360)	(0. 623)	(0. 178)	(0. 296)	(0. 487)	(0. 145)
DFL	− 0. 506 ***	− 0. 907 ***	− 0. 154 *	− 0. 590 ***	− 1. 081 ***	− 0. 165 **
	(0. 133)	(0. 229)	(0. 0656)	(0. 102)	(0. 169)	(0. 0501)
GROWTH	0. 0843	− 0. 00501	0. 0637	0. 110	0. 0647	0. 0566
	(0. 0731)	(0. 126)	(0. 0361)	(0. 0679)	(0. 112)	(0. 0332)
FAR	− 8. 772 ***	− 11. 79 ***	4. 678 ***	− 7. 096 ***	− 9. 085 ***	3. 602 ***
	(1. 776)	(3. 070)	(0. 878)	(1. 386)	(2. 286)	(0. 679)
INTANGIBLE	13. 19 *	11. 85	3. 332	5. 118	− 6. 831	0. 649
	(6. 600)	(11. 41)	(3. 264)	(3. 663)	(6. 038)	(1. 794)
BIG4	− 0. 0974	− 0. 800	− 0. 900 *	0. 531	− 0. 349	− 1. 192 ***
	(0. 924)	(1. 598)	(0. 457)	(0. 668)	(1. 101)	(0. 327)
SHRCR	0. 0603	0. 294	− 0. 0569	0. 451 ***	0. 767 ***	0. 0895 *
	(0. 102)	(0. 176)	(0. 0503)	(0. 0748)	(0. 123)	(0. 0366)
INDEPR	− 0. 575	8. 357	− 1. 457	− 2. 575	11. 35	− 3. 051
	(4. 693)	(8. 113)	(2. 321)	(3. 886)	(6. 405)	(1. 903)

变量	全样本			PSM 样本		
	ETR1	ETR2	ETR3	ETR1	ETR2	ETR3
ISVIOLATE	0. 0297	1. 426	− 0. 324	0. 359	− 1. 035	0. 0912
	(0. 529)	(0. 914)	(0. 261)	(0. 393)	(0. 647)	(0. 192)
SHRCR_2	0. 0000740	− 0. 00182	0. 000860 *	− 0. 00346 ***	− 0. 00591 ***	− 0. 000662 *
	(0. 000884)	(0. 00153)	(0. 000437)	(0. 000642)	(0. 00106)	(0. 000315)
YEAR	CONTROL	CONTROL	CONTROL	CONTROL	CONTROL	CONTROL
INDUSTRY	CONTROL	CONTROL	CONTROL	CONTROL	CONTROL	CONTROL
_cons	3. 242	− 7. 342	1. 015	− 17. 08 **	− 36. 20 ***	− 7. 808 **
	(7. 107)	(12. 29)	(3. 514)	(5. 275)	(8. 697)	(2. 584)
N	1249	1249	1249	2138	2138	2138
R^2	0. 248	0. 253	0. 468	0. 259	0. 324	0. 552

（四）进一步分析

审计监督的公司治理效应的发挥离不开审计自身的检查力度。借鉴以往研究，本节使用被审计央企和央企控制的上市公司距离所属审计署特派办的距离衡量审计监督的作用和威慑力的强弱（褚剑，2016）。央企的所在地距离审计署越近，审计成本相对较小，因而审计员可能会进行更细致的检查，同时现场审计也会更频繁，这些均会增加审计强度和提高审计质量。因此，中央企业和其控制的上市公司受到审计监督影响越强烈，相应地，上市公司的避税行为也会对审计的反应越明显。本节预期政府审计对上市公司避税行为的作用在其监督力度较强时更明显。据此，借鉴现有文献利用地理距离衡量信息获取成本的做法，采用上市公司与审计署特派办的距离来衡量审计监督力度的大小。定义央企注册地与所属特派办的距离GDISTANCE 以及央企控制的上市公司注册地距实际控制人央企所属特派办的距离 DISTANCE 两个变量近似描述审计监督的倾向和强度，分别根据上市公司与特派办间的距离是否大于中位数区分高低两组，然后进行回归，结果如表4-35 和表4-36 所示。

表4-35 是央企距离所属特派办远近的分组回归。在对 ETR1 的回归中，ISAUDIT 的系数均显著为正，距离较远的组系数为 2.826，高于距离较近组的 2.220，说明审计署的审计显著提升了公司实际税负，并且对距离较远的上市公司影响更大，这与预期相反。距离审计署较远的央企集团所属的上市公司受审计监督的影响明显更强，这可能是因为距离较远的央

企集团内的上市公司受到审计署审计的威胁不大，因而日常税务活动比较激进，一旦遭受审计署审计，就会有较大程度的税务方面的改进，税率增加程度越大。表4-36列示了上市公司距离审计署远近的分组回归结果，距离特派办较近的上市公司组 ISAUDIT 系数并不显著，而距离较远的公司组系数显著为正，可能说明审计监督的威胁作用促使上市公司在未被审计时就降低了避税程度，而远离审计署的上市公司面临的审计威胁不那么强，一旦被审计，就会有比较大的纠正作用的影响，会显著提高实际税负。

表4-35　　　　　　　　　　　GDISTANCE 分组回归

变量	距离特派办较近			距离特派办较远		
	ETR1	ETR2	ETR3	ETR1	ETR2	ETR3
ISAUDIT	2.220 ***	1.561	−0.187	2.826 **	2.468	0.274
	(−0.662)	(−1.289)	(−0.365)	(−1.239)	(−1.828)	(−0.514)
POST	0.435	0.959	0.35	0.266	−0.697	0.382
	(−0.526)	(−1.023)	(−0.29)	(−1.162)	(−1.714)	(−0.482)
POSTAUD	−0.816	−1.103	−1.794 ***	−0.669	1.527	−0.629
	(−0.888)	(−1.728)	(−0.489)	(−1.51)	(−2.228)	(−0.627)
AUDNUM	−0.912 ***	−1.863 ***	0.627 ***	−2.483 ***	−0.496	−0.629 **
	(−0.323)	(−0.629)	(−0.178)	(−0.645)	(−0.952)	(−0.268)
DISTANCE	−0.00132 *	−0.00370 **	0.000746 *	−0.000581	−0.000486	0.00173 ***
	(−0.000787)	(−0.00153)	(−0.000434)	(−0.000983)	(−0.00145)	(−0.000408)
GDISTANCE	0.0348 ***	0.0588 ***	0.00588 ***	−0.00836	0.108 ***	0.0165 ***
	(−0.00381)	(−0.00741)	(−0.0021)	(−0.0119)	(−0.0175)	(−0.00492)
LSIZE	1.488 ***	0.723	0.964 ***	0.554 *	−0.237	−0.732 ***
	(−0.229)	(−0.445)	(−0.126)	(−0.329)	(−0.485)	(−0.136)
LEV	−8.620 ***	−7.934 ***	−4.014 ***	4.993 ***	1.345	−2.854 ***
	(−1.375)	(−2.678)	(−0.759)	(−1.788)	(−2.638)	(−0.742)
ROA	9.542 *	−56.38 ***	33.11 ***	24.35 ***	7.894	13.52 ***
	(−5.757)	(−11.21)	(−3.175)	(−6.665)	(−9.834)	(−2.766)
INVENTORYTR	−1.778 **	−6.470 ***	0.186	−0.393	1.095	3.099 ***
	(−0.699)	(−1.362)	(−0.386)	(−0.959)	(−1.414)	(−0.398)

变量	距离特派办较近			距离特派办较远		
	ETR1	ETR2	ETR3	ETR1	ETR2	ETR3
DOL	1. 033 ***	4. 784 ***	− 0. 153	5. 053 ***	10. 03 ***	− 0. 781 ***
	(− 0. 325）	(− 0. 633）	(− 0. 179）	(− 0. 494）	(− 0. 729）	(− 0. 205）
DFL	− 0. 806 ***	− 1. 425 ***	− 0. 0907	− 0. 318 **	− 0. 687 ***	− 0. 130 **
	(− 0. 122）	(− 0. 237）	(− 0. 0671）	(− 0. 159）	(− 0. 235）	(− 0. 066）
GROWTH	0. 143	0. 0664	0. 213 ***	0. 0387	− 0. 113	0. 0454
	(− 0. 138）	(− 0. 269）	(− 0. 0762）	(− 0. 0833）	(− 0. 123）	(− 0. 0346）
FAR	− 4. 981 ***	− 9. 734 ***	0. 426	− 12. 58 ***	− 11. 10 ***	8. 146 ***
	(− 1. 724）	(− 3. 356）	(− 0. 951）	(− 2. 222）	(− 3. 279）	(− 0. 922）
INTANGIBLE	13. 91 ***	12. 15 *	0. 91	13. 72	− 23. 49 *	− 3. 569
	(− 3. 543）	(− 6. 899）	(− 1. 954）	(− 9. 402）	(− 13. 87）	(− 3. 902）
BIG4	1. 087	4. 926 ***	− 0. 953 **	− 0. 191	1. 475	− 0. 453
	(− 0. 733）	(− 1. 428）	(− 0. 404）	(− 1. 37）	(− 2. 022）	(− 0. 569）
SHRCR	0. 475 ***	0. 779 ***	− 0. 0379	0. 107	0. 583 ***	0. 139 **
	(− 0. 0792）	(− 0. 154）	(− 0. 0437）	(− 0. 147）	(− 0. 217）	(− 0. 061）
INDEPR	− 3. 616	2. 478	0. 964	− 5. 754	4. 763	− 4. 414
	(− 4. 219）	(− 8. 215）	(− 2. 326）	(− 7. 458）	(− 11）	(− 3. 095）
ISVIOLATE	− 1. 579 ***	− 2. 722 ***	− 0. 948 ***	3. 183 ***	1. 113	0. 269
	(− 0. 427）	(− 0. 832）	(− 0. 236）	(− 0. 734）	(− 1. 084）	(− 0. 305）
SHRCR_2	− 0. 00433 ***	− 0. 00685 ***	− 0. 0000211	0. 000441	− 0. 00411 **	− 0. 000616
	(− 0. 000664）	(− 0. 00129）	(− 0. 000366）	(− 0. 0013）	(− 0. 00192）	(− 0. 00054）
YEAR	CONTROL	CONTROL	CONTROL	CONTROL	CONTROL	CONTROL
INDUSTRY	CONTROL	CONTROL	CONTROL	CONTROL	CONTROL	CONTROL
Constant	− 25. 81 ***	− 22. 56 **	− 14. 98 ***	− 9. 01	− 30. 78 **	9. 274 **
	(− 5. 555）	(− 10. 82）	(− 3. 063）	(− 8. 787）	(− 12. 96）	(− 3. 647）
Observations	1251	1251	1251	887	887	887
R − squared	0. 431	0. 396	0. 492	0. 327	0. 4	0. 731

表 4 - 36　　　　　　　　　**DISTANCE 分组回归**

变量	距离特派办较近			距离特派办较远		
	ETR1	ETR2	ETR3	ETR1	ETR2	ETR3
ISAUDIT	0. 839	2. 607 *	− 0. 751 *	3. 493 ***	− 2. 246	0. 115
	(− 0. 841）	(− 1. 367）	(− 0. 396）	(− 0. 91）	(− 1. 593）	(− 0. 448）

变量	距离特派办较近			距离特派办较远		
	ETR1	ETR2	ETR3	ETR1	ETR2	ETR3
POST	0.697	0.175	0.670 *	−0.135	−0.425	−0.106
	(−0.738)	(−1.2)	(−0.347)	(−0.758)	(−1.328)	(−0.373)
POSTAUD	−1.963 *	0.0101	−1.687 ***	1.044	2.433	−0.136
	(−1.123)	(−1.825)	(−0.528)	(−1.069)	(−1.871)	(−0.526)
AUDNUM	−1.700 ***	−2.582 ***	0.595 ***	−0.736	1.809 **	−0.00112
	(−0.392)	(−0.637)	(−0.184)	(−0.499)	(−0.873)	(−0.245)
DISTANCE	0.0154 **	0.0284 **	−0.0115 ***	−0.000317	−0.00131	0.000909 ***
	(−0.00684)	(−0.0111)	(−0.00322)	(−0.000709)	(−0.00124)	(−0.000349)
GDISTANCE	0.0501 ***	0.0578 ***	0.00811 ***	0.0248 ***	0.0893 ***	0.00579 **
	(−0.00513)	(−0.00834)	(−0.00241)	(−0.00573)	(−0.01)	(−0.00282)
LSIZE	0.588 **	0.361	0.415 ***	0.744 ***	−0.36	0.103
	(−0.25)	(−0.407)	(−0.118)	(−0.273)	(−0.477)	(−0.134)
LEV	4.229 **	0.493	−2.485 ***	−9.952 ***	−8.356 ***	−4.742 ***
	(−1.678)	(−2.728)	(−0.79)	(−1.566)	(−2.742)	(−0.771)
ROA	30.16 ***	9.647	32.44 ***	−5.344	−56.68 ***	12.65 ***
	(−8.029)	(−13.05)	(−3.78)	(−4.884)	(−8.551)	(−2.404)
INVENTORYTR	−0.0369	−0.243	0.396	−0.526	−3.415 *	3.745 ***
	(−0.704)	(−1.144)	(−0.331)	(−1.109)	(−1.942)	(−0.546)
DOL	3.217 ***	8.015 ***	−0.449 **	2.268 ***	6.706 ***	−0.442 **
	(−0.462)	(−0.752)	(−0.218)	(−0.348)	(−0.61)	(−0.172)
DFL	−0.600 ***	−0.817 ***	−0.000651	−0.515 ***	−0.949 ***	−0.154 **
	(−0.142)	(−0.231)	(−0.0669)	(−0.139)	(−0.243)	(−0.0682)
GROWTH	0.0265	−0.0544	0.103 ***	0.194	0.0857	−0.443 ***
	(−0.0708)	(−0.115)	(−0.0333)	(−0.198)	(−0.346)	(−0.0974)
FAR	−7.474 ***	−11.08 ***	1.485	−7.855 ***	−10.86 ***	5.899 ***
	(−2.149)	(−3.492)	(−1.011)	(−1.825)	(−3.196)	(−0.899)
INTANGIBLE	31.68 ***	18.51	−16.95 ***	6.619	5.136	0.669
	(−9.301)	(−15.12)	(−4.378)	(−4.158)	(−7.28)	(−2.047)
BIG4	0.478	0.547	0.38	1.492	1.353	−2.987 ***
	(−0.846)	(−1.375)	(−0.398)	(−1.24)	(−2.171)	(−0.611)
SHRCR	0.634 ***	0.653 ***	−0.0058	−0.157	0.493 ***	0.259 ***
	(−0.0997)	(−0.162)	(−0.0469)	(−0.109)	(−0.191)	(−0.0537)

变量	距离特派办较近			距离特派办较远		
	ETR1	ETR2	ETR3	ETR1	ETR2	ETR3
INDEPR	− 12. 20 **	28. 26 ***	0. 118	− 4. 86	− 11. 31	0. 278
	(− 5. 705)	(− 9. 274)	(− 2. 686)	(− 4. 943)	(− 8. 654)	(− 2. 433)
ISVIOLATE	1. 128 *	− 1. 975 **	− 0. 708 **	1. 648 ***	1. 634 *	− 0. 193
	(− 0. 587)	(− 0. 954)	(− 0. 276)	(− 0. 53)	(− 0. 928)	(− 0. 261)
SHRCR_2	− 0. 00510 ***	− 0. 00502 ***	0. 0000421	0. 00204 **	− 0. 00309 *	− 0. 00200 ***
	(− 0. 000847)	(− 0. 00138)	(− 0. 000399)	(− 0. 000964)	(− 0. 00169)	(− 0. 000474)
YEAR	CONTROL	CONTROL	CONTROL	CONTROL	CONTROL	CONTROL
INDUSTRY	CONTROL	CONTROL	CONTROL	CONTROL	CONTROL	CONTROL
Constant	− 35. 67 ***	− 52. 46 ***	− 7. 383 **	11. 08	5. 92	− 9. 999 ***
	(− 7. 117)	(− 11. 57)	(− 3. 35)	(− 7. 76)	(− 13. 59)	(− 3. 82)
Observations	1149	1149	1149	989	989	989
R – squared	0. 371	0. 38	0. 476	0. 378	0. 439	0. 734

另外，选取受到审计署审计的上市公司的子样本，定义变量 AUD-NUM 为上市公司的实际控制人央企在样本期间被审计次数，期望讨论央企集团被审计次数对上市公司的避税程度有何影响。因此根据 AUDNUM 变量的分布特征，选择被审计三次作为分界，实际控制人央企被审计次数少于三次的上市公司为一组，大于等于三次的为一组，分别进行回归，回归结果如表 4－37 所示。分析发现，在审计次数较少的上市公司组中，审计次数越多，实际税率反而会越少，即其避税行为越激进。同前所述，审计次数少的组，对审计的敏感程度较高，而二次三次审计的威慑力可能不如一次审计，因此审计效果在一次审计时体现得最为明显，而随着被审计次数增加，上市公司熟悉了审计程序，可能会从其他渠道，通过其他方式进行避税的筹划，因而在一次审计显著降低了避税激进程度后，审计次数增多会显著伴随着避税程度的增强。

表 4 – 37（1）　　　　进一步分析：被审计次数分组回归（二次）

变量	被审计次数少于二次			被审计次数多于等于二次		
	ETR1	ETR2	ETR3	ETR1	ETR2	ETR3
POST	− 0. 56	− 0. 0948	− 0. 35	0. 845	3. 720 *	− 0. 556
	(− 0. 907)	(− 1. 538)	(− 0. 402)	(− 1. 025)	(− 1. 997)	(− 0. 557)

变量	被审计次数少于二次			被审计次数多于等于二次		
	ETR1	ETR2	ETR3	ETR1	ETR2	ETR3
DISTANCE	− 0.00106	− 0.00218	0.00203 ***	0.00175	0.00181	0.00190 ***
	(− 0.00115)	(− 0.00196)	(− 0.000512)	(− 0.00113)	(− 0.0022)	(− 0.000613)
GDISTANCE	0.0396 ***	0.0347 **	− 0.00784 *	− 0.0124	− 0.0159	− 0.0110 *
	(− 0.00975)	(− 0.0165)	(− 0.00432)	(− 0.0118)	(− 0.0229)	(− 0.00639)
LSIZE	− 0.700 **	− 1.491 ***	− 0.201	2.059 ***	3.133 ***	0.930 ***
	(− 0.339)	(− 0.575)	(− 0.15)	(− 0.452)	(− 0.88)	(− 0.245)
LEV	− 2.808	4.252	1.692 *	− 7.809 ***	− 13.98 ***	− 11.11 ***
	(− 2.269)	(− 3.847)	(− 1.006)	(− 2.764)	(− 5.385)	(− 1.501)
ROA	16.10 **	− 1.503	19.68 ***	17.82 **	− 13.89	6.186
	(− 7.199)	(− 12.2)	(− 3.191)	(− 8.82)	(− 17.18)	(− 4.79)
INVENTORYTR	1.966 **	− 0.866	3.159 ***	0.661	− 0.24	1.191 *
	(− 1.001)	(− 1.697)	(− 0.444)	(− 1.226)	(− 2.388)	(− 0.666)
DOL	4.157 ***	10.81 ***	− 0.325	1.758 ***	5.150 ***	− 0.787 **
	(− 0.55)	(− 0.932)	(− 0.244)	(− 0.641)	(− 1.249)	(− 0.348)
DFL	− 0.420 *	− 0.711 *	− 0.212 **	− 0.537 ***	− 0.973 ***	− 0.117
	(− 0.222)	(− 0.376)	(− 0.0982)	(− 0.179)	(− 0.349)	(− 0.0972)
GROWTH	0.0804	− 0.0224	0.107 ***	0.593 **	1.168 **	− 0.390 **
	(− 0.0764)	(− 0.13)	(− 0.0339)	(− 0.294)	(− 0.572)	(− 0.16)
FAR	− 9.044 ***	− 18.77 ***	7.124 ***	− 7.024 **	− 7.004	− 0.18
	(− 2.687)	(− 4.555)	(− 1.191)	(− 2.994)	(− 5.834)	(− 1.626)
INTANGIBLE	25.27 **	12.6	0.0806	− 4.625	15.74	6.76
	(− 11.36)	(− 19.26)	(− 5.037)	(− 8.829)	(− 17.2)	(− 4.795)
BIG4	2.838 **	2.898	− 1.041 *	− 2.994 *	− 6.317 **	− 2.518 ***
	(− 1.288)	(− 2.183)	(− 0.571)	(− 1.647)	(− 3.21)	(− 0.895)
SHRCR	− 0.117	0.0216	0.0237	0.252	0.787 **	− 0.347 ***
	(− 0.137)	(− 0.233)	(− 0.0609)	(− 0.166)	(− 0.324)	(− 0.0902)
INDEPR	4.369	3.387	3.614	− 10.92	− 11.66	− 2.733
	(− 6.164)	(− 10.45)	(− 2.733)	(− 8.323)	(− 16.22)	(− 4.521)
ISVIOLATE	0.209	1.967	− 0.148	0.36	0.796	1.422 ***
	(− 0.726)	(− 1.232)	(− 0.322)	(− 0.951)	(− 1.852)	(− 0.516)
SHRCR_2	0.00155	0.000652	0.0000486	− 0.00226	− 0.00696 **	0.00319 ***
	(− 0.0012)	(− 0.00204)	(− 0.000533)	(− 0.0014)	(− 0.00273)	(− 0.000762)

变量	被审计次数少于二次			被审计次数多于等于二次		
	ETR1	ETR2	ETR3	ETR1	ETR2	ETR3
YEAR	CONTROL	CONTROL	CONTROL	CONTROL	CONTROL	CONTROL
INDUSTRY	CONTROL	CONTROL	CONTROL	CONTROL	CONTROL	CONTROL
Constant	19.61 **	22.75	0.579	−28.57 **	−74.82 ***	−1.031
	(−9.736)	(−16.51)	(−4.316)	(−11.04)	(−21.5)	(−5.994)
Observations	678	678	678	391	391	391
R − squared	0.346	0.342	0.548	0.355	0.312	0.616

表 4 – 37 (2)   进一步分析：被审计次数分组回归（三次）

变量	样本期内被审计次数少于三次			样本期内被审计次数多于等于三次		
	ETR1	ETR2	ETR3	ETR1	ETR2	ETR3
POST	0.217	1.314	−0.15	−1.935	−1.683	−2.141
	(−0.692)	(−1.232)	(−0.332)	(−2.826)	(−5.668)	(−2.031)
AUDNUM	−1.365 **	−1.964 *	−0.445	−2.997	−3.904	−1.071
	(−0.625)	(−1.113)	(−0.3)	(−3.329)	(−6.676)	(−2.392)
DISTANCE	0.0000791	0.000566	0.00224 ***	0.0150 ***	0.0128	−0.00132
	(−0.000847)	(−0.00151)	(−0.000406)	(−0.00426)	(−0.00855)	(−0.00307)
GDISTANCE	0.0232 ***	0.0261 **	−0.00584 *	0.293	−0.358	−0.457 **
	(−0.00724)	(−0.0129)	(−0.00347)	(−0.301)	(−0.603)	(−0.216)
LSIZE	0.031	−0.133	−0.0627	1.69	−1.176	1.864 *
	(−0.28)	(−0.498)	(−0.134)	(−1.39)	(−2.788)	(−0.999)
LEV	−4.005 **	−1.853	−1.521 *	−21.83 ***	2.979	−20.83 ***
	(−1.771)	(−3.151)	(−0.849)	(−7.25)	(−14.54)	(−5.211)
ROA	22.05 ***	3.086	15.46 ***	73.03 **	38.8	43.62 *
	(−5.669)	(−10.09)	(−2.72)	(−30.25)	(−60.68)	(−21.74)
INVENTORYTR	1.366	0.253	2.344 ***	−0.688	−1.806	2.124
	(−0.865)	(−1.539)	(−0.415)	(−1.866)	(−3.742)	(−1.341)
DOL	4.010 ***	9.677 ***	−0.506 **	−0.628	−2.641	−0.56
	(−0.434)	(−0.773)	(−0.208)	(−1.958)	(−3.926)	(−1.407)
GROWTH	0.0667	−0.0392	0.0927 ***	0.0995	0.0329	0.114
	(−0.0739)	(−0.132)	(−0.0355)	(−0.471)	(−0.945)	(−0.338)
FAR	−8.262 ***	−17.46 ***	5.091 ***	−1.151	6.116	−11.56 *
	(−2.042)	(−3.634)	(−0.979)	(−9.124)	(−18.3)	(−6.557)

变量	样本期内被审计次数少于三次			样本期内被审计次数多于等于三次		
	ETR1	ETR2	ETR3	ETR1	ETR2	ETR3
INTANGIBLE	15. 69 **	6. 342	3. 351	− 40. 55	− 64. 59	− 16. 05
	(− 7. 388)	(− 13. 15)	(− 3. 544)	(− 32. 77)	(− 65. 73)	(− 23. 55)
BIG4	1. 688	0. 864	− 0. 892 *	− 6. 841 *	0. 479	− 2. 346
	(− 1. 082)	(− 1. 926)	(− 0. 519)	(− 3. 77)	(− 7. 562)	(− 2. 71)
SHRCR	0. 0866	0. 356 *	− 0. 0681	− 1. 135 *	0. 615	0. 107
	(− 0. 113)	(− 0. 2)	(− 0. 054)	(− 0. 643)	(− 1. 289)	(− 0. 462)
INDEPR	1. 945	0. 542	− 0. 735	− 10. 18	− 12. 67	− 30. 09
	(− 4. 957)	(− 8. 821)	(− 2. 378)	(− 30. 45)	(− 61. 07)	(− 21. 88)
ISVIOLATE	− 0. 537	1. 55	− 0. 147	7. 446 *	5. 861	1. 156
	(− 0. 586)	(− 1. 043)	(− 0. 281)	(− 4. 026)	(− 8. 075)	(− 2. 894)
SHRCR_2	− 0. 000363	− 0. 00254	0. 000963 **	0. 00913	− 0. 00102	− 0. 000881
	(− 0. 000972)	(− 0. 00173)	(− 0. 000466)	(− 0. 00571)	(− 0. 0115)	(− 0. 00411)
YEAR	CONTROL	CONTROL	CONTROL	CONTROL	CONTROL	CONTROL
INDUSTRY	CONTROL	CONTROL	CONTROL	CONTROL	CONTROL	CONTROL
Constant	5. 179	− 4. 566	3. 703	− 22. 4	54. 92	52. 94
	(− 7. 8)	(− 13. 88)	(− 3. 742)	(− 48. 58)	(− 97. 43)	(− 34. 91)
Observations	993	993	993	76	76	76
R − squared	0. 284	0. 273	0. 488	0. 818	0. 703	0. 843

现有研究表明，随着我国法律和监管环境的改善，会计师事务所的审计作用明显增强；另外，会计师事务所规模的扩大和组织形式的转变，使其所面临的法律风险和监管风险都在提高，大型会计师事务所因而会提供更高质量的审计服务。因此，本节按照进行年报审计的会计师事务所是否为国际四大会计师事务所（即德勤、安永、普华永道、毕马威）对上市公司进行分组，研究上市公司会计师事务所类型对审计监督效果的影响，回归结果如表4-38所示。

表4-38显示，一方面，非"四大"会计师事务所组对 ETR1 回归的 ISAUDIT 系数为1.481，在5%的水平上显著，而"四大"会计师事务所组的系数不显著；此外，对 ETR3 的回归中，非"四大"会计师事务所组的 ISAUDIT 和 POSTAUD 系数均显著为负，对应的"四大"会计师事务所组的系数并不显著，这可能由于大所的审计质量高，能够有效地揭示企业避税行为中存在的风险，纠正激进税务行为，这时是否接受审计监督对抑

制避税的作用可能是有限的，而小所的专业能力和独立性不如大所，其审计所发现的问题相对有限，审计监督的威慑力以及监督检查可能更有效地防范和纠正企业税务行为中存在的问题，抑制激进避税行为，因此其发挥的效应可能会更显著，而同时，非"四大"会计师事务所相对较弱的审计没有能够抑止上市公司在接受审计监督后在其他渠道进行税务规避的激进行为，反映在 ETR3 上；另一方面，"四大"会计师事务所审计组中 POSTAUD 对 ETR1 的回归系数为 4.880，在 5% 的水平上显著，对 ETR3 回归均不显著，即经审计监督后，"四大"会计师事务所审计的上市公司的实际税率存在明显提高，这可能显示出在"四大"会计师事务所和政府的双重"压力"下，上市公司会有更实质性的降低避税激进程度的行为。

表 4 - 38　　　　进一步分析：是否"四大"会计师事务所分组回归

变量	BIG4 = 0			BIG4 = 1		
	ETR1	ETR2	ETR3	ETR1	ETR2	ETR3
ISAUDIT	1.481 **	0.575	− 0.797 **	− 0.0754	− 4.64	− 1.295
	(− 0.664)	(− 1.076)	(− 0.336)	(− 2.448)	(− 5.468)	(− 1.178)
POST	0.474	0.31	0.394	− 0.373	− 1.551	0.474
	(− 0.581)	(− 0.942)	(− 0.294)	(− 1.433)	(− 3.201)	(− 0.689)
POSTAUD	− 0.751	0.379	− 1.223 ***	4.880 **	6.147	− 1.514
	(− 0.848)	(− 1.375)	(− 0.429)	(− 2.147)	(− 4.796)	(− 1.033)
AUDNUM	− 0.236	− 0.0817	0.233	− 0.428	0.545	0.575 *
	(− 0.364)	(− 0.59)	(− 0.184)	(− 0.72)	(− 1.609)	(− 0.346)
DISTANCE	− 0.00106 *	− 0.00136	0.00238 ***	− 0.00917 ***	− 0.0256 ***	− 0.00420 ***
	(− 0.000627)	(− 0.00102)	(− 0.000317)	(− 0.00316)	(− 0.00706)	(− 0.00152)
GDISTANCE	0.0330 ***	0.0635 ***	0.00672 ***	− 0.026	− 0.0937 **	− 0.0117
	(− 0.00349)	(− 0.00566)	(− 0.00177)	(− 0.0179)	(− 0.0401)	(− 0.00863)
LSIZE	− 0.125	0.267	0.373 ***	1.092 *	0.801	0.388
	(− 0.199)	(− 0.323)	(− 0.101)	(− 0.587)	(− 1.31)	(− 0.282)
LEV	− 1.311	− 7.224 ***	− 3.990 ***	6.157	15.44 *	− 0.442
	(− 1.134)	(− 1.838)	(− 0.574)	(− 3.736)	(− 8.345)	(− 1.797)
ROA	9.980 **	− 28.63 ***	17.95 ***	27.89 **	− 2.429	25.66 ***
	(− 4.533)	(− 7.346)	(− 2.293)	(− 11.32)	(− 25.28)	(− 5.445)
INVENTORYTR	− 1.729 ***	− 2.738 ***	1.662 ***	− 3.022 *	− 8.142 **	0.702
	(− 0.614)	(− 0.994)	(− 0.31)	(− 1.778)	(− 3.973)	(− 0.856)

变量	BIG4 = 0			BIG4 = 1		
	ETR1	ETR2	ETR3	ETR1	ETR2	ETR3
DOL	2. 330 ***	6. 700 ***	− 0. 614 ***	1. 121	3. 416 **	− 0. 141
	(− 0. 315）	(− 0. 511）	(− 0. 159）	(− 0. 687）	(− 1. 535）	(− 0. 331）
DFL	− 0. 494 ***	− 1. 036 ***	− 0. 158 ***	− 1. 719 ***	− 1. 291	− 0. 38
	(− 0. 101）	(− 0. 164）	(− 0. 0513）	(− 0. 633）	(− 1. 414）	(− 0. 304）
GROWTH	0. 122 *	0. 0818	0. 0575 *	− 4. 225 ***	− 10. 80 ***	− 0. 845
	(− 0. 0663）	(− 0. 108）	(− 0. 0336）	(− 1. 247）	(− 2. 785）	(− 0. 6）
FAR	− 12. 30 ***	− 10. 06 ***	3. 659 ***	5. 945	− 2. 969	6. 988 ***
	(− 1. 489）	(− 2. 413）	(− 0. 753）	(− 3. 934）	(− 8. 789）	(− 1. 893）
INTANGIBLE	4. 93	− 5. 525	0. 487	44. 18 **	8. 006	24. 44 ***
	(− 3. 764）	(− 6. 1）	(− 1. 904）	(− 17. 05）	(− 38. 09）	(− 8. 203）
SHRCR	0. 551 ***	0. 675 ***	0. 0717 *	0. 719 ***	2. 258 ***	0. 374 ***
	(− 0. 0817）	(− 0. 132）	(− 0. 0413）	(− 0. 267）	(− 0. 597）	(− 0. 129）
INDEPR	− 3. 907	16. 50 **	− 4. 129 *	− 16. 86 **	− 69. 35 ***	2. 602
	(− 4. 267）	(− 6. 915）	(− 2. 159）	(− 8. 18）	(− 18. 27）	(− 3. 935）
ISVIOLATE	0. 257	− 0. 947	0. 172	4. 935 **	4. 072	− 1. 357
	(− 0. 394）	(− 0. 639）	(− 0. 199）	(− 2. 414）	(− 5. 392）	(− 1. 161）
SHRCR_2	− 0. 00454 ***	− 0. 00528 ***	− 0. 000515	− 0. 00450 **	− 0. 0151 ***	− 0. 00248 **
	(− 0. 000718）	(− 0. 00116）	(− 0. 000363）	(− 0. 00206）	(− 0. 00461）	(− 0. 000993）
YEAR	CONTROL	CONTROL	CONTROL	CONTROL	CONTROL	CONTROL
INDUSTRY	CONTROL	CONTROL	CONTROL	CONTROL	CONTROL	CONTROL
Constant	− 1. 27	− 26. 11 ***	− 7. 688 ***	− 36. 33 **	− 57. 94 *	− 16. 38 **
	(− 5. 595）	(− 9. 067）	(− 2. 831）	(− 15. 19）	(− 33. 94）	(− 7. 309）
Observations	1930	1930	1930	208	208	208
R − squared	0. 289	0. 349	0. 56	0. 676	0. 618	0. 743

避税行为有时作为企业的决策的一部分，不可避免地受到公司治理环境的影响，而之前有研究表明，审计监督对上市公司的治理效率有一定的促进作用。本节通过股权集中度和独立董事比例的两个变量衡量公司治理，因此对两变量分别与各自的中位数进行比较对上市公司分组，回归结果如表 4 - 39 所示。在低股权集中度组，对 ETR1 的回归中是否被审计 ISAUDIT 变量的系数为 2. 012，且在 5% 的水平上显著，而在高股权集中度的组，系数并不显著，因此在治理环境较好的公司，审计监督的效

力——无论是审计的威慑作用还是实际的审计行为，都会对公司的实际税率有正向增加的影响，从而降低其避税程度，而高股权集中度意味着上市公司受其直属母公司的操控比较强，可能不会受到审计监督较大的影响，审计监督对其税率和避税行为影响不显著。在对 ETR3 的回归中，高股权集中度组的 ISAUDIT 系数为 - 1.241，在 5% 的水平上显著，低股权集中度组中对应系数不显著，说明治理环境较差的公司在受过审计署审计的情况下，会在其他避税途径中呈现更激进的行为；此外，低股权集中度组和高股权集中度组的 POSTAUD 系数均显著为负，但是高集中度组系数的绝对值更大，这进一步表明：经审计署审计后，公司治理较差的公司会在其他渠道进行更激进的避税筹划。

表 4 - 39　　　　　　　进一步分析：公司治理情况分组回归（1）

变量	低股权集中度			高股权集中度		
	ETR1	ETR2	ETR3	ETR1	ETR2	ETR3
ISAUDIT	2.012 ** (- 0.819)	0.75 (- 1.379)	- 0.104 (- 0.301)	1.097 (- 0.936)	0.219 (- 1.506)	- 1.241 ** (- 0.516)
POST	0.682 (- 0.705)	0.95 (- 1.187)	0.193 (- 0.259)	- 0.182 (- 0.86)	- 0.998 (- 1.384)	0.153 (- 0.474)
POSTAUD	0.318 (- 1.067)	0.525 (- 1.797)	- 0.786 ** (- 0.393)	- 1.239 (- 1.236)	0.612 (- 1.99)	- 1.575 ** (- 0.682)
AUDNUM	- 0.576 (- 0.438)	0.155 (- 0.738)	0.411 ** (- 0.161)	- 0.359 (- 0.453)	- 0.889 (- 0.73)	- 0.206 (- 0.25)
DISTANCE	- 0.0000207 (- 0.000839)	- 0.00266 * (- 0.00141)	0.00135 *** (- 0.000309)	- 0.00204 ** (- 0.00093)	0.00245 (- 0.0015)	0.00341 *** (- 0.000513)
GDISTANCE	0.0352 *** (- 0.00594)	0.0647 *** (- 0.01)	- 0.00747 *** (- 0.00219)	0.0437 *** (- 0.00494)	0.0591 *** (- 0.00795)	0.00968 *** (- 0.00273)
LSIZE	0.758 *** (- 0.286)	- 0.666 (- 0.482)	0.249 ** (- 0.105)	0.059 (- 0.264)	1.440 *** (- 0.425)	0.405 *** (- 0.146)
LEV	- 7.773 *** (- 1.404)	- 10.08 *** (- 2.365)	- 3.525 *** (- 0.517)	8.816 *** (- 1.895)	0.872 (- 3.051)	- 0.835 (- 1.046)
ROA	21.39 *** (- 5.511)	- 5.255 (- 9.284)	7.975 *** (- 2.028)	26.50 *** (- 7.618)	- 19.49 (- 12.26)	38.84 *** (- 4.203)
INVENTORYTR	- 1.796 ** (- 0.744)	- 3.088 ** (- 1.254)	2.745 *** (- 0.274)	- 0.0208 (- 0.927)	- 0.578 (- 1.493)	0.342 (- 0.512)

变量	低股权集中度			高股权集中度		
	ETR1	ETR2	ETR3	ETR1	ETR2	ETR3
DOL	1.761 ***	6.069 ***	-0.492 ***	4.034 ***	8.833 ***	0.0164
	(-0.366)	(-0.566)	(-0.124)	(-0.565)	(-0.91)	(-0.312)
DFL	-0.582 ***	-1.021 ***	-0.138 ***	-0.423 *	-0.296	-0.00835
	(-0.108)	(-0.182)	(-0.0397)	(-0.249)	(-0.401)	(-0.138)
GROWTH	0.148	0.185	0.652 ***	0.0876	-0.0256	0.00943
	(-0.234)	(-0.395)	(-0.0876)	(-0.0725)	(-0.117)	(-0.04)
FAR	-8.490 ***	-9.092 ***	2.931 ***	-5.586 **	-10.22 ***	2.779 **
	(-1.884)	(-3.175)	(-0.693)	(-0.2333)	(-3.755)	(-1.287)
INTANGIBLE	9.900 **	-10.44	0.171	5.175	6.458	1.755
	(-4.322)	(-7.281)	(-1.591)	(-8.258)	(-13.29)	(-4.556)
BIG4	-1.733 *	-2.884 *	-1.060 ***	2.937 ***	2.258	-1.935 ***
	(-0.993)	(-1.672)	(-0.365)	(-0.978)	(-1.575)	(-0.54)
SHRCR	0.0216	0.0274	0.354 ***	-1.082 ***	0.494	0.994 ***
	(-0.303)	(-0.51)	(-0.111)	(-0.387)	(-0.622)	(-0.213)
INDEPR	-5.095	20.07 **	-1.462	-1.987	-2.407	-7.289 **
	(-5.131)	(-8.644)	(-1.888)	(-6.029)	(-9.705)	(-3.326)
ISVIOLATE	-0.559	-4.483 ***	0.499 ***	0.238	1.017	-1.038 ***
	(-0.521)	(-0.878)	(-0.192)	(-0.649)	(-1.045)	(-0.358)
SHRCR_2	0.00165	0.0025	-0.00457 ***	0.00675 ***	-0.00456	-0.00678 ***
	(-0.00357)	(-0.00601)	(-0.00131)	(-0.00261)	(-0.00421)	(-0.00144)
YEAR	CONTROL	CONTROL	CONTROL	CONTROL	CONTROL	CONTROL
INDUSTRY	CONTROL	CONTROL	CONTROL	CONTROL	CONTROL	CONTROL
Constant	-10.39	26.67	-8.307 *	42.60 ***	-46.93 *	-40.64 ***
	(-11.79)	(-19.86)	(-4.339)	(-15.27)	(-24.58)	(-8.423)
Observations	1115	1115	1115	1023	1023	1023
R-squared	0.365	0.39	0.567	0.284	0.374	0.618

在表 4-40 对独董比例的分组回归报告中也进一步印证了上述结论：对 ETR1 的回归中，高独董比例组和低独董比例组的 ISAUDIT 系数均显著为正，而高比例组的系数大于低比例组，说明高独董比例组在履行审计署审计公告、纠正错误行为方面的效果较好，避税程度得到显著降低。此外，相比于高比例组的不显著，低独立董事组对 ETR3 回归的 ISAUDIT 和

POSTAUD 系数均显著为负，说明公司治理较弱的情况下，上市公司在审计监督提高了 ETR1 为主的实际税率的同时，会寻求其他现金流相关的避税途径来降低税负。表 4 - 40 中还存在一个现象：低独立董事组的 ETR2 的回归中，ISAUDIT 和 POSTAUD 系数均显著为正，而在高独立董事比例组，该系数均不显著。ETR2 是在 ETR1 的基础上增加了递延所得税费用的考虑，以上情况可能是因为低独立董事比例的上市公司组因较弱的治理环境而存在较多的避税行为的筹划，因此较容易受审计监督的影响，审计署审计与否和审计前后的变化也比较明显，受过审计署审计及之后，上市公司的实际税率增加，避税行为得到显著抑制。

表 4 - 40　　　　　进一步分析：公司治理情况分组回归（2）

变量	低独立董事比例			高独立董事比例		
	ETR1	ETR2	ETR3	ETR1	ETR2	ETR3
ISAUDIT	1. 906 **	3. 760 **	- 0. 699 *	2. 024 **	- 1. 764	- 0. 823 *
	（ - 0. 914）	（ - 1. 468）	（ - 0. 395）	（ - 0. 859）	（ - 1. 428）	（ - 0. 493）
POST	0. 0585	0. 0743	0. 456	0. 689	0. 425	0. 214
	（ - 0. 84）	（ - 1. 35）	（ - 0. 363）	（ - 0. 691）	（ - 1. 149）	（ - 0. 396）
POSTAUD	0. 724	3. 247 *	- 1. 309 ***	- 1. 367	- 1. 022	- 0. 828
	（ - 1. 173）	（ - 1. 884）	（ - 0. 507）	（ - 1. 084）	（ - 1. 802）	（ - 0. 622）
AUDNUM	- 0. 299	- 0. 4	0. 306	- 2. 022 ***	- 1. 923 ***	0. 467 **
	（ - 0. 483）	（ - 0. 775）	（ - 0. 209）	（ - 0. 409）	（ - 0. 68）	（ - 0. 234）
DISTANCE	- 0. 00267 ***	- 0. 00365 ***	0. 00160 ***	0. 00102	0. 00336 *	0. 00248 ***
	（ - 0. 000789）	（ - 0. 00127）	（ - 0. 000341）	（ - 0. 00112）	（ - 0. 00187）	（ - 0. 000645）
GDISTANCE	0. 0275 ***	0. 0271 ***	0. 000467	0. 0351 ***	0. 0837 ***	0. 00767 ***
	（ - 0. 00579）	（ - 0. 0093）	（ - 0. 0025）	（ - 0. 00444）	（ - 0. 00737）	（ - 0. 00254）
LSIZE	0. 575 **	0. 444	0. 279 **	0. 0317	- 0. 379	0. 244 *
	（ - 0. 275）	（ - 0. 442）	（ - 0. 119）	（ - 0. 25）	（ - 0. 416）	（ - 0. 144）
LEV	3. 611 **	- 2. 205	- 4. 336 ***	- 5. 373 ***	- 5. 166 *	- 2. 467 **
	（ - 1. 514）	（ - 2. 431）	（ - 0. 654）	（ - 1. 703）	（ - 2. 83）	（ - 0. 976）
ROA	25. 04 ***	- 13. 91	13. 63 ***	6. 565	- 15. 95	17. 28 ***
	（ - 6. 665）	（ - 10. 7）	（ - 2. 881）	（ - 5. 886）	（ - 9. 784）	（ - 3. 375）
INVENTORYTR	- 2. 417 ***	- 1. 312	1. 884 ***	- 0. 989	- 4. 729 ***	0. 379
	（ - 0. 809）	（ - 1. 299）	（ - 0. 35）	（ - 0. 853）	（ - 1. 419）	（ - 0. 489）

变量	低独立董事比例			高独立董事比例		
	ETR1	ETR2	ETR3	ETR1	ETR2	ETR3
DOL	3.888*** (-0.481)	9.760*** (-0.772)	-0.771*** (-0.208)	1.359*** (-0.348)	4.941*** (-0.578)	-0.314 (-0.199)
DFL	-0.656*** (-0.136)	-1.128*** (-0.219)	-0.194*** (-0.059)	-0.442*** (-0.147)	-0.923*** (-0.244)	-0.0584 (-0.084)
GROWTH	0.0517 (-0.0753)	0.00197 (-0.121)	0.115*** (-0.0325)	0.309* (-0.176)	0.619** (-0.293)	-0.309*** (-0.101)
FAR	-11.72*** (-1.935)	-13.88*** (-3.108)	5.469*** (-0.836)	-3.739* (-1.998)	-4.982 (-3.32)	0.344 (-1.145)
INTANGIBLE	25.79*** (-7.524)	36.95*** (-12.08)	-6.134* (-3.252)	-4.156 (-4.792)	-15.52* (-7.965)	3.626 (-2.748)
BIG4	-0.362 (-0.964)	3.451** (-1.549)	-1.323*** (-0.417)	3.063*** (-0.995)	1.525 (-1.654)	-1.188** (-0.571)
SHRCR	0.562*** (-0.0966)	0.754*** (-0.155)	0.168*** (-0.0418)	0.233** (-0.116)	0.918*** (-0.193)	-0.101 (-0.0667)
INDEPR	-3.191 (-18.77)	19.92 (-30.15)	-8.054 (-8.114)	-5.83 (-5.413)	26.63*** (-8.998)	-4.644 (-3.104)
ISVIOLATE	0.143 (-0.58)	1.564* (-0.932)	-0.195 (-0.251)	1.547*** (-0.564)	-0.825 (-0.938)	-0.164 (-0.324)
SHRCR_2	-0.00459*** (-0.58)	-0.00575*** (-0.00133)	-0.00140*** (-0.000357)	-0.00122 (-0.001)	-0.00755*** (-0.00166)	0.00124** (-0.000573)
YEAR	CONTROL	CONTROL	CONTROL	CONTROL	CONTROL	CONTROL
INDUSTRY	CONTROL	CONTROL	CONTROL	CONTROL	CONTROL	CONTROL
Constant	12.64 (-12.24)	-0.552 (-19.66)	-2.124 (-5.29)	-6.988 (-6.711)	-35.83*** (-11.16)	-1.093 (-3.848)
Observations	1203	1203	1203	935	935	935
R-squared	0.296	0.333	0.683	0.383	0.498	0.444

上市公司所处地区的市场化水平也会对其行为产生影响，审计监督的作用因而也有所差异。本节引入了樊纲、王小鲁等编制的《中国市场化指数》中的数据，最新可获得的数据年份为2008～2014年，本节在各地区以上年份数据的基础上进行回归，近似取得了2015年和2016年市场化指数，因而共取得2008～2016年9年的数据。根据上市公司的注册地确定

其所在地区的市场化总指数评分，并根据所有公司的评分中位数对上市公司进行分组回归，结果如表4-41所示。是否受过审计监督都会显著增加实际税负 ETR1，即 ISAUDIT 变量系数均显著为正，但在高市场化指数评分的地区，ISAUDIT 的系数为 2.284，在 1% 的水平上显著，大于在低市场化指数评分地区的回归系数 1.972，这可能意味着在市场化程度更高的地区，审计公告能够产生更强烈的负面影响，审计监督的威慑力和执行力度较强，使得上市公司更好地规范自身行为、贯彻执行审计改进措施，从而审计提高税率、降低避税的作用表现得更明显。同时对 ETR3 的回归中，低市场化指数评分组的 ISAUDIT 和 POSTAUD 变量系数均显著为负，而高评分组的系数并不显著，可能是因为在市场化程度不高的地区，市场松散不规范，对上市公司的约束不强，审计监督的效果也打了折扣，受过审计监督会使上市公司进行其他渠道的避税从而降低了以 ETR3 为方式计算的实际税率。这种现象也出现在对 ETR2 的回归中，低评分组的 ISAU-DIT 系数显著为负，高评分组的系数显著为正，这可能是由于市场也许起到了一定的调节作用，市场化程度高会增进审计监督的作用，并且抑制上市公司的"小动作"，而低市场化程度使上市公司在提高了 ETR1 的同时，就会在其他方面进行更多的税务规避，因而 ETR2 出现了可正可负的情况，其高低依赖于上市公司进行避税行为的成本，需具体情况具体分析。

表4-41　　　　　　　进一步分析：制度环境情况分组回归

变量	低市场化指数评分			高市场化指数评分		
	ETR1	ETR2	ETR3	ETR1	ETR2	ETR3
ISAUDIT	1.972 **	− 3.923 **	− 2.431 ***	2.284 ***	2.920 **	0.305
	(− 0.988)	(− 1.835)	(− 0.568)	(− 0.775)	(− 1.221)	(− 0.314)
POST	0.602	1.09	0.365	0.286	− 0.242	0.39
	(− 0.943)	(− 1.751)	(− 0.542)	(− 0.671)	(− 1.058)	(− 0.272)
POSTAUD	− 1.131	− 1.971	− 2.085 ***	− 0.948	1.145	− 0.392
	(− 1.204)	(− 2.237)	(− 0.693)	(− 1.075)	(− 1.694)	(− 0.435)
AUDNUM	0.496	3.783 ***	0.614 *	− 1.371 ***	− 2.022 ***	0.133
	(− 0.544)	(− 1.101)	(− 0.313)	(− 0.372)	(− 0.587)	(− 0.151)
DISTANCE	− 0.000721	− 0.00426 ***	− 7.22E − 05	− 0.000277	0.00589 ***	0.00419 ***
	(− 0.000731)	(− 0.00136)	(− 0.000421)	(− 0.00112)	(− 0.00177)	(− 0.000455)
GDISTANCE	0.0245 ***	0.0759 ***	0.0241 ***	0.0380 ***	0.0433 ***	− 0.00298
	(− 0.00515)	(− 0.00956)	(− 0.00296)	(− 0.00463)	(− 0.00731)	(− 0.00188)

变量	低市场化指数评分			高市场化指数评分		
	ETR1	ETR2	ETR3	ETR1	ETR2	ETR3
LSIZE	0.416	0.637	0.702 ***	0.595 **	0.156	− 0.156
	(− 0.304)	(− 0.564)	(− 0.175)	(− 0.246)	(− 0.388)	(− 0.0998)
LEV	− 9.338 ***	− 7.344 **	− 3.004 ***	3.581 **	− 2.224	− 1.583 ***
	(− 1.71)	(− 3.175)	(− 0.983)	(− 1.49)	(− 2.349)	(− 0.603)
ROA	25.56 ***	2.767	26.87 ***	14.81 **	− 33.83 ***	20.80 ***
	(− 6.774)	(− 12.58)	(− 3.896)	(− 5.786)	(− 9.121)	(− 2.343)
INVENTORYTR	− 1.641	− 4.127 **	− 3.626 ***	− 0.507	− 1.623	2.634 ***
	(− 1.079)	(− 2.003)	(− 0.62)	(− 0.708)	(− 1.116)	(− 0.287)
DOL	2.999 ***	9.678 ***	− 0.400 *	2.644 ***	5.240 ***	− 0.519 ***
	(− 0.356)	(− 0.662)	(− 0.205)	(− 0.441)	(− 0.695)	(− 0.179)
DFL	− 0.278 **	− 0.796 ***	− 0.264 ***	− 0.733 ***	− 0.988 ***	0.0581
	(− 0.117)	(− 0.218)	(− 0.0675)	(− 0.174)	(− 0.274)	(− 0.0705)
GROWTH	0.245 *	− 0.107	− 0.0157	0.0443	0.0106	0.0593 *
	(− 0.146)	(− 0.27)	(− 0.0837)	(− 0.0758)	(− 0.119)	(− 0.0307)
FAR	− 11.98 ***	− 20.72 ***	1.988	− 3.150 *	− 2.948	5.310 ***
	(− 2.411)	(− 4.476)	(− 1.386)	(− 1.77)	(− 2.79)	(− 0.717)
INTANGIBLE	5.788	− 18	− 7.624	2.412	− 16.59 **	− 4.805 ***
	(− 9.267)	(− 17.21)	(− 5.33)	(− 4.316)	(− 6.804)	(− 1.748)
BIG4	4.434 ***	6.099 ***	− 2.584 ***	0.445	0.166	0.0117
	(− 0.986)	(− 1.831)	(− 0.567)	(− 0.911)	(− 1.435)	(− 0.369)
SHRCR	− 0.0137	0.496 *	0.129	0.313 ***	0.415 ***	0.0233
	(− 0.141)	(− 0.263)	(− 0.0813)	(− 0.1)	(− 0.158)	(− 0.0405)
INDEPR	8.455	14.1	− 2.221	− 12.12 **	− 3.141	− 0.504
	(− 5.548)	(− 10.3)	(− 3.191)	(− 5.149)	(− 8.116)	(− 2.085)
ISVIOLATE	0.0351	− 0.139	− 1.013 ***	0.924 *	− 1.679 **	− 0.0352
	(− 0.608)	(− 1.128)	(− 0.349)	(− 0.518)	(− 0.817)	(− 0.21)
SHRCR_2	0.00133	− 0.00183	− 0.00106	− 0.00257 ***	− 0.00335 ***	5.36E − 06
	(− 0.00132)	(− 0.00246)	(− 0.000761)	(− 0.000818)	(− 0.00129)	(− 0.000331)
YEAR	CONTROL	CONTROL	CONTROL	CONTROL	CONTROL	CONTROL
INDUSTRY	CONTROL	CONTROL	CONTROL	CONTROL	CONTROL	CONTROL
Constant	− 4.814	− 22.8	0.798	− 11.11	− 6.465	1.426
	(− 7.633)	(− 14.17)	(− 4.39)	(− 6.751)	(− 10.64)	(− 2.734)
Observations	694	694	694	1444	1444	1444
R − squared	0.43	0.499	0.738	0.253	0.324	0.547

四、小结与建议

审计监督作为一项强有力的政府监管措施，一直都是各类文献讨论的热点问题。本节具体考察了审计监督对被审计央企控制的上市公司避税行为的影响。我们利用2006～2017年审计署实施的中央企业审计事件，采用双重差分模型检验了审计监督对央企控股的上市公司避税行为的影响，研究发现：首先，审计监督实施后，公司的避税激进程度有所降低，主要体现在所得税相关的衡量指标中；另外，与日常营业活动相关的避税行为变得更加激进，这些推论还需要进一步加强验证。其次，上市公司所受控的央企距离审计署越远，受到的审计监督越弱，在遭受到审计时，其避税程度缓和作用越明显。再次，审计监督的频度也会进一步对上市公司避税造成影响，与通常认为的相反，审计次数的增加会伴随避税激进程度的增强，可能是因为上市公司在熟悉了审计流程的内容后，转而从其他一些方向探索避税的途径降低税负，这在被审计次数较少的上市公司中体现得尤为明显，而在被审计次数较多的上市公司中并不显著。另外，经国际"四大"会计师事务所审计的上市公司在受政府审计后，实际税率得到了显著提升，避税行为也受到了抑制。最后，上市公司的避税激进程度在治理环境和所处地区市场化程度不同的情况下，对接受审计监督的反应也会有显著差别。

鉴于审计署的审计监督的确对央企集团控制的上市公司的避税行为产生了一定影响，建议进一步增强政府审计的作用。可以从扩大审计监督的覆盖范围开始，因为一次审计的效果是最好的。进一步使政府审计覆盖大部分央企集团，对从未接受过审计监督的央企集团进行审计会增强审计监督的效力。而对于已经被审计过的央企集团，应改进审计流程，增强其不可预知性，在规范化之外增加"不寻常"的审计内容和审计形式等，增进审计监督在已被审计公司的效率。

本节的讨论为审计监督的作用效果等方面的研究提供了新的视角，为后续的研究提供了一点启发。同时本节存在诸多不足之处：（1）样本数量。受被审公司数量的限制，回归结果可能容易产生偏差。（2）变量衡量。选取的避税程度的衡量方法可能存在问题，尽管在稳健性分析中已做出替换，但是仍存在漏洞，这可能也是回归结果难以分析的主要原因，可以再考虑其他衡量方式。（3）模型设定。式（4-4）的设计可能有偏误，存在实际对避税有影响但未加入模型中的变量，或者存在滞后变量以及非线性的影响，可以再考虑使用动态模型或非线性模型。以上几点可能使得本节说服力不够强，仍有待进一步改进和后续研究的补充完善。

第四节　审计监督提升企业盈余质量分析

2003 年起，审计署建立了审计公告制度，并随后在 2004 年公布了第一份审计公告——中国工商银行 2002 度资产负债损益审计公告，此后每年审计署都会对我国部分央企进行审计并公布审计结果公告。财务收支审计报告中披露了中央企业存在众多问题，涉及范围十分广泛。由于这些中央企业是部分上市公司的实际控制人，因此审计署每年对部分中央企业进行审计时必然会涵盖其所控制的上市公司。这些上市公司不仅要主动进行社会审计，还可能被动进行政府审计，那么审计监督在上市公司治理中发挥的作用便受到社会各界的关注。2018 年审计署公布了 35 家中央企业 2016 年度财务收支审计公告和 3 家金融机构 2016 年度资产负债损益审计公告，这是审计监督建立制度以来公告家数最多的一年，此前 2017 年公布了 20 家，2016 年公告了 10 家。随着审计公告制度的逐步推进，我们看到审计机关对于中央企业以及国有资产的管理越来越重视，对中央企业行为以及其所控制的上市公司的经营行为可能产生影响。

企业的盈余管理行为是学界研究的重点话题，有关的研究也十分众多。企业盈余管理是指企业采用一定的方法和手段对企业业绩进行管理，使其符合管理层意愿的行为。在我国中央企业及其控股的上市公司中，作为大股东的国资委和作为管理者的经理人之间存在着信息不对称、目标不一致、契约不完整等问题，由此导致管理者基于自身利益采取盈余管理等手段进行企业业绩的管理，此行为可能会造成对国有资产的侵害。因此具有强制力和威慑性的审计监督在防止国有资产流失、防范央企财务风险、保证信息真实性等方面发挥了重要作用。本节将探究审计监督对于央企控股的上市公司盈余管理行为产生的影响。

与已有的文献相比，本节的贡献在于：在研究对象上，本节专注于中央企业控制的上市公司，分析审计监督对于上市公司盈余管理的影响，其中盈余管理包括了应计利润操控和真实盈余管理两种。在研究方法上，本节采用了倾向得分匹配方法，解决了样本选择的偏差性问题，使得估计结果更加准确。并且在此基础上选用了双重差分模型来估计审计监督对中央企业控制的上市公司盈余管理行为的影响。

一、理论分析与假设提出

对于审计能否有效抑制企业盈余管理的行为，我国学者也进行了广泛的研究，主要存在两种观点：一种观点是审计能够有效抑制企业的盈余管理行为。范经华等以 2008～2009 年中国 A 股上市公司为研究对象，研究发现事务所的行业专长能同时抑制公司的应计和真实盈余管理行为，并且公司内部控制越好，越有助于审计师行业专长对应计和真实盈余管理的治理作用。王兵等研究发现，内部审计负责人特征与公司盈余管理存在显著关系，其中年龄越大、学历越高，越可能抑制上市公司的盈余管理行为。陈宋生等实证检验了审计监督有效抑制了公司盈余管理行为，崔昱晨等的研究表明，审计监督的介入在正向盈余管理中起到了抑制作用，阮滢等检验了审计监督能够抑制公司的真实盈余管理行为。而另一种观点则是审计并不能有效抑制企业的盈余管理行为。崔昱晨等的研究表明，审计监督的介入在负向盈余管理中并没有起到抑制作用，阮滢等检验了审计监督并不能够抑制公司的应计盈余管理行为。吴水澎在考虑了自选择因素之后，发现自愿审计本身并没有降低上市公司的盈余管理程度。刘霞研究发现，事务所规模越大，客户真实盈余管理越多，由于高质量审计师会限制客户进行应计盈余管理，企业可能会转而进行代价更高的真实盈余管理，这表明其并不能有效抑制公司盈余管理行为。

央企审计监督是指我国审计署建立了政府审计公告制度，每年审计署都会选择部分中央企业进行审计。那么接受了审计署检查的中央企业，其所控制的上市公司必定也受到了审计监管。审计监督与民间审计相比，由于是国家授权的审计行为，不会受到外部因素的干扰，更不会存在审计压力，比如审计成本、审计费用、审计人员能力等问题，所以审计署实施的审计监督其独立性更强，具有强制性。那么在这样强有力的审计下，中央企业以及中央企业控制的上市公司的盈余管理行为会发生什么样的反应？一些国内学者的研究表明，外部审计能够有效抑制企业盈余管理行为，但也有国外学者研究表明，企业可能会与审计机构合谋，那么外部审计也就形同虚设，自然并不能起到抑制企业盈余管理行为的作用。更有甚者，越是审计能力强的会计师事务所，越会帮助被审计公司实施盈余管理。

审计监督的独立性远高于民间审计，审计监督的强制性并不会影响其独立性。审计署作为国家机关去审计中央企业及其控制的上市公司，独立性比上市公司的社会审计更高。近几年，我国大力推进反腐倡廉工作，这有利于净化政治环境，有利于促进社会发展。对国企进行审计监督，其中财务收支审计不仅能够发现国企的财务违规行为，推进反腐倡廉，还能通过经济责任审计，提升被审国企的公司治理水平和财务绩效。当然，中央企业体量十分庞大，中央控制的上市公司只是中央企业集团中的比较重要的组成部分，但是审计署实施审计监督时，也会对中央企业控制的上市公司进行延伸审计，甚至在部分审计结果公告中直接提到了被审上市公司的名字。审计署对央企进行年度财务收支审计时，会对央企整体（包括其控股的上市公司）的会计信息质量进行审计，这能威慑央企减少盈余管理行为。

基于此，本节提出假设 4 – 4 – 1：审计监督对中央企业控制的上市公司的盈余管理行为能够起到抑制作用。

二、研究设计

（一）样本描述

首先，从审计署网站上获取央企名录，截至 2017 年 12 月 19 日，共有中央企业 96 家。由于中央企业有可能发生合并或者名称变更，通过网络搜索出 2010～2016 年的中央企业名录，然后在国泰安数据库上市公司控制人数据库中以实际控制人名称为中央企业筛选出中央企业控制的上市公司作为样本。并通过审计署公告手工整理 2012～2018 年的中央企业财务收支审计公告，获取每年经审计监督的央企名录。剔除金融企业和数据缺失，最终获得数据 970 条。数据主要来源于审计署审计结果公告和国泰安数据库。

（二）模型构建

盈余管理是财务会计研究领域的永恒话题。操控性应计利润和真实盈余管理是衡量管理的两项主要指标。本节分别采用了修正 Jone's 模型（Jone's，1991）和科塔里等（Kothariet al.，2005）的模型来计算操控性应计盈余管理，真实盈余管理则根据罗伊乔杜里（Roychowdhury，2006）模型加以计算。具体而言，三者的计算如下：首先，选取每个样本公司的行业相同的上市公司，估计如下模型系数：

$$\frac{ACC_t}{A_{t-1}} = \beta_1 \frac{1}{A_{t-1}} + \beta_2 \frac{\Delta REV_t - \Delta REC_t}{A_{t-1}} + \beta_3 \frac{PPE_t}{A_{t-1}} \qquad (4-6)$$

式（4 – 6）中，$ACC_t = NI_t - CFO_t$，ACC 为 t 年应计利润总额，NI_t 为 t 年净利润，CFO_t 为 t 年经营活动净现金流；A_{t-1} 为 t – 1 年总资产，ΔREV_t 为 t 年与 t – 1 年的营业收入之差；ΔREC_t 为 t 年末的应收账款与 t – 1 年应收账款之差；PPE_t 为 t 年末的固定资产。将估计出的系数代入式（4-7），计算样本公司的 t 年非操控性应计利润（NDA）：

$$NDA_T / A_{t-1} = \hat{\beta}_1(1 / A_{t-1}) + \hat{\beta}_2(\Delta REV_t - \Delta REC_t / A_{t-1}) + \hat{\beta}_3(PPE_t / A_{t-1}) \tag{4-7}$$

其次，计算样本公司 t 年总应计利润：$ACC_t = NI_t - CFO_t$。

最后，计算样本公司第 t 年操控性应计利润：$JDA_t = DA_t / A_{t-1} = \varepsilon_t = ACC_t = A_{t-1} - NDA_t / A_{t-1}$。

同样采取业绩配比操控性应计方法（Kothari et al., 2005）估计盈余管理水平。具体做法如下：首先，计算当年所有上市公司的 ROA 业绩；其次，根据证监会行业代码选取一家当年 ROA 最为接近的公司，将样本公司的操控性应计减去该公司的操控性应计，计算业绩配比操控性应计（PDA_t）。

接下来，根据罗伊乔杜里（Roychowdhury, 2006）计算真实盈余管理。一般情况下，真实盈余管理主要有操控现金流、操控生产成本和操控酌量性费用三种方式。就现金流操控而言，与计算操控性应计类似，首先选取每个样本公司所处行业相同的上市公司，估计如下模型系数：

$$\frac{CFO_t}{A_{t-1}} = \frac{\alpha_0}{A_{t-1}} + \alpha_1 \frac{\Delta REV_t}{A_{t-1}} + \alpha_2 \frac{\Delta REC_t}{A_{t-1}} + \varepsilon$$

其次将估计出来的系数代入式（4-8），据以估计样本公司正常的经营活动现金流水平。

$$\frac{\widehat{CFO_t}}{A_{t-1}} = \frac{\widehat{\alpha_0}}{A_{t-1}} + \alpha_1 \frac{\Delta R\widehat{ev}_t}{A_{t-1}} + \alpha_2 \frac{\Delta R\widehat{ev}_t}{A_{t-1}} \tag{4-8}$$

最后计算样本公司的操控性现金流（R_CFO）：

$$R_{CFO} = \varepsilon_t = \frac{CFO_t}{A_{t-1}} - \frac{\widehat{CFO_t}}{A_{t-1}} \tag{4-9}$$

同理，销售成本（$COGS_t$）和存货变动（ΔInv_t）可以认为是销售收入和销售收入变动的函数。具体见式（4-10）和式（4-11）：

$$\frac{COGS_t}{A_{t-1}} = \frac{\alpha_0}{A_{t-1}} + \alpha_1 \frac{Rev_t}{A_{t-1}} + \varepsilon \tag{4-10}$$

$$\frac{\Delta Inv_t}{A_{t-1}} = \frac{\alpha_0}{A_{t-1}} + \alpha_1 \frac{Rev_t}{A_{t-1}} + \alpha_2 \frac{\Delta Rev_t}{A_{t-1}} + \varepsilon \tag{4-11}$$

同时，$PROD_t = COGS_t + \Delta Inv_t$，因此可以推断，$PROD_t$ 与 Rev_t、ΔRev_t 和 ΔRev_{t-1} 存在如下的线性关系：

$$\frac{PROD_t}{A_{t-1}} = \frac{\alpha_0}{A_{t-1}} + \alpha_1 \frac{Rev_t}{A_{t-1}} + \alpha_2 \frac{\Delta Rev_t}{A_{t-1}} + \alpha_3 \frac{\Delta Rev_{t-1}}{A_{t-1}} + \varepsilon \tag{4-12}$$

与计算操控性现金流相同，根据上述模型估计行业系数、样本公司的 $PR\hat{O}D_tD_t = A_{t-1}$，并求实际 $PROD_t = A_{t-1}$ 与其之间的差值，从而得到操控性生产成本 R_PROD。

$$R\_RPOD = \varepsilon_t = \frac{PROD_t}{A_{t-1}} = \frac{PR\hat{O}D_t}{A_{t-1}} = \frac{PROD_t}{A_{t-1}}$$

$$- \left(\frac{\hat{\alpha}_0}{A_{t-1}} + \hat{\alpha}_1 \frac{Rev_t}{A_{t-1}} + \hat{\alpha}_2 \frac{Rev_t}{A_{t-1}} + \hat{\alpha}_3 \frac{Rev_{t-1}}{A_{t-1}} \right) \qquad (4-13)$$

然后，通过下述模型估计样本公司的正常的酌量性费用（$DIS\hat{X}$）以及操控的酌量性费用（R_DISX）：

$$\frac{DISX_t}{A_{t-1}} = \frac{a_0}{A_{t-1}} + \alpha_1 \frac{Rev_t}{A_{t-1}} + \varepsilon \qquad (4-14)$$

式（4-14）中，DISX 主要包括销售费用和管理费用。将估计出的和代入式（4-15）求样本公司的非操控性的酌量性费用（$DIS\hat{X}_t/A_{t-1}$）。

$$\frac{DI\hat{S}X}{A_{t-1}} = \frac{\hat{\alpha}_0}{A_{t-1}} + \hat{\alpha} \frac{Rev_t}{A_{t-1}} \qquad (4-15)$$

最后将实际的 $DISX_t/A_{t-1}$ 减去 $DIS\hat{X}/A_{t-1}$，就得到操控性的酌量性费用。

$$R\_DISX = \varepsilon_1 = \frac{DISX_t}{A_{t-1}} - \frac{DI\hat{S}X}{A_{t-1}} \qquad (4-16)$$

通过综合考虑现金流、成本和酌量性费用操控，得到了真实盈余管理的最终计算公式（Cohen et al., 2006）：

$$RM = R\_PROD_t - R\_CFO_t - R\_DIXS_t \qquad (4-17)$$

本节主要想考察审计监督对中央企业控制的上市公司盈余管理行为的影响。一般地，审计署公告了中央企业财务收支审计公告，就表明该中央企业控制的上市公司也接受了审计监督，所以将 2010~2016 年经过审计监督的央企控股的上市公司作为实验组，没有经过审计监督的央企控股的上市公司作为对照组。但是由于以下两个原因，直接将经审计和未经审计的上市公司进行对比将导致结果的不明确：首先，经审计的中央企业不是被随机抽取到的，审计署肯定是基于某些考虑而进行的，那么对非随机的样本直接进行估计将产生样本选择性偏差。其次，经审计的中央企业特征以及盈余管理水平不同，可能受其他不可观测的要素影响，直接进行比较可能会产生异质性偏差。基于以上考虑，本节首先采用了倾向得分匹配方法，寻求与经审计的上市公司类似的对照组以消除样本的选择性问题，然后结合双重差分法估计出审计监督对央企控股的上市公司盈余管理行为的影响，由此在很大程度上保证估计结果的准确性。

对所选样本进行倾向得分匹配。匹配的目的在于从未处理组中找到与处理组具有类似特征的个体，从而构造反事实结果。具体地，在匹配过程中将样本分为两组：一组为处理组（T），表示央企控股的上市公司接受了审计监督；另一组为对照组（U），表示央企控股的上市公司没有经过审计监督。匹配的方法就是从对照组（C）中寻找与经审计监督的央企控股的上市公司极为接近的未经审计监督的上市公司，以消除选择性偏差。

采用 DID 方法估计审计监督的影响。在进行倾向得分匹配之后，我们得到了另一组样本上市公司，其中 T 表示经审计监督的央企控股的上市公司，U 表示匹配后未经审计监督的央企控股的上市公司。因此，本节构造了虚拟变量 Audit，报表年份经审计监督为 1，未经审计监督为 0。同时，定义时间虚拟变量 Post，审计年度及以后取值 1，审计的报表当年及以前为 0。在此基础上，可以构建双重差分模型：

$$JDA_{it} = \beta_0 + \beta_1 \, Audit_{it} \times Post_i + Audit_t + Post_i + \gamma \times Z_{it} + \varepsilon_{it}$$

$$PDA_{it} = \beta_0 + \beta_1 \, Audit_{it} \times Post_i + Audit_t + Post_i + \gamma \times Z_{it} + \varepsilon_{it}$$

$$RM_{it} = \beta_0 + \beta_1 \, Audit_{it} \times Post_i + Audit_t + Post_i + \gamma \times Z_{it} + \varepsilon_{it}$$

（三）变量定义

1. 盈余管理

如何准确地估计上市公司的盈余管理行为是本节的重点。已有研究通常用根据修正 Jone's 模型（1991）计算出的操控性应计。为了更加全面地进行上市公司盈余管理充分界定，本节选用了五种衡量指标，分别为根据修正 Jone's 模型（1991）计算出的操控性应计，包括带符号的和绝对值；根据 Kothari 业绩修正琼斯模型（Kothari et al.，2005）计算出的操控性应计，包括带符号的和绝对值；以及根据罗伊乔杜里（Roychowdhury，2006）模型计算的真实盈余管理，详细计算见上文。

2. 审计监督

为了进行接下来的研究，本节需要对中央企业控制的上市公司是否接受了审计署的财务收支审计进行准确的界定。参考陈宋生的处理，将用三个主要指标来衡量审计监督。（1）是否审计，若上市公司的实际控制人中央企业接受了审计监督，那么上市公司报表年份为 1，否则为 0；同时设置审计时间的虚拟变量，审计年度及以后取值 1，审计的报表当年及以前为 0。（2）地理距离，央企控股的上市公司与所属审计署特派处的地理距离。（3）上市公司所在省份有无特派处，央企控股的上市公司的注册地所属省份是否有审计署的特派处。

3. 其他变量

借鉴陈宋生的最大化 R2 为原则，本节所选匹配变量及控制变量主要包括：（1）公司规模：报表年度公司年末总资产账面价值的自然对数。（2）财务杠杆：公司的资产负债率，报表年度公司年末负债账面价值与资产账面价值之比。（3）成长力：报表年度公司的营业收入变化百分比。（4）控制权：上市公司的实际控制人的控股比例。（5）审计费用：公司当年的审计总费用，单位为万元。（6）审计事务所：企业雇用的审计事务所如果属于国际"四大"会计师事务所，取值为 1，否则为 0。本节的变量定义见表 4 - 42。

表 4 - 42　　　　　　　　　　　　　变量定义

类型	变量名称	变量符号	变量定义
因变量	应计盈余	JDA	根据修正 Jone's 模型（1991）计算出的操控性应计，包括带符号的和绝对值
		PDA	根据 Kothari 业绩修正琼斯模型（Kothari et al., 2005）计算出的操控性应计，包括带符号的和绝对值
	真实盈余	RM	根据 Roychowdhury（2006）模型计算的真实盈余管理
自变量	是否审计	Audit	虚拟变量，报表经审计的年份取值为 1，未审计为 0
	审计时间	Post	虚拟变量，审计年度及以后取值 1，审计的报表当年及以前为 0
	地理距离	Distance	央企控股的上市公司与所属审计署特派处的地理距离
	所在省份有无特派处	ProvenceT	央企控股的上市公司的注册地所属省份是否有审计署的特派处
控制变量	公司规模	Asize	公司年末总资产账面价值的自然对数
	财务杠杆	Lev	公司的资产负债率，公司年末负债账面价值与资产账面价值之比
	成长力	Gsale	营业收入变化百分比
	控制权	Kzqbl	实际控制人持股比例
	审计费用	Fee	审计总费用，单位为万元
	审计事务所	Big4	如果审计事务所属于国际"四大"会计师事务所，取值为 1，否则为 0

三、实证结果分析

（一）描述性统计

全样本的描述性统计结果见表 4 - 43。根据描述性统计结果来看，全样本中 Audit 的均值是 0.1731959，这说明全样本中接受审计监督的央企控股的上市公司数量少于未接受审计监督的数量。Distance 最小值是 1.4，最大值是 2158.6，这表明不同的央企控股的上市公司距所属审计署特派办的地理距离差异很大，均值是 209.7798，这表明央企控股的上市公司距离审计署特派办的地理距离相对较远。JDA 的均值是 −0.0052787，说明样本中的上市公司负向的操纵性应计盈余管理行为多于正向的操纵性应计盈余管理行为，这比较符合国有企业的特点，因为国有企业的财务报表状况一般较为困窘。由于样本中的上市公司其实际控制人就是中央国有企业，所以也具有负向盈余管理行为更加突出的特征。同时，PDA 的均值是 −0.0021193，也是负数，这表明基于修正 Jone's 模型和根据 Kothari 业绩修正琼斯模型计算出的操控性应计盈余管理具有一致性，再次加强了中央企业控制的上市公司负向的操纵性应计盈余管理行为多于正向的操纵性应计盈余管理行为。Abs_ JDA 的均值是 0.069346，Abs_ PDA 的均值是 0.06512，差距较小，这说明两种不同模型的算法均能测算出样本中企业操控性应计盈余管理水平。样本中 RM 的均值是 0.0378661，可以合理推测，样本中的央企控股的上市公司中正向真实盈余管理行为多于负向真实盈余管理行为，RM 的最小值是 −1.750929，最大值是 9.21737，差异较大，而且正向真实盈余管理程度远大于真实盈余管理程度。Kzqbl 的最小值是 7.27，最大值是 98.039，这说明中央企业对实际控制的上市公司持有的股权比例差异较大，持有 7.27% 也能成为实际控制人，这应该跟行政命令有关，均值是 44.15464，这是符合实际控制人的正常比例的。Asize 的均值是 22.5160，这是取了自然对数以后的结果，表明所选的中央企业控制的上市公司总体的资产规模较大，最大值和最小值相差接近 8，标准差是 1.433666，表明样本中的企业规模差距较大。Fee 的最小值是 0，可能是由于某些原因没有披露审计费用，也可能是其他一些原因导致审计费用为 0。Big4 的均值是 0.1030928，表明样本中央企业控制的上市公司雇用的会计师事务所是国际"四大"会计师事务所的数量较少，大多数上市公司雇用的是中国本土事务所。Lev 的最小值是 0.01561，最大值是 8.611787，差异十分大，似乎还有些不合理。但均值是 0.5300895，表明中央企业控制的上市公司其财务杠杆总体来说较高，企业的财务风险较大。Gsale 的最小值是 −0.90121，最大值是 103.8115，均值为 0.3657882，这说明我国中央企业控制的上市公司的营业收入增长率正向增长多于负向增长，表明样本中的企业其成长性较好。

表 4 – 43　　　　　　　　　　　描述性统计

变量	样本量	均值	标准差	最小值	最大值
Audit	970	0.1732	0.3786	0.0000	1.0000
Post	970	0.4010	0.4904	0.0000	1.0000
ProvenceT	970	0.6361	0.4814	0.0000	1.0000
Distance	970	209.7798	321.3897	1.4000	2158.6000
JDA	970	– 0.0053	0.2337	– 2.6643	5.1211
Abs_JDA	970	0.0693	0.0822	0.0000	0.4221
PDA	970	– 0.0021	0.1432	– 2.3303	1.2053
Abs_PDA	970	0.0651	0.0716	0.0000	0.4177
RM	970	0.0379	0.3835	– 1.7509	9.2174
Kzqbl	970	44.1546	13.5402	7.2700	98.0390
Asize	970	22.5160	1.4337	19.7233	28.5040
Fee	970	1.8967	5.7963	0.0000	66.0000
Big4	970	0.1031	0.3042	0.0000	1.0000
Lev	970	0.5301	0.3420	0.0156	8.6118
Gsale	970	0.3658	3.6649	– 0.9012	103.8115

（二）倾向得分匹配

本节所选用的匹配变量是 Kzqbl、Asize、Fee、Big4、Lev 和 Gsale，通过 PSM 进行匹配后，匹配上的观测变量均落在 ［ – 10%，10% ］，这表明匹配变量的选择比较合理。从图 4 – 3 和表 4 – 44 倾向得分匹配平衡性检验结果来看，所有匹配变量的标准偏差，其绝对值在匹配之后都小于 10%，说明本节选取的匹配变量和匹配方法是合理的。同时，匹配之后的 t 统计量都不显著，这可以说明在进行匹配后匹配变量在处理组和对照组之间并不存在显著的差异，所以匹配后得到的样本保证了样本进行处理的随机性，确保了本节估计结果的可靠性。

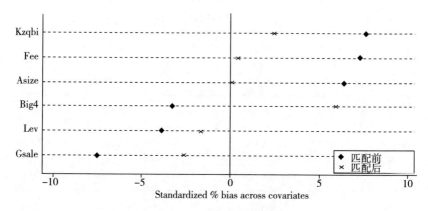

图 4 - 3　倾向得分匹配图

表 4 - 44　　　　　　　　　　　倾向得分匹配平衡性检验结果

变量		均值		标准偏差	标准偏差减	t	T 检验	V(T)/
		处理组	控制组	（％）	少幅度(％)		p＞t	V(C)
Kzqbl	匹配前	45.0030	43.9770	7.6	68.20	0.89	0.372	0.95
	匹配后	45.0030	44.6770	2.4		0.23	0.816	1.13
Asize	匹配前	22.5980	22.5040	6.5	99.00	0.78	0.436	1.16
	匹配后	22.5980	22.5980	0.1		0.01	0.996	0.99
Fee	匹配前	2.2963	1.8130	7.3	94.20	0.98	0.326	2.05 *
	匹配后	2.2963	2.2683	0.4		0.04	0.972	1.18
Big4	匹配前	0.09524	0.10474	- 3.2	- 88.00	- 0.37	0.713	0
	匹配后	0.09524	0.07738	5.9		0.58	0.561	0
Lev	匹配前	0.52044	0.53211	- 3.9	57.60	- 0.40	0.688	0.38 *
	匹配后	0.52044	0.52539	- 1.6		- 0.20	0.843	0.93
Gsale	匹配前	0.18888	0.40285	- 7.4	65.40	- 0.69	0.492	0.03 *
	匹配后	0.18888	0.26293	- 2.6		- 0.86	0.39	0.58 *

　　匹配后样本的描述性统计结果见表 4 - 45。根据描述性统计结果来看，匹配后获得的 290 条观测各变量与全样本的情形总体差异不大，这表明了本书估计结果具有可靠性。

表 4 - 45　　　　　　　　　　　PSM 描述性统计

变量	样本量	均值	标准差	最小值	最大值
Post	290	0.3793103	0.4860542	0	1

变量	样本量	均值	标准差	最小值	最大值
Audit × Post	290	0.1413793	0.3490147	0	1
Distance	290	222.0231	318.4678	1.7	1931.1
ProvenceT	290	0.6517241	0.4772475	0	1
Kzqbl	290	44.38987	13.00055	12.18	79.56
Asize	290	22.47972	1.366855	19.7904	28.00353
Fee	290	1.849695	5.464593	0	51.68
Big4	290	0.0862069	0.2811545	0	1
Lev	290	0.5075548	0.2175659	0.01561	1.049563
Gsale	290	0.1667792	0.6419003	−0.689402	6.042544
JDA	290	−0.0163794	0.1943191	−2.664323	0.6198976
abs_JDA	290	0.0724883	0.0840584	0	0.4221185
PDA	290	−0.0114586	0.1774551	−2.330317	0.4431137
abs_PDA	290	0.0662826	0.0697225	0	0.3751804
RM	290	0.0286876	0.2383445	−1.521597	1.183005

（三）双重差分估计结果与分析

在表 4 – 46 基准回归结果中，模型（1）、模型（3）、模型（5）是进行单变量回归，模型（2）、模型（4）、模型（6）是加入控制变量以后的回归。在模型（1）中，交乘项 Audit × Post 与央企控股的上市公司修正 Jone's 模型下操纵性应计 JDA 存在负向相关关系，但是并不显著。在模型（2）中，加入控制变量之后交乘项 Audit × Post 与央企控股的上市公司修正 Jone's 模型下操纵性应计 JDA 仍存在负向相关关系，但是并不显著。这表明接受审计监督的中央企业控制的上市公司其操纵性应计盈余管理行为降低，但是数据不存在显著相关性，可能是由于审计监督更多集中于中央企业整个集团公司，而非针对具体所控制的各个企业，虽然审计范围涵盖了其所控制的上市公司，但是审计效果大大削弱。

在模型（3）中，交乘项 Audit × Post 与央企控股的上市公司修正 Jone's 模型下操纵性应计的绝对值 abs_JDA 存在负向相关关系，但是并不显著。在模型（4）中，加入控制变量之后交乘项 Audit × Post 与央企控股的上市公司修正 Jone's 模型下操纵性应计的绝对值 abs_JDA 仍存在负向相关关系，但是并不显著。同时，Lev 和 abs_JDA 在 10% 的水平上显著正相关，表明财务杠杆越高的中央企业控制的上市公司，绝对值的操控性应计程度越高。Gsale 和 abs_JDA 在 5% 的水平上显著正相关，表明成长性越好的中央企业控制的上市公司，其绝对值的操控性应计程度越高。

在模型（5）中，交乘项 Audit×Post 与央企控股的上市公司 Kothari 业绩修正琼斯模型下操纵性应计 PDA 存在负向相关关系，但是并不显著。在模型（6）中，加入控制变量之后交乘项 Audit×Post 与央企控股的上市公司 Kothari 业绩修正琼斯模型下操纵性应计 PDA 仍存在负向相关关系，但是并不显著。这样的结果与模型（1）和模型（2）完全吻合，其原因也是一致的。

通过以上 6 个模型，检验了本节的假设 4-4-1：审计监督对中央企业业控制的上市公司的盈余管理行为能起到抑制作用，但并不显著。

表 4-46　　　　　　　　　　　基准回归结果

变量	模型（1）	模型（2）	模型（3）	模型（4）	模型（5）	模型（6）
	JDA	JDA	abs_JDA	abs_JDA	PDA	PDA
Audit×Post	-0.0113	-0.0086	-0.0091	-0.0071	-0.0058	-0.0016
	(-0.34)	(-0.26)	(0.64)	(-0.5)	(-0.19)	(-0.05)
Kzqbl		-0.0004		0.0002		-0.0004
		(-0.42)		(0.49)		(-0.47)
Asize		0.0153		-0.0152***		0.0056
		(1.25)		(-2.95)		(0.5)
Fee		-0.0021		0.0005		-0.0010
		(-0.79)		(0.43)		(-0.4)
Big4		0.0158		-0.0084		0.0130
		(0.33)		(-0.41)		(0.3)
Lev		-0.0875		0.0451*		-0.0490
		(1.39)		(1.7)		(-0.85)
Gsale		-0.0097		0.0164**		0.0101
		(-0.54)		(2.14)		(0.61)
_cons	-0.0148	-0.2927	0.0738***	0.3811***	-0.0106	-0.0942
	(-1.20)	(-1.16)	(13.84)	(3.58)	(-0.94)	(-0.41)
N	290	290	290	290	290	290
R-squared	0.0004	0.0004	0.0014	0.0576	0.0001	0.0051

（四）稳健性检验

本节进行了如下的稳健性检验。

首先，使用单一的审计监督变量，即报表经审计的年份取值为1，未审计为0。在表4-47的Audit回归结果中，模型（1）、模型（3）、模型（5）是进行单变量回归，模型（2）、模型（4）、模型（6）是加入控制变量以后的回归。

在模型（1）中，审计监督Audit与央企控股的上市公司修正Jone's模型下操纵性应计JDA存在负向相关关系，但是并不显著。在模型（2）中，加入控制变量之后审计监督Audit与央企控股的上市公司修正Jone's模型下操纵性应计JDA仍存在负向相关关系，但是并不显著。这表明接受审计监督的中央企业控制的上市公司其操纵性应计盈余管理行为降低，但是数据不存在显著相关性。这与前文实证分析部分的结果相一致，表明审计署实施的审计监督并没有显著影响中央企业控制的上市公司的操控性应计盈余管理行为。

在模型（3）中，审计监督Audit与央企控股的上市公司修正Jone's模型下操纵性应计的绝对值abs_JDA存在负向相关关系，但是并不显著。在模型（4）中，加入控制变量之后审计监督Audit与央企控股的上市公司修正Jone's模型下操纵性应计的绝对值abs_JDA仍存在负向相关关系，但是并不显著。同时Lev和abs_JDA在10%的水平上显著正相关，表明财务杠杆越高的中央企业控制的上市公司，绝对值的操控性应计程度越高。Gsale和abs_JDA在5%的水平上显著正相关。回归结果与前文实证分析部分的结果完全一致，这再次验证审计监督能在一定程度上抑制中央企业控制的上市公司绝对值操纵性应计盈余管理行为。

在模型（5）中，审计监督Audit与央企控股的上市公司Kothari业绩修正琼斯模型下操纵性应计PDA存在负向相关关系，但是并不显著。在模型（6）中，加入控制变量之后审计监督Audit与央企控股的上市公司Kothari业绩修正琼斯模型下操纵性应计PDA仍存在负向相关关系，但是并不显著。这样的结果与模型（1）、模型（2）、模型（3）、模型（4）完全吻合，也与前文实证分析部分的结果完全一致，其原因也是一致的。又一次验证了审计监督能在一定程度上对中央企业控制的上市公司操纵性应计盈余管理行为具有震慑作用。

其次，使用真实盈余管理变量代替原来的操纵性应计来衡量中央企业控制的上市公司盈余管理行为。

在模型（7）中，审计监督Audit与央企控股的上市公司根据罗伊·乔杜里（Roy-Chowdhury，2006）模型下真实盈余管理RM存在负向相关关系，但是并不显著。在模型（8）中，加入控制变量之后审计监督Audit

与央企控股的上市公司根据 Roychowdhury（2006）模型下真实盈余管理 RM 仍存在负向相关关系，但是并不显著。这表明审计监督与中央企业控制的上市公司真实盈余管理行为是负相关关系，即表明审计监督对盈余管理行为是抑制的，只是并没有显著性水平，这也再次验证了审计署对中央企业实施的财务收支审计行为对于中央企业控制的上市公司其盈余管理行为并没有显著的抑制作用。

通过以上 8 个模型，再次验证了假设 4 - 4 - 1 审计监督对中央企业控制的上市公司的盈余管理行为并没有显著影响。

表 4 - 47　　　　　　　　　　　　**Audit 回归结果**

变量	(1)	(2)	(3)	(4)	(5)	(6)	(7)	(8)
	JDA	JDA	abs - JDA	abs - JDA	PDA	PDA	RM	RM
Audit	- 0.0192	- 0.0168	- 0.0107	- 0.0125	- 0.0143	- 0.01312	- 0.0152	- 0.0230
	(- 0.84)	(- 0.73)	(0.280)	(- 1.29)	(0.493)	(0.534)	(- 0.54)	(- 0.82)
Kzqbl		- 0.0004		0.0002		- 0.0004		- 0.0002
		(- 0.4)		(0.53)		(- 0.45)		(- 0.18)
Asize		0.0152		- 0.0153 ***		0.0056		- 0.0051
		(1.25)		(- 2.97)		(0.49)		(- 0.35)
Fee		- 0.0022		0.0004		- 0.0010		- 0.0040
		(- 0.83)		(0.36)		(- 0.43)		(- 1.27)
Big4		0.0160		- 0.0081		0.0125		0.06680
		(0.34)		(- 0.41)		(0.29)		(1.16)
Lev		- 0.0851		0.0469 *		- 0.0466		0.1935 **
		(- 1.35)		(1.77)		(- 0.81)		(2.54)
Gsale		- 0.0091		0.0169 **		0.0104		0.0180
		(- 0.5)		(2.21)		(0.63)		(0.82)
_cons	- 0.0068	- 0.2858	0.0778 ***	0.3862 ***	- 0.0043	- 0.0890	0.0363 *	0.0653
	(- 0.42)	(- 1.13)	(11.15)	(3.63)	(- 0.29)	(- 0.39)	(1.83)	(0.21)
N	290	290	290	290	290	290	290	290
R - squared	0.0025	0.0127	0.0041	0.0623	0.0016	0.0064	0.0010	0.0378

（五）进一步分析

审计署共有 18 个驻地方特派员办事处，依据法律法规和审计署的规定，履行相关职责。特派办的职责之一是审计中央国有企业、中央国有资本占控股地位或主导地位的企业的资产、负债和损益，所以中央企业控制的上市公司是受所属特派办管辖的，审计监督的监督作用也与特派办有着密切的联系。

我国审计署一共有18个审计署特派处，分布在我国18个省份，分管着全国各省份的审计工作。那么中央企业所控制的上市公司也处在全国各个省份，那么审计署的特派办对中央企业和中央企业控制的上市公司的监管会不会因为地理位置的远近从而有着不同监管力度，进而表现出不同程度的监管效果？因此本节进一步提出一个假设4-4-2：中央企业控制的上市公司与所属的审计署特派办的地理距离越近，其盈余管理程度越低。

根据表4-48的Distance回归结果来看，在模型（1）中，Distance和JDA存在正向相关关系，但是并不显著。在模型（2）中，加入控制变量之后Distance和JDA存在正向相关关系，但是并不显著。模型（3）中，Distance和PDA存在正向相关关系，但是并不显著。在模型（4）中，加入控制变量之后Distance和PDA存在正向相关关系，但是并不显著。根据4个模型的回归结果，只能一定程度上说明中央企业控制的上市公司与所属的审计署特派办的地理距离与其盈余管理程度在数据上存在负向关系，但是并不存在显著性。不存在显著性也是正常的。目前我国的道路建设在全国范围都十分完善，地理距离不再是影响事物发展的主要因素，中央企业控制的上市公司与所属的审计署特派办的地理距离与其盈余管理程度不存在显著相关性，也是可以理解的。此外，我国互联网迅速发展，各项社会制度逐渐完善，企业盈余管理的方法和手段可能更加高端，而审计署审计能力、审计环境等各方面也都有所提升，因此以中央企业控制的上市公司与所属的审计署特派办的地理距离来衡量审计署对于中央企业控制的上市公司产生的监管程度受到多方面因素影响而大打折扣，因此中央企业控制的上市公司与所属的审计署特派办的地理距离与其盈余管理程度不存在显著相关性，也是情理之中。

表4-48   Distance 回归结果

变量	模型（1）	模型（2）	模型（3）	模型（4）
	JDA	JDA	PDA	PDA
Distance	3.95	5.74	0.0000	0.0000
	(0.11)	(0.16)	(0.33)	(0.41)

变量	模型（1） JDA	模型（2） JDA	模型（3） PDA	模型（4） PDA
Kzqbl		− 0. 0004 （ − 0. 44）		− 0. 0004 （ − 0. 51）
Asize		0. 0152 （1. 25）		0. 0055 （0. 49）
Fee		− 0. 0021 （ − 0. 80）		− 0. 0009 （ − 0. 38）
Big4		0. 0173 （0. 36）		0. 0143 （0. 33）
Lev		− 0. 0888 （ − 1. 41）		− 0. 0498 （ − 0. 87）
Gsale		− 0. 0093 （ − 0. 51）		− 0. 0935 （ − 0. 41）
_cons	− 0. 0173 （ − 1. 24）	− 0. 2922 （ − 1. 16）	− 0. 0139 （ − 1. 09）	− 0. 0890 （ − 0. 39）
N	290	290	290	290
R − squared	0. 0000	0. 0109	0. 0004	0. 0057

　　表4 – 49 的 ProvenceT 回归结果是对进一步分析中假设4 – 4 – 2 的进一步验证。本节以中央企业控制的上市公司所在省份中是否有审计署特派办作为衡量审计监督影响的指标，再次检验审计监督对于中央企业上市公司盈余管理行为的影响。在表4 – 49 的 ProvenceT 回归结果中，模型（1）、模型（3）、模型（5）、模型（7）是进行单变量回归，模型（2）、模型（4）、模型（6）、模型（8）是加入控制变量以后的回归。可以看到，中央企业控制的上市公司所在省份中是否有审计署特派办指标 ProvenceT 与衡量中央企业控制的上市公司的盈余管理行为指标 JDA、PDA、abs_PDA 和 RM 均成负向相关关系，但是均不显著。虽然数据结果显示，如果中央企业控制的上市公司所在省份中有审计署特派办，其盈余管理程度应该是低的，但是没有通过统计上的显著性检验。也就是说，中央企业控制的上市公司的盈余管理行为只在一定程度上因为该上市公司所在省份有审计署驻地方特派员办事处的存在而受到影响。也正如前文所述，审计监督对于中央企业以及中央企业控制的上市公司的监督和管理作用不会由于地理位置的差异而产生监管差异。因为在如今交通网络十分发达的中国，地理距

离已经不是影响社会发展的重要因素。

表 4 – 49   ProvenceT 回归结果

变量	模型（1）	模型（2）	模型（3）	模型（4）	模型（5）	模型（6）	模型（7）	模型（8）
	JDA	JDA	PDA	PDA	abs – PDA	abs – PDA	RM	RM
ProvenceT	– 0.0220	– 0.0212	– 0.0146	– 0.0147	– 0.0117	– 0.0140	– 0.0015	– 0.0036
	（– 0.92）	（– 0.87）	（– 0.67）	（– 0.66）	（– 1.37）	（– 1.64）	（– 0.05）	（– 0.12）
Kzqbl		– 0.0005		– 0.0005		0.0003		– 0.0002
		（– 0.5）		（– 0.53）		（0.89）		（– 0.21）
Asize		0.0155		0.0057		– 0.0141 ***		– 0.0051
		（1.27）		（0.51）		（– 3.31）		（– 0.34）
Fee		– 0.0021		– 0.0010		0.0006		– 0.0040
		（– 0.82）		（– 0.42）		（0.68）		（– 1.25）
Big4		0.0127		0.0103		– 0.0198		0.0672
		（0.27）		（0.24）		（– 1.19）		（1.16）
Lev		– 0.0872		– 0.0483		0.0338		0.1891 **
		（– 1.39）		（– 0.84）		（1.55）		（2.49）
Gsale		– 0.0092		0.0103		0.0046		0.0176
		（– 0.51）		（0.62）		（0.73）		（0.80）
_cons	– 0.0021	– 0.2802	– 0.0020	– 0.0857	0.0739 ***	0.3612 ***	0.0297	0.0582
	（– 0.11）	（– 1.11）	（– 0.11）	（– 0.37）	（10.67）	（4.11）	（1.25）	（0.19）
N	290	290	290	290	290	290	290	290
R – squared	0.0029	0.0135	0.0015	0.0066	0.0064	0.0697	0.0010	0.0355

四、小结与建议

本节分析了审计署实施的审计监督对中央企业控制的上市公司盈余管理的影响。利用2010～2016 年中央企业控制的上市公司的样本，我们发现审计监督对中央企业控制的上市公司的盈余管理行为并没有显著影响，不论是对于操控性应计盈余管理，还是真实盈余管理，均没有显著影响。主要原因是审计监督的直接审计主体是央企集团公司，只对部分央企控股上市公司进行延伸审计。也可能是因为审计体量庞大，上市公司被边缘化，使得审计监督的震慑效应减弱，综合作用结果下，审计监督对上市公司盈余管理行为没有产生显著的影响。另外的分析显示，中央企业控制的上市公司与所属的审计署特派办的空间位置与其盈余管理程度没有显著的相关关系。由于道路交通的发展，地理距离空间位置不再成为影响事物发展的重要因素，所以审计署特派办与中央企业控制的上市公司的空间位置对企业进行盈余管理产生震慑作用不显著。

实施央企财务收支审计的初衷是为了实现防止国有资产流失、保护国有资产安全、防范国企财务风险、保障国有企业健康稳定发展、保证国企会计信息披露的真实可靠性等目标，监管央企控股的上市公司盈余管理行为也是审计监督的功能。但是由于多方面因素的影响，使得审计监督对央企控股的上市公司盈余管理的影响没有发挥作用。因此，审计署应该要更加关注央企控股的上市公司的企业行为，不能认为有证监会强有力的监管上市公司必然遵纪守法，在实施审计监督时避免信任过度造成上市公司成为审计监督的边缘化主体。也能从侧面反映审计监督作用的发挥受到限制，审计署应该实施更加有力的审计措施。

第五节　审计监督控制企业适度金融化水平分析

20 世纪后期，全球出现经济金融化的倾向，各国学者也将 2008 年的金融危机归咎于经济金融化的影响。但是经济金融化的深化程度依旧在不断加深，主要原因是金融领域的高收益对于世界各国的个人、企业和机构有着极大的吸引力，致使许多非金融企业投身于金融领域，期望获得更多的报酬，因此企业金融化应运而生。企业金融化这一概念发展于 21 世纪，对于企业而言，企业金融化主要体现在两个层次，其一是从利润的角度来讲，非金融企业的收益很大一部分来源于金融渠道，甚至对于企业是否能够盈利来说，金融渠道的收益起到了决定性作用，利润的主要构成已不再是实业生产和销售。另一个层次是资本的使用，企业为了获取资本的超额收益，希望在资本运作上有所建树，而将更多的留存收益投资于金融市场，使得企业所持金融资产在总资产的比重不断提高。

对于我国而言，次贷危机后，中国经济增速有所下降，传统制造业企业尤其是央企出现利润下滑，创新能力不足等现象，通过实业的生产难以满足我国去杠杆这一供给侧改革的主要任务，因此越来越多的非金融企业将目光投向资本市场，将资本大量投入金融市场，期望获得更高的收益，从而改善企业绩效。这种现象不光出现于我国的民营企业，在国企中金融化的现象也在不断加剧。主要原因是国企的小股东话语权较弱，在国有控股的情况下，企业的代理问题较为严重，而对于国企管理层的考核，大多关注企业绩效，因此为了更快完成盈利指标，或者管理层为了实现个人利益，更有可能加剧企业金融化。而过度的企业金融化对于企业而言，有可能降低其创新能力，不利于企业的长期发展。

而对于国企的资金使用、资源配置、重大投资等相关权利的监督，审计监督发挥着越来越重要的作用。审计监督是国家治理的重要组成部分，它的性质决定了其经济监督的基本职能，也就是国家依法执行监督和管理权利的手段和行为。国家不断加强审计监督的监督作用，在国家的宏观经济调控上起到了重要的作用，而对于微观的企业财务状况而言，定期或者不定期的审计监督能够监督企业管理层行为，提高企业财务信息的有效性。而在已有的研究中，大多关注审计监督对企业绩效等的影响，本节将企业金融化作为主要目标，研究审计监督是否对企业金融化产生影响。

企业金融化日益加速，国企的金融化更加明显，对我国的国企控股上市公司的金融化研究具有重要意义。与此同时，鉴于审计监督在国企经营过程中发挥的重要作用，重点考量审计监督在企业金融化进程中是否发挥作用。

在我国经济高速发展、产业转型的背景下，国企依托传统的生产经营无法实现很好的经营业绩，金融化的发展道路成了企业实现利润最大化的捷径，但是过度的金融化容易占用较多资本，影响企业的创新能力和持续发展的能力，对企业的长期发展是一个不得不考量的风险因素。而基于审计监督的企业监督，能否在一定程度上对企业金融化予以抑制，促进企业的合理调控正是本节的研究重心，研究结果能够为促进企业健康发展提供政策建议，具有参考价值。

一、理论分析与假设提出

金融化的由来，主要表现为宏观和微观两个层面，从宏观层面而言，金融化指的是经济层面上，金融活动的支配权不断增长，金融市场规模日益扩大，金融机构日益增多，金融交易日益频繁。从微观层面上讲，企业金融化表现为在企业的利润累积的过程中，来自金融渠道的收入比变得越来越高。而还有学者研究表示，非金融企业在金融方面的投资额度不断增加，股东短期利益的最大化成为越来越多企业管理层追求的目标。在西方发达国家，金融化一致备受关注，西方学者针对金融化的相关问题展开了大量研究，尤其是在微观层面的企业金融化的问题上，更是这些年来的热点问题。随着全球化程度的不断加深，企业对于金融投资的态度发生了极大的改变，非金融企业受到总体需求下降的影响，营利能力有所下降，企业更多地追求短期的金融方向的盈利，金融行业趋向于提高利率，使得金融机构从非金融企业那里获得更多的现金，致使企业管理的动机发生转变，更加侧重于金融渠道的获利，使得非金融企业计划短视。食利者和管理层之间形成联盟是企业金融化的直观反映，造成了福特主义积累体制的危机，进一步促使企业金融化的加剧，形成金融主导的积累体制，企业经营管理以股东价值为导向，公司资金来源逐渐倾向于金融市场，同时给小股东通过金融市场来影响公司提供了可能，股东的价值取向的改变在股东价值导向的体系下，使得公司的经营方式发生了改变，企业的盈利或者投资逐渐向金融市场倾斜，企业希望通过金融市场的收益来弥补传统收益的不足，造成了企业利润结构的改变。在这样的影响下，非金融企业与金融机构之间的关系在不断转变，企业将资金投入到金融市场，同时不断从外部公开金融市场获得资金，使得非金融企业的金融能力不断提高，促使银行等金融机构的变革。在西方国家，企业金融化的主要表现形式为金融支付的提高和金融收益的增加，使得非金融企业对实体投资的减少，企业增加金融渠道投资的金融化方式在不同的行业内对于实体投资均产生不利影响，而企业金融渠道收益的提高对于企业实体投资的不利影响更为明显。此外，对于企业而言，创新是企业发展的驱动力和主导因素，关系到企业的长远发展，而促进企业的各方面创新与金融资产的合理配置和对金融市场的合理利用有直接关系，对于短期利润的追求使得企业更愿意提高金融资产配置率，进而使得企业投资实体或者创新的资金减少，从而影响了企业的创新能力，对企业的长远发展造成了不利影响。

当前学术界对于金融化的观点主要表现为两个方面。一部分学者对于企业金融化的现象持积极的态度，他们认为，金融的收益可以在短期内提高净利润。有学者研究表示，企业对于投资的选择应该考量的因素包括投资的收益率以及市场整体经济的不确定性，因此是选择投资短期的、可以逆转的金融资产，还是投资长期的、不易逆转的固定资产，取决于股东或者管理层对于二者的判断和获利取向。还有学者研究发现，20世纪90年代至21世纪初，美国的零售行业销售额的增长有所下降，但是总体的净资产收益率却是提高的，主要原因就是零售企业大量持有金融资产，使得来自金融资产的收益弥补了主营业务收入的不足。国内有学者研究表示，固定资产的投资具有长期的、不可逆性，考虑到市场容量有限，投入产出率的因素的影响，固定资产的投资还会使得企业面临现金流上的压力，以及融资压力、业绩考核等问题，同时生产性投入、扩大生产的现金流回笼较慢，使得企业没有足够的动力来进行生产性的投入，转而将资本投入到短期收益较高的产业或者市场，如房地产行业或者金融行业。

　　还有一部分学者对于非金融企业的金融化持消极态度，他们主要从金融资产配置与经营资产配置之间互为替代的角度考量。有学者对美国1971～2011年非金融企业金融化的40年数据进行了研究，结果显示，大公司的金融化提高股东价值，而小公司的金融化则使得企业的固定资产波动显著，从而发现了美国企业固定投资率下降的原因。国内学者也有研究证实，中国非金融企业的金融化也导致了固定投资率的下降，主要表现为两个方面：一方面是金融资产投资对生产性投资的"挤出效应"；另一方面是企业金融化会提高企业在金融资产方面的支出，促进企业的股票购买，从而对实业投资产生消极的影响。有学者对2009～2014年上市公司数据进行了分析，发现创新受到企业跨行业套利的严重影响，企业的跨行业套利不仅抑制了创新，而且使企业本身偏离了主营业务。还有学者对我国2003～2011年上市公司的金融化行为进行了研究，结果显示，上市公司过度的金融化行为使得"去工业化"和资产泡沫化的矛盾加剧，而政府的介入进一步放大了非金融企业金融化对企业创新的负面影响。

　　西方的金融市场的发展一直走在前列，中国借鉴西方金融发展的经验，发展我国的金融市场，但是与西方完全竞争市场不同，我国政府在金融市场的发展乃至整个市场模式上起到至关重要的调节和导向作用，因此本节希望研究政府导向在企业金融化中的作用，基于审计署的央企审计结果公告，以央企控制的上市公司为研究对象，探讨通过审计监督，对企业金融化是否有抑制作用。在已有的文献研究中，大多考量审计监督对于企业绩效或者企业盈余管理的影响，有研究结果证实，审计监督对央企控股的上市公司经营业绩的提升有促进作用，审计监督能够有效抑制央企上市公司的盈余管理行为。但是少有学者研究审计监督对企业金融化的影响。

　　审计监督对企业金融化的影响可以从两个方面讨论。一方面，基于委托代理理论的框架，企业的股东与管理层之间存在信息不对称性，在管理层比股东了解更多企业信息的情况下，管理层更多地以最大化个人利益为出发点，有可能会损害股东的权益，为此管理层有动机而且有可能扩大投资，甚至超过企业的最佳投资规模，而对于金融资产方面的投资，由于其可以短期内给企业带来大量的利润收入，甚至要高于企业的主营业务经营盈利，因此管理层有动机扩大金融投资规模，从而提高企业利润，进而为自己创造超额收益。对于国有企业而言，在公司大股东不参与经营，小股东无法参与经营的情况下，企业的"管理层控制"情况比较普遍，无法对管理层实施有效的监督。另一方面，从薪酬激励的角度来讲，国企对管理层的薪酬激励收效甚微，管理层有可能通过投资，或者进入金融市场而获取更高的收入，乃至额外的灰色收入。

审计本身可以认为是一种约束机制和监督机制，能够降低股东和管理层之间的信息不对称性，能够对管理层起到一种监督作用。从审计监督的角度来看，相比于社会上的注册会计师审计，审计监督不仅仅关注企业的会计记账等问题，还会关注企业是否遵循相关的规章制度，管理层是否严格履行了职责，是否有违规行为的发生。而且在独立性方面，审计监督要远远高于注册会计师审计，在这样的情况下，审计监督的威慑力就显得更高，能够在一定程度上抑制管理层不合理的金融资产方面的投资。

但是从另一个方面考虑，央企管理层薪酬很大程度上受绩效考核结果的影响，审计监督有可能为绩效考核的结果提供证据支持，因此企业管理层有动机扩大金融渠道的投资进而获取较高的短期收益，来优化公司的财务绩效，在这样的情况下，审计监督反而有可能促进企业的金融化水平。综合以上两个方面，提出假设 4 – 5：审计监督对非金融企业金融化没有影响。

二、研究设计

（一）数据来源

基于审计署 2008～2017 年发布的中央企业集团财务收支和专项调查审计结果公告，手工整理公告中央企控制的 A 股上市公司，获得样本。考虑到数据的可获取性，上市公司的上市时间需要早于被审计时间。此外，需要剔除金融、保险等企业，剔除数据缺失企业，为了企业金融化数据指标的衡量，剔除房地产企业。考虑到审计监督的特殊性，将审计监督相关的会计年度定义为"被审计年度""介入年度"和"公告年度"，如果将"被审计年度"定义为 t 年，则"介入年度"为 t + 1 年，"公告年度"为 t + 2 年。上市公司数据均来自 CSMAR 数据库，考虑排出极端值影响，对连续变量进行了 1% 的缩尾处理。

（二）变量与模型

企业金融化水平。已有研究对于企业金融化的衡量标准大多基于彭曼和尼西莫（Penman and Nissim）的财务分析框架展开。从资产负债的角度展开，企业的总资产 A 可以分为金融资产 F 和经营资产 K，同样，总负债可以分为金融负债 D 和经营负债 L；从利润的角度展开，企业的总利润可以分为金融利润 Pf 和经营利润 Pk；而从现金流的角度展开，企业的总投资同样可以分为金融投资 If 和经营投资 Ik。因此，企业金融化水平可以有三种衡量标准：金融资产持有率 = 金融资产/总资产，即 $Fin1_{i,t} = F_{i,t}/A_{i,t}$；金融收益率 = 金融利润/总利润，即 $Fin2_{i,t} = Pf_{i,t}/(Pf_{i,t} + Pk_{i,t})$；金融投资率 = 金融投资/总投资，即 $Fin3_{i,t} = If_{i,t}/(If_{i,t} + Ik_{i,t})$。以上衡量方法为大家所公认，但是针对金融资产或者金融利润的范围判断却不尽相同，本节借鉴奥林加齐等（Orhangazi et al.）的做法，金融资产包括交易性金融资产、可供出售金融资产、衍生金融资产、持有至到期投资、投资性房地产。借鉴斯塔克汉默等（Stockhammer et al.）的做法，金融利润包括公允价值变动净收益、投资净收益以及利息收益。对于央企控股上市公司来说，更多地从投入的角度考量企业的金融化，因此本节不选用产出的角度，也就是金融收益率作为非金融企业金融化的代理变量，由于企业现金流在报表中的反映并不是很确切，企业当期与金融相关的投资活动也可能并不以现金的形式进行，因此不采用基于现金流量的衡量标准，本节采用金融资产持有率作为企业金融化程度的代理变量。

审计监督。考虑到窗口期的不同，结果可能不同，因此对变量"Post"定义如下："介入年度"及以后，Post = 1，否则为 0；"公告年度"及以后，Post = 1，否则为 0；"公告年度"的下一年及以后，Post = 1，否则为 0。在 3 年内上市公司有可能出现连续被审计的情况，这种情况下以第一次审计监督的为准。Treatment 在表示为当年为被审计年度则取 1，否则取 0，因为在变量选取的年度内，审计监督做到了全覆盖，所以从不同年度的角度来讲，把所有央企控制的上市公司分为两组，一组为本年未被审计，此时 Treatment 取 1，否则取 0。而对于 Post 变量而言，则从其第一次被审计（不同窗口期，时间节点滞后）起，之后年度均取 1，之前取 0。因此初步构建上述模型。

控制变量中，Size 表示上市公司规模，用总资产的自然对数表示，ROA 表示总资产净利率，用来代表企业的盈利能力，Lev 表示财务杠杆，用来代表企业的资产结构，反映企业偿债能力，Curr 为流动比率，直观反映企业的偿债能力，Rece 表示应收账款周转率，反映企业经营能力，这里用营业收入与应收账款的平均余额计算得出，Opin 代表审计意见，主要反映上市公司被审计监督的"被审计年度"的审计报告的意见类型，企业被出具非标审计意见取 1，否则取 0，Big4 代表事务所类型，如果被审计监督的"被审计年度"央企聘用的是"四大"会计师事务所，则取值为 1，否则为 0，Boar 代表董事会结构，用独立董事与董事总数的比表示，Mana 表示管理层持股比例，用管理层持股数与总股数的比值表示，ConRate 表示控股央企持股占上市公司总股数的比例。变量定义及说明见表 4–50。

表4-50		变量定义及说明
变量名		说明
企业规模	Size	企业总资产的自然对数
总资产净利润率	ROA	企业总资产净利润率=净利润/总资产
资产负债率	Lev	企业资产负债率=总负债/总资产
流动比率	Curr	企业流动比率=流动资产/流动负债
应收账款周转率	Rece	应收账款周转率=营业收入/(期初应收账款余额+期末应收账款余额)/2
被审计年度审计意见是否非标	Opin	被审计年度被出具非标审计意见取1,否则取0
企业被审计年度聘用的事务所是否为"四大"会计师事务所	Big4	被审计年度聘用"四大"为取1,否则取0
独立董事占董事总数的比率	Boar	独立董事占比=独立董事/董事总数
管理层持股比例	Mana	管理层持股比例=管理层持股数量/总股数
控股央企持股比例	ConRate	控股央企持股占比

根据研究假设4-5,首先只采取 DID 的分析方法进行分析,构建如下回归模型:

$$\text{Fin}_{i,t} = \beta_0 + \beta_1 \text{Post}_{i,t} + \beta_2 \text{Treatment}_{it} + \beta_3 \text{Post}_{i,t} \times \text{Treatment}_{it} + \text{Controlsi}_{i,t} + \varepsilon_{i,t}$$

三、实证结果分析

(一)描述性统计

从表4-51的结果可以看到,在剔除掉金融企业及房地产企业以后,央企实际控制上市公司的金融化最高为41.85%,水平较高,但是也存在为0的情况,说明并不是所有企业均有金融化的趋势或者偏好,金融化的平均水平为不足0.05%,说明总体上央企控制的上市公司金融化水平不高。从企业规模来看,央企控制的上市公司规模均比较大,从盈利能力的角度来看,总体上央企控制上市公司 ROA 的均值为正,但是存在亏损比较严重的企业。从资产负债率来看,央企控制的上市公司财务状况两极分化也比较严重,大约有10%的央企控制上市公司聘用了"四大"会计师事务所进行审计,在选取样本中,共有4%左右的企业被出具了非标审计意见。在所有央企控制的上市公司中,管理层持股比例均值为0.9%,相对不高,企业的代理问题可能比较严重。

表 4 - 51　　　　　　　　　　　　描述性统计

变量	Obs	MeanStd.	Dev.	Min	Max
Fin11	1278	0.0477328	0.0763874	0	0.4184628
Size	1278	22.39662	1.353387	19.89753	26.72427
ROA	1278	0.0269481	0.0577242	-0.220891	0.196509
Rece	1273	66.14559	257.4545	1.161673	2049.776
Curr	1278	1.926774	2.009552	0.191621	14.15384
Lev	1278	0.5142236	0.2218654	0.058658	1.036111
Big4	1278	0.1056338	0.3074887	0	1
Opin1	1278	0.0406886	0.1976451	0	1
Boar	1278	0.3602848	0.0504529	0.1428571	0.625
Mana	1278	0.009124	0.0368052	0	0.4221769
ConRate	1278	43.01566	13.4251	11.89	76.13
Post1	1278	0.3881064	0.4875098	0	1
Post2	1278	0.3137715	0.4642064	0	1
Post3	1278	0.2472613	0.4315888	0	1
Treatment	1278	0.1377152	0.3447357	0	1

（二）相关性分析

从表 4 - 52 的结果可以看到，Post_Treatment 变量与 Fin 变量相关性为正值，这一结果似乎与假设审计监督促进企业金融化一致，在表示企业特征的相关指标中，流动比率与资产负债率显著负相关，与总资产净利率显著正相关，表明企业在偿债能力较好的情况下，企业的财务状况也比较好，企业的盈利能力也相对较好。资产负债率与企业规模显著正相关，表明在央企控制的上市公司中，似乎企业规模越大，其财务状况反而越不理想。企业是否选择"四大"会计师事务所审计与金融化水平显著正相关，表明企业选择"四大"会计师事务所审计促进了企业金融化水平。管理层持股与企业金融化显著负相关，表明企业管理层持股水平较低的情况下，管理层更可能通过金融渠道来获取利润。

相关性分析

表4-52

变量	Fin	Post_Treat	Size	ROA	Rece	Curr	Lev	Big4	Opin1	Boar	Mana	ConRate
Fin	1.0000											
Post_Treat	0.0285	1.0000										
Size	-0.0239	0.0819	1.0000									
ROA	0.0170	-0.0128	-0.0225	1.0000								
Rece	-0.0610	-0.0163	-0.0301	-0.0062	1.0000							
Curr	0.0350	-0.0080	-0.2812***	0.2734***	0.0654	1.0000						
Lev	-0.1605***	0.0204	0.4014***	-0.4077***	-0.0554	-0.6633***	1.0000					
Big4	0.1072***	-0.0373	0.3329***	0.0737	-0.0181	-0.0610	0.0121	1.0000				
Opin1	0.0325	-0.0061	-0.1051	-0.3539***	0.0559	-0.0871	0.1899***	-0.0708	1.0000			
Boar	-0.0306	0.0192	0.1583***	0.0427	-0.0598	-0.0010	0.0089	0.1291***	-0.0155	1.0000		
Mana	-0.1217***	0.0105	-0.0311	0.1953***	-0.0545	0.2661***	-0.1068***	-0.0602	-0.0279	0.0221	1.0000	
ConRate	0.0660	0.0285	0.2844***	0.0844	-0.0512	-0.0859	0.0430	0.1534***	-0.1281***	-0.0046	-0.1064***	1.0000

（三）回归结果分析

表4-53 为模型回归结果，按照不同的窗口期对模型进行分别回归。从回归结果来看，窗口期为1年时，也就是以介入年度为分界时，Post与Fin 在10%的水平上显著负相关，相关程度不是很高，Treatment 与 Fin 不相关，但系数为正，而交互项 Post1_Treatment 与 Fin 也不相关，系数为正，总体来看，说明审计监督对央企控股上市公司"介入年度"的金融化水平没有影响或者影响不显著。当窗口期为2年时，交互项 Post2_Treatment 与 Fin 在5%的水平上显著正相关，当窗口期为3年时，交互项 Post3_Treatment 与 Fin 在5%的水平上显著正相关。回归结果显示，审计监督总体上与企业金融化呈正相关关系，而且主要表现在窗口期为2年和3年的情况，也就是审计监督的"报告年度"和"报告年度"的下一年，主要原因可能是审计监督的介入对于企业起到了督促的作用，但是反应时间具有滞后性，在报告年度以后才反映出效果，而且结论与之前理论分析中管理层追求企业绩效的结果一致，审计监督对于企业而言可能起到绩效和收益的激励作用，管理层通过加大金融资产持有量的方式来获取短期绩效，提高企业绩效，同时对于管理层本身的考核也有积极作用。

企业的总资产利润率 ROA 与企业金融化水平 Fin 在1%的水平上显著负相关，该结果证实了企业的金融化是利润驱动导向，当企业收益情况较好时，企业并没有动机去投入更多的资金到金融市场，反而通过正常的经营能够获取足够的收益，而且不用承担额外的投资风险。企业资产负债率 Lev 与企业金融化水平 Fin 显著负相关，同样说明经营较好的企业并没有动机将大量的资金投入到金融市场中。企业是否选择"四大"会计师事务所 Big4 与企业的金融化水平 Fin 显著正相关，"四大"会计师事务所在审计质量及风险防范中更有优势，企业可以借助"四大"会计师事务所的优势在一定程度上降低企业投资金融产品或者进入金融市场的风险，从而更有把握在金融市场获取更高的利润，因此企业更愿意投入更多的资金到金融市场中。企业的管理层持股比例 Mana 与金融化水平 Fin 呈显著负相关，企业管理层持股比例越高，表示企业的股东与管理层之间的代理问题越小，管理层与股东利益趋同，管理层更多的关注股东利益，关注公司利益和企业的长远发展，因此管理层过度投资金融市场的短视情况有所减少。

表4-53　　　　　　　　　　　回归结果

变量	Coef.	t	Coef.	t	Coef.	t
Post1	− 0. 00910897 *	− 1. 87				
Post2			− 0. 00930697 *	− 1. 87		
Post3					− 0. 00496079	− 0. 92
Treatment	− 0. 01369451	− 0. 88	− 0. 01068809	− 1. 43	− 0. 00936257	− 1. 27
Post1_Treatment	0. 02009681	1. 16				
Post2_Treatment			0. 0284257 **	2. 20		
Post3_Treatment					0. 02638753 **	2. 00
Size	− 0. 00057888	− 0. 32	− 0. 00068942	− 0. 38	− 0. 00107337	− 0. 59
ROA	− 0. 01514406 *	− 1. 92	− 0. 01520343 *	− 1. 93	− 0. 01478931 *	− 1. 88
Rece	− 3. 258e − 07	− 1. 12	− 3. 289e − 07	− 1. 13	− 3. 192e − 07	− 1. 10
Curr	− 1. 743e − 06	− 0. 00	0. 00002102	0. 03	− 0. 00004217	− 0. 05
Lev	− 0. 03739451 ***	− 4. 32	− 0. 03753585 ***	− 4. 34	− 0. 0367376 ***	− 4. 25
Big4	0. 02654167 ***	3. 60	0. 02662353 ***	3. 63	0. 02708641 ***	3. 69
Opin1	0. 00958964	0. 83	0. 0096549	0. 84	0. 00941054	0. 82
Boar	− 0. 04615709	− 1. 09	− 0. 04563603	− 1. 08	− 0. 0468692	− 1. 11
Mana	− 0. 24101648 ***	− 4. 14	− 0. 2396644 ***	− 4. 12	− 0. 23965584 ***	− 4. 12
ConRate	0. 00034123 **	2. 10	0. 00034114 **	2. 11	0. 00034732 **	2. 14
_cons	0. 08405381 **	2. 13	0. 08639752 **	2. 19	0. 09310011 **	2. 36
N	1,273		1,273		1,273	
F	5. 20		5. 39		5. 22	
Adj − R^2	0. 0412		0. 0429		0. 0413	

（四）稳健性检验

为了保证结果的稳健性，本节采用两种方法进行稳健性检验：一种是更换企业金融化水平的代理变量；另一种是采用倾向得分匹配及双重差分的方法进行检验。

1. 更换代理变量

从收益的角度考量，采用金融收益率来衡量企业的金融化水平，对实验结果进行再一次检验，得到稳健性检验结果。从表4-54中的结果可以看出，替换被解释变量，以金融收益率作为央企控制上市公司企业金融化水平时得到的结果，与前文所得结果基本一致，窗口期为2年和3年的时候，交互项与金融化在10%的水平上显著正相关，虽然显著性水平有所降低，但是总体的方向一致，同时，ROA、流动比率、资产负债率、管理层持股比例等指标也与前述一致，证明结果是稳健的。

表 4 - 54　　　　　　　　　稳健性检验结果

变量	Coef.	t	Coef.	t	Coef.	t
Post1	− 0.00073339	− 0.33				
Post2			− 0.00100029	− 0.45		
Post3					0.0003586	0.15
Treatment	0.00383973	0.55	0.00007218	0.02	0.00028906	0.09
Post1_Treatment	0.00021611	0.03				
Post2_Treatment			0.01063858 *	1.83		
Post3_Treatment					0.01028063 *	1.73
Size	0.00196706 **	2.41	0.00191023 **	2.34	0.00180618 **	2.22
ROA	− 0.00501438	− 1.41	− 0.0050597	− 1.42	− 0.004957	− 1.40
Rece	− 4.687e − 08	− 0.36	− 4.807e − 08	− 0.37	− 4.618e − 08	− 0.35
Curr	0.00072463 **	2.01	0.00073809 **	2.05	0.0007202 **	2.00
Lev	− 0.0128752 ***	− 3.30	− 0.0129875 ***	− 3.33	− 0.0127912 ***	− 3.28
Big4	0.00323158	0.97	0.00362792	1.10	0.00377548	1.14
Opin1	− 0.00025389	− 0.05	− 0.00028866	− 0.06	− 0.00035574	− 0.07
Boar	− 0.0074246	− 0.39	− 0.00735006	− 0.39	− 0.00775379	− 0.41
Mana	− 0.0879729 ***	− 3.35	− 0.0881193 ***	− 3.36	− 0.0881506 ***	− 3.37
ConRate	0.00001296	0.18	0.0000115	0.16	0.00001282	0.18
_cons	− 0.02243105	− 1.26	− 0.02104735	− 1.18	− 0.01910897	− 1.07
N	1273					
F	3.10		3.36		3.39	
Adj − R^2	0.0210		0.0235		0.0239	

2. 倾向得分匹配

为了确保结果的稳健性，本节运用倾向得分匹配及双重差分（PSM - DID）的方法，对实验结果进行再一次检验，运用 PSM 的方法对每一年的观测进行匹配，选出与被审计公司特征相近，但未被审计的公司，得到对照组数据。

首先构建倾向得分匹配的 Probit 模型：

$$Audit - PSM(1 或者 0) = \beta_0 + \beta_1 Size\_ PSM + \beta_2 ROA\_ PSM + \beta_3 Rece\_ PSM$$
$$+ \beta_4 Curr\_ PSM + \beta_5 Lev\_ PSM + \beta_6 Mana\_ PSM$$
$$+ \beta_7 Boar\_ PSM + \varepsilon$$

用"被审计年度"上一期数据进行回归，得到倾向得分，再对每个样本与其倾向得分最为接近的观测值进行匹配。最后得到"实验组"（Treatment = 1），"控制组"（Treatment = 0）。对照组的 Post 值与其对应的实验组中观测值的 Post 值定义方式及取值相同。

通过倾向得分匹配及双重差分得到分析结果，从表4-55中的结果可以看出，只有交互项 Post3_ Treatment 与企业金融化水平 Fin 在 10% 的水平上显著正相关，稳健性检验结果进一步证明了审计监督对于企业金融化有一定的促进作用，会影响管理层的决策，而且这种影响有明显的滞后性。稳健性检验中，总资产净利率、资产负债率、管理层持股水平与企业金融化水平之间的关系与先前检验结果一致。总体而言，前述结果是稳健的。

表 4-55　　　　　　　　　　稳健性检验结果

变量	Coef.	t	Coef.	t	Coef.	t
Post1	− 0.01663154	− 0.91				
Post2			− 0.00849798	− 0.65		
Post3					− 0.01015633	− 0.77
Treatment	− 0.03111595	− 1.28	− 0.01393483	− 1.36	− 0.01474147	− 1.45
Post1_Treatment	0.02966278	1.14				
Post2_Treatment			0.02731154	1.50		
Post3_Treatment					0.03102174 *	1.70
Size	0.00816001 **	2.14	0.0079851 **	2.10	0.00792603 **	2.09
ROA	− 0.22213063 **	− 2.44	− 0.21501744 **	− 2.39	− 0.21723779 **	− 2.41
Rece	− 0.00001181	− 0.91	− 0.00001316	− 1.04	− 0.00001312	− 1.04
Curr	0.00060782	0.26	0.00066268	0.29	0.00057936	0.25
Lev	− 0.0922168 ***	− 3.15	− 0.09192239 ***	− 3.15	− 0.09233392 ***	− 3.17
Big4	0.01716501	1.14	0.01801437	1.21	0.0182997	1.23
Opin1	− 0.03243042	− 1.15	− 0.03289767	− 1.16	− 0.03341056	− 1.18
Boar	0.01442437	0.18	0.00689793	0.08	0.00688497	0.08
Mana	− 0.29538718 **	− 2.50	− 0.29444052 **	− 2.51	− 0.29361452 **	− 2.51
ConRate	− 0.00024191	− 0.70	− 0.00028431	− 0.83	− 0.00028533	− 0.84
_cons	− 0.05939637	− 0.71	− 0.06314722	− 0.78	− 0.06094705	− 0.75
N	320		320		320	
F	2.22		2.34		2.39	
Adj − R²	0.0475		0.0516		0.0536	

(五) 进一步分析

考虑前文假设 4 – 5 及结论验证，考虑企业是否有动机提高金融化水平，提高金融投资占比或者是金融资产的持有率，可能与企业需求有关，企业如果急需较大额度的短期收益，那么企业就有可能会有动机提高金融投资的额度，进而在较短的时间内获得回报。在这样的情况下，考虑到央企控制上市公司在其性质上的特殊性，可能此类企业更加重视企业的盈利能力指标，或者是利润指标，因此本节考虑到，如果企业处于亏损状态，那么企业是否有更大的动机去提高企业利润，更需要金融渠道的获利来弥补企业经营上的失利。因此做了进一步的检验，将亏损的央企控制上市公司筛选出来，针对这类公司探讨审计监督对企业金融化的影响。

从表 4 – 56 进一步分析结果可以看出，在亏损的央企控制上市公司的样本中，当窗口期为 1 年时，交互项 Post1_ Treatment 与 Fin 相关性不显著，但符号为正，在窗口期为 2 年时，交互项 Post2_ Treatment 与 Fin 在 5% 的水平上显著正相关，且系数明显大于全样本时候的结果，窗口期为 3 年时，交互项 Post3_ Treatment 与 Fin 在 10% 的水平上显著正相关，且系数值明显大于全样本的时候，说明在亏损的情况下，企业更有可能加大金融产品或市场的投资，提高企业金融化水平，以获取短期的额外利润来弥补亏损。当央企控制上市公司亏损时，企业的管理层持股比例与金融化水平不再相关，说明在央企控制的上市公司这一特殊性质的上市公司中，企业亏损在一定程度上削弱了代理问题对于企业金融化的影响。同时是否"四大"会计师事务所审计也得到相似的结果，证明央企控制的上市公司中，管理层更加关注企业是否盈利。

表 4 – 56 进一步分析结果

变量	Coef.	t	Coef.	t	Coef.	t
Post1	− 0. 028486 *	− 1. 91				
Post2			− 0. 02785117 *	− 1. 88		
Post3					− 0. 01826253	− 1. 16
Treatment	− 0. 02104846	− 0. 26	− 0. 01390991	− 0. 62	− 0. 00890196	− 0. 40
Post1_Treatment	0. 05458242	0. 66				
Post2_Treatment			0. 08615676 **	2. 21		
Post3_Treatment					0. 07681334 *	1. 95
Size	− 0. 0075121	− 1. 34	− 0. 0086039	− 1. 54	− 0. 00977159 *	− 1. 73
ROA	− 0. 07325893 *	− 1. 92	− 0. 07207717 *	− 1. 90	− 0. 06293376 *	− 1. 67

变量	Coef.	t	Coef.	t	Coef.	t
Rece	− 0.00006162	− 1.46	− 0.00005485	− 1.30	− 0.00005406	− 1.27
Curr	− 0.00114269	− 1.01	− 0.00108624	− 0.96	− 0.00110442	− 0.97
Lev	− 0.0644032 **	− 2.07	− 0.06376797 **	− 2.06	− 0.05547079 *	− 1.81
Big4	− 0.00630558	− 0.26	− 0.0049609	− 0.21	− 0.00019209	− 0.01
Opin1	− 0.0126092	− 0.76	− 0.01099579	− 0.67	− 0.01188879	− 0.72
Boar	− 0.17785354	− 1.20	− 0.17131916	− 1.17	− 0.19286861	− 1.31
Mana	− 0.15207213	− 0.78	− 0.14907037	− 0.77	− 0.13747198	− 0.70
ConRate	0.00113002 **	2.30	0.00118186 **	2.43	0.00118336 **	2.41
_cons	0.28551578 **	2.19	0.3040118 **	2.35	0.32803206 **	2.50

四、小结与建议

本节从代理理论中的信息不对称的分析框架出发，同时考虑在央企控制上市公司这一群体中政府起到的作用和影响，实证检验了审计监督对央企控制上市公司金融化的影响。研究发现，审计监督对于企业金融化有促进作用，审计监督在一定程度上给了企业一个监督和考察的信号，使得企业更加重视利润，导致企业有动机提高金融资产的持有率，从而获得更高的短期收益，提高企业利润。同时，对于审计监督而言，区别于社会审计，审计监督作用效果的滞后性更加明显，企业的反应与审计监督的介入和公告有较大的关系。同时，对于存在亏损的央企控制上市公司而言，审计监督对企业的金融化水平影响更加明显，表现为企业在亏损的情况下，更愿意投资金融市场，获得短期报酬，进而改善企业利润。

通过研究发现，审计监督在一定程度上会促进央企控制上市公司的金融化程度，主要还是表现为政府对企业的监管要求使得企业追求短期利润，使得企业绩效指标更容易接受。但是这样有可能导致企业过分注重短期利益，忽视长期发展，将资本投入到金融市场，影响了企业的创新开发，不利于企业的长期发展。因此在金融化飞速发展的大形势下，审计监督应该将企业金融化作为更加直接的监督和考察指标，避免企业过度投资金融市场。

当然本节也存在一些不足。首先，在样本选取上，考虑到数据的可查性，只能选取上市公司作为研究样本，虽然政府对央企审计可以认为对其控制的上市公司也会进行审计，但这种传递效应毕竟不直接，中间央企的过渡环节势必会减弱审计监督对上市公司的影响和监管效果。其次，在 PSM 的方法使用上，之所以将 PSM 作为稳健性检验的方法，是因为控股央企的数据难以获得，只能用上市公司的特征计算匹配得分，但是审计监督应该更多地考量央企的特征，而非上市公司的特征。最后，审计署数据的公布方面，本节研究是基于审计署的整体层面，而实际发挥作用的很可能是审计署驻各地的特派办，后续研究可以深挖数据，在获得更合适数据的基础上进行进一步研究。

第六节　审计监督规范企业股权质押分析

随着市场经济的快速发展，金融化水平不断提高，越来越多的融资方式层出不穷，以满足企业正常运营发展所需要的现金流要求，股权质押应运而生。作为一种融资方式，股权质押是指出质人与质押方协议约定，出质人以其所持有的股份作为质押物向质押方融入资金。我国每年实施股权质押的公司数量呈现不断上升的趋势。2011 年 1 月~2017 年 9 月，A 股市场上进行股权质押的公司占境内上市公司的比重从 24.89% 增至 98.5%，整个市场只剩下不足 50 只个股没有涉及股权质押，质押总股票市值从 7538.99 亿元增至 61339.54 亿元。累计质押总次数从 1714 次增至 228676 次，各行业均涉及股权质押。并且从股权质押次数来看，2007~2012 年沪深两市 A 股主板上市公司中共有 1256 家发生股东股权质押行为，共计 3660 次，其中控股股东股权质押行为达到 3024 次，占比高达 82.62%，而新湖中宝在 2012 年股权质押行为就高达 22 次；从股权质押比率来看，控股股东平均质押比率达到 68.74%，有的甚至将其持有股份全部设定质押，质押比率达到 100%，股权质押比率非常高。由此可见，股权质押已经成为我国上市公司进行融资所采取的普遍方式，对于股权质押方面的研究很有价值。

股权质押的出现经历了一定的发展过程。《中华人民共和国公司法》对股权质押缺乏规定，真正确立了中国的质押担保制度的是 1995 年 10 月 1 日开始实施的《担保法》，而 2007 年 10 月 1 日开始实施的《中华人民共和国物权法》再次明确股权可以质押。此外，2004 年颁布的《证券公司股票质押贷款管理办法》要求"股票质押贷款期限最长为一年，不得展期""一家上市公司在一家证券公司质押的股票，不得高于该上市公司全部流通股票的 10%""被质押的一家上市公司股票不得高于该上市公司全部流通股票的 20%"。在我国的资本市场中，股权质押合同一般包含以下4 个重要的指标：（1）参考市值：指股票被质押前，在二级市的交易价格（如质押前七日收盘价均值）；（2）质押比率：指融资金额/占被质押股票参考市值（由于竞争激励，开展股票质融资业务的券商会尽量满足客户的资金需求，质押比率可以高达60%）；（3）警戒比例：指质押股票的实际市值/融资金额，一般最低为135%（融资100 万元，用于质押的股票市值跌到135 万元触及警戒比例）；降至警戒比例时，贷款人会要求借款人补足股票价格下跌造成的质押价值缺口；（4）平仓比例：指质押股票的实际市值/融资金额，一般最低为120%（融资100 万元，用于质押的股票市值跌到120 万元触及警戒比例）；在质押股票市值与贷款本金之比降至平仓线时，贷款人有权无条件处分质押股票，所得款项用于还本付息，余款清退给借款人，不足部分由借款人清偿。

与其他质押方式不同的是，股权质押以股票作为标的物，而股价的波动将会影响到标的物的价值，导致该质押方式存在较大的风险性。当股权质押面临平仓时，大股东不得不通过补充质押物、提前赎回质押的股份、停牌以及发布利好消息等方式来稳定股价，以规避平仓风险。研究表明，为了回避股价大跌导致的控制权转移风险，控股股东股权质押后倾向于进行隐蔽的盈余管理。另外，控股股东股权质押反映了控股股东资金紧张的现状，其更倾向于侵占公司资产以缓解融资约束（任莉莉、张瑞君，2018）。此外，股权质押还面临着巨大的财务压力和控制权转移风险。因为按照股权质押合约的规定，一旦股票价格严重下跌，需要控股股东追加抵押物或其他保险措施；而如果控股股东无力追加抵押物或其他保险措施且股票价格下跌至合约所规定的"底线"，债权人有权对质押股票进行处置，进而导致控股股东失去对公司的控制权（王斌、蔡安辉、冯洋，2013）。在数年前著名的"德隆系"事件中，股权质押便扮演了重要的角色。当时，新疆德隆拉高其持有的 3 家上市公司的股票，进而通过质押股权获得大量银行贷款并大肆扩张；最终，因 3 家上市公司股票价格回落、资金链断裂而导致了德隆系的崩溃（谢德仁、廖珂，2016）。考虑到股权质押的潜在风险，监管部门对股权质押信息的披露提出了明确要求，以使投资者能够更加直接、全面地了解上市公司股权质押的相关情况，从而做出合理的投资决策。然而，对于上市公司股东而言，股权质押融资也存在一定的优势，如控制权不受削弱、不需（或少需）要监管层审批（谢德仁、郑登津、崔宸瑜，2016），与其他融资方式相比，股权质押融资更加便利、快捷等。

然而，从现有文献来看，已有研究主要关注于股权质押对公司业绩、股票价格、公司价值、股利分配、盈余管理等方面的影响（郝项超、梁琪，2009；郑国坚、林东杰、林斌，2014；廖凯敏等，2014；谢德仁、郑登津、崔宸瑜，2016；谢德仁、廖珂，2016）。很少有研究从审计监督方面进行研究，研究审计监督是否在一定程度上降低了企业股权质押的风险，是否有效地抑制了企业的过度股权质押？基于此，本节选取了2010～2016年我国央企控制的上市公司为研究样本，实证检验了审计监督对企业股权质押行为的影响，是否在一定程度上抑制了企业的过度股权质押。研究发现，审计监督确实在一定程度上抑制了企业的过度股权质押，但抑制程度不是很明显。

　　本节可能的贡献包括：第一，拓展了影响股权质押的因素方面的文献。现有文献主要探讨了股权质押与应计盈余管理、股权质押与真实盈余管理、股权质押与大股东掏空行为、股权质押与公司价值以及股权质押与股权崩盘风险的关系等。作为公司监督的重要外部因素，审计是否会减少上市公司股权质押的行为，目前还未有文献涉及。本节从审计监督的角度开展研究，研究审计监督的实施是否会抑制企业的过度股权投资，可以丰富股权质押领域的文献。第二，有助于提升对审计监督的重视程度。本节研究发现，审计监督对企业过度股权质押有一定程度的抑制作用，能够降低股权质押的潜在风险，有利于公司更稳定地向前发展。所以审计监督的实施对于企业的健康发展起到了重要作用。

一、理论分析与假设提出

　　现有文献对股权质押的研究，大多数集中于股权质押的"动机"和"经济后果"这两个方面。从股权质押的动机来看，股权质押最直接的动机就是融资动机。股权质押具有保留控制权以及审批程序便捷等优势，当公司出现财务周转困难时，以股权质押来筹集资金是最便捷的方式（艾大力、王斌，2012）。例如，在我国融资约束和资本市场的监管方面，非国有企业面临较为严格的条件和压力，因此，与国营身份的大股东相比，在存在资金需求的情况下，非国有企业更可能接受股权质押这一对赌式的融资方式（王斌、蔡安辉、冯洋，2013；谢德仁、廖珂，2016）。此外，大部分文献都探讨了股权质押的"掏空"动机。委托代理理论中大股东和中小股东的代理问题表明，大股东常常会以方便快捷的股权质押这一融资手段来套取现金，损害中小股东的利益；郑国坚（2014）研究得出，大股东进行股权质押且质押比例越高，其在公司中所占用的资金也越多，即表现为"掏空效应"，并且这种正向关系受股权制衡度、外部监管环境等因素的影响。李永伟、李若山（2007）通过对"明星电力"的案例分析发现，为了达到掏空上市公司、侵占中小股东利益的目的，大股东常常会以股权质押为手段来套取现金。黎来芳（2005）通过对鸿仪系的案例分析，也得出了类似的研究结论。但并非所有控股股东的股权质押都具有"掏空"动机，不同类型股权质押传递的信号存在显著差异，当股权质押资金投向质押上市公司时，能够向市场传递控股股东的"支持"动机，公司业绩显著提高，民营企业大股东在质押股权后有更强的动机改善公司业绩以避免控制权转移风险，因而单纯从股权质押融资这一视角来看，大股东（尤其是民营大股东）的财务行为可能日趋理性，其存在并非一味为了"利益掏空"。综上文献可知，控股股东股权质押除了会导致大股东侵占小股东利益等代理问题，以及可能发生的控制权转移风险外，部分学者认为股权质押也能体现出控股股东的"支持"动机。

从股权质押的经济后果来看，现有文献主要探讨了股权质押对股票价格、大股东资金占用、公司价值、股利政策等方面的影响。关于股权质押对股票价格的影响，现有研究发现，为了降低控制权转移风险，控股股东通常会采取盈余管理的方式来防止股票价格的严重下跌（谢德仁、廖珂，2016），而且为了使盈余管理行为更具隐蔽性，真实活动盈余管理更受青睐（王斌、宋春霞，2015）。事实上，通过盈余管理，控股股东也确实达到了防止股票价格严重下跌的目的（谢德仁、郑登津、崔宸瑜，2016）。关于股权质押对大股东占款行为的影响，现有研究主要以控股股东控制权和现金流量权的分离为研究视角。郝项超、梁琪（2009）指出，股权质押会加大控股股东的控制权和现金流量权的分离程度，强化控股股东的侵占动机并弱化激励动机。郑国坚、林东杰、林斌（2014）通过实证检验证实了这一结论。他们发现，对于存在控股股东股权质押的上市公司，控股股东的占款程度更高。关于股权质押对公司价值的影响，大部分研究发现控股股东股权质押损害了上市公司的价值。这些研究大多是对"股权质押导致掏空行为"这一研究结论的延伸，因为随着掏空程度的加剧，公司业绩和公司价值必然下降（郝项超、梁琪，2009；郑国坚、林东杰、林斌，2014）；陈和胡（Chen and Hu，2001）指出股权质押对公司具有负面效应，这种行为会被市场认为是控股股东面临资金短缺和融资约束的信号，会加大公司控制权和现金流的分离，增加代理成本和公司风险，使得企业业绩和市场回报的波动率增大，降低公司价值。但也有研究指出，对于股权质押对公司价值影响，要根据大股东取得资金后的投向做区分考察。例如，张陶勇、李焰华（2014）将股权质押资金的投向区分为 4 类：投向质押股东自身、投向被质押的上市公司、投向第三方以及投向不详，结果发现，当股权质押所得资金投向质押股东自身或第三方时，公司绩效显著低于投向股权被质押的上市公司。关于股权质押对股利政策的影响，现有研究发现，若控股股东存在股权质押行为，则上市公司会发放更少的股利，这是因为股权质押导致了控股股东控制权和现金流量权的分离，而控股股东不能获得与现金流量权相关的股利，因而更倾向于少发或不发股利（丁宏娇，2015）。

从股权质押与审计的关系来看，现有文献主要从股权质押与审计费用、审计意见、审计质量和审计师风险应对等方面进行研究。翟胜宝和许浩然（2017）提出，控制股东股权质押会导致重大错报风险评估的难度增加，从而提高审计师应对风险的谨慎性和警觉性，主要表现为增加审计费用、延长审计时间以及更大概率发布非标准意见；张俊瑞和余思佳（2017）发现，大股东股权质押的比例与审计收费和非标审计意见的概率呈显著正相关关系，并且这种相关关系程度与企业性质和经济发展水平等因素有关。任莉莉和张瑞君（2018）发现，股权质押会造成审计延迟和审计定价的提高，即股权质押的存在致使企业风险加大，审计师会通过提高努力程度、增加风险溢价来面对可能存在的风险。相较于非控股股东股权质押的公司，审计师对控股股东股权质押公司的审计定价更高，且控股股东股权质押比例越高，审计定价越高。进一步地，在民营企业、"四大"会计师事务所审计的企业及在法制环境好的地区，审计师对控股股东股权质押公司的审计定价都更高，这表明审计师能够识别上市公司控股股东股权质押带来的风险，并将其反映在审计定价中（张龙平、潘林，2016）。

审计监督是国家政治制度的重要组成部分，是国家治理的监督控制系统之一（刘家义，2012）。现有文献的研究大多表明审计监督具有明显的外部治理效应，如褚剑和方军雄（2017）运用双重差分模型根据 2009 ~ 2015 年审计署实施的中央企业进行公司股价崩盘风险研究，结果发现审计监督因其监督性质使被审计公司及时披露负面信息，有效地缓解了公司的股价崩盘风险。崔昱晨等（2018）和阮滢等（2017）进行了审计监督对盈余管理行为的研究，结果都发现，审计监督监督能够抑制上市公司真实的盈余管理行为。此外，审计监督还有其他的外部治理效应，如实施审计监督后，相关上市公司受到了资本市场的惩罚（李小波和吴溪，2013），其会计信息质量明显提高（陈宋生等，2014），过度投资问题得到显著抑制（陈海红等，2014），超额在职消费大幅减少（褚剑和方军雄，2016），经营效率和经营业绩得到改善（蔡利和马可哪呐，2014）。本节则从股权质押的角度进一步研究审计监督的外部治理效应。

本节认为，经过审计监督的企业的股权质押的比例有所降低。股权质押以后，控股股东为了使公司保持看似良好的业绩水平，会进行更多的盈余管理行为。无疑，盈余管理行为的增加将会使审计师面临更高的审计风险水平。审计师为了增强被诉讼时的抗辩能力，减小自身所承担的法律责任，会增加审计投入、增加审计程序、扩大测试范围，因而更加可能发现财务报告中的重大错弊；会收取更多的审计费用对自身所承担的成本和风险进行补偿；会出具非标准无保留审计意见（谢德仁、郑登津、崔宸瑜，2016），因而会影响上市公司的声誉，会导致公司价值降低。企业为了恢复声誉，保证公司绩效，会减少企业的过度股权质押。另外，在股权被质押前，股权的价值决定了融资的金额。在股权被质押后，股权价值的下降会使股价触碰平仓线的可能增大，使大股东面临追加资金或失去控制权的风险。如果债务到期大股东无法按期偿还，那么质押的股权就可能被法院冻结乃至被拍卖，进而产生控制权转移的风险，影响公司的稳定经营（张俊瑞等，2017）。所以当审计师在审计时，会考虑到大股东股权质押所带来的相关风险，可能会做出不利于公司发展的审计意见，而企业并不想让会计师事务所在审计后出具非标准的审计意见，所以会在生产经营过程中减少一定程度的股权质押。基于以上几点，可以得到审计监督会使企业股权质押的比例有所降低，据此提出假设4-6：审计监督能够抑制企业的过度股权质押。

二、研究设计

（一）样本选取与数据来源

由于审计结果的公示年份具有滞后性，本节以被审年份进行实证研究。选取了2010~2016年我国经央企控制的上市公司为研究样本。所用到的股权质押数据和其他财务数据全部来源于国泰安经济研究数据库。在剔除了存在数据缺失的样本后，最终得到了382条公司的年度观测值。

（二）实证模型及变量定义

被解释变量为股权质押（Pledge）的程度。采用资产负债表日公司中被质押的股份占公司股份总数的比例来衡量；在进一步分析中，采用了公司资产负债表日是否存在股权质押（Pledgenum），如果存在，则取值为1，否则，取值为0。

解释变量主要为被央企控制的上市公司当年是否经过审计（Audit），

当年被审计的取值为1，为处理组，否则取值为0，为对照组；对于审计前后，定义"Post"，对于经过审计监督的控股央企，第一次审计的介入年份及以后年份赋值为1，介入年份之前赋值为0。例如某公司在2010年接受了审计监督，那么在2010年Post取值为0，在2011年及之后的几年间，无论其有没有经过审计，Post的取值都为1。运用倾向得分匹配方法为处理组（Audit = 1）每一年的观测选择对照组进行配对观测。

控制变量有：公司规模（Size），将公司期末总资产的自然对数作为公司规模的替代变量。公司拥有的资产越多，往往经营规模越大，发生股权质押的可能性越大，因此，公司规模与股权质押之间呈正相关的关系。资产负债率（LEV）用期末负债余额与期末资产余额的比值进行衡量。总资产收益率（ROA）用净利润与总资产的平均余额的比值来衡量。流动比率（Current）用流动资产与流动负债的比值来衡量。存货占比（INV）用期末存货与期末资产的比值来衡量。应收账款占比（REC）用期末应收账款与期末资产总额的比值来衡量。事务所规模（Big4）虚拟变量，事务所是"四大"会计师事务所时为1，否则为0（见表4－57）。

表4－57　　　　　　　　　　　　　变量定义

变量性质	变量符号	变量名称	变量定义
被解释变量	Pledge	股权质押比例	被质押的股份占公司股份总数的比例
	Pledgenum	是否存在股权质押	当年资产负债表日存在股权质押取1，否则取0
解释变量	Audit	是否审计	虚拟变量，当年被审计的取值为1，未审计的取值为0
	Post	审计前后	虚拟变量，第一次审计的介入年份及以后年份赋值为1，介入年份之前赋值为0
控制变量	Size	公司规模	期末总资产的自然对数
	LEV	资产负债率	期末负债余额/期末资产余额
	ROA	总资产收益率	净利润/总资产的平均余额
	Current	流动比率	流动资产/流动负债
	INV	存货占比	期末存货/期末资产
	REC	应收账款占比	期末应收账款/期末资产总额
	Big4	事务所规模	虚拟变量，事务所是国际"四大"会计师事务所时为1，否则为0

采用双重差分模型（DID）和倾向得分匹配（PSM）两种方法来研究

审计监督与企业股权质押之间的关系。双重差分法常被用于事前所有个体都没有受到政策干预，而事后只有一组个体受到政策干预，受到政策干预的组为处理组，没有受到政策干预的组为控制组。倾向评分匹配（propensity score matching，PSM）是一种统计学方法，用于处理观察研究的数据。在观察研究中，由于种种原因，数据偏差和混杂变量较多，倾向评分匹配的方法正是为了减少这些偏差和混杂变量的影响，以便对实验组和对照组进行更合理的比较。

为了研究被央企控制的上市公司参与股权质押的股份数量是否与审计监督之间存在关系，建立式（4-18）：

$$Pledge = \alpha_0 + \alpha_1 Audit + \alpha_2 Post + \beta Controls + \varepsilon \qquad (4-18)$$

式（4-18）中，Controls 代表公司特征方面的控制变量以及会计师事务所方面的控制变量。

三、实证结果分析

（一）描述性统计分析

对总样本进行描述性统计发现，发生股权质押公司的比例在逐年增长。总样本中发生股权质押的公司约占样本总量的64%，说明在上市公司中通过股权质押方式进行融资越来越普遍，并且股权质押的比例占公司总股份的比重越来越大，最大值达到了78%。从统计分析中还发现，公司规模（Size）的平均值和标准差分别为22.4055和1.2667，说明样本公司的规模较大且分布较为集中。负债水平（LEV）的平均值和标准差分别为0.5143和0.2353，说明样本公司的偿债风险总体较低。总资产收益率（ROA）的平均值为0.0443，说明样本公司的业绩较好，资产报酬率在4%以上。存货占比（INV）的平均数和标准差为0.1664和0.1721，说明样本公司的库存风险较小。这些都比较符合我国央企控制的上市公司的实际情况，其他控制变量的分布也比较合理（见表4-58）。

表4-58　　　　　　　　　　　描述性统计结果

变量	样本量	平均值	标准差	最小值	最大值
Audit	382	0.1780	0.3830	0	1
Post	382	0.2958	0.4570	0	1

变量	样本量	平均值	标准差	最小值	最大值
Pledgenum	382	0.6492	0.4778	0	1
Pledge	382	0.0910	0.1327	0	0.7819389
Size	382	22.4055	1.2667	19.7233	26.87173
LEV	382	0.5143	0.2353	0.0308064	1.303486
ROA	382	0.0443	0.4351	−0.4310281	8.441391
Current	378	2.0859	2.5706	0.122164	31.29118
INV	382	0.1664	0.1721	0	0.7814614
REC	382	0.1034	0.0961	0	0.5409652
Big4	382	0.0602	0.2382	0	1

（二）回归分析

首先以股权质押比例（Pledge）为被解释变量，对模型进行简单线性回归，回归结果如表4-59所示。通过对回归结果的分析发现，股权质押比例（Pledge）与是否经过审计监督（Audit）呈负向变动关系，这与预期是一致的。两者呈现负相关关系说明，如果被央企控制的上市公司经过审计监督之后，参与股权质押的股份占公司总股份的比例会有所降低，说明审计监督在一定程度上抑制了企业的过度股权质押比例。然而，回归结果却不显著，说明审计监督虽然对企业的过度股权质押起到了一定的抑制作用，但这种抑制作用并不是很显著。这可能是因为，经过审计监督的央企控制的上市公司仅占很小一部分，如在前文的描述性统计中，经过审计监督的上市公司仅有17%，这使得一些上市公司存在侥幸心理，认为自己被审计监督发生的可能性很小，仍然将自己大部分的股份用于股权质押进行融资，所以股权质押的比例并没有下降，这也使得总样本的回归结果中，股权质押的比例和经过审计监督之间并不存在显著的负相关关系。通过查找上市公司的地址与审计署特派办的地址发现，被央企控制的上市公司的地址与审计署特派办的距离都比较远，这也可能使得上市公司的侥幸心理增强，认为被审计到的可能性不大，使得回归结果呈现不显著的负相关关系。从回归结果中还可以发现，被审计过（Post）与被解释变量股权质押比例（Pledge）的系数为负，说明在经过审计监督之后的上市公司，以后会计期间所发生的股权质押的股份占公司总股份的比重有所降低，说明审计监督对被审计的上市公司有一定的滞后效应，即经过审计监督后，该公司会一定程度上降低生产经营风险，维护企业的稳定发展，以防止再次被审计监督时被审计出相同问题。但是可以看到，回归结果的负相关关系并不显著，这可能是因为被央企控制的上市公司的地址与审计署特派办的距离都比较远，这也可能使得审计监督之后的震慑和约束效应不强，使得回归结果呈现不显著的负相关关系。另外，审计署的直接审计对象是央企集团公司，虽然也会对央企控股上市公司进行延伸审计，但审计力度和审计效果都有所下降。加之每年只有少部分央企被抽中审计，虽然被审计的央企数量最近几年逐步增加，但整体而言，审计监督央企的覆盖面还不太广泛，央企及控股上市公司可能存在侥幸心理，这也导致审计效果降低。此外，公司的规模（Size）与股权质押比例（Pledge）的系数为正，公司的流动比率（Current）与股权质押比例（Pledge）系数为正，这也都符合预期。也就是说，公司的规模越大，资金的流动性越强，公司采用股权质押方式进行融资的股份所占比率越高。是否经过"四大"会计师事务所审计（Big4）的系数为负，说明经过"四大"会计师事务所审计的上市公司股权质押的比例会减少，即"四大"会计师事务所的审计监督一定程度上抑制了企业的股权质押。

表 4 - 59　　　　　　　　　　　　多元回归结果

变量	系数	标准差	t 值	P > t
Audit	- 0. 0149425	0. 0181668	- 0. 82	0. 411
Post	- 0. 0139035	0. 0156837	- 0. 89	0. 376
Size	0. 0057755	0. 0065495	0. 88	0. 378
LEV	0. 0189843	0. 0402256	0. 47	0. 637
ROA	- 0. 0147103	0. 0157823	- 0. 93	0. 352
Current	0. 0022629	0. 0033781	0. 67	0. 503
INV	- 0. 0172125	0. 0423351	- 0. 41	0. 685
REC	0. 1786203 **	0. 0729964	2. 45	0. 015
Bbig4	- 0. 0628858 **	0. 0301817	- 2. 08	0. 038
_cons	- 0. 0563708	0. 1407603	- 0. 4	0. 689

　　之后，按照股权质押比例的高低进行分组回归，首先剔除没有发生股权质押的企业，即股权质押比例为零的企业，再按照平均值进行分组，低于平均值的为股权质押比例低的一组，高于平均值的为股权质押高的一组。回归结果见表 4 - 60。从回归结果中，可以看到相对于股权质押比例低的上市公司，股权质押比例较高的企业受审计监督的影响比较大。这可

能是因为股权质押比例低说明企业内部用于融资的股权质押比例适中，并不存在较大的经营风险，所以审计监督对股权质押的比例影响不大。

表4－60 分组回归结果

变量	股权质押比例低		股权质押比例高	
	t 值	P > t	t 值	P > t
Audit	0.05	0.959	−1.54	0.127
Post	−0.39	0.697	−2.89 ***	0.005
Size	−0.50	0.621	2.45 **	0.016
LEV	1.10	0.274	1.48	0.142
ROA	1.18	0.239	2.16 **	0.033
Current	−0.54	0.591	2.03 **	0.045
INV	−1.62	0.108	−1.33	0.185
REC	0.52	0.604	2.17 **	0.032
Big4	−2.15 **	0.034	−2.20 **	0.030
常数项	1.11	0.269	−1.97 *	0.051
观测值	108.00		134.00	
R^2	0.13		0.24	

（三）倾向得分匹配

为了解决股票被质押的上市公司和未被质押的上市公司之间存在系统性的差别，采用了PSM配对的方法缓解这一问题。基于贝克尔和伊奇诺（Becker and Lchino，2002）对倾向得分匹配方法的介绍，选用非替代性的一对一最近邻匹配方法。按照企业的规模（Size）、盈利能力（ROA）、负债水平（LEV）、流动比率（Current）等因素按照"同行业—同年度—规模最接近"的原则，与未发生股权质押的样本进行1：1配对，从而得到控制组。借鉴现有文献的做法（Munutti – Meza，2013），配对的具体方法为：设定匹配尺度（Caliper）的最近邻居匹配法，匹配尺度设定为0.05，同时要求符合Common Support条件。最终匹配到了126家企业。对各年得分匹配的平衡性假设进行了检验，表4－61列出了倾向得分匹配平衡性的检验结果。从表4－61的结果中可以看出，匹配之后的t统计量都不太显著，这可以说明在进行匹配后匹配变量在处理组和对照组之间并不存在显著的差异，即在给定的倾向得分的情况下，处理与否是独立于匹配变量的，说明选取的匹配变量和匹配方法是合理的，确保了估计结果的可靠性。

表 4 – 61　　　　　　　　　　　倾向得分匹配平衡性检验结果

| 变量 | | 均值 | | 标准偏差 | 标准偏差减 | t 统计量 | t 检验 |
		处理组	对照组	（％）	少幅度（％）		p > t
Size	匹配前	22.5980	22.33	20.8	72.9	1.60	0.111
	匹配后	22.4650	22.537	– 5.6		– 0.33	0.739
LEV	匹配前	0.4900	0.700	– 11.3	6.3	– 0.82	0.413
	匹配后	0.4830	0.507	– 10.6		– 0.61	0.542
ROA	匹配前	0.0290	0.048	– 5.4	60.7	– 0.31	0.756
	匹配后	0.0290	0.022	2.1		0.71	0.476
Current	匹配前	2.2710	2.047	7.1	– 8	0.65	0.518
	匹配后	2.2890	2.045	7.7		0.46	0.65
INV	匹配前	0.1760	0.167	5.1	– 414.4	0.40	0.693
	匹配后	0.1610	0.209	– 26.3		– 1.36	0.178
REC	匹配前	0.0976	0.106	– 9	91.4	– 0.65	0.518
	匹配后	0.1010	0.101	– 0.8		– 0.04	0.966
Big4	匹配前	0.0760	0.058	7.2	– 159.5	0.56	0.578
	匹配后	0.0780	0.125	– 18.7		– 0.87	0.384

　　另外，在倾向得分匹配的基础上，得到了与处理组具有类似特征新的控制组，之后采用匹配之后的样本数据进行回归分析，得到的结果如表 4 – 62 所示。采用依次加入控制变量进行回归的方法来保证结果的稳健性。其中，第（1）列为不加入其他控制变量的估计结果，第（2）列为加入一部分控制变量的估计结果，第（3）列为加入全部控制变量的回归结果。通过表 4 – 62 可以看到，被解释变量股权质押的比例（Pledge）与是否当年经过审计（Audit）呈负相关关系，但结果并不显著。这说明，相比当年未被审计的上市公司而言，被央企控制的上市公司经过审计监督之后，公司用于股权质押融资的股份会发生减少。可能的原因是，当年经过审计的上市公司相比没有经过审计的公司进行股权质押融资时会受到审计监督的抑制作用。具体而言，当公司采用股权质押融资时，为了降低控制权转移风险，控股股东通常会采取盈余管理的方式来防止股票价格的严重下跌，并且股权质押对公司具有负面效应，采用股权质押融资的方式会被市场认为是控股股东面临资金短缺和融资约束的信号，会加大公司控制权和现金流的分离，增加代理成本和公司风险。所以当进行审计监督时，有极大的可能发现公司存在的风险和问题，出具非标准审计意见的可能性

增大，然而企业为了维护自己的声誉和公司的价值，并不想让会计师事务所出具不利于公司发展的审计意见，所以会一定程度地减少股权质押融资的比例。此外，由解释变量 Post 的系数可以看出，经过审计监督之后，公司在未来几年的股权质押比例都会降低，说明审计监督还存在一定的滞后和震慑作用。从三次的回归结果中都可以看到，虽然股权质押比例（Pledge）与 Audit 和 Post 都呈现出负相关的关系，但这种负相关的关系在不加入控制变量、加入部分控制变量和加入全部的控制变量之后，都不太显著。可能的原因在于并不是所有的企业都要进行审计监督，进行审计的公司只是其中一小部分，所以大部分公司会认为自己被审计到的概率很小，并不会担心审计后出具对公司不利的审计报告，不会采取相应的措施。因此股权质押比例和是否经过审计两者的关系并不显著。

表 4 - 62　　　　　　　倾向得分匹配之后的回归结果

变量	(1)		(2)		(3)	
Pledge	t	P > t	t	P > t	t	P > t
Audit	− 1.6300	0.1060	− 1.7000	0.0920	− 0.3900	0.698
Post	− 0.1400	0.8910	− 0.9500	0.3450	− 0.2000	0.844
Size			0.0300	0.9800	0.9000	0.370
LEV			− 2.5700	0.0110	− 0.2100	0.836
ROA			− 1.0100	0.3160	− 1.1400	0.255
Current					2.4200	0.017
INV					0.8100	0.422
REC					2.9800	0.003
Big4					− 1.4000	0.164
常数项	6.2900	0.0000	0.9500	0.3430	− 0.8500	0.396
观测值	126.0000	126.0000	126.0000	126.0000	126.0000	126.000
R^2	0.2612		0.0896		0.0212	

（四）倾向匹配双重差分模型

采用倾向匹配法和双重差分模型配合使用构建式（4 - 19），以识别股权质押比例与是否经过审计两者的因果关系，排除潜在的内生性问题。在上面通过倾向得分匹配（PSM）得到的处理组和控制组的基础上。重新对 Audit 进行定义：上市公司被审计当年及以后年份取 1，从未被审计过取值为 0，加入是否审计（Audit）与审计之后（Post）的交乘项进行回归分析，并且通过依次加入不同控制变量来保证回归结果的稳健性。回归结果如表 4-63 所示。

$$Pledge = \gamma_0 + \gamma_1 Audit + \gamma_2 Post + \gamma_3 Audit \times Post + \gamma_4 Controls + \varepsilon$$

$$(4-19)$$

在式（4-19）中，重点关注交乘项 Audit × Post 的系数 γ_3。从依次加入控制变量的三组回归结果中，可以得到与上文一致的结论。即公司拥有的总股份中股权质押所占的比例会随审计监督的实施有一定程度的降低，但降低幅度不是很大，使回归结果呈现出不显著的负相关的关系。

表 4-63　　　　　　　　　　双重差分之后的回归结果

变量	(1)		(2)		(3)	
Pledge	t	P > t	t	P > t	t	P > t
Audit	- 1.4200	0.15900	- 1.2600	0.2100	- 0.0400	0.971
Post	- 0.1000	0.9180	- 0.5500	0.5810	0.1500	0.877
Audit × Post	- 0.0200	0.9830	- 0.4800	0.6300	- 0.6600	0.513
Size			- 0.0500	0.9570	0.8100	0.417
LEV			- 2.5800	0.0110	- 0.2800	0.778
ROA			- 0.9800	0.3310	- 1.1200	0.265
Current					2.3500	0.020
INV					0.8900	0.375
REC					2.9900	0.003
Big4					- 1.4200	0.159
常数项	5.9500	0.0000	1.0100	0.3140	- 0.7600	0.450
观测值	126.0000	126.0000	126.0000	126.0000	126.0000	126.000
R^2	0.0212		0.0913		0.2639	

（五）进一步分析

采用虚拟变量是否存在股权质押（Pledgenum）代替原来的被解释变量股权质押比例（Pledge）来刻画公司的股权质押行为。对虚拟变量的定义为当年年末资产负债表日存在股权质押时取值为 1，否则取值为 0。仍然选取代表公司特征方面的控制变量，包括公司规模（Size）、负债水平

（LEV）、总资产收益率（ROA）、流动比率（Current）、存货占比（INV）以及应收账款占比（REC）；会计师事务所的特征的控制变量，是否为"四大"会计师事务所（Big4）。之后重新进行回归，回归结果如表4-64所示。

表4-64　　　　　　　　　替代变量后的回归结果

变量	(1)		(2)		(3)	
Pledgenum	t	P>t	t	P>t	t	P>t
Audit	2.23	0.026	2.01	0.046	2.22	0.027
Post	3.43	0.001	3.08	0.002	3.40	0.001
Audit×Post	−1.72	0.087	−1.63	0.105	−1.48	0.140
Size			1.10	0.271	1.16	0.245
LEV			−1.89	0.059	−2.07	0.039
ROA			−1.23	0.220	−0.97	0.330
Current					−0.40	0.691
INV					3.05	0.002
REC					−0.47	0.637
Big4					0.410	0.681
常数项	16.8400	0.0000	0.340	0.7370	0.130	0.896
观测值	382.0000	382.0000	382.000	382.0000	382.000	382.000
R^2	0.0484		0.062		0.096	

从表4-64的回归结果可以发现，审计监督对企业的过度股权质押存在较小程度的抑制作用。详细来说，从表4-64中可以观察到，无论是不加入控制变量、加入少量的控制变量还是加入全部的控制变量进行回归，所得到的交乘项Audit×Post的系数均为负，说明上市公司在经过审计监督之后，当年和以后年间会减少一部分的股权质押。但这个系数十分不显著，并且比上文的主要分析中的系数还要小，说明上市公司虽然会减少一部分股权质押的股份，但很少会全部将其减少至零。股权质押变化如此之小的原因，可能在于审计监督并不能对被央企控制的上市公司予以强烈的约束效应，经央企控制的上市公司一般公司规模较大，资金实力雄厚，容

易享受到国家的优惠政策，基于此可能不太会担心股权质押所带来的经营风险，而且审计监督可能也因此不会认为该公司有较大的风险，不会出具非标准的审计意见。所以上市公司会采取少量措施甚至不会采取措施来减少公司进行股权质押融资的股份。此外，从表4－64中还可以看到，公司规模（Size）的系数为正，说明公司的规模越大时，该公司进行股权质押的股份数量越大；公司的负债水平（LEV）的系数为负，说明公司的债务越少时，该公司进行股权质押的可能性越大，进行股权质押的股份数量也越大。通过用公司年末是否存在股权质押（Pledgenum）替代股权质押比例（Pledge）重新进行回归分析，得到的结果进一步验证了上文中进行的主要实证研究，进一步验证了本节的结论，即审计监督会在一定程度上抑制企业的过度股权质押。

四、小结与建议

我国上市公司控股股东股权质押现象日益增多，股权质押产生的影响也日益引起人们的关注。现有研究主要集中于研究股权质押产生的动机及其产生的经济后果，股权质押的动机大致可以分为"融资"动机和"掏空"动机；对经济后果的研究主要集中于股权质押对股票价格、大股东资金占用、公司价值、股利政策等方面的影响。现有文献还研究了在上市公司存在股权质押的情况下，审计师在进行审计时，审计费用、审计意见、审计师所面临的风险等会发生什么样的变化。本节结合我国经济转型的特殊制度背景，聚焦我国资本市场广泛存在的控股股东股权质押现象，从审计监督的角度开展研究，并将样本集中在被央企控制的上市公司，运用倾向得分匹配（PSM）和双重差分模型（DID）两种方法进行实证研究。研究结果发现，审计监督确实在一定程度上抑制了企业的过度股权质押，但这种抑制作用并不显著。具体而言，企业进行股权质押融资以后，控股股东为了使公司保持看似良好的业绩水平，会进行更多的盈余管理行为。无疑，盈余管理行为的增加将会使审计师面临更高的审计风险水平。审计师为了增强被诉讼时的抗辩能力，减小自身所承担的法律责任，会增加审计投入，会更加可能发现财务报告中的重大错弊并会出具非标准无保留审计意见，因而会影响上市公司的声誉，会导致公司价值降低。企业为了恢复声誉，保证公司绩效，会减少企业的过度股权质押。此外，股权质押以后，如果股票价值下降使得债务到期大股东无法按期偿还，那么质押的股权就可能被法院冻结乃至被拍卖，进而产生控制权转移的风险，当审计师在审计时会考虑到大股东股权质押所带来的相关风险，可能会做出不利于公司发展的审计意见，因而公司也有动机减少股权质押的比重。因此，突出审计监督的作用，能够在一定程度上促进被央企控制的上市公司的稳定发展。

本节的贡献在于，从现有研究没有涉及的审计监督对企业股权质押的影响开展研究，丰富了股权质押和审计监督两方面的文献；另外，采用倾向得分匹配和双重差分法进行实证研究，解决了股票被质押的上市公司和未被质押的上市公司之间存在系统性的差别并且消除了潜在的内生性问题，使得结论的可靠性提高。

本节的不足之处在于，受被审公司数量的限制，本节回归样本量较小，并且在进行倾向得分匹配后得到的样本量更小，这可能会使回归结果有一定的偏差。此外，只考虑到了上市公司年末资产负债表日存在股权质押的情况，没有将当年会计期间存在而年末不存在的情况考虑在内，也会使得结论出现一定的偏误。这些将有待进一步研究和检验。

第七节　审计监督规范企业高管薪酬分析

上市公司高管人员的薪酬问题成为社会关注的热点，关于高管人员"天价薪酬"的报道屡见不鲜。人社部劳动工资研究所 2015 年发布的《中国薪酬发展报告》指出，上市公司高管人员年薪平均每年递增 18.1%，公司高管人员与在职职工的工资收入相差数千倍。其中，国有企业作为我国经济发展的命脉，其高管人员的薪酬问题成为社会各界关注的焦点。2014 年 8 月 29 日，中共中央政治局审议通过了《中央管理企业负责人薪酬制度改革方案》并于 2015 年 1 月 1 日正式实施。同时，在 2015 年印发的《关于深化国有企业改革的指导意见》中也提出完善国企的现代企业制度，建立健全高效协同的外部监督机制。中央企业作为国有企业中的龙头，央企控股的上市公司成为国企深化改革打造标杆的目标。随着国企改革的不断深化，目前中央企业控股的上市公司已基本实现基于业绩导向的薪酬契约制，但是如何进一步提升高管薪酬契约的有效性，依然是当下亟须解决的重点问题。

随着 2014 年和 2015 年国务院办公厅《关于加强审计工作的意见》《完善审计制度若干重大问题的框架意见》等相关配套文件的颁布，审计监督在国有企业监督中扮演着越来越重要的角色。中共十九大报告也提出要"改革审计管理体制"，加强对权力运行的制约和监督。在全面深化改革和全面推进依法治国的新时期新要求下，审计监督作为国家宏观调控介入国企的一种方式，有效发挥审计的职能作用，是保障经济社会健康发展、推进国家治理体系和治理能力现代化的重要环节。特别地，央企体量大、业务复杂度高的特点使得对其审计成为审计监督的重点和难点。审计监督基于其独立性、全面性和专业性的监督特点，发挥着预防、揭示和抵御的"免疫系统"功能，为审计中发现的问题提出了针对性、建设性的意见，有力维护着治理秩序，成为央企改革路上有力的推动力量。根据相关数据统计，2010~2016 年中，审计署累计对 58 家（83 次）央企集团公司进行了财务收支审计，占重组后国资委直接管理的 112 家（2014 年底数据）央企的比例为 51.79%；截至 2016 年 12 月，审计署共发布了 260 份审计结果公告，其中针对央企的审计结果公告有 94 份，占比为 36.15%，由此看出，对央企的审计仍是审计监督的重点内容。

基于此，本节以 2011~2018 年的审计结果公告为基础，选取 2010~2017 年央企控股上市公司数据为研究样本，利用每年有部分央企及其控股的上市公司会被实施审计监督的"准自然实验"环境，采用 PSM 为被审计组配对未审计组，通过 DID 实证检验审计监督对央企控股上市公司高管薪酬契约的影响。并通过替换上市公司高管薪酬衡量变量、公司业绩衡量变量以及固定效应回归进行稳健性检验，确保回归结果的真实性和可靠性。

一、理论分析与假设提出

（一）审计监督的影响作用

在中国特色的审计环境下，审计监督与企业的经营决策息息相关，特别是对国有控股的上市公司而言，无论是重大经济决策的制定、宏观政策的执行还是内部管理制度，都要受到政府的监管。审计监督在改善国有企业经营管理、提升经营业绩、促进治理效率的提高等方面扮演着重要的角色。崔昱晨和杨永淼（2018）以 2010~2015 年的央企控股上市公司为研究样本，实证检验了审计监督对国企真实盈余管理的影响。研究发现，审计监督能有效减少国企上市公司的正向盈余管理行为。吴秋生和郭檬楠（2018）在其研究中指出，审计监督通过扩大审计对象广度、加强审计监督权限行使力度和提高审计监督目标实现深度等方式，发挥着督促国企资产保值增值的功能。蔡利、马可哪呐（2014），李江涛、曾昌礼、徐慧（2015），苏回水（2017）等指出，审计监督在对企业绩效的影响中具有持续性的提升作用，经济权力异化治理和审计监督的反腐功能在其中起到中介效应的作用。通过提升反腐效率，推动企业制度的转变和公司治理结构的完善，达到促进国有企业绩效提升的效果。褚剑、方军雄（2016）利用2010～2015年被审计署审计过的央企控股上市公司，研究发现审计监督能够抑制央企上市公司高管的在职消费行为。同时，审计监督能够抑制央企控股上市公司的过度投资行为，这种抑制作用主要体现在实施第一次审计和被非"十大"会计师事务所审计的公司中（王兵等，2017）。

（二）高管薪酬契约有效性的影响因素

已有文献对高管薪酬契约有效性的影响因素的研究，主要集中在公司治理、内部控制以及高管薪酬信息披露等方面，很少有文献指出审计监督对高管薪酬契约有效性的影响。吴成颂、唐伟正和黄送钦（2015）则从政治联系的角度考察了对高管薪酬契约的影响。研究表明，从企业角度衡量的政治联系会削弱高管薪酬业绩敏感性，而从政府角度衡量的政治联系却能显著提升高管薪酬业绩敏感性。金晓燕（2016）指出，合理的股权结构能够减少"一股独大"带来的问题，缓解大股东对小股东利益的侵害；同时，合理的董事会结构和监事会的有效监督，有利于公司内部权力的有效制衡，从而进一步地保障高管薪酬契约的有效性。罗正英、詹乾隆和段姝（2016）实证检验了内部控制质量对高管薪酬契约的影响。研究发现，上市公司的内部控制质量越好，高管的薪酬业绩敏感性越好，即高管的薪酬契约越有效，且这种影响在国有控股的上市公司中更加显著。赫尔曼和魏斯巴赫（Hermalin and Weisbach，2012）的理论分析指出，在某些情形下，信息披露的增强会导致高管获得更高的薪酬，与此同时，弱化高管薪酬的激励效果。江伟、彭晨和胡玉明（2016）也在其研究中指出，上市公司高管薪酬信息披露的增强，并不一定会导致高管薪酬契约有效性的增强。

（三）审计监督的作用机制

在信息不对称和代理成本存在的前提下，管理层相对股东掌握着关于公司更全面更详细的信息，极易出现管理层自利行为，损害股东权益，这个理论框架当然也适用国有企业。国企高管薪酬契约有效性的表现形式之一即高管薪酬业绩的敏感性，大多数国有企业的薪酬契约制度都是建立在公司会计业绩的基础之上，这就要求企业提供的业绩是真实可靠的。但是由于信息不对称的存在，国企的管理层极有可能因为自身利益的驱动，对公司的财务报表进行舞弊篡改，使得公司财务报告的真实性无法得到合理的保证，从而降低了国企高管薪酬业绩的敏感性。审计监督作为国家治理体系中的"免疫系统"，具有预防、揭示和抵御功能。凭借以宪法和法律为依据的威慑作用，利用其独立、专业及涵盖经济社会各方面的优势，对经济社会是否健康运行密切跟进，及早感知风险隐患，发出预警信号；同时，通过监督检查各项治理措施的执行情况，反映真实情况，纠正对规则和决策的偏差和背离，促进国家治理措施落实的准确性；另外，审计监督全面完整地采集和提供相关信息，抵御经济社会运行中的各种病害，提高其质量和绩效。三大功能相辅相成，统一于审计监督的工作实践中，共同作用于国企的经营管理，使得国企管理层的决策更加透明，可以减少信息不对称带来的弊端，有效地避免国企管理层的舞弊行为，增强财务报告的真实性和可靠性，提高国企高管薪酬业绩的敏感性。因此，提出假设 4 - 7 - 1：审计监督有助于提高国企高管薪酬业绩的敏感性。

国企高管薪酬契约有效性的另一种表现形式即高管的薪酬黏性。在对国企上市公司高管薪酬业绩的敏感性进行研究的同时，社会各界对高管薪酬黏性的关注度也持续上升。邵和张（Shaw and Zhang，2010）指出，薪酬黏性是指公司高管的薪酬在公司业绩上升时的增长幅度要大于其在公司业绩下降时的减少幅度。导致这种"奖优不惩劣"现象出现的主要原因是，上市公司高管对薪酬的制定起着决定性的作用，在信息不对称的情况下，高管决策不透明。当上市公司的业绩不断增长时，企业高管大多把业绩的上升归功于自身努力和苦心经营的成果，从而要求自身薪酬待遇的提高；但是，当公司的业绩出现下滑时，管理层则会采取逃避、消极面对的态度，认为公司业绩的下滑是由市场竞争加剧等外界环境造成的，寻找各种借口来推脱责任，保障薪酬待遇不会出现大幅度的下跌。而审计监督作为强有力的外部监督机制，其丰富的审计资源和独特的权威性属性能够有效地披露上市公司真实的经营状况，减少信息不对称现象，使公司股东对公司的经营状况更加了解，制约公司管理层"奖优不惩劣"的行为，降低国企高管薪酬的黏性。基于此，提出假设 4 - 7 - 2：审计监督有助于降低国企高管薪酬的黏性。

二、研究设计

（一）数据来源与预处理

本节以实际控制人性质为中央企业的全部上市公司为研究样本，即央企控股的上市公司，研究期间为 2010 ~ 2017 年。首先在百度文库里得到了 2010 ~ 2017 年各年的中央企业名单，然后与上市公司实际控制人名称进行匹配，并进行手工复核；特别地，部分上市公司的实际控制人只注明了类似某某地区国资委字样，选取此类公司的直接控股股东进行匹配。以被审计过的央企控股上市公司作为实验组样本，未被审计过的作为对照组样本，得到共 297 家央企控股的上市公司，1759 个观测值。在得到初始样本后，考虑到金融行业的特殊性，参照证监会 2012 年的分类标准，剔除了属于金融行业的上市公司；*ST 和 ST 公司对公开披露的财务数据有操纵的可能性，因此将其剔除，同时删除研究变量缺失和高管薪酬为 0 的数据，最终样本为共 289 家公司，1685 个观测值，为不平衡面板。

本节以政府审计介入年份衡量，样本区间定义为 [2010，2017]，即选取了 2011 ~ 2018 的审计结果公告，研究变量向前延伸一年。

除审计监督变量来源于审计署官网公布的审计结果公告，其他变量数据均来源于 CSMAR 数据库。对所有连续变量在 1% 和 99% 处进行缩尾处理，以降低异常值对研究结果的影响。

（二）变量定义

首先是对被解释变量国企高管薪酬契约的衡量。参照大多数学者的研究，选取国企上市公司中排名前三名的高管薪酬之和的自然对数来衡量高管薪酬；同时，借鉴王克敏和王志超（2007）、罗正英（2016）以及李昊洋（2017）等学者的研究，选取了高管薪酬业绩敏感性和高管薪酬黏性两个指标来衡量国企高管薪酬契约的有效性。

其次是定义解释变量审计监督。主要从三个方面对审计监督进行定义：第一，对于是否审计，定义"audit"变量。如果上市公司的控股央企在当年被审计署介入审计，则介入年份及以后年份 audit 赋值为 1，否则为 0。第二，对于审计前后，定义"post"变量。经过审计监督之后（即第一次审计的介入年份滞后一期）和以后年份赋值为 1，审计当年和之前年份赋值为 0。第三，特地定义了"treated"变量。在 [2010，2017] 的样本区间中，如果控股央企被审计署审计过，则 treated 赋值为 1，为实验组；否则为 0，即对照组。运用倾向得分匹配方法为其每一年观测选择对照组的配对观测，对照组的 post 取值与对应的实验组 post 取值一致。未考虑央企被二次（甚至多次）审计的情况。

另外，选取了企业规模（size）、偿债能力（lev）、发展能力（ce）、董事会规模（board）、总资产周转率（turnover）、管理层持股比例（manage）、是否被"四大"会计师事务所审计（big4）以及董事长与总经理是否二职合一（dual）作为控制变量。同时利用年份虚拟变量（year）和行业虚拟变量（industry）来控制时间和行业变化对回归模型的影响。详细定义如表 4－65 所示。

表 4 - 65　　　　　　　　　　　　　变量定义

变量类型	变量名称	变量符号	变量定义
因变量	高管薪酬	LPAY	上市公司前三名高管薪酬之和的自然对数
自变量	总资产收益率	ROA	公司业绩的代理变量,即净利润/资产总额
	业绩变化哑变量	D	上市公司本年的 ROA 低于上年,则赋值为1;否则赋值为0
	实验组和对照组	treated	如果控股央企被审计署审计过,则赋值为1,为实验组;否则赋值为0,为对照组
	是否审计	audit	如果控股央企在当年被审计署介入审计,则介入年份及以后 audit 赋值为1;否则赋值为0
	审计前后	post	审计监督之后和以后年份赋值为1,审计当年和之前年份赋值为0
控制变量	公司规模	size	资产总额取自然对数
	偿债能力	lev	负债总额/资产总额
	发展能力	ce	(本年资产总额—上年资产总额)/上年资产总额
	董事会规模	board	经营性现金流净额/资产总额
	总资产周转率	turnover	营业收入/资产总额
	管理层持股比例	manage	年末管理层持股比例
	是否被"四大"会计师事务所审计	big4	当年被"四大"会计师事务所审计赋值为1,否则为0
	是否二职合一	dual	若高管兼任董事长和总经理,则赋值为1;否则赋值为0
	行业虚拟变量	industry	参照证监会 2012 年的分类标准,按行业大类,共有 14 个行业虚拟量
	年份虚拟变量	year	样本区间[2010,2017],共 7 个年份虚拟变量

（三）模型构建

审计署每年选取部分央企及其控股的上市公司进行审计并公布审计结果公告,那么把对央企及其控股的上市公司实施审计监督视为一种政策变动,相当于一次"准自然实验",这就为本研究提供了一个"准自然实验"的研究环境。这种情况下,经过审计监督和未经审计监督的两组样本可能在实施审计监督前就存在着事前差异,仅通过单一的横向是否审计或纵向审计前后的对比,会忽略事前差异,继而导致对审计监督实施效果的有偏估计。DID 模型通过两次差分建模来控制实验组和对照组的事前差异,将实施审计监督的真正结果分离出来。

构建式（4 - 20）实证检验审计监督对国企高管薪酬业绩敏感性的影

响。其中，i，t 为 i 公司在第 t 年的变量，β_0 为截距项，$\varepsilon_{i,t}$ 为随机误差项；β_1 为公司业绩的代理变量总资产收益率的系数，若 β_1 为正，则说明国企高管薪酬契约制度是有效的；同时，主要关注交互项的系数 β_4，若 β_4 为正，则说明审计监督能提高国企上市公司高管薪酬业绩的敏感性，假设 4 - 7 - 1 成立。

$$
\begin{aligned}
LPAY_{i,t} = {} & \beta_0 + \beta_1 ROA_{i,t} + \beta_2 ROA_{i,t} \times audit_{i,t} + \beta_3 ROA_{i,t} \times post_{i,t} \\
& + \beta_4 ROA_{i,t} \times audit_{i,t} \times post_{i,t} + \beta_5 size_{i,t} + \beta_6 lev_{i,t} + \beta_7 ce_{i,t} \\
& + \beta_8 board_{i,t} + \beta_9 turnover_{i,t} + \beta_{10} manage_{i,t} + \beta_{11} big4_{i,t} \\
& + \beta_{12} dual_{i,t} + industry_{i,t} + year_{i,t} + \varepsilon_{i,t}
\end{aligned}
\tag{4-20}
$$

同时，构建式（4 - 21）、式（4 - 22）、式（4 - 23）来检验审计监督对国企高管薪酬黏性的影响。其中，$ROA_{i,t} \times D_{i,t}$ 反映了国企高管的薪酬黏性，若系数为负，说明国企上市公司的高管存在薪酬黏性；同时，重点关注交互项的系数，即式（4 - 21）中的 α_4、式（4 - 22）中的 η_4 以及式（4 - 23）中的 γ_4 和 γ_5。若交互项的系数为正，则说明审计监督能降低国企上市公司高管的薪酬黏性，假设 4 - 7 - 2 成立。[①]

$$
\begin{aligned}
LPAY_{i,t} = {} & \alpha_0 + \alpha_1 ROA_{i,t} + \alpha_2 D_{i,t} + \alpha_3 ROA_{i,t} \times D_{i,t} + \alpha_4 ROA_{i,t} \times D_{i,t} \times audit_{i,t} \\
& + \alpha_5 size_{i,t} + \alpha_6 lev_{i,t} + \alpha_7 ce_{i,t} + \alpha_8 board_{i,t} + \alpha_9 turnover_{i,t} \\
& + \alpha_{10} manage_{i,t} + \alpha_{11} big4_{i,t} + \alpha_{12} dual_{i,t} + industry_{i,t} + year + \varepsilon_{i,t}
\end{aligned}
\tag{4-21}
$$

$$
\begin{aligned}
LPAY_{i,t} = {} & \eta_0 + \eta_1 ROA_{i,t} + \eta_2 D_{i,t} + \eta_3 ROA_{i,t} \times D_{i,t} + \eta_4 ROA_{i,t} \times D_{i,t} \times post_{i,t} \\
& + \eta_5 size_{i,t} + \eta_6 lev_{i,t} + \eta_7 ce_{i,t} + \eta_8 board_{i,t} + \eta_9 turnover_{i,t} \\
& + \eta_{10} manage_{i,t} + \eta_{11} big4_{i,t} + \eta_{12} dual_{i,t} + industry_{i,t} + year + \varepsilon_{i,t}
\end{aligned}
\tag{4-22}
$$

$$
\begin{aligned}
LPAY_{i,t} = {} & \gamma_0 + \gamma_1 ROA_{i,t} + \gamma_2 D_{i,t} + \gamma_3 ROA_{i,t} \times D_{i,t} + \gamma_4 ROA_{i,t} \times D_{i,t} \times audit_{i,t} \\
& + \gamma_5 ROA_{i,t} \times D_{i,t} \times post_{i,t} + \gamma_6 size_{i,t} + \gamma_7 lev_{i,t} + \alpha_8 ce_{i,t} \\
& + \gamma_9 board_{i,t} + \gamma_{10} turnover_{i,t} + \gamma_{11} manage_{i,t} + \gamma_{12} big4_{i,t} + \gamma_{13} dual_{i,t} \\
& + industry_{i,t} + year + \varepsilon_{i,t}
\end{aligned}
\tag{4-23}
$$

三、实证结果分析

（一）描述性统计

首先对所有变量进行描述性统计分析，结果如表 4 - 66 所示。可以看

---

① 为表述清晰，下文分别用 Raudit、Rpost 和 Rdid 表示 ROA × audit、ROA × post、ROA × audit × post；用 RD、RDaudit 和 RDpost 表示 ROA × D、ROA × D × audit、ROA × D × post。

出，LPAY 的均值为 14.337，中位数为 14.357，二者十分接近，说明央企控股的上市公司的高管薪酬呈现正态分布；最大值为 16.605，最小值为 11.440，标准差为 0.617，说明央企控股的上市公司的高管薪酬差异较大。ROA 的均值为 0.027，与中位数相等，总资产收益率呈现正态分布。audit 均值仅为 0.508，说明在选取的年度区间中，我国上市公司的控股央企多数被审计监督过。post 的部分缺失是因为对照组的公司样本 post 尚未赋值；已经赋值的 post，均值为 0.484。随着时间的推移，对控股央企的审计介入不断加深，审计覆盖面有所扩大，但仍需多方面努力，以实现审计监督的全覆盖。选取的控制变量中，除了两个虚拟变量，其余变量的均值与中位数基本相等，呈正态分布状态。变量的取值均在正常范围内，可以忽略异常值对结果的影响。

表 4-66　　　　　　　　　　变量的描述性统计

变量	观测数	均值	中位数	标准差	最小值	最大值
LPAY	1685	14.337	14.357	0.617	11.440	16.605
ROA	1685	0.027	0.027	0.052	-0.184	0.182
D	1685	0.536	1.000	0.499	0.000	1.000
audit	1685	0.508	1.000	0.500	0.000	1.000
post	1380	0.484	0.000	0.500	0.000	1.000
size	1685	22.926	22.661	1.650	19.990	27.387
lev	1685	0.531	0.549	0.213	0.068	0.979
ce	1685	0.159	0.081	0.365	-0.298	2.639
board	1685	2.212	2.197	0.184	1.609	2.773
turnover	1685	0.753	0.597	0.556	0.092	3.088
manage	1685	0.006	5.360	0.030	0.000	0.422
big4	1685	0.143	0.000	0.350	0.000	1.000
dual	1685	0.093	0.000	0.291	0.000	1.000

　　进一步地，以 LPAY 均值和 ROA 均值为界限分组，表 4-67 报告了自变量的描述性统计和单变量检验结果。可以看出，无论是以国企高管薪酬的高低还是以总资产收益率的高低分组，组间均存在显著差异。另外，国

企高管薪酬高的企业 audit 和 post 的均值均大于高管薪酬低的企业，侧面说明审计监督有利于公司业绩的提升，从而使高管薪酬增加，高管薪酬契约有效性提高，初步证实了假设 4 - 7 - 1 和假设 4 - 7 - 2。

表 4 - 67　　　　　国企高管薪酬高低的分组统计和单变量分析

变量		观测数	均值	标准误	标准差	diff 均值
audit	低 LPAY	826	0.446	0.017	0.498	- 0.123 ***
	高 LPAY	859	0.568	0.017	0.496	
post	低 LPAY	674	0.414	0.019	0.493	- 0.137 ***
	高 LPAY	706	0.551	0.019	0.498	
audit	低 ROA	863	0.531	0.017	0.499	0.047 **
	高 ROA	822	0.484	0.017	0.500	
post	低 ROA	716	0.523	0.019	0.500	0.082 ***
	高 ROA	664	0.441	0.019	0.497	

（二）相关性分析

在进行 PSM 前，首先对所有变量进行相关性分析，表 4 - 68 为所有变量的相关系数矩阵。可以看出，央企控股上市公司的高管薪酬与总资产收益率显著正相关，初步说明我国央企控股上市公司的高管薪酬契约是有效的；高管薪酬与审计署是否实施审计和审计前后的交互项呈正相关关系，且在 1% 的水平上显著，说明存在进行回归的条件，初步证实了假设 4 - 7 - 1；自变量和控制变量之间的相关系数均低于 0.5，且被解释变量与控制变量之间的相关性基本上都是显著的，初步说明所选的控制变量是合理的。自变量的方差膨胀因子中最大值为 2.43，控制变量的方差膨胀因子中最大值为 2.05，远小于 10；整体方差膨胀因子的均值为 1.50，小于 2，说明不存在多重共线性，选取的控制变量是合理的。

变量的相关性分析

表 4 - 68

变量	LPAY	ROA	D	Raudit	Rpost	Rdid	size	lev	ce	board	turnover	manage	big4	dual
LPAY	1.000													
ROA	0.305***	1.000												
D	-0.046*	-0.256***	1.000											
Raudit	0.239***	0.677***	-0.184***	1.000										
Rpost	0.210***	0.670***	-0.152***	0.864***	1.000									
Rdid	0.210***	0.670***	-0.152***	0.864***	1.000***	1.000								
size	0.451***	-0.005	0.018	0.012	-0.0004	-0.0004	1.000							
lev	0.031	-0.375***	-0.008	-0.276***	-0.283***	-0.283	0.454***	1.000						
ce	0.038	0.162***	0.008	0.070***	0.080***	0.080***	0.040	0.017	1.000					
board	0.008	-0.031	0.040	-0.031	-0.048*	-0.048***	0.090***	0.109***	0.002	1.000				
turnover	0.040	0.109***	-0.080***	0.046*	0.043	0.043	-0.072***	0.030	-0.022	-0.013	1.000			
manage	0.156***	0.153***	0.018	0.184***	0.188***	0.188***	-0.069***	-0.108***	0.086***	0.0001	-0.075***	1.000		
big4	0.209***	0.080***	-0.015	0.072***	0.063**	0.063**	0.488***	0.085***	-0.039	-0.013	0.097***	-0.064***	1.000	
dual	0.010	-0.026	-0.021	0.003	-0.013	-0.013	0.002	0.054**	0.024	-0.104***	0.047*	-0.002	0.032	1.000
		ROA	D	audit	post	size	lev	ce	board	turnover	manage	big4	dual	Mean VIF
VIF		1.48	1.12	2.43	2.39	2.05	1.80	1.05	1.05	1.08	1.05	1.48	1.02	1.50

（三）倾向得分匹配

在进行双重差分前，运用 PSM 方法对实验组样本选择匹配的对照组。在实际控制人为中央企业的基本条件下，通过 1 对 1 最近邻匹配，得到与处理组在可观察到的公司特征等方面最接近的对照组样本：以企业规模（size）、偿债能力（lev）、发展能力（ce）、董事会规模（board）、总资产周转率（turnover）、管理层持股比例（manage）、是否被"四大"会计师事务所审计（big4）以及董事长与总经理是否二职合一（dual）为协变量，应用 logit 模型对 audit 进行回归，根据模型预测值计算各公司各年的倾向值得分，即被审计的概率。对实验组的每个观测匹配相同年份中倾向值得分最接近的对照组观测，其中对照组的 post 变量取值参照对应实验组的 post 取值。

剔除 18 条不满足共同区域假定的观测值后，共得到 521 条观测值，其中处理组为 256 条，控制组为 265 条。为检验匹配是否有效、协变量在处理组与控制组之间是否平衡，对 logit 模型中的协变量进行了平衡检验，结果如表 4 - 69 所示。可以清晰地看到，所有变量匹配后的标准化偏差（％bias）均小于 10%；同时除管理层持股比例外，剩余变量匹配后的标准化偏差均小于匹配之前。从图 4 - 4 也可以看出，与匹配前对比，匹配后大部分变量的标准化偏差均大幅缩小。图 4 - 5 显示了倾向值得分匹配后样本的共同取值范围。

表 4 - 69　　　　　　　　　　协变量的平衡检验

| 变量 | | Mean | | % bias | % reduct \|bias\| | t - test | | V(T)/ V(C) |
		Treated	Control			t	p > |t|	
size	不匹配	22.989	22.656	21.3	87.1	3.19	0.001	1.40 *
	匹配	22.963	22.92	2.7		0.67	0.501	1.02
lev	不匹配	0.538	0.502	16.9	47.4	2.67	0.008	1.01
	匹配	0.538	0.519	8.9		2.34	0.020	1.04
ce	不匹配	0.160	0.149	3.3	19.2	0.49	0.621	1.59 *
	匹配	0.161	0.152	2.7		0.75	0.456	2.24 *
board	不匹配	2.221	2.168	29.1	88.8	4.58	0.000	1.03
	匹配	2.217	2.211	3.3		0.84	0.401	0.91
turnover	不匹配	0.767	0.689	15.1	68.9	2.21	0.027	1.72 *
	匹配	0.755	0.731	4.7		1.25	0.211	1.64 *

变量		Mean		% bias	% reduct	t - test		V(T)/
		Treated	Control		|bias|	t	p > |t|	V(C)
manage	不匹配	0.006	0.006	0.3	-864.6	0.04	0.970	1.51*
	匹配	0.006	0.006	2.4		0.67	0.502	2.05*
big4	不匹配	0.158	0.076	25.9	82.2	3.74	0.000	—
	匹配	0.149	0.164	-4.6		-1.05	0.292	—
dual	不匹配	0.010	0.066	12.3	60.8	1.83	0.067	—
	匹配	0.096	0.109	-4.8		-1.14	0.255	—

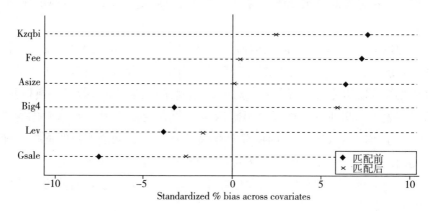

图 4 - 4　PSM 匹配前后各变量标准化偏差

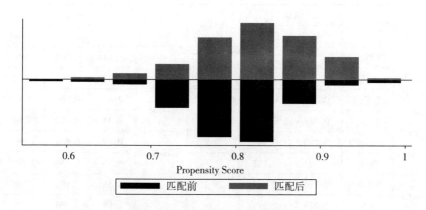

图 4 - 5　倾向得分的共同取值范围

（四）双重差分检验结果

在为对照组的 post 变量赋值后，使用匹配后的样本进行双重差分检验。表 4－70 列示了审计监督对央企控股上市公司高管薪酬业绩敏感性的回归结果。列①、列②和列③报告了全样本下，审计监督对央企控股上市公司高管薪酬业绩敏感性的检验结果。列①报告了在控制行业虚拟变量、未控制年份虚拟变量的情况下回归的结果，其中 ROA 的系数为 2.459 且在 1% 的水平上显著，说明央企控股上市公司高管的薪酬契约是有效的；重点关注交互项 Rdid 的系数，回归结果显示 Rdid 的系数为 1.811，说明审计监督的介入使得央企控股上市公司高管薪酬业绩敏感性增强，但是这种影响并不显著。列②报告了在同时控制行业虚拟变量和年份虚拟变量的情况下回归的结果，其中 ROA 与高管薪酬依然呈显著正相关；交互项 Rdid 的系数依然为正且不显著。为了更好地检验审计监督对高管薪酬业绩敏感性的影响，列③在考虑控制变量的前提下，单独检验了公司业绩和审计监督的交互项对高管薪酬的影响，结果发现交互项 Rdid 的系数为 2.780 且在 1% 的水平上显著，说明审计监督确实可以增强央企控股上市公司高管薪酬业绩的敏感性，假设 4－7－1 证实。同时，为了检验不同高管薪酬水平上，审计监督的"免疫系统"功能是否存在一样的效果，根据高管薪酬的均值，对样本进行分组回归，列④和列⑤列示了分组回归的结果。列④中，交互项 Rdid 的系数为 3.014 且在 1% 的水平上显著；列⑤中，交互项 Rdid 的系数为 0.502 但是并不显著。回归结果说明，在央企控股上市公司的高管薪酬高于平均水平时，审计监督的"免疫系统"功能更有效。这也是因为当前政府和相关部门对高管"天价薪酬"进行严格管控的原因造成的。当央企控股上市公司的高管薪酬高于平均水平时，政府对上市公司的关注增加，审计监督会发挥更大的作用。

表 4－70　　审计监督对央企控股上市公司高管薪酬业绩敏感性的 DID 回归结果

变量	PSM－DID（1）				
	LPAY			高 LPAY	低 LPAY
	①	②	③	④	⑤
ROA	2.459 ***	2.897 ***	—	—	—
	（4.52）	（5.55）	—	—	—
Raudit	0.701	0.294	—	—	—
	（0.42）	（0.18）	—	—	—
Rpost	－1.444	－0.618	—	—	—
	（－1.53）	（－0.68）	—	—	—

变量	PSM – DID(1)				
	LPAY			高 LPAY	低 LPAY
	①	②	③	④	⑤
Rdid	1.811	0.953	2.780 ***	3.014 ***	0.502
	(0.90)	(0.50)	(3.98)	(3.63)	(0.60)
size	0.235 ***	0.207 ***	0.224 ***	0.066 ***	0.158 ***
	(12.60)	(11.44)	(12.55)	(3.36)	(7.62)
lev	−0.595 ***	−0.477 ***	−0.728 ***	−0.122	−0.622 **
	(−5.03)	(−4.20)	(−6.51)	(−0.89)	(−5.89)
ce	0.025	0.058	0.147 *	0.119	0.087
	(0.35)	(0.85)	(1.89)	(1.29)	(1.31)
board	0.033	0.164	0.196 *	−0.005	0.019
	(0.27)	(1.41)	(1.70)	(−0.04)	(0.13)
turnover	0.112 **	0.142 **	0.193 ***	0.146 ***	−0.030
	(2.43)	(3.22)	(3.15)	(3.33)	(−0.63)
manage	1.838	1.580	1.910 **	0.218	1.581
	(1.43)	(1.29)	(1.99)	(0.27)	(0.89)
big4	−0.126	−0.112	−0.085	−0.132 *	0.181
	(−1.50)	(−1.39)	(−1.25)	(−1.88)	(1.15)
dual	0.209 **	0.175 **	0.196 *	0.032	−0.154
	(2.47)	(2.15)	(1.80)	(0.41)	(−1.32)
Constant	9.274 ***	9.261 ***	8.940 ***	13.151 ***	10.640 ***
	(18.64)	(19.47)	(20.58)	(24.95)	(20.46)
industry	yes	yes	yes	no	no
year	no	yes	yes	no	no
Observations	521	521	521	248	273
R – squared	0.4594	0.5203	0.4861	0.1265	0.2564

注：括号内数字为 t 统计量；本节下同。

表 4 - 71 列示了全样本下，审计监督对央企控股上市公司高管薪酬黏性的回归检验结果。列①报告了式（4 - 21）的回归结果，其中 RD 的系数为 - 0.322，说明当央企控股上市公司的业绩下降时，高管薪酬业绩敏感性下降，即央企控股上市公司高管的薪酬确实存在黏性；重点关注交互项 RDaudit 的系数，回归结果显示，RDaudit 的系数为 0.366，说明审计监

督的介入使得央企控股上市公司高管薪酬黏性降低，但是这种影响并不显著。列②和列③分别报告了式（4 - 22）和式（4 - 23）的回归结果，可以发现 RD 的系数依然为负；交互项 RDaudit 和 RDpost 的系数依然不显著。为了更好地检验审计监督对高管薪酬黏性的影响，列④和列⑤在考虑控制变量的前提下，单独检验了公司业绩、业绩变化哑变量和审计监督的交互项对高管薪酬的影响。结果发现交互项 RDaudit 的系数为 1.760 且在 5%的水平上显著；RDpost 的系数为 1.934 且在 1%的水平上显著，说明审计监督确实可以降低央企控股上市公司高管薪酬的黏性，假设 4 - 7 - 2 证实。

表 4 - 71　审计监督对央企控股上市公司高管薪酬黏性的 DID 回归结果

| 变量 | PSM - DID(2 - 4) | | | | |
| | LPAY | | | | |
	①	②	③	④	⑤
ROA	2.639 ***	2.656 ***	2.658 ***	—	—
	(4.84)	(4.87)	(4.87)	—	—
D	0.039	0.039	0.038	—	—
	(1.13)	(1.13)	(1.11)	—	—
RD	- 0.322	- 0.478	- 0.473	—	—
	(- 0.53)	(- 0.75)	(- 0.74)	—	—
RDaudit	0.366	—	- 0.313	1.760 **	—
	(0.47)	—	(- 0.29)	(2.45)	—
RDpost	—	0.696	0.904	—	1.934 ***
	—	(0.96)	(0.89)	—	(3.08)
size	0.213 ***	0.213 ***	0.213 ***	0.217 ***	0.216 ***
	(9.21)	(9.24)	(9.23)	(9.15)	(9.15)
lev	- 0.350 ***	- 0.347 ***	- 0.344 ***	- 0.589 ***	- 0.557 ***
	(- 2.96)	(- 2.93)	(- 2.89)	(- 5.05)	(- 4.75)
ce	- 0.045	- 0.044	- 0.042	0.026	0.026
	(- 0.86)	(- 0.83)	(- 0.80)	(0.49)	(0.49)
board	- 0.024	- 0.027	- 0.029	- 0.024	- 0.031
	(- 0.20)	(- 0.22)	(- 0.24)	(- 0.19)	(- 0.24)
turnover	0.026	0.025	0.024	0.081	0.078
	(0.52)	(0.51)	(0.49)	(1.63)	(1.58)
manage	2.866 **	2.851 **	2.861 **	3.706 ***	3.735 ***
	(2.46)	(2.45)	(2.46)	(3.11)	(3.14)

变量	PSM – DID(2 –4)				
	LPAY				
	①	②	③	④	⑤
big4	– 0. 023	– 0. 026	– 0. 026	0. 029	0. 024
	(– 0. 23)	(– 0. 26)	(– 0. 26)	(0. 28)	(0. 23)
dual	0. 007	0. 008	0. 008	0. 013	0. 017
	(0. 11)	(0. 13)	(0. 13)	(0. 20)	(0. 25)
Constant	9. 510 ***	9. 519 ***	9. 512 ***	9. 538 ***	9. 559 ***
	(15. 58)	(15. 63)	(15. 58)	(15. 15)	(15. 23)
industry	yes	yes	yes	yes	yes
year	yes	yes	yes	yes	yes
Observations	521	521	521	521	521
R – squared	0. 5424	0. 5416	0. 5408	0. 5162	0. 5187

同时，为了检验不同高管薪酬水平上，审计监督的"免疫系统"功能是否存在一样的效果，根据高管薪酬的均值，对样本进行分组回归，表4 – 72列示了审计监督对央企控股上市公司高管薪酬黏性的分组回归检验结果。列①和列②列示了高管薪酬高于平均水平时，审计监督对上市公司高管薪酬黏性的影响。其中，交互项 RDaudit 的系数为 1. 822 且在 5% 的水平上显著；RDpost 的系数为 1. 295 且在 10% 的水平上显著。列③和列④列示了高管薪酬低于平均水平时，审计监督对上市公司高管薪酬黏性的影响。其中，交互项 RDaudit 的系数为 0. 001 但不显著；RDpost 的系数为 0. 559 也不显著。分组检验结果再次说明，在央企控股上市公司的高管薪酬高于平均水平时，审计监督的"免疫系统"功能更有效。

表4 – 72　　审计监督对央企控股上市公司高管薪酬黏性的 DID 分组回归结果

变量	PSM – DID(2 –4)			
	LPAY			
	高 LPAY		低 LPAY	
ROA	—	—	—	—
D	—	—	—	—

变量	PSM – DID(2 – 4)			
	LPAY			
	高 LPAY		低 LPAY	
RD	—	—	—	—
RDaudit	1. 822 **	—	0. 001	—
	(2. 10)	—	(0. 00)	—
RDpost	—	1. 295 *	—	0. 559
	—	(0. 828)	—	(0. 74)
size	0. 081 ***	0. 081 ***	0. 158 ***	0. 157 ***
	(3. 23)	(3. 24)	(7. 64)	(7. 54)
lev	0. 121	0. 119	− 0. 631 ***	− 0. 614 ***
	(0. 71)	(0. 69)	(− 6. 00)	(− 5. 73)
ce	0. 053	0. 063	0. 093	0. 085
	(0. 71)	(0. 86)	(1. 39)	(1. 27)
board	− 0. 130	− 0. 145	0. 019	0. 017
	(− 0. 96)	(− 1. 07)	(0. 13)	(0. 11)
turnover	− 0. 010	− 0. 008	− 0. 031	− 0. 032
	(− 0. 19)	(− 0. 14)	(− 0. 64)	(− 0. 66)
manage	1. 911 *	1. 970 *	1. 588	1. 629
	(1. 78)	(1. 83)	(0. 89)	(0. 92)
big4	0. 009	0. 011	0. 180	0. 183
	(0. 10)	(0. 13)	(1. 14)	(1. 16)
dual	− 0. 075	− 0. 074	− 0. 153	− 0. 160
	(− 1. 03)	(− 1. 02)	(− 1. 31)	(− 1. 37)
Constant	13. 046 ***	13. 066 ***	10. 635 ***	10. 668 ***
	(19. 84)	(19. 79)	(20. 43)	(20. 45)
industry	no	no	no	no
year	no	no	no	no
Observations	248	248	273	273
R – squared	0. 1107	0. 1001	0. 2554	0. 2569

（五）稳健性检验

为了确保回归结果的可靠性和稳健性，替换了被解释变量高管薪酬的衡量变量以及上市公司经营业绩的衡量变量，对审计监督对央企控股上市公司高管薪酬契约有效性的影响进行了进一步的研究。在前文研究中，用央企控股上市公司前三名高管薪酬之和的自然对数来衡量上市公司的高管薪酬。为了更好地验证审计监督对央企控股上市公司高管薪酬契约有效性的影响，采用央企控股上市公司高管年薪总额的自然对数来衡量高管薪酬；同时，采用净资产收益率（ROE）来衡量上市公司的经营业绩。替换衡量变量后的回归结果如表4-73和表4-74所示。

表4-73　审计监督对央企控股上市公司高管薪酬业绩敏感性的稳健性回归结果

变量	PSM-DID(1)			
	LPAY		高 LPAY	低 LPAY
	①	②	③	④
ROE	0.021	—	—	—
	(0.63)	—	—	—
Raudit	0.463	—	—	—
	(0.46)	—	—	—
Rpost	0.019	—	—	—
	(0.26)	—	—	—
Rdid	0.253	0.745 ***	1.059 ***	-0.080
	(0.24)	(2.99)	(2.31)	(-0.39)
size	0.308 ***	0.311 ***	0.138 ***	0.182 ***
	(14.56)	(14.85)	(7.20)	(7.39)
lev	-0.633 ***	-0.655 ***	-0.164	-0.707 **
	(-5.07)	(-5.36)	(-1.23)	(-6.21)
ce	0.148 **	0.150 *	0.145	0.077
	(1.89)	(1.92)	(1.52)	(1.09)
board	0.228 *	0.222	-0.059	0.169
	(1.67)	(1.63)	(-0.54)	(0.99)
turnover	0.219 ***	0.221 ***	0.172 ***	-0.037
	(4.29)	(4.36)	(3.98)	(-0.67)
manage	2.223	2.226	1.434	0.544
	(1.58)	(1.58)	(1.29)	(0.51)
big4	-0.175 *	-0.177 *	-0.137 *	0.111
	(-1.85)	(-1.88)	(-1.86)	(0.78)

变量	PSM – DID(1)			
	LPAY		高 LPAY	低 LPAY
	①	②	③	④
dual	0.153	0.146	− 0.014	− 0.067
	(1.59)	(1.54)	(− 0.18)	(− 0.56)
Constant	7.988 ***	7.954 ***	12.612 ***	10.668 ***
	(14.34)	(14.36)	(24.62)	(17.53)
industry	yes	yes	no	no
year	yes	yes	no	no
Observations	521	521	266	273
R – squared	0.5075	0.5066	0.2511	0.2585

表 4 – 73 列示了审计监督对央企控股上市公司高管薪酬业绩敏感性的稳健性回归结果。列①是在同时控制年度虚拟变量和行业虚拟变量之后全样本的回归结果，其中 ROE 的系数为 0.021，说明央企控股上市公司高管的薪酬契约是有效的；交互项 Rdid 的系数为 0.253，说明审计监督的介入使得央企控股上市公司高管薪酬业绩敏感性增强，但是这种影响并不显著。列②在考虑控制变量的前提下，单独检验了公司业绩和审计监督的交互项对高管薪酬的影响，结果发现，交互项 Rdid 的系数为 0.745 且在 1% 的水平上显著，再次说明审计监督确实可以增强央企控股上市公司高管薪酬业绩的敏感性。列③和列④列示了分组回归的结果。列③中，交互项 Rdid 的系数为 1.059 且在 1% 的水平上显著；列④中，交互项 Rdid 的系数为负且并不显著。回归结果说明，在央企控股上市公司的高管薪酬高于平均水平时，审计监督的"免疫系统"功能更有效。检验结果与主检验保持一致，说明回归结论具有稳健性。

表 4 – 74　审计监督对央企控股上市公司高管薪酬黏性的稳健性回归结果

变量	PSM – DID(2 – 4)						
	LPAY			高 LPAY		低 LPAY	
	①	②	③	④	⑤	⑥	⑦
ROE	0.238	—	—	—	—	—	—
	(4.87)	—	—	—	—	—	—

变量	PSM – DID(2 – 4)						
	LPAY			高 LPAY		低 LPAY	
	①	②	③	④	⑤	⑥	⑦
D	– 0. 006	—	—	—	—	—	—
	(– 0. 14)	—	—	—	—	—	—
RD	– 0. 221	—	—	—	—	—	—
	(– 1. 33)	—	—	—	—	—	—
RDaudit	0. 571 ***	0. 575 ***	—	0. 494	—	– 0. 113	—
	(2. 58)	(2. 68)	—	(0. 86)	—	(– 0. 53)	—
RDpost	0. 018	—	0. 062	—	0. 273	—	0. 002
	(0. 47)	—	(1. 19)	—	(0. 59)	—	(0. 03)
size	0. 305 ***	0. 310 ***	0. 310 ***	0. 136 ***	0. 135 ***	0. 182 ***	0. 182 ***
	(13. 74)	(14. 51)	(14. 35)	(7. 04)	(6. 99)	(7. 40)	(7. 33)
lev	– 0. 616 ***	– 0. 662 ***	– 0. 683 ***	– 0. 151	– 0. 153	– 0. 710 ***	– 0. 700 ***
	(– 4. 60)	(– 5. 24)	(– 5. 32)	(– 1. 13)	(– 1. 14)	(– 6. 22)	(– 6. 04)
ce	0. 143	0. 151 *	0. 167 *	0. 135	0. 144	0. 078	0. 073
	(1. 61)	(1. 72)	(1. 90)	(1. 40)	(1. 49)	(1. 11)	(1. 05)
board	0. 210	0. 210	0. 194	– 0. 069	– 0. 072	0. 169	0. 175
	(1. 59)	(1. 60)	(1. 46)	(– 0. 63)	(– 0. 65)	(0. 98)	(1. 02)
turnover	0. 217 ***	0. 218 ***	0. 205 ***	0. 162 ***	0. 160 ***	– 0. 039	– 0. 034
	(3. 68)	(3. 73)	(3. 60)	(3. 74)	(3. 70)	(– 0. 70)	(– 0. 62)
manage	2. 489	2. 677	2. 704	2. 251 **	2. 273 **	0. 538	0. 562
	(1. 43)	(1. 50)	(1. 49)	(2. 12)	(2. 14)	(0. 50)	(0. 52)
big4	– 0. 169 **	– 0. 168 **	– 0. 162 **	– 0. 119	– 0. 118	0. 110	0. 110
	(– 2. 12)	(– 2. 15)	(– 2. 05)	(– 1. 62)	(– 1. 59)	(0. 78)	(0. 77)
dual	0. 156	0. 143	0. 141	– 0. 029	– 0. 034	– 0. 067	– 0. 068
	(1. 35)	(1. 26)	(1. 23)	(– 0. 35)	(– 0. 42)	(– 0. 56)	(– 0. 57)
Constant	8. 093 ***	8. 002 ***	8. 044 ***	12. 691 ***	12. 713 ***	10. 672 ***	10. 648 ***
	(15. 53)	(15. 49)	(15. 53)	(24. 61)	(24. 62)	(17. 56)	(17. 53)
industry	yes	yes	yes	no	no	no	no
year	yes	yes	yes	no	no	no	no
Obs	521	521	521	266	266	255	255
R – squared	0. 5052	0. 5025	0. 4985	0. 2377	0. 2365	0. 2589	0. 2581

表 4 – 74 列示了审计监督对央企控股上市公司高管薪酬黏性的稳健性回归检验结果。列①、列②和列③报告了全样本下的回归结果，交互项 RDaudit 的系数为正，且在 1% 水平上显著；RDpost 的系数也是正的。说明审计监督确实可以降低央企控股上市公司高管的薪酬黏性，结论具有稳健性。列④和列⑤列示了高管薪酬高于平均水平时，审计监督对央企控股上市公司高管薪酬黏性的影响。列⑥和列⑦列示了高管薪酬低于平均水平时，审计监督对央企控股上市公司高管薪酬黏性的影响。稳健性回归结果显示，高管薪酬高于平均水平时，审计监督对高管薪酬契约有效性的作用远远大于高管薪酬低于平均水平时，与前文结论保持一致。

四、小结与建议

随着高管人员"天价薪酬"报道的不断涌现和国企改革的不断深化，政府逐步加大了对央企高管薪酬的管理。审计监督基于其独立性、全面性和专业性的监督特点，成为央企改革路上有力的推动力量。基于此，本节以 2011 ~ 2018 年的审计结果公告为基础，选取 2010 ~ 2017 年央企控股上市公司数据为研究样本，并剔除金融、保险、ST、*ST 等性质特殊的公司以及数据缺失的上市公司，采用倾向值得分匹配（PSM）与双重差分模型（DID）相结合的方法，实证检验审计监督对央企控股上市公司高管薪酬契约的影响。研究发现，审计监督有助于提高央企上市公司高管薪酬业绩的敏感性；同时，审计监督有助于降低央企上市公司高管薪酬黏性。另外，发现审计监督对央企控股上市公司高管薪酬有效性的提升作用在高管薪酬高于平均水平时更显著，即当央企控股上市公司的高管薪酬高于平均水平时，审计监督"免疫系统"的功能更有效。这可能是因为当前政府和相关部门对高管"天价薪酬"进行严格管控的原因造成的，当央企控股上市公司的高管薪酬高于平均水平时，政府对上市公司的关注增加，审计监督会发挥更大的作用。

本节的不足之处在于，受被审计央企集团数量的限制，回归样本量较小，研究结果具有一定局限性；同时，我们在进行倾向得分匹配选择公司特征变量时，可能存在一定的主观性，因此可能对回归结果造成一定的影响；另外，本节研究的审计监督是基于审计署层面的变量，未涉及地方审计机关，有待后续改进。

第八节　审计监督提升企业产能利用率分析

审计监督对国家的经济发展起着至关重要的作用。而企业的绩效在一定程度上代表着国家的经济发展水平，企业的经营管理要以遵守国家的法律政策为前提，国家政策的制定也要考虑对企业的影响。当前，中国正面临着严重的产能过剩，"去产能"已经成为我国供给侧结构性改革的重点，产能利用率因此被作为衡量企业经营绩效的重要指标之一。国家实施审计监督，意在促进转变经济发展方式，加快产业结构升级，提高财政资金和公共资源配置、使用的经济性和效率性，实现建设资源节约型和环境友好型社会的美好目标。因此，在中国特色的审计环境下，审计监督与企业的经营决策息息相关，特别是国有企业，无论是重大经济决策的制定、宏观政策的执行还是内部管理制度，都要受到政府的监管，审计监督在改善国有企业经营管理、提升经营业绩、促进受托经济责任履行中扮演着重要的角色。在我国，大多数国有企业体量庞大，持有多家上市公司的股份，特别是由其作为实际控制人的上市公司，自然而然地被赋予了国有属性，间接受到了审计监督。审计监督对国有企业出具不同的审计报告以及报告中涉及的处理处罚决定会给予社会公众和其控股的上市公司一种警示信号，可以在一定程度上影响上市公司的内部控制和重大决策，使得上市公司在经营管理中更加规范高效，进而提升上市公司的产能利用率。

鉴于此，本节以 2010～2016 年央企控股的上市公司面板数据为研究样本，探讨审计监督对企业产能利用率的影响。参考已有文献发现，倾向值得分匹配法（PSM）能够较好地处理研究样本个体间的差异问题，而双重差分模型能够较好地缓解内生性问题对研究结果的影响。因此，采用倾向值得分匹配和双重差分模型相结合的研究方法，对样本数据进行实证分析，通过研究发现，审计监督确实能够在一定程度上使企业的产能利用率提升。更换样本年度对主分析结果进行稳健性检验，回归结果与主分析一致，验证了研究结果的稳健性。此外，本节对研究样本分别从"审计监督前后企业产能利用率对比——区分事务所类型"和"两次审计监督效果的对比——区分事务所类型"两个方面进行了拓展性的进一步分析，研究结果表明，审计监督对非"十大"会计师事务所组的上市公司产能利用率有显著影响，而在"十大"会计师事务所组的上市公司中，这种影响并不显著；二次审计与一次审计相比，并没有对上市公司的产能利用率有进一步影响，说明审计监督的威慑力有一定的持续性，且这种结果在 PSM 样本、"十大"会计师事务所组、非"十大"会计师事务所组中表现一致。最后，在大多数的实证结果中，公司规模和管理费用率指标均与产能利用率呈显著的负相关关系，企业上市年龄与产能利用率呈显著的正相关关系，说明资产规模大的企业产能过剩问题更加突出，管理费用支出对企业产能利用率有直接影响。

已有文献关于审计监督对央企控股上市公司产能利用率的影响研究较少，在大多数对审计监督与企业绩效的研究中，也鲜有从产能利用率角度评估企业绩效的文献。因此，本节意在通过分析央企控股的上市公司样本，探索审计监督与上市公司产能利用率的关系，对相关方面的研究进行补充。

一、理论分析与假设提出

（一）制度背景

国家机关接连发布关于审计监督工作的重大文件，不断强化审计监督在国家发展中的监督地位和作用。《关于全面推进依法治国若干重大问题的决定》中明确指出，健全国有资本审计监督体系和制度，实行对企业国有资产的审计监督全覆盖，加强审计监督在国有企业监督中的重要性。刘家义指出，审计监督是国家政治制度的重要组成部分，被执政者高度重视且寄予厚望，是内生于国家治理的具有预防、揭示和抵御功能的"免疫系统"，是国家依法用权力监督制约权力的制度安排，这种强有力的治理机制将对社会、政府和企业产生重大影响。《中共中央关于全面深化改革若干重大问题的决定》强调，作为国有经济中坚力量的中央企业，其现代企业制度的建设及公司治理效率的提升关乎国有经济改革的成效。而央企控股的上市公司作为中央企业管辖的一部分，与央企的经营绩效一脉相承，对国有经济的影响同样值得关注。

（二）产能利用率的测度

按照生产涉及的范围，一般将产能划分为三个层次，即微观、中观和宏观。微观产能指企业一个作业单元满负荷工作时能处理的最大限度或者参与生产的全部固定资产，在组织结构和技术条件一定的情况下，能够生产的最大产量；中观产能指某个产业的生产能力；宏观产能指一个国家、整个国民经济的生产能力。本节从微观层面研究企业产能利用率，因此对从微观视角度量产能利用率的方法进行整理。所谓产能利用率，是指企业的实际产出占潜在生产能力的比重。基于选用指标和研究技术路线的差别，产能利用率有多种测算方法：一是用实际产出与设计生产能力的比值衡量产能利用率，纳尔逊（Nelson）利用该方法计算了美国私有电器设施行业的产能利用率；二是峰值法，即将一定时期内的峰值产量作为潜在生产能力，用实际产量与峰值产量比值衡量产能利用率，加西亚和牛顿（Garcia and Newton）便是利用该方法对美国捕鱼业产能利用率进行了估计；三是用数据包络分析法（DEA）估计企业的最大产出能力，通过实际产出与最大产出之比衡量产能利用率，科克利等（Kirkley et al.）利用数据包络分析（DEA）测度了美国渔业的产能利用率；四是用随机生产前沿（SPF）函数估计行业潜在产能进而计算产能利用率，菲尔等（Fare et al.）提出用随机生产前沿函数法来估计生产效率以及产能利用水平，并对产业产能利用率进行了度量；五是成本函数法，即利用成本函数推算成本最小化时的最优产出作为企业的潜在生产能力。国务院发展研究中心课题组采用成本函数法测算企业产能利用率，研究发现产能利用率对企业销售净利率和总资产周转率有直接影响，且产能利用率主要和总资产周转率相关，产能利用率越高，总资产周转率越快；李雪松等使用随机前沿生产函数法，用实际产出与前沿产出的比值作为企业产能利用率指标，由于上市公司工业总产值无法获取，采用主营业务收入近似替代，利用主营业务收入、总资产和企业人数构建随机前沿生产面，计算企业产能利用率，并采用总资产周转率作为企业产能利用率的替代指标对研究结果进行了稳健性检验。

此外，还可以采用代理变量作为产能利用率的替代指标进行研究。赵黎黎和黄新建采用总资产周转率作为衡量企业资产经营质量和使用效率的绩效评价指标；修宗峰和黄健柏使用固定资产收入比作为制造业企业产能利用率衡量指标，等于年末固定资产净值除以当年营业收入，比值越大，表示企业产能利用率越低，并且采用存货收入比作为产能利用率的替代变量进行稳健性检验；王秀丽采用企业本期营业收入与期末资产总额的比值衡量企业全部产能的利用状况，比值越低，产能利用率越低，同时还指出，修宗峰等通过固定资产净值与营业收入之比作为产能利用率衡量指标只考虑了企业固定资产的利用，而全部产能还包括原材料、半成品等流动资产。

（三）理论分析与研究假设

审计监督作为政府的行政监管措施，具有灵活、高效的特点，在监督国有企业经营管理方面扮演着重要角色。现有研究大多支持审计监督具有明显的外部治理效应，如蔡利和马可哪呐的实证分析结果表明，审计监督对央企控股的上市公司经营业绩的提升有一定的促进作用。陈海红等学者的研究发现，审计监督能够提升被审计央企所控股的上市公司的投资效率，且通过改善上市公司的盈余质量也间接提升了投资效率。褚剑和方军雄通过检验 2010 ~ 2015 年审计署实施的中央企业审计事件样本，发现审计监督能够抑制央企控股的上市公司高管的超额在职消费行为，并且在上市公司治理状况较好、审计署监督力度较强的情况下，抑制效果更好。还有一些学者的相关研究同样支持中国审计监督具有明显的外部治理效应，例如，央企经审计署审计后，其控股的上市公司会计稳健性增强，可操控性应计利润与真实盈余管理同时受到抑制；审计署发布审计公告后，受到处理处罚决定的央企，其控股的上市公司股价出现严重下跌，受到了资本市场的惩罚。随着国家供给侧结构性改革的推进，产能过剩问题成为政府关注的重点，产能利用率理所当然作为衡量国有企业绩效的重要指标。因此推测，审计监督对企业产能利用率同样具有威慑作用。综上，提出假设 4 - 8：在其他条件一定的情况下，审计监督能够提升企业的产能利用率。

二、研究设计

（一）变量定义与模型设定

1. 被解释变量

$Eff_{i,t}$ 表示产能利用率。参考现有文献，部分学者采用总资产周转率作为衡量企业产能利用率的指标，该指标越高，说明产能利用率越高，企业产能利用状况越好。

2. 解释变量

$Audit_{i,t}$ 为审计监督哑变量。若上市公司所属央企集团接受了审计监督，则介入年度及以后年度均赋值为 1，否则赋值为 0。$Post_{i,t}$ 为审计前后哑变量。考虑到政府有关部门在介入年度开始对央企集团实施审计，对央企控股上市公司的影响应在介入年度以后发挥作用，有一定的滞后性，故对公告年度以后（包括公告年度）的各年赋值为 1，否则赋值为 0，控制组样本与其匹配的实验组样本取值相同。

3. 控制变量

借鉴李雪松、王秀丽、张国胜、刘建勇和王永进等的研究，在模型中还加入了如下可能影响企业产能利用率的控制变量：资产负债率（$Lev_{i,t}$）、总资产收益率（$Roa_{i,t}$）、公司规模（$Lnasset_{i,t}$）、经营现金流量营收比（$Roc_{i,t}$）、销售费用率（$Sfee_{i,t}$）、管理费用率（$Mfee_{i,t}$）、托宾 q

值（$TQ_{i,t}$）、企业上市年龄（$Age_{i,t}$）等。各变量的具体定义见表 4-75。

表 4-75   变量定义表

变量	变量名称	变量符号	变量定义
被解释变量	产能利用率	$Eff_{i,t}$	总资产周转率 = 营业收入/期末资产总额
解释变量	审计监督哑变量	$Audit_{i,t}$	若被审，则介入年度及以后取 1，否则取 0
	审计前后哑变量	$Post_{i,t}$	公告年度及以后年度取 1，否则取 0
控制变量	资产负债率	$Lev_{i,t}$	总负债/总资产
	总资产收益率	$Roa_{i,t}$	净利润/期末资产总额
	公司规模	$Lnasset_{i,t}$	总资产的自然对数
	经营现金流量营收比	$Roc_{i,t}$	经营活动现金流量净额/营业收入
	经营现金流量资产比	$Ac_{i,t}$	经营活动现金流量净额/期末资产总额
	销售费用率	$Sfee_{i,t}$	销售费用/营业收入
	管理费用率	$Mfee_{i,t}$	管理费用/营业收入
	托宾 q 值	$TQ_{i,t}$	（企业股价×流通股数量 + 非流通股净资产 + 债务市值）/总资产
	企业上市年份	$Age_{i,t}$	当年年份 - 企业上市年份

4. DID 模型设定

为检验审计监督对央企控股的上市公司产能利用率的影响，避免研究可能存在的内生性问题，采用多期双重差分模型（DID）进行分析。具体模型如下：

$$Eff_{i,t} = \beta_0 + \beta_1 Audit_{i,t} + \beta_2 Post_{i,t} + \beta_3 Audit_{i,t} \times Post_{i,t} + \beta_4 Lev_{i,t} + \beta_5$$
$$+ Roa_{i,t} + \beta_6 Lnasset_{i,t} + \beta_7 Roc_{i,t} + \beta_8 Sfee_{i,t} + \beta_9 Mfee_{i,t} + \beta_{10} TQ_{i,t}$$
$$+ \beta_{11} Age_{i,t} + \varepsilon_{i,t} \tag{4-24}$$

式（4-24）中，下标 i 和 t 分别代表第 i 个样本和第 t 年。我们关心的是 $Audit_{i,t} \times Post_{i,t}$ 的系数 β_3，预期 β_3 显著为正，即如果审计监督对上市公司产生积极影响，则被审计署审计过的央企集团，其控制的上市公司产能利用率在随后年度会明显改善。

（二）样本选择与数据来源

基于 2012~2018 年审计署发布的对中央企业集团财务收支等情况的审计结果公告，手工整理 2010~2016 历年央企名单及相应年份的央企集团控股的上市公司，以 2010~2016 年央企控股的上市公司为研究样本。需要说明的是，审计署从 2003 年起发布审计结果公告，2010 年开始针对单个国有企业发布审计结果公告，而 2010 年审计公告的被审对象财务年度为 2008 年，因此，研究样本年度比审计结果公告年度依次滞后两年。考虑到 2008 年金融危机的影响，最终选取 2010～2016 被审年度作为研究样本进行分析。

审计监督数据来自审计署官网，上市公司数据均来自 CSMAR 数据库，剔除金融、保险、ST、*ST 以及数据缺失的上市公司，共得到 1107 个样本观测，并对所有连续变量按 1% 进行缩尾处理，避免极端值对结果的影响。

三、实证结果分析

（一）描述性统计

表 4 - 76 从均值、中位数、最小值、最大值和标准差五个方面报告了全样本主要变量的描述性统计结果。从表 5 - 2 可以看出，产能利用率（$Eff_{i,t}$）的均值为 0.780，中位数为 0.628，采用总资产周转率作为产能利用率的衡量指标，一般企业设置的总资产周转率的标准值为 0.8，由此看出央企控股的上市公司总体产能利用率偏低，最小值为 0.063，最大值为 3.013，标准差为 0.569，说明总体产能利用状况不均衡，存在明显差异；资产负债率（$Lev_{i,t}$）的均值为 0.519，中位数为 0.527，与 50% 的标准基本持平，说明央企控股的上市公司总体偿债能力较好，最小值为 0.065，最大值为 0.993，标准差为 0.213，说明公司间资产负债水平存在较大差异，对于资产负债率过高的公司应及时予以关注；总资产收益率（$Roa_{i,t}$）的均值为 0.028，中位数为 0.029，一般来讲，总资产收益率在 7% 以上较好，说明央企控股的上市公司总体盈利能力有待提高，最小值为 - 0.199，最大值为 0.179，标准差为 0.052，说明个体间差异较大；公司规模（$Lnasset_{i,t}$）方面，均值为 22.543，中位数为 22.314，最小值为 20.033，最大值为 27.852，标准差为 1.394，说明央企控股的上市公司的规模均较大；经营现金流量营收比（$Roc_{i,t}$）的均值为 0.062，中位数为 0.049，最小值为 - 0.510，最大值为 0.586，标准差为 0.145，该比率又称销售现金比率，反映企业每元销售收入得到的现金流量净额，比值越大，企业收入质量越好，资金利用效果越好，综合分析结果来看，央企控股的上市公司平均收入质量不高，由于大多数企业属于制造业，也侧面反映了我国制造行业收入欠佳的状况；经营现金流量资产比（$Ac_{i,t}$）与经营现金流量营收比（$Roc_{i,t}$）类似，同时反映了我国央企控股的上市公司整体存在体量大、现金流管理欠佳的缺陷；销售费用率（$Sfee_{i,t}$）的均值为 0.037，中位数为 0.030，最小值为 0.000，最大值为 0.166，标准差为 0.033，说明央企

控股的上市公司总体销售费用占比合理；管理费用率（$Mfee_{i,t}$）的均值为 0.089，中位数为 0.076，最小值为 0.007，最大值为 0.514，标准差为 0.076，普遍高于销售费用率，这一结论与实际相符，虽然不同行业管理费用率有差异，但最大值 0.514 明显超出所有行业正常的管理费用占比，考虑到当前国家对于国有企业"三公"经费问题的严厉整治，相关部门对管理费用率过高的企业应加强监控；托宾 q 值是衡量企业成长能力的指标，该指标越高，企业的成长性越高，企业价值越高，越有利于企业获取投资，根据表 5 - 2 的统计结果，其均值为 2.365，中位数为 1.842，最小值为 0.879，最大值为 9.142，标准差为 1.568，说明央企控股的上市公司平均价值较高，成长性差异较大。企业上市年龄（$Age_{i,t}$）在 0 ~ 24 均有分布，说明我国央企集团在控股上市公司方面流动性较强，有源源不断的新鲜血液注入，研究样本涉及的上市公司范围广泛，加强了实证结果的可信度。

表 4 - 76 全样本主要变量描述性统计

变量	均值	中位数	最小值	最大值	标准差
产能利用率（$Eff_{i,t}$）	0.780	0.628	0.063	3.013	0.569
是否被审计（$Audit_{i,t}$）	0.330	0.000	0.000	1.000	0.470
资产负债率（$Lev_{i,t}$）	0.519	0.527	0.065	0.993	0.213
总资产收益率（$Roa_{i,t}$）	0.028	0.029	(0.199)	0.179	0.052
公司规模（$Lnasset_{i,t}$）	22.543	22.314	20.033	27.852	1.394
经营现金流量营收比（$Roc_{i,t}$）	0.062	0.049	(0.510)	0.586	0.145
经营现金流量资产比（$Ac_{i,t}$）	0.040	0.036	(0.150)	0.230	0.066
销售费用率（$Sfee_{i,t}$）	0.037	0.030	0.000	0.166	0.033
管理费用率（$Mfee_{i,t}$）	0.089	0.076	0.007	0.514	0.076
托宾 q 值（$TQ_{i,t}$）	2.365	1.842	0.879	9.142	1.568
企业上市年龄（$Age_{i,t}$）	12.000	13.000	0.000	24.000	5.455

（二）相关性分析

表 4 - 77 列示了主要变量之间的相关性分析结果。可以看出，除经营现金流量营收比（$Roc_{i,t}$）与经营现金流量资产比（$Ac_{i,t}$）的相关系数为 0.796，在 1% 的水平上显著外，其余变量间的相关系数绝对值均小于 0.7。其中，资产负债率（$Lev_{i,t}$）与产能利用率（$Eff_{i,t}$）的相关系数为 0.110，在 1% 的水平上显著为正；总资产收益率（$Roa_{i,t}$）与产能利用率

（Eff$_{i,t}$）的相关系数为 0.063，在 5% 的水平上显著为正；经营现金流量营收比（Roc$_{i,t}$）与产能利用率（Eff$_{i,t}$）的相关系数为 -0.098，在 1% 的水平上显著为负；销售费用率（Sfee$_{i,t}$）与产能利用率（Eff$_{i,t}$）的相关系数为 -0.159，在 1% 的水平上显著为负；管理费用率（Mfee$_{i,t}$）与产能利用率（Eff$_{i,t}$）的相关系数为 -0.408，在 1% 的水平上显著为负；托宾 q 值（TQ$_{i,t}$）与产能利用率（Eff$_{i,t}$）的相关系数为 -0.078，在 1% 的水平上显著为负；企业上市年龄（Age$_{i,t}$）与产能利用率（Eff$_{i,t}$）的相关系数为 0.104，在 1% 的水平上显著为正。分析结果表明，控制变量与因变量相关性显著，说明较好地控制了产能利用率的其他影响因素。此外，由于经营现金流量营收比（Roc$_{i,t}$）与经营现金流量资产比（Ac$_{i,t}$）两个变量相关度过高，在进行回归分析时，只选取了经营现金流量营收比（Roc$_{i,t}$）作为控制变量。

（三）回归结果分析

1. 倾向值得分匹配（PSM）结果分析

鉴于被审计过的央企控股的上市公司与未被审计过的央企控股的上市公司二者本身可能存在一定差异，而这种差异会对研究结果产生影响，因此，本节采用倾向值得分匹配（PSM）对样本进行处理，以减小这种差异可能带来的影响。首先构建研究样本时间序列上的纵向数据集，被审计过的样本为实验组（treat = 1），未被审计过的样本为控制组（treat = 0），然后通过 logit 回归对研究样本进行分行业、分年度的最近邻匹配，为被审样本（treat = 1）选择配对观测（treat = 0），配对观测 Post 变量取值与其对应被审观测 Post 取值相同。在最终控制人同为央企的前提下，希望为被审样本匹配与其在公司特征方面最接近且未被审计署审计过的观测作为配对观测：对每个被审样本观测匹配与其同年度、同行业（以 2012 年版证监会行业代码为标准）且母公司未被审计署审计过的观测，控制的协变量有资产负债率（Lev$_{i,t}$）、总资产收益率（Roa$_{i,t}$）、公司规模（Lnasset$_{i,t}$）、经营现金流量资产比（Ac$_{i,t}$）。剔除未匹配上的样本，共得到 328 个观测样本，其中处理组 162 个、控制组 166 个。

从表 4 - 78 可知，匹配后大多数变量的标准化偏差（% bias）均小于10%，匹配结果可以接受。对比匹配前的结果，所有变量的标准化偏差均大幅缩小。

表 4-77

相关性分析

变量	$Eff_{i,t}$	$Audit_{i,t}$	$Lev_{i,t}$	$Roa_{i,t}$	$Lnasset_{i,t}$	$Roc_{i,t}$	$Ac_{i,t}$	$Sfee_{i,t}$	$Mfee_{i,t}$	$TQ_{i,t}$	$Age_{i,t}$
$Eff_{i,t}$	1.000										
$Audit_{i,t}$	0.052*	1.000									
$Lev_{i,t}$	0.110***	-0.100***	1.000								
$Roa_{i,t}$	0.063**	-0.029	-0.432***	1.000							
$Lnasset_{i,t}$	0.041	0.092***	0.403***	-0.008	1.000						
$Roc_{i,t}$	-0.098***	0.086***	-0.055*	0.189***	0.094***	1.000					
$Ac_{i,t}$	0.133***	0.124***	-0.061**	0.228***	0.089***	0.796***	1.000				
$Sfee_{i,t}$	-0.159***	-0.040	-0.171***	0.061**	-0.282***	-0.015	-0.015	1.000			
$Mfee_{i,t}$	-0.408***	0.039	-0.270***	-0.059*	-0.295***	0.046	-0.034	0.327***	1.000		
$TQ_{i,t}$	-0.078***	0.057*	-0.420***	0.148***	-0.526***	0.037	0.045	0.175***	0.283***	1.000	
$Age_{i,t}$	0.104***	0.260***	0.192***	-0.258***	0.124***	0.006	-0.003	-0.168***	-0.031	-0.140***	1.000

表 4 - 78   **PSM 匹配有效性检验**

变量		Mean		% bias	% reduct |bias|	t - test	
		Treated	Control			t	p > |t|
$Year_{i,t}$	不匹配	2013	2013.1	- 3.4	83.6	- 0.44	0.659
	匹配	2013.1	2013.1	0.6		0.12	0.906
$Industry_{i,t}$	不匹配	3.79300	4.21610	- 20.0	40.5	- 2.82	0.005
	匹配	3.83260	3.58090	11.9		3.11	0.002
$Lev_{i,t}$	不匹配	0.52829	0.47644	23.5	63.7	3.13	0.002
	匹配	0.52545	0.50664	8.5		1.80	0.071
$Roa_{i,t}$	不匹配	0.02746	0.02983	- 4.4	41.7	- 0.58	0.562
	匹配	0.02728	0.02590	2.6		0.55	0.581
$Lnasset_{i,t}$	不匹配	22.60600	22.25200	27.0	90.4	3.26	0.001
	匹配	22.48800	22.52200	- 2.6		- 0.58	0.563
$Ac_{i,t}$	不匹配	0.04240	0.02732	22.6	72.0	2.91	0.004
	匹配	0.03919	0.03497	6.3		1.31	0.190

从图 4 - 6 也可以直观看出，匹配后变量的标准化偏差明显小于匹配前。图 4 - 7 显示了倾向值得分匹配后样本的共同取值范围。从图 4 - 7 可以看出，大多数观测值均在共同取值范围内，说明在进行倾向得分匹配时仅会损失少量样本，匹配结果较好。

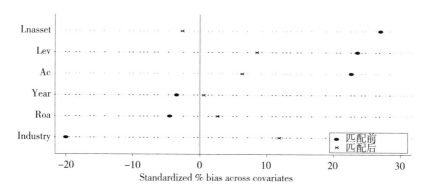

图 4 - 6   PSM 匹配前后各变量标准化偏差

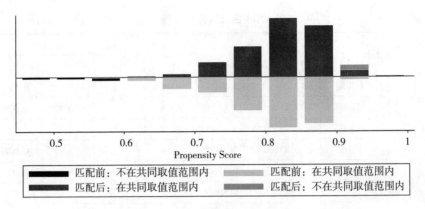

图 4 – 7　倾向得分的共同取值范围

2. 基于双重差分模型（DID）的回归结果分析

表 4 – 79 左侧报告了式（4 – 24）的回归结果，分析表 4 – 79 左侧可知，$Audit_{i,t} \times Post_{i,t}$ 的交乘项系数为 0.287，在 5% 的水平上显著为正，说明审计监督有利于提升企业产能利用率，与预期结果一致。从样本的控制变量回归结果来看，产能利用率与公司规模（$Lnasset_{i,t}$）在 1% 水平上显著负相关，说明规模越大的公司，产能过剩情况越严重；产能利用率与管理费用率（$Mfee_{i,t}$）在 1% 水平上显著负相关，说明企业在管理费用方面的支出越少，企业的产能利用率越高；产能利用率与企业上市年龄（$Age_{i,t}$）在 10% 水平上显著正相关，说明企业上市时间越长，其产能利用状况越好，企业经营管理更完善。

表 4 – 79　　　　　　　　　　　　　DID 回归结果

变量	式（4 – 24）	变量	式（4 – 25）
	系数		系数
$Audit_{i,t} \times Post_{i,t}$	0.287 **	$treat_{i,t} \times Post_{i,t}$	0.377 **
	(0.119)		(0.187)
$Audit_{i,t}$	– 0.0636	$treat_{i,t}$	– 0.142
	(0.0796)		(0.126)
$Post_{i,t}$	– 0.200 ***	$Post_{i,t}$	– 0.0167
	(0.0653)		(0.127)
$Lev_{i,t}$	0.0399	$Lev_{i,t}$	0.207
	(0.210)		(0.341)

变量	式(4-24)	变量	式(4-25)
	系数		系数
Roa$_{i,t}$	0.914	Roa$_{i,t}$	1.049
	(0.726)		(0.938)
Lnasset$_{i,t}$	-0.111***	Lnasset$_{i,t}$	-0.0430
	(0.0292)		(0.0442)
Roc$_{i,t}$	-0.0391	Roc$_{i,t}$	-0.724***
	(0.184)		(0.265)
Sfee$_{i,t}$	-1.020	Sfee$_{i,t}$	0.377
	(0.708)		(0.964)
Mfee$_{i,t}$	-2.710***	Mfee$_{i,t}$	-4.799***
	(0.460)		(1.130)
TQ$_{i,t}$	-0.0207	TQ$_{i,t}$	0.0869***
	(0.0229)		(0.0326)
Age$_{i,t}$	0.00988*	Age$_{i,t}$	0.0144*
	(0.00563)		(0.00824)
Constant	3.477***	Constant	1.584*
	(0.689)		(0.933)
Observations	328	Observations	124
R-squared	0.229	R-squared	0.350

注：括号中为稳健的标准误，本节下同。

为了检验变量之间是否存在严重的多重共线性问题，进一步做了方差膨胀因子（VIF）检验，结果如表4-80左侧三列所示。各变量 VIF 的值均小于5，并且所有变量的 VIF 均值为1.72，说明变量之间不存在严重的多重共线性问题。

表4-80　　　　　　　　　　方差膨胀因子分析

变量	式(4-24)		变量	式(4-25)	
	VIF	1/VIF		VIF	1/VIF
Audit$_{i,t}$×Post$_{i,t}$	3.18	0.314383	treat$_{i,t}$×Post$_{i,t}$	4.31	0.232129
Audit$_{i,t}$	2.19	0.455751	treat$_{i,t}$	2.94	0.339951
Post$_{i,t}$	1.88	0.532120	Post$_{i,t}$	2.17	0.460712

变量	式（4－24）		变量	式（4－25）	
	VIF	1/VIF		VIF	1/VIF
$Lev_{i,t}$	1.88	0.532163	$Lnasset_{i,t}$	1.93	0.517960
$Lnasset_{i,t}$	1.70	0.587435	$Lev_{i,t}$	1.75	0.571478
$TQ_{i,t}$	1.65	0.606216	$TQ_{i,t}$	1.72	0.582324
$Roa_{i,t}$	1.57	0.635299	$Age_{i,t}$	1.57	0.638637
$Mfee_{i,t}$	1.34	0.748318	$Roa_{i,t}$	1.30	0.769033
$Roc_{i,t}$	1.25	0.801981	$Mfee_{i,t}$	1.23	0.811050
$Age_{i,t}$	1.19	0.840844	$Sfee_{i,t}$	1.18	0.846985
$Sfee_{i,t}$	1.13	0.883107	$Roc_{i,t}$	1.07	0.937057
Mean VIF	1.72		Mean VIF	1.92	

（四）稳健性检验

为了确保实证结果的稳健性，下面更换样本年度对上述研究结果进行稳健性检验。依据现有文献，参考许汉友等的研究方法，选取 2007 年和 2017 年两年的样本数据进行分析。基于 2012～2018 年审计署发布的审计结果公告，通过对照 2010～2016 年历年央企名单及相应年份其控股的上市公司样本，剔除金融、保险、ST、*ST 以及数据缺失的上市公司，共得到 194 家公司的 333 个样本观测，其中在该期间被审计监督过的上市公司 144 家，为实验组（treat＝1），未被审计监督过的上市公司 50 家，为控制组（treat＝0）。由于 2010 年开始针对单个企业进行审计结果公告，其公告审计对象年度为 2008 年，所以选取 2007 年数据作为未接受审计监督年度进行对比分析，最终得到 2007 年和 2017 年共 333 个样本数据。为避免极端值对结果的影响，对所有连续变量按 1% 进行缩尾处理。

仍然采用双重差分模型（DID）进行分析。具体模型如下：

$$Eff_{i,t} = \beta_0 + \beta_1 treat_{i,t} + \beta_2 Post_{i,t} + \beta_3 treat_{i,t} \times Post_{i,t} + \beta_4 Lev_{i,t}$$
$$+ \beta_5 Roa_{i,t} + \beta_6 Lnasset_{i,t} + \beta_7 Roc_{i,t} + \beta_8 Sfee_{i,t} + \beta_9 Mfee_{i,t}$$
$$+ \beta_{10} TQ_{i,t} + \beta_{11} Age_{i,t} + \varepsilon_{i,t} \tag{4－25}$$

式（4－25）中，下标 i 和 t 分别代表第 i 个样本和第 t 年。关心的是 $treat_{i,t} \times Post_{i,t}$ 的系数 β_3，预期 β_3 显著为正，与主分析结果一致。

1. 倾向值得分匹配（PSM）结果分析

同样，首先构建研究样本时间序列上的纵向数据集，被审计过的样本为实验组（treat＝1），未被审计过的样本为控制组（treat＝0），然后通过 logit 回归对研究样本进行分行业、分年度的最近邻匹配，为被审样本（treat＝1）选择配对观测（treat = 0），配对观测 Post 变量取值与其对应被审观测 Post 取值相同。考虑到两年样本量较少，配对时只控制年度（$Year_{i,t}$）、行业（$Industry_{i,t}$）、资产负债率（$Lev_{i,t}$）和公司规模（$Lnasset_{i,t}$）四个协变量。剔除未匹配上的样本，共得到 124 个观测，其中处理组 60 个，控制组 64 个。

从表 4-81 可以看出，匹配后（Matched）所有变量的标准化偏差（% bias）均小于 10%，匹配结果可以接受。对比匹配前（Unmatched）的结果，所有变量的标准化偏差均大幅缩小。

表 4-81 PSM 匹配有效性检验

变量		Mean		% bias	% reduct |bias|	t-test	
		Treated	Control			t	p > |t|
$Year_{i,t}$	不匹配	2012.4	2012.7	-6.9	17.8	-0.53	0.595
	匹配	2012.4	2012.7	-5.6		-0.63	0.529
$Industry_{i,t}$	不匹配	3.7283	4.2405	-24.6	78.0	-2.08	0.038
	匹配	3.759	3.6466	5.4		0.72	0.470
$Lev_{i,t}$	不匹配	0.50255	0.4664	18.9	94.7	1.50	0.133
	匹配	0.50219	0.50026	1.0		0.11	0.910
$Lnasset_{i,t}$	不匹配	22.469	22.125	25.2	95.4	1.87	0.062
	匹配	22.384	22.368	1.2		0.14	0.888

从图 4-8 也可以直观看出，匹配后所有变量的标准化偏差小于匹配前。图 4-9 显示了倾向值得分匹配后样本的共同取值范围。从图 4-9 可以看出，大多数观测值均在共同取值范围内（在共同取值范围内），说明在进行倾向得分匹配时仅会损失少量样本，匹配结果较好。

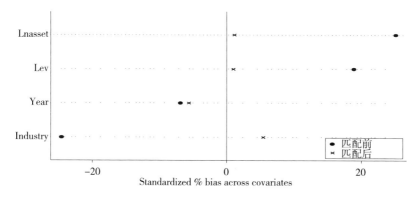

图 4-8 PSM 匹配前后各变量标准化偏差

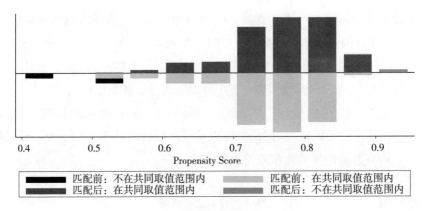

图 4 - 9 倾向得分的共同取值范围

2. 基于双重差分模型（DID）的回归结果分析

表 4 - 79 右侧为式（4 - 25）的回归结果，是对式（4 - 24）回归结果的稳健性检验，分析表 4 - 79 式（4 - 25）可知，$treat_{i,t} \times Post_{i,t}$ 的交乘项系数为 0.377，在 5% 的水平上显著为正，稳健性检验结果支持假设 4 - 8,且与主分析回归结果一致，说明结果稳健。

控制变量方面，产能利用率与管理费用率（$Mfee_{i,t}$）在 1% 水平上显著负相关，与企业上市年龄（$Age_{i,t}$）在 10% 水平上显著正相关，与主分析结果一致。此外，产能利用率与经营现金流量营收比（$Roc_{i,t}$）在 1% 水平上显著负相关，与托宾 q 值（$TQ_{i,t}$）在 1% 水平上显著正相关，说明成长性越好的企业，其产能利用率越高。

方差膨胀因子（VIF）检验结果如表 4 - 80 右侧三列所示。各变量 VIF 的值均小于 5，并且所有变量的 VIF 均值为 1.92，说明变量之间不存在严重的多重共线性问题。

（五）进一步分析

1. 审计监督前后企业产能利用率对比——区分事务所类型

根据我国相关规定，上市公司的年报必须经由会计师事务所进行 CPA 审计后才能够对外公布。为了检验在被不同类型会计师事务所审计的央企控股上市公司中，审计监督对企业产能利用率的影响是否存在差异，进行了如下的回归分析。分析模型继续沿用模型（1）的双重差分模型，首先对主分析的 PSM 样本进行分类筛选，筛选标准为进行年度审计的会计师事务所是否为"十大"会计师事务所，将样本分为"十大"会计师事务所组和非"十大"会计师事务所组。经过筛选，"十大"会计师事务所组包含 197 个观测，非"十大"会计师事务所组包含 131 个观测。

回归结果如表 4 - 82 所示。第（1）列为主分析 PSM 样本回归结果，第（2）列为"十大"会计师事务所组样本回归结果，第（3）列为非"十大"会计师事务所组样本回归结果。从表 4 - 82 可以看出，在非"十大"会计师事务所组回归结果中，$\text{Audit}_{i,t} \times \text{Post}_{i,t}$ 的交乘项系数为 0.363，且在 5% 的水平上显著为正，与主分析样本回归结果一致，而在"十大"会计师事务所组中 $\text{Audit}_{i,t} \times \text{Post}_{i,t}$ 的交乘项系数不显著，说明审计监督对未经过"十大"会计师事务所审计的央企控股的上市公司产能利用率有显著影响，而对经过"十大"会计师事务所审计的央企控股的上市公司无显著影响。同时，在非"十大"会计师事务所组中，产能利用率与公司规模（$\text{Lnasset}_{i,t}$）在 1% 水平上显著负相关，与管理费用率（$\text{Mfee}_{i,t}$）在 1% 水平上显著负相关，与企业上市年龄（$\text{Age}_{i,t}$）在 5% 水平上显著正相关，这与主分析样本中的回归结果一致。

表 4 - 82　　　审计监督前后企业产能利用率对比——区分事务所类型

变量	（1） PSM 样本	（2） "十大"会计师事务所组	（3） 非"十大"会计师事务所组
$\text{Audit}_{i,t} \times \text{Post}_{i,t}$	0.287 ** (0.119)	0.211 (0.183)	0.363 ** (0.139)
$\text{Audit}_{i,t}$	− 0.0636 (0.0796)	− 0.00677 (0.123)	− 0.143 * (0.0771)
$\text{Post}_{i,t}$	− 0.200 *** (0.0653)	− 0.248 ** (0.0995)	− 0.150 * (0.0904)
$\text{Lev}_{i,t}$	0.0399 (0.210)	0.149 (0.270)	− 0.187 (0.334)
$\text{Roa}_{i,t}$	0.914 (0.726)	0.806 (1.259)	0.965 (0.754)
$\text{Lnasset}_{i,t}$	− 0.111 *** (0.0292)	− 0.127 *** (0.0406)	− 0.112 *** (0.0408)
$\text{Roc}_{i,t}$	− 0.0391 (0.184)	0.0796 (0.270)	− 0.198 (0.211)
$\text{Sfee}_{i,t}$	− 1.020 (0.708)	− 1.641 (1.071)	− 0.0717 (1.220)
$\text{Mfee}_{i,t}$	− 2.710 *** (0.460)	− 3.648 *** (0.952)	− 2.149 *** (0.504)
$\text{TQ}_{i,t}$	− 0.0207 (0.0229)	− 0.00464 (0.0326)	− 0.0388 (0.0252)

变量	(1) PSM 样本	(2) "十大"会计师事务所组	(3) 非"十大"会计师事务所组
$Age_{i,t}$	0.00988 * (0.00563)	0.00722 (0.00777)	0.0175 ** (0.00829)
Constant	3.477 *** (0.689)	3.880 *** (0.951)	3.424 *** (0.931)
Observations	328	197	131
R - squared	0.229	0.223	0.308

2. 两次审计监督效果的对比——区分事务所类型

为了检验审计监督的一次审计与二次审计对企业产能利用率的影响是否存在差异，定义哑变量 Second，因为双重差分模型能够较好地避免可能存在的内生性问题，所以继续使用该模型进行实证检验。设定模型（4 - 26）进行实证分析，并区分事务所类型，将样本分为"十大"会计师事务所组和非"十大"会计师事务所组，检验两次审计监督对经过不同类型事务所审计的央企控股上市公司产能利用率的影响是否存在差异。具体模型如下：

$$Eff_{i,t} = \beta_0 + \beta_1 Audit_{i,t} + \beta_2 Second_{i,t} + \beta_3 Audit_{i,t} \times Second_{i,t} + \beta_4 Lev_{i,t}$$
$$+ \beta_5 Roa_{i,t} + \beta_6 Lnasset_{i,t} + \beta_7 Roc_{i,t} + \beta_8 Sfee_{i,t} + \beta_9 Mfee_{i,t}$$
$$+ \beta_{10} TQ_{i,t} + \beta_{11} Age_{i,t} + Industry\&YearFixed\ Effects + \varepsilon_{i,t} \quad (4 - 26)$$

模型（4 - 26）中，关于 $Second_{i,t}$ 变量取值，对二次审计公告年度以后（包括公告年度）的各年赋值为 1，其他年度赋值为 0，其余变量定义不变；下标 i 和 t 分别代表第 i 个样本和第 t 年。

在主分析研究样本的基础上，剔除从未被审计过的样本，共得到 908 个观测。接受 1 次审计的样本为控制组（treat = 1），接受二次以上审计的样本为实验组（treat = 1），PSM 和协变量与主分析一致，控制组样本的 $Second_{i,t}$ 变量取值与其匹配的实验组样本相同。剔除未匹配上的样本，共得到 325 个观测，其中实验组 161 个，控制组 164 个，"十大"会计师事务所组观测 228 个，非"十大"会计师事务所组观测 97 个。此处省略 PSM 匹配结果，详细回归结果见表 4 - 83。在第（1）列 PSM 样本中，$Audit_{i,t} \times Post_{i,t}$ 的交乘项系数不显著，说明二次审计对企业产能利用率的影响与一次审计无明显差异，与王兵等研究得出的二次审计对企业过度投资水平的影响与一次审计无明显差异的结论在原理上具有一致性。综合来看，政府审计机关对企业进行一次审计后，已经能够发挥应有的作用，对企业经营方面产生一定的影响，并且这种影响具有一定的持续性和威慑力。第（2）列和第（3）列区分事务所类型的回归结果显示，无论是"十大"会计师事务所组还是非"十大"会计师事务所组，二次审计对企业产能利用率的影响较一次审计均没有明显差异。从控制变量的回归结果看，二次审计时的企业产能利用率主要与公司规模和管理费用率显著负相关，与前面的检验结果一致，说明规模大的公司产能过剩问题确实更严重，管理费用的支出也直接影响企业的产能利用率，公司应对这些指标予以重视。

表 4 − 83　　　　　两次审计监督效果的对比——区分事务所类型

变量	(1) PSM 样本	(2) "十大"会计师事务所组	(3) 非"十大"会计师事务所组
$Audit_{i,t} \times Second_{i,t}$	−0.221 (0.183)	−0.368 (0.240)	0.0491 (0.184)
$Audit_{i,t}$	0.206 *** (0.0780)	0.233 *** (0.0871)	0.192 (0.161)
$Second_{i,t}$	0.169 (0.162)	0.364 * (0.210)	−0.231 (0.164)
$Lev_{i,t}$	0.0961 (0.210)	−0.198 (0.277)	0.712 ** (0.296)
$Roa_{i,t}$	0.387 (0.571)	0.234 (0.750)	0.948 (1.183)
$Lnasset_{i,t}$	−0.0563 * (0.0328)	−0.0299 (0.0343)	−0.173 * (0.102)
$Roc_{i,t}$	−1.001 *** (0.297)	−1.338 *** (0.336)	−0.642 (0.542)
$Sfee_{i,t}$	−1.261 (0.879)	−0.573 (0.916)	−3.371 (2.571)
$Mfee_{i,t}$	−3.360 *** (0.642)	−3.151 *** (0.678)	−4.066 *** (1.050)
$TQ_{i,t}$	−0.0106 (0.0178)	−0.0189 (0.0230)	−0.0228 (0.0376)
$Age_{i,t}$	−0.00393 (0.00629)	−0.00732 (0.00711)	0.00444 (0.0114)
Constant	2.471 *** (0.736)	2.076 *** (0.764)	4.764 ** (2.353)
Observations	325	228	97
R − squared	0.249	0.262	0.368

四、小结与建议

本节选择央企控股的上市公司为切入点，以产能利用率为核心，研究审计监督对企业产能利用率的影响。利用 2010～2016 年央企控股的上市公司面板数据为研究样本，剔除金融、保险、ST、*ST 等性质特殊的公司以及数据缺失的上市公司，采用倾向值得分匹配与双重差分模型相结合的方法，较好地避免了可能存在的内生性问题，进而对研究问题进行实证分析。首先，运用总资产周转率作为产能利用率的代理变量，对倾向值得分匹配后的样本使用双重差分模型进行回归分析，结果表明，审计监督与企业产能利用率呈显著正相关关系，支持原假设，审计监督确实能够在一定程度上使企业的产能利用率提升。然后更换样本年度对主分析结果进行稳健性检验，选取 2007 年和 2017 年两年的样本数据，同样采用倾向值得分匹配与双重差分模型相结合的方法，对倾向值得分匹配后的样本使用双重差分模型进行回归分析，回归结果与主分析一致，验证了研究结果的稳健性。其次，对研究样本进行了拓展性的进一步分析，仍然采用总资产周转率作为产能利用率的代理变量，研究角度参考王兵等（2017）的已有成果，分别从"审计监督前后企业产能利用率对比——区分事务所类型"和"两次审计监督效果的对比——区分事务所类型"两个方面进行实证分析。研究结果表明，审计监督对非"十大"会计师事务所组的上市公司产能利用率有显著影响，而在"十大"会计师事务所组的上市公司中，这种影响并不显著；二次审计与一次审计相比，并没有对上市公司的产能利用率有进一步影响，说明审计监督的威慑力有一定的持续性，且这种结果在 PSM 样本、"十大"会计师事务所组、非"十大"会计师事务所组中表现一致。最后，在大多数的实证结果中，公司规模和管理费用率指标均与产能利用率呈显著的负相关关系，企业上市年龄与产能利用率呈显著的正相关关系，说明资产规模大的企业产能过剩问题更加突出，管理费用支出对企业产能利用率有直接影响，相关政府部门应该重点关注。

本节的不足之处在于，受被审计央企集团数量的限制，本节回归样本量较小，尤其是二次审计的回归中，非"十大"会计师事务所组的样本观测仅为 97 个，研究结果具有一定局限性。而且，本节研究的审计监督是基于审计署层面的，无法回答地方审计机关的影响，在今后有待进一步改进。

第九节 审计监督提升企业全要素生产率分析

所谓审计监督，是指国家审计机关履行审计职能对中央和地方各政府机关、事业单位以及国有企业等组织机构的财务报告的真实性、公允性，运用公共资源的经济性、效益性、效果性，以及提供公共服务的质量进行全面审计的行为。其审计范围涵盖中央、地方、各行政单位的预决算以及财政资金筹集、供应以及使用的全过程。通过审计监督，不仅可以使国家财政预算资金在监督下实现合理、有效的使用；还可以客观公正地对目前财政决算情况做出评价，以达到为将来财政管理提供改进意见的目的。不仅如此，审计监督还可以有效揭露财政资金使用中的违法行为。审计监督作为一项独立的监督机制，就如同国家财政的"免疫系统"，通过审计监督，可以揭露国有企业与政府部门存在的违规问题，维护经济安全与稳定（吴业奇，2017）。

从 2005 年开始，审计署开始对中央企业开展审计工作，并在工作结束后在审计署官网上公布审计结果。审计监督的受重视程度随着经济的发展而逐渐增强。目前的研究表明，审计监督可以有效发挥其防治腐败作用，可以达到在国企中反腐倡廉的作用（朱芳芳，2018）。同时蔡利和马可哪呐（2014）运用 2008～2012 年中央企业控股上市公司数据进行实证研究，表明审计监督可以提高其经营绩效；此外还有研究证明，经过审计监督的中央企业在审计基年之后的盈余管理程度明显降低（吴业奇，2017）。由此可以看出审计署的审计监督对中央企业的经营活动存在着积极影响。通过审计监督，可以达到加强对其监督力度的目的，并可以以此降低其腐败程度，提高其经营业绩，促进其经营绩效的提高。

企业全要素生产率是指以企业为主的生产单位作为系统中的各个要素的综合生产率，也称作技术进步率。从经济增长的角度来说，生产率与资本、劳动等要素投入都对经济的增长有贡献。从效率角度考察，生产率等同于一定时间内国民经济中产出与各种资源要素总投入的比值。从本质上讲，它反映的是某个国家经济发展在一定时期里表现出来的能力和努力程度，是技术进步对经济发展作用的综合反映。

基于内生经济增长理论，技术进步是推动经济增长的重要因素之一。尤其在目前处于经济转型阶段的中国，技术创新成为推动中国经济增长的重要因素，因此我国政府目前采用各种政策激励企业技术创新。尤其是在为激励企业的创新投入与创新效率方面，政府补贴等研发财税政策的激励力度逐渐加大，在政府补贴方面，无论是力度还是范围，与之前相比都有很大的提升。在获得补贴的情况中，相比于民营企业，央企、国企更容易获得政府补贴（Shukuan Zhao，2018）。但是与逐年加大的政府研发补贴相对的是企业研发低效率。作为更易获得政府研发补贴的中央企业，其对研发补贴的运用更应受到监督。不仅如此，国有企业，特别是中央企业，在公司治理中频频暴露出的薪酬福利乱象、投资运营失策、依靠垄断地位浪费社会资源等问题广为媒体、民众诟病（蔡莉等，2014）。这些问题也就造就出一大批依靠政府补贴度日的僵尸企业，这些企业不仅无法实现国有资产的有效配置，还会使得国有资产流失，更无法实现国有资产的保值增值。作为政府"免疫系统"的审计监督，是推动国有企业治理效率提升的重要手段，更是保证中央企业对高效运营国有资产的最后一道防线，再加之企业研发活动是提高其全要素生产率的重要活动，因此审计监督对企业全要素生产率的影响更加值得关注。

综合审计监督的作用以及全要素生产率的重要性，并在中国制度环境下，中国的审计监督是否可以提高企业的全要素生产率？这个问题对于目前正处在经济转轨时期的中国十分有意义。企业全要素生产率作为经济发展过程中最应当重视的竞争力指标（徐保昌，谢建国，2015），并且目前在中国经济增长速度放缓、由要素驱动转向创新驱动的大背景下，企业全要素生产率更应受到政府重视。因此，审计监督作为对国家监督的重要手段之一，其对企业全要素生产率的影响作用不容忽视。但根据以前的文献，涉及审计监督与企业全要素生产率的研究还很少。基于此，本节将通过实证研究，以中央企业实际控制的上市公司为研究对象，探寻审计监督对企业全要素生产率的影响效应。

一、理论分析与假设提出

（一）审计监督与企业全要素生产率关系的理论基础

受托责任是普遍存在于社会中的一种经济关系，在这种关系下，委托人将财产、资源的经营管理权授予受托人，受托人在接受托付之后即承担所托付的责任，这种责任就是受托责任。受托责任广泛存在于社会各个领域。其中地方国企、央企代为人民对国家、人民集体财产实行经营、管理，实现国有资产的保值增值更是一种受托责任的拓展体现。在受托责任关系下，所有权与经营权相分离，政府受人民委托对人民集体财产进行运营，因此政府有责任向社会公众披露其经营管理状况。而审计监督正是确保其信息披露是否有效、完整、可靠以及真实的监督手段。由于腐败、管理不善等原因，出现了国有资产大量流失，为中央企业配置的优质资源没有得到很好的利用，使得中央企业的经营效率以及创新效率低下。本应作为中国经济支柱的中央企业，在现阶段部分央企却没有很好地承担其应有的经济责任。

基于以上背景下，我国对央企治理的力度逐年加大，其中审计监督的强度逐年提升就是体现之一。审计监督可以有效监督中央企业的支出、收入等符合法律规定，同时对中央企业对公共资源使用经济性、效率性也是一种督促。同时在对中央企业业绩考核的指标上也由原先的简单财务指标改为经济增加值。与传统财务指标相比，经济增加值考虑了包括股权资本成本在内的所有资本成本，更能衡量中央企业对国有资产的利用程度。这对中央企业对公共资源利用程度上的审计不仅是中央企业经营绩效的一种监督，更是督促其全要素生产率提高的体现。

（二）中央企业审计治理的现状

在对中央企业治理方面，审计署加大了对中央企业的审计力度，对各行业中具有代表性的中央企业加大了审计力度。姬霖等（2018）通过对2010～2016年审计监督的数据，从审计数量、审计内容以及审计整改三个方面进行了总结。在审计数量上，被审计监督的中央企业各年在逐年上升，但上升速度有限，表明虽然对中央企业的审计监督力度在逐年加大，但是对中央企业的审计监督范围还有一定局限性；在审计内容方面，政府对中央企业审计的内容也从之前以单一的财务指标衡量体系变成了结合企业财务状况、资产管理以及内部管理的相对综合衡量体系，逐渐形成依托经济责任反映企业领导人对重大经济决策的执行情况以及廉洁程度的审计监督模式；在审计整改方面，审计监督在一定程度上对中央企业的问题发生后进行了挽回，减少了部分国有资产的流失。对于中央企业内部存在的内控制度和内部管理薄弱、领导人员滥用职权、投资运营重大决策失误、产能过剩、成本过高、挪用公款、违规投资入股等问题都有一定程度的改善。但是这种改善大多局限于审计监督的当年或之后的一到两年，对于中央企业中存在的问题整体呈现屡审屡犯、屡犯屡改的反复情况。这也是为什么中央企业在推动中国经济创新经济发展的过程中没有很好地实现其引领作用的重要原因之一。

（三）审计监督目前研究现状

之前的文献对于审计监督之前的研究从国企治理效率、金融安全（蔡莉等，2014）、财政安全（刘雷等，2014）、企业绩效（张站民等，2015）

以及监督与腐败治理（崔云等，2015）等方面进行了广泛研究。研究表明，审计监督对于中央控股的上市公司的经营绩效有着滞后性的促进作用（蔡莉等，2014）；审计监督的揭示功能和抵御功能已经得到有效的发挥，对于地方政府财政安全有着正向的维护功能（刘雷等，2014）；审计监督可以通过权力制约以及监督实现腐败治理的功能（崔云等，2015）；此外，提高审计监督质量还可以改善国有企业的生存环境，优化资源的配置，促进企业的健康发展（张站民等，2015）。由此可见，审计监督目前对于中央控股企业绩效、中央控股企业的腐败治理以及政府财政安全的维护都发挥了一定的积极作用。

但是基于目前我国审计监督的现状也有研究表明，审计监督仍然存在不足，比如公开方式过于单一、审计监督信息公开年报尚不规范、审计监督专业人员缺乏（赵璐，2015），这些问题都会对审计监督发挥其"免疫系统"的作用形成阻碍，进而出现审计监督形同虚设的情况。比如，目前我国审计监督虽然实现了较好促进中央企业的业绩指标完成年度考核的目的，但是对于实现企业的经营效率的优化并没有真正达到（蔡莉等，2014）；在对采购方面的审计监督也存在制度体系尚未健全、审计指标和审计标准不统一、审计手段落后以及审计队伍素质有待提高等问题（周阳品，2016）。由此可见，审计监督在实现对企业监督的过程中还存在问题，使得审计监督对中央企业的督促和监督作用没有很好地实现。

鉴于目前审计监督的力度以及质量都在逐年增强，并且审计监督已经取得了一定成效，无论是对央企腐败的治理，还是对中央企业的经营效率，都有着积极的影响，因此提出假设4-9：审计监督可以提高企业全要素生产率。

二、研究设计

基于以上研究背景与文献综述，本节主要研究目的是探寻在政府治理力度逐渐增强且中国经济制度进入转轨时期下，审计监督对企业全要素生产率的影响。由于被审计监督的企业主要为中央企业，此外较早期间的中央企业的更名、合并情况比较多，因此为了保证数据准确性与有效性，选取2009～2017年由中央企业控股的上市公司的面板数据作为研究样本。数据主要来源为审计署官网以及国泰安数据库。

（一）变量测度

首先，对于被解释变量本节选用 DEA-Malmquist 模型进行计算。经济增长率计算公式为：$GY = GA + aGL + bGK$，其中，GY 是经济增长率，

GA 是全要素生产率增长率，GL 是劳动增加率，GK 是资本增长率，a 是劳动份额，b 是资本份额。由该公式可知，所谓"全要素生产率"（TFP）即为 GA 技术进步率。由于这部分对于经济增长率的贡献不能直接归属于资本投入增加或是劳动力投入增加，故将其看作整个生产要素投入整合而产生的经济增长率。基于此全要素生产率无法直接计算出来。

目前经济增长率的计算方法主要有三种：DEA、指数方法和传统参数方法。DEA 即数据包络分析方法，这种方法以及其模型由美国著名运筹学家查尔斯和库珀（A. Charnes and W. W. Cooper）在 1978 年提出。这是一种以线性规划的方法为主导，根据多项投入指标与产出指标，对具有可比性的同类型单位进行相对有效性评价的一种数量分析方法。该方法可以对提供相似服务的多个服务单位之间的效率进行比较，这种方法的优势是避开了计算每项服务的标准成本，正是因为这样，这种方法可以把多种投入和多种产出转化为效率比率的分子和分母，而不需要转换成相同的货币单位。所以在这种情况下，用该方法来衡量效率可以清晰地说明投入和产出的组合，从而，它比一套经营比率或利润指标更具有综合性并且更值得信赖。而 Malmquist 指数最初由曼奎斯特（Malmquist）于 1953 年提出，并于 1994 年由罗尔法尔等（RolfFäre et al.）将该理论的一种非参数线性规划法与数据包络分析法（DEA）理论相结合，进而形成了 DEA – Malmquist 这种广泛应用于金融领域、工业生产领域、医疗领域等部门生产效率的测算方法。

本节参考韩剑尘（2016）的研究，DEA – Malmquist 指数应用于企业生产效率评价的考量具有一些优势：第一，全要素在进行效率评价时不需考虑投入变量和产出变量的价格因素，将其应用到企业生产效率的动态评价中具有适用性；第二，全要素生产率的技术效率、技术进步指数、规模效率等分项指标具有全方位性；第三，利用全要素生产率可以全面分析出企业效率的动态变化及其主要原因和影响因素，结果具有客观性。据此本节选择 DEA – Malmquist 来计算中央企业控股上市公司全要素生产率。

运用 DEA – Malmquist 指数计算企业全要素生产率需要确定衡量企业产出与投入的指标。根据经济增长率计算公式（GY = GA + aGL + bGK）可知，影响经济增量率的两个最重要的投入量是资本和劳动力。在资本方面本节选取企业净资产进行衡量，而劳动力方面本节选择企业总人数进行衡量。在产出方面本节选择企业主营业收入总额来衡量。一方面，营业收入相比于企业利润，被操纵性的可能性较小，上市公司运用盈余管理的手段来操控其利润、"粉饰"其财务报表多是通过影响企业的营业外收入来实现的，而对于企业的主营业收入的影响比较小；另一方面，主营业务收入是企业在其主要经营活动中的产出体现，用主营业务收入衡量企业的产出，相比营业收入总额来说，可以排除在营业外收入中那些非经常性收入的影响，更能体现企业真实产出水平。因此本节选择企业主营业务收入来衡量企业产出。

在解释变量方面，设置中央企业是否经过审计监督（Audit）的虚拟变量来衡量。由于中央企业受到审计监督并不会影响其当年的生产经营决策活动，所以审计监督对中央企业的影响具有滞后性，蔡莉（2014）也在其研究结论中提到审计监督对企业影响存在滞后效应。因此将是否经审计监督进行滞后处理，滞后期分别取1年、2年、3年。滞后期1年含义为经审计监督后1年，审计监督开始发挥起作用，即审计监督年份后的第一年Audit取1；滞后期2年含义为经审计监督后2年，审计监督开始发挥起作用，即审计监督年份后的第二年Audit取1；滞后期3年含义为经审计监督后3年，审计监督开始发挥起作用，即审计监督年份后的第三年Audit取1。

在控制变量方面，根据规模经济效应可知，企业的生产效率会先随着企业规模的增加而增加，到达最优规模时其效率达到最大，越过最优规模之后，企业效率会随着企业规模增加而降低，因此企业规模是影响企业生产效率的重要因素，此外生产效率与全要素生产率有着密切联系，因此选择企业规模（Lnsize）作为控制变量，用企业年末资产总额的自然对数来衡量。此外，企业的应收能力、盈利能力、短期偿债能力、资产的运用效率也均会对企业的发展产生影响，而企业的发展则与企业对资源的利用效率有着密切联系，进而也会对企业全要素生产率有影响，所以把企业的营收能力（Sale）、盈利能力（ROA）、短期偿债能力（CR）以及资产的运用效率（TAT）也纳入控制变量中，其中营收能力用企业营业收入总额来衡量，企业盈利能力用企业总资产净利率来衡量，资产的运用效率用总资产周转率来衡量。另外，企业的财务结构，既是企业财务风险的体现，又会对企业外部的再融资产生影响，而资金是企业发展的根本要素之一，因此财务结构也对企业的发展产生影响，进而会对企业的全要素生产率产生影响，因此也将企业的财务结构（ER）纳入控制变量，用企业产权比率来衡量。除此之外，企业的股权集中度（Ownership）、对其财务报表的审计情况（用是否是"四大"会计师事务所BIG4和出具的审计意见是否为非标意见衡量）也会对企业的生产经营效率产生影响，进而对其全要素生产率产生影响，因此也将其纳入控制变量。各变量信息汇总如表4-84所示。

表 4 - 84　　　　　　　　　　　　变量信息汇总

变量类型	名称	符号	衡量方式
被解释变量	全要素生产率	TFP	利用 DEA - Malmquist 指数模型进行计算
解释变量	审计监督 1	Audit1	虚拟变量；被审计之后第 1 年设为 1，其余设为 0
	审计监督 2	Audit2	虚拟变量；被审计之后第 2 年设为 1，其余设为 0
	审计监督 3	Audit3	虚拟变量；被审计之后第 3 年设为 1，其余设为 0
控制变量	规模	lnSize	企业年末资产总额的自然对数
	营收能力	lnSal	企业营业收入总额的自然对数
	盈利能力	ROA	企业总资产净利率
	资产的运用效率	TAT	企业总资产周转率
	财务结构	ER	企业产权比率
	股权集中度	Ownership	第一大股东持股比例
	事务所为"四大"会计师事务所	BIG4	虚拟变量；"四大"会计师事务所设为 1，其余设为 0
	非标审计意见	MAO	虚拟变量；非标设为 1，其余设为 0
	短期偿债能力	CR	流动比率

（二）模型

本节使用倾向匹配得分 - 双重差分（PSM - DID）的方法进行研究。首先建立回归模型如下：

$$TPF_{i,t} = \beta_0 + \beta_1 Audit_{it} + \beta_2 \ln Size_{it} + \beta_3 Sale_{it} + \beta_4 ROA_{it} + \beta_5 TAT_{it} + \beta_6 ER_{it} + \varepsilon_{i,t} \tag{4-27}$$

式（4-27）中，β_0 为常数项，$\beta_1 \sim \beta_6$ 分别为各变量的系数，$TPF_{i,t}$ 为第 i 家中央企业控股上市公司 t 年的全要素生产率；$Audit_{i,t}$ 为第 i 家中央企业控股上市公司 t 年是否受到审计监督；$lnSize_{i,t}$ 为第 i 家中央企业控股上市公司 t 年的总资产的自然对数；$Sale_{i,t}$ 为第 i 家中央企业控股上市公司 t 年的营业收入总额；$ROA_{i,t}$ 为第 i 家中央企业控股上市公司 t 年的总资产净利率；$TAT_{i,t}$ 为第 i 家中央企业控股上市公司 t 年的总资产周转率；$ER_{i,t}$ 为第 i 家中央企业控股上市公司 t 年的产权比率。

首先，对实验组（经审计监督过的中央企业控股的上市公司）通过式（4-26）进行 Probit 回归，以是否受到审计监督（0-1 变量）为因变量，对企业受到审计监督的概率进行估计。其次，按照概率估计模型，结合自变量，对受到审计监督的概率进行预测，样本获得各自的倾向分值（Pscore）。之后按照合适的匹配算法，对样本进行重新配对（受到审计监督与未受到审计监督），以满足 PSM 的两个假设。最后，通过在最大匹配分值（Cali - per）上添加一定的容忍度，克服最近匹配在配对时距离过远的风险，提升匹配的质量。在经过倾向匹配得分得到对照组之后，对实验组和对照组运用双重差分的方法进行分析，以检验审计监督与企业全要素生产率之间的关系。

三、实证结果分析

本节使用 2008 ~ 2017 年共 10 年中央企业控股上市公司的非平衡面板数据作为研究范围（不包括金融行业的中央企业控股上市公司）。其中企业全要素生产率使用 DEA - Malmquist 指数计算，其中使用 DEA - Malmquist 指数计算企业全要素生产率时以相邻两年的样本进行匹配构造一个 2 年的平衡面板数据，进而使用 DEAP 软件计算出后一年的企业的全要素生产率。在计算完企业全要素生产率之后，对样本两端进行 1% 的缩尾处理，之后进行后文的进一步分析。

（一）描述性统计

表 4 - 85 为描述性统计结果的表格。通过描述性统计结果可以看出，被解释变量全要素生产率 TFP 均值为 1.81，最小值为 0.19，最大值为 13.296，说明各个中央企业控制的上市公司的全要素生产率差别很大，各个中央企业对生产要素的利用率差别很大，各个中央企业之间的技术进步率也有着很大的差距。对于三个虚拟变量"是否经过审计监督"（Audit1、Audit2、Audit3）的均值分别为 0.14、0.14、0.13，说明整体而言，政府对中央企业的审计范围还是很小的，审计监督没有覆盖到大部分的中央企业，这也证明我国审计监督的范围和力度应该进一步加大，进而可以涵盖大部分中央企业，以达到监督中央企业，进而实现提高其技术进步率以及全要素生产率的目的。在控制变量方面，资产净利率 ROA 均值只有 3%，可见中央企业控制的上市公司的平均盈利水平很差，这也表明中央企业控制的上市公司对其生产要素的利用率以及对资产的管理能力存在很大的问题。在总资产周转率 TAT 和产权比率 ER 方面，各个中央企业所控制的上市公司平均总资产周转率不到 1，产权比率平均值达到 1.65，这说明各个中央企业控制的上市公司的资产营运水平偏低，财务杠杆偏高，负债偏多。股权集中方面来看，第一大股东平均持股达到 40%，表明股权集中很高，有利于提高公司的决策效率，但是如果监管不严，可能会因高持股比例而出现大股东挖空上市公司的情况。从 BIG4 可以看出，审计央企控股的上市公司的事务所多数是本土事务所；从发表的审计意见可以看出，基本是标准无保留意见。流动比率 CR 均值 1.9，说明央企控股的上市公司

的短期偿债能力比较强。整体而言，目前我国的营业状况、生产效率都有待提高；另外其聘用的事务所以本土所为主，审计质量相对较低。此外整体数据的离散度比较大，有利于后文的进一步回归分析。

表4－85 描述性统计结果

变量	Obs	Mean	Std. Dev.	Min	Max
TFP	990	1. 803989	2. 092765	0. 189	13. 296
Audit1	993	0. 141994	0. 34922	0	1
Audit2	993	0. 138973	0. 346093	0	1
Audit3	993	0. 123867	0. 329596	0	1
LnSize	993	22. 51309	1. 36078	19. 7904	26. 47247
LnSal	993	22. 07164	1. 409103	19. 29448	25. 70921
ROA	993	0. 026526	0. 059909	－ 0. 19855	0. 20526
TAT	993	0. 937795	0. 794031	0. 049135	4. 271359
ER	993	1. 600793	2. 047276	－ 7. 61392	12. 26491
Ownership	993	41. 04401	13. 6601	14. 34	71. 08
BIG4	993	0. 124874	0. 330743	0	1
MAO	993	0. 033233	0. 179334	0	1
CR	993	1. 962407	2. 284418	0. 18141	17. 29966

（二）相关性分析

表4－86为各个变量之间的相关性检验结果。通过相关性检验可以在一定程度上证明本节假设4－9，在以被审计年份滞后3年下的Audit3与企业全要素生产率TFP在5%的水平上显著正相关，这表明审计监督对企业的全要素生产率有着正向影响。但是在以被审计年份滞后2年下的Audit2以及以被审计年份滞后1年下的Audit1与企业全要素生产率TFP均不显著相关。这可能是由于审计监督的实际审计年份、介入年份以及公告年份之间的时滞所造成的。审计监督往往是在介入年份审计介入年份前一年的中央企业的财务报告，并在介入年份的下一年才将审计监督结果进行公告，因此在滞后1期下的变量Audit1对应的年份即为审计署介入审计的年份，而在滞后2期下的变量Audit2对应的年份即为审计署公告审计结果的年份。由于审计署在介入年份很难对中央企业的生产经营决策造成影响，在介入年份中央企业的生产经营和对其控制的上市公司的管控依旧与审计署介入审计年份之前一样，因此在这种原因下变量Audit1与全要素生产率

TFP 相关系数不显著。同样，在审计署将审计监督结果进行公告时，审计监督才会对中央企业的生产经营决策产生影响，被审计年份滞后 2 期的变量 Audit2 与审计监督结果的公告年份为统一年份。而全要素生产率是技术进步的一种体现，与企业的生产经营结构以及资源、生产要素配置有很大关系，而企业的生产经营结构资源、生产要素配置的改变需要一定的时间，因此在审计署将审计结果予以公告的当年，难以对中央企业控制的上市公司生产经营结构以及资源、生产要素配置产生很大的正向影响，在这种原因下变量 Audit2 与全要素生产率 TFP 的相关系数不显著。而在滞后 3 期下的变量 Audit3 与企业全要素生产率则在 5% 的水平上显著正相关，而滞后 3 期的年份对应的则是审计署公告审计结果后的第一年，这说明审计监督对企业的全要素生产率有正向影响，并且这种正向影响存在一定时间的滞后，滞后期大概为审计的财务报告的年份之后的 3 年，这也与前人的研究发现审计监督发挥其监督效果存在一定的时滞相一致。

（三）随机效应回归结果分析

首先以 TFP 为被解释变量，并且分别将 Audit1、Audit2、Audit3 作为解释变量，再加上控制变量进行 Hausman 检验，发现 P 值均大于 0.05，因此选择随机效应对面板数据进行回归。表 4 - 87 为随机效应回归结果。通过表 4 - 87 的结果可以进一步验证假设 4 - 9。在表 4 - 87 中滞后 3 期的 Audit3 与企业全要素生产率 TFP 在 5% 的水平上显著正相关。进一步说明了我国审计署对中央企业实行的审计监督对提高中央企业的生产运营效率、优化中央企业的资源配置以及企业生产结构都有着正向影响。因此这样的正向影响最终使得中央企业的全要素生产率提高。但是在表 4 - 87 中滞后 1 期的 Audit1 与企业全要素生产率 TFP 以及滞后 2 期的 Audit2 与企业全要素生产率 TFP 均不显著。这也进一步验证了本节在相关性分析中所提到的原因。由于在滞后 1 期的情况（即变量 Audit1）下 Audit 取 1 的年份正好是审计署介入中央企业进行审计的年份，因此在这一年中央企业没有时间调整其生产经营结构，也无法重新配置其生产要素。因此，在介入这一年（也就是 Audit1 取 1 的这一年）中央企业所控制的上市公司的全要素生产率基本不会提高，因此在多元线性回归结果下，Audit1 与企业全要素生产率 TFP 并不显著，这也印证了在审计署介入中央企业进行审计监督的这一年，中央企业控制的上市公司的全要素生产率与在审计署介入之前并无太大差别。在滞后 2 期的情况（即变量 Audit2）下 Audit 取 1 的年份正好是审计署公布审计结果的年份，审计署将审计监督结果予以公告后，审计监督才会对中央企业产生影响，中央企业才会加强自身的资金以

表 4-86

相关性检验

变量	TFP	Audit1	Audit2	Audit3	LnSize	LnSal	ROA	TAT	ER	Ownership	BIG4	MAO	CR
TFP	1												
Audit1	0.002	1											
Audit2	-0.002	-0.088***	1										
Audit3	0.076**	-0.048	-0.054*	1									
LnSize	0.064**	0.022	0.074**	0.079**	1								
LnSal	0.063**	0.019	0.034	0.037	0.863***	1							
ROA	0.019	0.047	-0.009	0.01	-0.048	0.057*	1						
TAT	0.018	0.021	-0.01	0.012	-0.108***	0.286***	0.191***	1					
ER	0.028	-0.007	-0.008	-0.035	0.328***	0.310***	-0.182***	-0.027	1				
Ownership	-0.013	-0.022	0	-0.016	0.289***	0.337***	0.133***	0.060*	0.069**	1			
BIG4	-0.005	0.012	0.024	0.015	0.352***	0.378***	0.052	0.115***	0.068**	0.162***	1		
MAO	-0.056*	-0.011	0.007	-0.019	-0.080**	-0.134***	-0.331***	-0.039	-0.089***	-0.111***	-0.070**	1	
CR	-0.041	0.04	0.051	-0.006	-0.213***	-0.268***	0.233***	0.041	-0.260***	-0.083***	-0.038	-0.047	1

及营运管理，并重新配置其生产要素，提高其经营效率。再加之中央企业体系结构庞大，这种影响传递到中央企业控制的上市公司并且对其产生影响也需要一些时间，因此在这种情况下，在被审计年份的两年之后的企业的全要素生产率也没用明显改善。因此总体而言，审计监督对企业全要素生产率的提高存在正向影响，但是这种影响存在一定的滞后性。

表 4 – 87 随机效应回归结果

变量	Audit1（滞后 1 期）		Audit2（滞后 2 期）		Audit3（滞后 3 期）	
	Coef.	P > |z|	Coef.	P > |z|	Coef.	P > |z|
Audit	− 0. 01	0. 96	− 0. 04	0. 84	0. 43 **	0. 03
LnSize	0. 19	0. 20	0. 19	0. 20	0. 14	0. 34
LnSal	− 0. 07	0. 66	− 0. 07	0. 65	− 0. 03	0. 84
ROA	0. 57	0. 65	0. 57	0. 65	0. 54	0. 67
TAT	0. 13	0. 35	0. 13	0. 34	0. 10	0. 47
ER	− 0. 00	0. 92	− 0. 00	0. 91	0. 00	0. 98
Ownership	− 0. 01	0. 23	− 0. 01	0. 23	− 0. 01	0. 26
BIG4	− 0. 23	0. 30	− 0. 23	0. 30	− 0. 22	0. 32
MAO	− 0. 64	0. 12	− 0. 64	0. 11	− 0. 61	0. 13
CR	− 0. 04	0. 25	− 0. 04	0. 25	− 0. 03	0. 29
_cons	− 0. 66	0. 61	− 0. 68	0. 60	− 0. 50	0. 70

（四）PSM – DID 回归结果分析

由于采用随机效应回归分析模型，只有在滞后三期的情况下 Audit3 与被解释变量 TFP 在 5% 的显著性水平上显著相关，因此本部分使用 PSM – DID 进行进一步分析。首先是倾向得分估值。上市公司是否受到审计监督，取决于样本多方面的特征，包括上市公司规模、盈利水平、营运能力以及销售水平。我们将是否经过审计监督纳入 Logit 模型，估计上市公司受到审计监督的倾向得分值：

$$Logit_{(Auditi = 1)} = \beta_0 + \beta_1 \ln Size_{it} + \beta_2 LnSal_{it} + \beta_3 ROA_{it} + \beta_4 BIG4_{it}$$
$$+ \beta_5 ER_{it} + \beta_6 CR_{it} + \varepsilon_{it} \tag{4 − 28}$$

经过匹配后实验组与对照组合计一共有 221 个样本观测值（Treated 组 110 个上市公司；Untreated 组 111 个上市公司）。图 4 – 10（左）为进行匹配前的实验组和对照组的密度函数图，可见实验组和对照组分布存在着较大的偏差。实验组和对照组倾向得分曲线拟合度越高，表明配对效果越好，越接近 PSM 方法的两个基本假设。图 4 - 10（右）是进行匹配后的密度函数图，由图可见匹配后的实验组和对照组的拟合度与匹配前有较大幅度的提高。

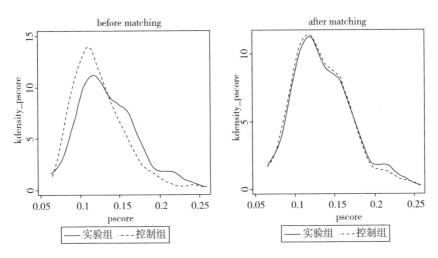

图 4 - 10　匹配前（左）和匹配后（右）的实验组和对照组的密度函数

DID 的基本思路是根据处理组和控制组在审计监督前后的相关信息，计算处理组在加入上市公司全要素生产率在经审计监督后的变化量，同时计算控制组同一指标的变化量，然后计算上述两个变量的差值。具体模型如下：

$$TFP_{it} = \beta_0 + \beta_1 \, Audit_{i,t} + \beta_2 \, Time_{i,t} + \beta_3 did_{i,t} + \sum \beta_i Contral_{i,t} + \varepsilon_{i,t}$$

$$(4 - 29)$$

式（4 - 29）中，TFP_{it} 代表第 i 家上市公司 t 年的全要素生产率；$Audit_{i,t}$ 为上市公司是否经过审计监督的虚拟变量；$Time_{i,t}$ 代表审计署当年是否进行了审计监督，进行了审计监督为 1，没有进行审计监督为 0；$did_{i,t}$ 为 $Audit_{i,t}$ 与 $Time_{i,t}$ 的交乘项。$Contral_{i,t}$ 为控制变量；$\varepsilon_{i,t}$ 为随机扰动项。从式(4 - 29)可知，β_3 的估计值即为审计监督的净效果。由于在上文分析中只有在滞后三期的情况下 Audit3 与被解释变量 TFP 在 5% 的显著性水平上显著正相关，因此本部分只用 Audit3 与 Time 的交乘项作为 did。

表 4 - 88 为 DID 估计结果。从表 4 - 88 的结果中可以看出，DID 变量系数在 5% 的显著性水平上显著为正，进一步说明了 TFP 与 Audit3 在 5% 的显著性水平上显著正相关。即审计署对中央企业进行的审计监督可以有效提高中央企业控制的上市公司的全要素生产率，但从审计署介入中央企

业开始审计监督到审计监督对中央企业控制的上市公司发挥作用需要一定的时间，在本节中这个时滞为 3 年，即从审计署介入中央企业开始审计监督，到中央企业控制的上市公司的全要素生产率提高需要 3 年的时间。这表明我国的审计监督确实能够发挥提高中央企业所控制的上市公的企业全要素生产率的作用，但是存在一个较长时间的滞后，这也与前人的研究相吻合，即审计监督可以发挥对企业的监督治理作用，但是其发挥存在一个时滞。

表 4 - 88   DID 估计结果

变量	Coef.	Std. Err.	z	P > |z|	[95% Conf. Interval]	
did	0. 732889 **	0. 35764	2. 05	0. 04	0. 031928	1. 433851
LnSize	0. 667174 *	0. 39144	1. 7	0. 088	- 0. 10003	1. 434382
LnSal	- 0. 56075	0. 393971	- 1. 42	0. 155	- 1. 33292	0. 211424
ROA	2. 334342	4. 061689	0. 57	0. 565	- 5. 62642	10. 29511
TAT	0. 696601 *	0. 366087	1. 9	0. 057	- 0. 02092	1. 414118
ER	0. 042682	0. 102011	0. 42	0. 676	- 0. 15726	0. 242621
Ownership	- 0. 01625	0. 014323	- 1. 13	0. 257	- 0. 04432	0. 011827
BIG4	- 0. 50328	0. 560946	- 0. 9	0. 37	- 1. 60272	0. 596149
MAO	- 1. 32235	1. 570921	- 0. 84	0. 4	- 4. 4013	1. 756599
CR	- 0. 02782	0. 049061	- 0. 57	0. 571	- 0. 12397	0. 068342
_cons	- 1. 16769	3. 23555	- 0. 36	0. 718	- 7. 50925	5. 173869

（五）稳健性检验

1. 多重共线性检验

首先对本节选取的变量进行方法膨胀因子检验，以检查本节所选择的变量之间是否存在多重贡献性，检验结果如表 4 - 89 所示。通过方差膨胀因子检验可以看到，最大的方差膨胀因子为 5. 28，方差膨胀因子平均为 1. 98，远小于 10，因此证明所选取的变量之间基本不存在多重共线性，因此结果相对稳健。

表 4 - 89   方差膨胀因子检验结果

变量	VIF	1/VIF
LnSal	5. 28	0. 19
LnSize	5. 01	0. 20

变量	VIF	1/VIF
TAT	1.47	0.68
ROA	1.36	0.73
MAO	1.21	0.82
BIG4	1.18	0.85
Ownership	1.17	0.85
ER	1.07	0.94
Audit3	1.01	0.99
CR	1.00	1.00
Mean VIF	1.98	

2. 缩小样本范围

为了检验模型的稳健性,本节抽取了部分样本进行回归分析。首先对面板数据进行 Hausman 检验,经过检验 P 值小于 0.05,因此应选择随机效应模型进行回归分析。随机效应回归结果如表 4 - 90 所示。通过表 4 - 90 结果可以看出在缩小样本下,回归结果基本与前文分析一致。解释变量 Audit3 与被解释变量 TFP 在 5% 的水平上显著正相关,因此表明本节的结果具有一定的稳健性。

表 4 - 90   缩小样本下的随机效应回归分析

变量	Audit1(滞后 1 期)		Audit2(滞后 2 期)		Audit3(滞后 3 期)	
	Coef.	P > |z|	Coef.	P > |z|	Coef.	P > |z|
Audit	- 0.4638768	0.384	- 0.8970837 *	0.072	0.7328892 **	0.04
LnSize	0.7966062 **	0.04	0.8607297 **	0.026	0.6671737 *	0.088
LnSal	- 0.6849304	0.08	- 0.7453737 *	0.056	- 0.5607459	0.155
ROA	1.995112 *	0.626	1.546468	0.705	2.334342	0.565
TAT	0.8509484 **	0.018	0.8741324 **	0.014	0.6966014 *	0.057
ER	0.0286574	0.78	0.0200064	0.845	0.0426824	0.676
Ownership	- 0.017898	0.216	- 0.0185529	0.197	- 0.0162462	0.257
BIG4	- 0.4598076	0.421	- 0.563803	0.316	- 0.5032846	0.37
MAO	- 1.606865	0.309	- 1.645622	0.295	- 1.32235	0.4
CR	- 0.0236015	0.636	- 0.0124636	0.803	- 0.0278165	0.571
_cons	- 0.9741168	0.765	- 0.9925771	0.759	- 1.167692	0.718

四、小结与建议

选取 2008～2017 年共 10 年的中央企业控制的上市公司的非平衡面板数据，运用随机效应回归分析以及倾向得分匹配与双重差分的方法，对审计监督是否能够提高中央企业控制的上市公司的全要素生产率进行研究。研究发现，审计监督对中央企业控制的上市公司的全要素生产率存在促进作用，经过审计监督的中央企业控制的上市公司的全要素生产率与未经过审计监督的中央企业控制的上市公司的全要素生产率相比，前者的企业全要素生产率有显著的提高。但是审计监督对中央企业控制的上市公司的全要素生产率的促进作用的发挥存在一定的时滞，在选择的三个审计监督后窗口期（分别是 Audit1 经政府审计后之后 1 年；Audit2 经审计监督后之后 2 年；Audit3 经审计监督后之后 3 年）中只有在第三个窗口期 Audit3 与企业全要素生产率 TFP 呈显著正相关，即在经审计监督后的第三年，也就是审计署将对中央企业的审计监督结果公布的那年，审计监督对中央企业控制的上市公的企业全要素生产率的促进作用才真正开始发挥。这也与以往研究审计监督对企业的治理发挥效应存在时滞的结果相一致。

基于以上研究结论，提出以下建议：第一，扩大审计监督的中央企业范围。目前审计监督是审计署对中央企业进行随机抽取并进行审计，这样就会使得没有被抽中审计监督的中央企业存在侥幸心理。在审计监督对提高企业全要素生产率有正向促进作用的情况下，应该扩大审计监督的范围，以达到全面提高中央企业控股上市公司全要素生产率的目的。第二，加大审计监督的力度和审计监督的时间间隔。目前审计监督虽然对提高中央企业控股的上市公司的全要素生产率有促进作用，但审计监督发挥作用还存在比较长的时滞，因此目前应该加大审计监督的严厉程度，减少审计监督发挥提高企业全要素生产率作用的时滞。同时也因为审计监督发挥提高企业全要素生产率作用存在时滞，因此审计署也应该缩短对中央企业的政府审计的年限间隔，以此也加大对中央企业控股上市公司的监督，继而实现提高其企业全要素生产率的目的。第三，加快从审计署介入中央企业到审计结果进行公告的时间进程。虽然目前审计监督可以提高中央企业控股的上市公司的全要素生产率，但是审计监督结果发挥作用存在时滞，而且其正向促进效用也是在审计结果公布之后才产生的，因此应加快从审计署介入中央企业到审计结果进行公告的时间进程，尽快将审计监督结果进行公布，以达到促进企业提高全要素生产率的目的。

第十节　审计监督提升企业资源配置效率分析

中共十八届三中全会通过了《中共中央关于全面深化改革若干重大问题的决定》，提出要全面深化改革，推进国家治理体系和治理能力现代化。2015 年印发的《关于深化国有企业改革的指导意见》，提出完善国企的现代企业制度，建立健全高效协同的外部监督机制。随着我国经济增速放缓，进入了新常态时期，国企产业结构不合理、产能过剩、资源配置扭曲、社会负担沉重等问题日益突出。国资委下属国企，特别是央企，作为国民经济发展的中坚力量，掌握着关乎国计民生的重要资源，资源配置是否达到最优，直接作用于国家经济是否平稳健康发展。

根据 2011～2015 年国资委下属上市公司数据的统计显示，所属的 14 个行业的配置效率存在一定的差距。其中，作为国民经济的支柱产业，大型制造类企业和能源企业资源配置效率低；工程建设和通信行业配置效率虽然处于较高水平，但是与国家产业政策的扶持紧密相关。鉴于企业资源配置效率仍有较大提升空间，2015 年 11 月提出了推动国企转型的供给侧改革战略；中共十九大指出要深化供给侧结构性改革，主攻供给体系质量。中央企业作为国有企业中的龙头，央企控股的上市公司成为国企深化改革打造标杆的目标。如何做强做优央企控股的上市公司，规范运营国有资本，实现企业资源的有效配置，是国有资产监督管理委员会（以下简称国资委）和央企的共同任务，也是社会各方共同关注的问题。

中共十九大报告提出要"改革审计管理体制"，加强对权力运行的制约和监督。在全面深化改革和全面推进依法治国的新时期新要求下，审计监督作为国家宏观调控介入国企的一种方式，有效发挥审计的职能作用，是保障经济社会健康发展、推进国家治理体系和治理能力现代化的重要环节。特别地，央企体量大、业务复杂度高的特点使得对其审计成为审计监督的重点和难点。审计监督基于其独立性、全面性和专业性的监督特点，发挥着预防、揭示和抵御的"免疫系统"功能，为审计中发现的问题提出了针对性、建设性的意见，有力地维护着治理秩序，成为央企改革路上有力的推动力量。

自 2003 年起，审计署开始发布审计结果公告，公布审计结果；自 2010 年起，审计署开始发布针对单户中央企业的审计公告。根据数据统计，2010～2016 年中，审计署累计对 58 家（83 次）央企集团公司进行了财务收支审计，占重组后国资委直接管理的 112 家（2014 年底数据）央企的比例为 51.79%；截至 2016 年 12 月，审计署发布了共计 260 份审计结果公告，而央企审计结果公告有 94 份，占比为 36.15%。由数据的统计结果可以看出，对央企的审计仍是审计监督的重点内容。

本节以 2010～2017 年央企控股上市公司数据为研究样本，利用每年有部分央企及其控股的上市公司会被实施审计监督的"准自然实验"环境，采用 PSM 为被审计组配对未审计组，通过 DID 实证检验审计监督对央企控股上市公司资源配置效率是否具有正面作用；进一步分析检验不同资源配置效率水平上，审计监督对企业资源配置效率的影响是否具有滞后效应。利用变换企业资源配置效率的衡量方法和固定效应回归进行稳健性检验，确保研究结果的可信度。预期结果是审计监督发挥着"免疫系统"职能，对央企控股上市公司的资源配置效率有提高作用。

一、理论分析与假设提出

在经济新常态时期，国企承担的社会责任沉重，政企不分的机制使得企业发展缺乏活力，难以适应快速变化的市场，资源尚未达到最优配置。作为深化改革中的重要环节，审计监督是否能通过"免疫系统"职能提高央企控股上市公司的资源配置效率，国家治理机制对优化配置企业资源是否具有正面效应，本节研究审计监督对企业资源配置效率的影响是有理论和实践意义的。

（一）审计监督的影响作用

关于对央企控股上市公司实施审计监督、发挥监督职能的实证研究中，以往文献主要采用了双重差分法和多元回归法，关注了审计监督对企业经营管理的各方面指标和对社会审计（CPA 审计）的影响，得到的结果主要显示了审计监督的正向效应，发挥了"免疫系统"功能。

吴秋生等发现，审计监督通过扩大审计对象广度、加强审计监督权限行使力度和提高审计监督目标实现深度，发挥着督促国企资产保值增值的功能。审计监督能够抑制央企控股上市公司的过度投资行为，这种抑制作用主要体现在实施第一次审计和被非"十大"会计师事务所审计的公司中。在对企业绩效的影响中，审计监督具有持续性的提升作用，经济权力异化治理和审计监督的反腐功能在其中具有中介效应，即使这种正向中介效应是滞后的，通过提升反腐效率，推动企业制度的转变和完善公司治理结构，达到促进国有企业绩效提升的效果。陈宋生等通过个案分析和实证检验发现，相比审计前，审计后的公司盈余管理程度减弱；与未接受审计的公司对比，接受审计的公司盈余管理得到了约束；即审计监督对公司的盈余管理行为具有显著的负向影响。在对社会审计的影响中，审计监督的警示效应处于主导地位，对社会审计定价有提高作用；审计监督对提升CPA审计效率具有传导效应，接受审计监督后的公司，CPA审计效率显著提高。审计监督与社会审计协同，管制与自律结合，为实现审计的全覆盖、促进国有资产的良好运行提供了依据。

（二） 企业资源配置效率的影响因素

在企业配置效率影响因素的实证研究中，董淑兰、刘浩以国资委下属上市公司的数据为依据，发现区域资源配置效率与社会责任水平具有显著正向关系，信任变量作为中介变量将社会责任与资源配置效率联结。朱荃、张天华认为用政府规模衡量的政府经济干预恶化了资源配置效率，地方政府掌握的资源越多，则辖区内资源配置的效率越低，这种效应反应剧烈，在短期中断后会重新出现，程度有所减弱，但将持续一个较长的时期；相比非国有经济，政府经济干预对国有经济的资源配置效率的作用更明显。相似地，祝平衡等得出如下结论：资源配置效率与政府支出规模成负向关系，经济资源掌握过多和对市场过度介入会造成资源配置效率的恶化效应。城市规模与企业资源配置效率成倒 U 形关系，随着城市规模扩张、产业多样化和基础设施的改善使得企业资源配置效率提高，但当达到一定规模时，政府对经济的过度干预使得资源配置效率反而下降。丁等（Ding C et al.）认为价格波动对企业配置效率损失具有非线性影响：在应对小幅波动时，企业采取保守策略，导致配置效率低下；更大的波动迫使企业调整策略，被动地改变要素投入和生产计划的比例。

（三） 审计监督的作用机制

在信息不对称和代理成本存在的前提下，管理层相对股东掌握着关于公司更全面、更详细的信息，极易出现管理层自利行为，损害股东权益。这个理论框架当然也适用国有企业，国企的管理层极有可能因为自身利益的驱动，对企业资源进行调配，导致配置效率低下。

基于公共受托责任理论，审计监督发挥对国企的监督是必要职责。审计监督作为国家治理体系中的"免疫系统"，具有预防、揭示和抵御功能（见图 4 - 11）。其中，预防功能作为目的，是指凭借以宪法和法律为依据的威慑作用，利用其独立、专业及涵盖经济社会各方面的优势，对经济社会是否健康运行密切跟进，及早感知风险隐患，发出预警信号；揭示功能是基础，通过监督检查各项治理措施的执行情况，反映真实情况，纠正对规则和决策的偏差和背离，促进国家治理措施的落实准确性；抵御功能是重点，审计监督全面完整地采集和提供相关信息，促进改革体制、完善机制和防范风险，抵御经济社会运行中的各种病害，提高其质量和绩效。三大功能相辅相成，统一于审计监督的工作实践中，共同作用于国企的经营管理，其中就包括国资委下属企业资源配置的监控。

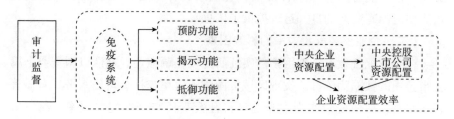

图 4 - 11   审计监督对企业资源配置效率的作用机制

国有企业改革的进程中，在国资委和证监会的双重推动下，央企加快了整体上市的步伐，原有集团公司大多成为控股公司，央企大部分有效资产会下沉至其控股的上市公司（凌文，2012）。审计署对央企实施审计，因为控股股权的纽带关系，自然辐射到下属上市公司，甚至还会对下属上市公司进行延伸审计，部分审计结果公告会明确提及延伸审计的下属上市公司名称。鉴于审计监督的"免疫系统"职能，发挥审计监督的预防、揭示和抵御功能，更有可能提高企业资源配置效率。由此，提出假设 4 - 10：审计监督的"免疫系统"职能有助于提高央企控股上市公司的资源配置效率，即审计监督与央企控股上市公司的资源配置效率正相关。

二、研究设计

（一）数据来源与预处理

本节以实际控制人性质为中央企业的全部上市公司为研究样本，即央企控股的上市公司，研究期间为 2010～2017 年。首先在百度文库里得到了 2010～2017 年各年的中央企业名单，然后与上市公司实际控制人名称进行匹配，并进行手工复核；特别地，部分上市公司的实际控制人只注明了类似某某地区国资委字样，选取此类公司的直接控股股东进行匹配。以被审计过的央企控股上市公司作为实验组样本，未被审计的作为对照组样本，得到共 297 家央企控股的上市公司，1759 个观测值。在得到初始样本后，考虑到金融行业的特殊性，参照证监会 2012 年的分类标准，剔除了属于金融行业的上市公司；*ST 和 ST 公司对公开披露的财务数据有操纵的可能性，因此将其剔除，同时删除研究变量缺失和变量数据有误的观测，最终样本为共 288 家公司，1690 个观测值，为不平衡面板。

由于审计结果的公示年份具有滞后性，对被审年份、介入年份和公告年份的定义如下：例如 2018 年第 31 号公告：中国航空油料集团有限公司 2016 年度财务收支等情况审计结果，被审年份是 2016 年，介入年份是 2017 年，公告年份是 2018 年。因此，以介入年份衡量，样本区间定义为 [2010，2017]，即选取了 2011～2018 年的审计结果公告，研究变量向前延伸一年。

除审计监督变量来源于审计署官网公布的审计结果公告，其他变量数据均来源于 CSMAR 数据库。对所有连续变量在 1% 和 99% 处进行缩尾处理，以降低异常值对研究结果的影响。

（二）变量定义

首先是定义审计监督变量。对于是否审计，定义"audit"如下：如果上市公司的控股央企在当年被审计署介入审计，则介入年份及以后年份 audit 赋值为 1，否则为 0；对于审计前后，定义"post"：经过政府审计之后（即第一次审计的介入年份滞后一期）和以后年份赋值为 1，审计当年和之前年份赋值为 0。

对于企业资源配置效率的衡量，借鉴沃尔格勒（Wurgler，2000）和冯玉明（2003）等的研究，构建了企业资源配置效率的衡量模型。沃尔格勒认为，资源配置效率的提高意味着在投资效益高的行业会从市场中筹集到更多资金以追加投资，而投资效益低的行业则会削减投资。

$$ECP_{i,t} = \alpha + \beta \, AVP_{i,t} + \delta_{i,t} \qquad (4-30)$$

式（4-30）中，$ECP_{i,t}$ 表示某行业的央企控股上市公司某年加权平均每股资产增长率，用总资产的增长额与总股本的比值得到；$AVP_{i,t}$ 表示某行业该年度的央企控股上市公司加权平均每股收益，以利润总额除以总股本衡量，i 为行业代码，t 为年度代码。回归系数 β 越大，表示企业资源配置效率越高。

PSM 模型的协变量和双重差分模型的控制变量选择参考了以往文献，包括：企业规模、偿债能力、盈利能力、发展能力、经营性现金流、总资产周转率、股权集中度和是否被"四大"会计师事务所审计。同时利用年份虚拟变量和行业虚拟变量来控制时间和行业变化对回归模型的影响。详细定义如表 4-91 所示。

表4-91 变量定义

变量	变量名称	变量符号	变量定义
因变量	加权平均每股资产增长率	ECP	资产总额的增长额/总股本
	加权平均每股收益	AVP	利润总额/总股本
自变量	是否审计	audit	如果控股央企在当年被审计署介入审计,则介入年份及以后年份 audit 赋值为1,否则为0
	审计前后	post	对于实验组,审计监督之后和以后年份赋值为1,审计当年和之前年份赋值为0;对照组的 post 取值与对应的实验组 post 取值一致
控制变量	公司规模	size	资产总额取自然对数
	偿债能力	lev	负债总额/资产总额
	盈利能力	roa	净利润/资产总额
	发展能力	ce	(本年资产总额—上年资产总额)/上年资产总额
	经营性现金流	rocf	经营性现金流净额/资产总额
	总资产周转率	turnover	营业收入/资产总额
	股权集中度	firhold	第一大股东持股比例
	是否被"四大"会计师事务所审计	big4	当年被"四大"会计师事务所审计赋值为1,否则为0
	行业虚拟变量	industry	参照证监会 2012 年的分类标准,按行业大类,共有 14 个行业虚拟量
	年份虚拟变量	year	样本区间[2010,2017],共7个年份虚拟变量

(三) 模型构建

审计署每年选取部分央企及其控股的上市公司进行审计并公布审计结果公告,那么把对央企及其控股的上市公司实施审计监督视为一种政策变动,相当于一次"准自然实验",这就为研究提供了一个"准自然实验"的研究环境。这种情况下,经过审计监督和未经审计监督的两组样本可能在实施审计监督前就存在着事前差异,仅通过单一的横向是否审计或纵向审计前后的对比,会忽略事前差异,继而导致对审计监督实施效果的有偏估计。DID 模型通过两次差分建模来控制实验组和对照组的事前差异,将实施审计监督的真正结果分离出来。

由于审计署对央企及其控股子公司实施审计的年份不是固定时间,因此使用多期双重差分模型。构建式(4-31)实证检验审计监督对央企控股上市公司资源配置效率的影响,主要关注交互项的系数 β_4,若为正则支持假设4-10,说明审计监督对企业资源配置效率有正面效应。

$$ECP_{i,t} = \beta_0 + \beta_1 AVP_{i,t} + \beta_2 AVP_{i,t} \times audit_{i,t} + \beta_3 AVP_{i,t} \times post_{i,t+1}$$

$$+ \beta_4 AVP_{i,t} \times audit_{i,t} \times post_{i,t+1} + \sum_{n=5}^{12} \beta_n control\ variables$$

$$+ industry + year + \varepsilon_{i,t} \qquad (4-31)$$

control variables 指表 4-91 定义的控制变量；为表述清晰，下文分别用 Aaudit、Apost 和 Adid 表示 AVP×audit，AVP×post，AVP×audit×post。

三、实证结果分析

（一）描述性统计

表 4-92 为进行 PSM 之前，所有变量的描述性统计。可以看出，ECP 的均值 1.456 远高于其中位数 0.648，说明多数央企控股上市公司的平均每股资产增长率较低；AVP 的均值为 0.454，与中位数 0.315 接近，平均每股收益呈现正态分布。audit 均值仅 0.508，说明在选取的年度区间中，我国上市公司的控股央企多数被审计过。post 的部分缺失是因为对照组的公司样本 post 尚未赋值；已经赋值的 post，均值为 0.483，随着时间的推移，对控股央企的审计介入加深，审计覆盖面有所扩大，但仍需多方面努力，以实现审计监督的全覆盖。

表 4-92　　　　　　　　　　　变量的描述性统计

变量	观测数	均值	中位数	标准差	最小值	最大值
ECP	1690	1.456	0.648	2.886	-3.657	17.317
AVP	1690	0.454	0.315	0.700	-1.405	3.424
audit	1690	0.508	1.000	0.500	0.000	1.000
post	1384	0.483	0.000	0.500	0.000	1.000
size	1690	22.928	22.665	1.649	19.990	27.387
lev	1690	0.531	0.548	0.213	0.068	0.979
roa	1690	0.027	0.027	0.051	-0.184	0.182
ce	1690	0.159	0.081	0.365	-0.298	2.639
rocf	1690	0.039	0.037	0.067	-0.167	0.212
turnover	1690	0.753	0.597	0.556	0.092	3.088
firhold	1690	0.417	0.420	0.145	0.130	0.740
big4	1690	0.144	0.000	0.351	0.000	1.000

选取的 8 个控制变量中，除是否被"四大"会计师事务所审计这个虚拟变量，其余变量的均值与中位数大体相等，呈正态分布状态。变量的取值均在正常范围内，可以忽略异常值对结果的影响。

进一步，以 ECP 均值和 AVP 均为界限分组，表 4 – 93 报告了自变量的描述性统计和单变量检验结果。可以看出，无论以 ECP 均值还是 AVP 均值分界，即以企业资源配置效率的高低分组，组间均存在显著差异。资源配置效率低的企业 audit 和 post 的均值均大于配置效率高的企业，标准差则较小，这与假设 4 – 10 不符，需要进一步检验。

表 4 – 93　　　　　　资源配置效率高低的分组统计和单变量分析

变量		观测数	均值	标准误	标准差	diff 均值
audit	低 ECP	1142	0.539	0.015	0.499	0.098 ***
	高 ECP	548	0.442	0.021	0.497	
post	低 ECP	936	0.519	0.016	0.500	0.113 ***
	高 ECP	448	0.406	0.023	0.492	
audit	低 AVP	1047	0.527	0.015	0.499	0.051 **
	高 AVP	643	0.476	0.020	0.500	
post	低 AVP	851	0.523	0.017	0.500	0.105 ***
	高 AVP	533	0.418	0.021	0.494	

（二）相关性分析

在进行 PSM 前首先对所有变量进行相关性分析。表 4 – 94 为变量的相关系数矩阵。可以看出，央企控股上市公司的加权平均每股资产增长率与加权平均每股收益、是否审计和审计前后的交互项具有统计上显著的正相关关系，存在进行回归的条件。除 roa，自变量和控制变量之间的相关系数均低于 0.3；控制变量之间的相关系数则部分高于 0.3，全部低于 0.5。

为说明选取的控制变量是否合理，接下来进行了 collin 检验。表 4 – 95 报告了自变量和控制变量的多重共线性检验结果，自变量的方差膨胀因子中最大值为 2.47，控制变量的方差膨胀因子中最大值为 2.87，远远小于 10；整体方差膨胀因子均值为 1.86，小于 2，说明选取的控制变量是可以接受的，可以忽略多重共线性的可能。

表 4 - 94

变量的相关性分析

变量	ECP	AVP	Aaudit	Apost	Adid	size	lev	roa	ce	rocf	turnover	firhold	big4
ECP	1.000												
AVP	0.437***	1.000											
Aaudit	0.243***	0.612***	1.000										
Apost	0.228***	0.611***	0.848***	1.000									
Adid	0.228***	0.611***	0.848***	1.000	1.000								
size	0.229***	0.244***	0.187***	0.156***	0.156***	1.000							
lev	0.179***	-0.082***	-0.082***	-0.098***	-0.098***	0.452***	1.000						
roa	0.164***	0.714***	0.464***	0.451***	0.451***	-0.005	-0.377***	1.000					
ce	0.761***	0.182***	0.081***	0.082***	0.082***	0.039	0.017	0.162***	1.000				
rocf	-0.097***	0.202***	0.187***	0.178***	0.178***	0.125***	-0.076***	0.281***	-0.073***	1.000			
turnover	-0.010	0.100***	0.030	0.016	0.016	-0.071***	0.030	0.108***	-0.023	0.089***	1.000		
firhold	0.061**	0.160***	0.051**	0.023	0.023	0.408***	0.106***	0.115***	-0.014	0.109***	0.085***	1.000	
big4	0.050**	0.165***	0.137***	0.094***	0.094***	0.487***	0.080***	0.085***	-0.039	0.112***	0.096***	0.275***	1.000

变量	VIF	SQRT VIF	Tolerance	R - Squared
AVP	2.47	1.57	0.405	0.595
audit	2.41	1.55	0.415	0.585
post	2.38	1.54	0.421	0.579
size	2.4	1.55	0.416	0.584
lev	1.78	1.34	0.561	0.439
roa	2.87	1.70	0.348	0.652
ce	1.07	1.04	0.932	0.068
rocf	1.19	1.09	0.843	0.157
turnover	1.09	1.04	0.920	0.080
firhold	1.29	1.14	0.772	0.228
big4	1.47	1.21	0.681	0.319
Mean VIF	1.86			

（三）倾向得分匹配

在进行双重差分前，运用 PSM 方法对实验组样本选择匹配的对照组。在实际控制人为中央企业的基本条件下，通过 1 对 1 最近邻匹配，得到与处理组在可观察到的公司特征等方面最接近的对照组样本：以公司规模（size）、资产负债率（lev）、盈利能力（roa）、总资产增长率（ce）、经营性现金流（rocf）、总资产周转率（turnover）、第一大股东持股比（firhold）和是否被"四大"会计师事务所审计（big4）特征为协变量，应用 Logit 模型对 audit 进行回归，根据模型预测值计算各公司各年的倾向值得分，即被审计的概率。对实验组的每个观测匹配相同年份中倾向值得分最接近的对照组观测，其中对照组的 post 变量取值参照对应实验组的 post 取值。

首先剔除 12 条不满足共同区域假定的观测值，均为实验组的观测。为检验匹配是否有效、协变量在处理组与控制组之间是否平衡，对 logit 模型中的协变量进行了平衡检验。结果如表 4 - 96 所示。与匹配前（Unmatched）相比，匹配后（Matched）变量的标准化偏差均小于 10%；而多数变量 t 检验的结果不显著，除第一大股东持股比变量，即基本不拒绝处理组与对照组可观察到的公司特征上无系统差异的原假设 4 - 10。与匹配前对比，公司特征变量的标准化偏差均大幅缩小。

PSM 后最终得到处理组为 251 条观测，对照组为 274 条观测。在为对照组的 post 变量赋值后，使用匹配后的样本进行双重差分检验。

表 4 – 96　　　　　　　　　　　　　协变量的平衡检验

变量	Mean		% bias	t – test		V(T)/V(C)
	Treated	Control		t	p > |t|	
size	22. 986	22. 999	− 0. 9	− 0. 230	0. 821	1. 42 *
lev	0. 539	0. 535	2	0. 550	0. 580	1. 13 *
roa	0. 027	0. 027	1. 4	0. 390	0. 697	0. 920
ce	0. 162	0. 143	5. 8	1. 560	0. 119	1. 92 *
rocf	0. 043	0. 041	2. 8	0. 760	0. 447	1. 25 *
turnover	0. 759	0. 784	− 4. 8	− 1. 240	0. 216	1. 35 *
firhold	0. 416	0. 406	7. 6	1. 930	0. 054	1. 020
big4	0. 155	0. 155	− 0. 2	− 0. 050	0. 958	—

（四）回归结果分析

表 4 – 97 的列 1、列 2 和列 3 报告了全样本下，政府审计对央企控股上市公司资源配置效率的检验结果。

表 4 – 97　　　　　　　　　　全样本和分组样本的回归结果

变量	Models		PSM – DID		
	ECP	ECP	ECP	高 ECP	低 ECP
AVP	1. 876 ***	1. 885 ***	1. 882 ***	3. 528 ***	0. 392 ***
	(0. 170)	(0. 236)	(0. 183)	(0. 437)	(0. 080)
Aaudit	− 0. 634	− 1. 939 **	− 0. 659	− 0. 063	− 0. 458 ***
	(0. 483)	(0. 883)	(0. 504)	(1. 690)	(0. 154)
Apost	0. 351 **	0. 197	0. 385 **	0. 419	− 0. 110
	(0. 174)	(0. 316)	(0. 167)	(0. 264)	(0. 090)
Adid	0. 486	1. 879 *	0. 327	0. 519	0. 294
	(0. 545)	(1. 002)	(0. 567)	(1. 754)	(0. 196)
size	0. 127 **		0. 177 **	− 0. 258	0. 068 ***
	(0. 063)		(0. 082)	(0. 206)	(0. 022)
lev	0. 775 *		0. 818 *	3. 149 **	− 0. 143
	(0. 405)		(0. 491)	(1. 509)	(0. 136)
roa	− 12. 247 ***		− 13. 543 ***	− 65. 639 ***	− 1. 568 **
	(2. 050)		(2. 140)	(10. 629)	(0. 767)

变量	Models		PSM – DID		
	ECP	ECP	ECP	高 ECP	低 ECP
ce	5. 353 ***		5. 304 ***	5. 063 ***	6. 410 ***
	(0. 164)		(0. 163)	(0. 287)	(0. 223)
rocf	− 2. 628 **		− 2. 409 **	− 3. 787	− 0. 494
	(1. 130)		(1. 161)	(3. 082)	(0. 361)
turnover	0. 025		− 0. 022	0. 476	0. 061
	(0. 153)		(0. 185)	(0. 489)	(0. 048)
firhold	− 0. 243		− 0. 457	1. 031	− 0. 007
	(0. 513)		(0. 666)	(1. 651)	(0. 190)
big4	− 0. 044		− 0. 022	0. 774	− 0. 034
	(0. 266)		(0. 331)	(0. 765)	(0. 102)
Constant	− 2. 389		− 2. 827	4. 868	− 1. 546 ***
	(1. 606)		(2. 053)	(4. 356)	(0. 452)
industry	yes	yes	yes	no	no
year	no	yes	yes	no	no
Observations	525	525	525	156	369
R – squared	0. 783	0. 142	0. 788	0. 757	0. 756

注：括号内数字为标准误（下同）。

列 1 报告了在控制行业虚拟变量、未控制年份虚拟变量的情况下，利用截面数据回归的结果。可以看出，虽然 AVP × post 项的系数具有统计水平上的显著性，然而关注的是 AVP × audit × post 的交互项，系数为正，说明通过双重差分剔除实验组和对照组的事前差异后，审计监督对央企控股上市公司资源配置效率存在正面作用，虽然这种作用不具有显著性，p 值为 0. 374，高于 10% 的显著水平。进一步，对行业和年份可能对回归结果造成的影响均进行了控制，并构建了数据面板进行双重差分检验，结果在列 2 和列 3 体现。列 2 显示，在没有控制公司特征的情况下，回归后 AVP × audit × post 的交互项系数为正，且在 10% 的统计水平显著，再一次验证了被审计的概率越大，央企控股上市公司的资源配置效率越高。加入控制变量后，列 3 的结果表明，与列 1 类似，AVP × audit × post 的交互项系数为正，但不具有统计上的显著性。列 1 和列 3 回归结果的 R2 均大于0. 7，说明双重差分模型的拟合效果较好。控制变量中，央企控股上市公司的公司规模、资产负债率和总资产增长率对资源配置效率具有显著正向作用，总资产净利率、经营性现金流与资源配置效率成负向关系，其余控制变量的影响不具有显著性。回归结果表明，公司规模、盈利情况不佳，处于扩张状态的企业，反而会更高效利用有限的资源，尽可能地实现资源的最优配置。

另外，通过 ECP 均值分组，研究了不同企业资源配置效率水平上审计监督是否发挥"免疫系统"职能，结果在列 4 和列 5 给出。在 ECP 低于均值时，审计监督对企业资源配置效率的正面作用更强，p 值为 0.133，略高于 10% 的统计水平；反观 ECP 高于均值时，虽然审计监督对资源配置效率具有正面作用，然而 p 值为 0.767。说明在企业资源配置效率较低时，审计监督的"免疫系统"职能发挥更有效，对提升央企控股上市公司的资源配置效率作用更明显。

本节的检验结果发现，对于央企控股的上市公司来说，审计监督对其企业资源配置效率有正面效应，然而比较微弱；在资源配置效率较低时，正面效应更明显。导致这种影响微弱的可能原因是：审计监督的审计覆盖面仍比较小，部分央企控股的子公司未被纳入审计范围内，尚未实现监督对象的全覆盖；审计监督的重点仍是关注中央企业，虽然在审计央企时因为股权的纽带关系，会对控股子公司有辐射作用，但未直接作用于子公司，因此削弱了审计监督的"免疫系统"职能；即使在审计央企时对下属上市公司进行了延伸审计，受到时间规定、人力成本、专业知识等多方面的限制，仍未实现审计监督的监督过程全覆盖、监督方式多元化，即使审计监督对央企控股上市公司的介入随着时间在加深。综上，三大原因削弱了审计监督对央企控股上市公司资源配置效率的正面效应，但不可否认，审计监督仍发挥着它的"免疫系统"职能。

（五）稳健性检验

为了确保回归结果的稳健性，变换央企控股上市公司资源配置效率的衡量方法。DUJ 等确保在将固定成本分配为附加成本后，基于扩展的 DEA 交叉效率迭代方法计算资源分配效率。本节借鉴其思想，利用 DEA 计算每个公司的资源配置效率得分（fe）。如式（4－32）所示，营业收入（SALES）作为产出指标，营业成本（COGS）、销售和管理费用（SG&A）、固定资产净额（PPE）和无形资产净额（INTA）作为投入指标。通过测量每个公司为创造收入消耗资源的数量和组合来构建效率前沿，资源配置处于这个前沿的企业赋予分值 1；公司离前沿越远，赋予的分值越小。企业资源配置效率得分值处于 0～1 之间。

$$MAX_v \theta = SALES/(v_1COGS + v_2SG\&A + v_3PPE + v_4INTA) \quad (4-32)$$

得到企业资源配置效率得分后，利用式（4-33）进行了 psm 配对后的双重差分检验，检验结果在表 4-98 的列 1 和列 2 展示。列 1 的 PSM-DID 回归结果表明 audit×post 的交互项系数为正，但不具有显著性，与上述的实证结果一致。列 2 对配对后的样本进行了固定效应回归，以剔除那些随个体变化但不随时间变化的变量可能造成的影响。可以看到，同样地，audit×post 的交乘项仍具有不显著的正向系数。稳健性检验的回归结果再一次验证了本节的结果，审计监督对央企控股上市公司的资源配置效率具有提高作用，尽管这种作用是微弱的。

$$fe_{i,t} = \beta_0 + \beta_1 audit_{i,t} + \beta_2 post_{i,t+1} + \beta_3 audit_{i,t} \times post_{i,t+1}$$

$$+ \sum_{n=4}^{11} \beta_n control\ variables + industry + year + \varepsilon_{i,t} \quad (4-33)$$

表 4-98　　　　　　　　　　稳健性检验和进一步分析结果

模型	PSM-DID	Fixed effect	PSM-DID		
变量	fe	fe	ECP	高 ECP	低 ECP
AVP			1.898 ***	3.572 ***	0.372 ***
			(0.177)	(0.430)	(0.078)
Aaudit	-0.011	-0.020	-0.671 *	-0.229	-0.441 ***
(audit)	(0.012)	(0.015)	(0.401)	(1.074)	(0.128)
Apost	0.001	0.003	0.382 **	0.334	-0.109
(post)	(0.007)	(0.007)	(0.170)	(0.268)	(0.099)
Adid	0.007	0.023	0.477	0.895	0.327 *
(did)	(0.014)	(0.017)	(0.496)	(1.202)	(0.189)
size	0.019 ***	0.006	0.176 **	-0.272	0.068 ***
	(0.004)	(0.011)	(0.082)	(0.204)	(0.021)
lev	-0.047 *	-0.106 ***	0.796	3.135 **	-0.144
	(0.026)	(0.037)	(0.491)	(1.498)	(0.134)
roa	0.497 ***	0.430 ***	-13.557 ***	-65.293 ***	-1.488 *
	(0.071)	(0.080)	(2.133)	(10.601)	(0.768)
ce	0.029 ***	0.049 ***	5.314 ***	5.055 ***	6.429 ***
	(0.010)	(0.012)	(0.163)	(0.286)	(0.221)
rocf	0.129 **	0.124 **	-2.407 **	-3.576	-0.462
	(0.053)	(0.061)	(1.161)	(3.093)	(0.360)

模型	PSM – DID	Fixed effect	PSM – DID		
变量	fe	fe	ECP	高 ECP	低 ECP
turnover	0. 074 ***	0. 102 ***	− 0. 029	0. 457	0. 059
	(0. 010)	(0. 018)	(0. 185)	(0. 478)	(0. 047)
firhold	− 0. 057	− 0. 201 ***	− 0. 372	1. 227	0. 012
	(0. 037)	(0. 073)	(0. 665)	(1. 628)	(0. 187)
big4	− 0. 015	− 0. 007	− 0. 050	0. 743	− 0. 037
	(0. 018)	(0. 031)	(0. 331)	(0. 757)	(0. 101)
Constant	0. 184 *	0. 561 **	− 2. 855	5. 145	− 1. 548 ***
	(0. 102)	(0. 257)	(2. 048)	(4. 295)	(0. 445)
industry	yes	no	yes	no	no
year	yes	yes	yes	no	no
Observations	505	505	525	156	369
R – squared	0. 333	0. 359	0. 788	0. 746	0. 754

（六）进一步分析

本节实证结果显示，审计监督对央企控股上市公司的资源配置效率具有正向影响，但这种影响不具有统计水平上的显著性。根据前文所说，审计监督的"免疫系统"职能的发挥通过预防、揭示和抵御三大功能结合实现。通过审计监督反映出来的问题，被审单位需要一定时间才能整改，社会监督推进落实整改、完善审计机制，往往是在审计后续期间才能体现纠偏、修复和抵御等功能的作用。因此将 post 变量滞后一期，研究审计监督对企业资源配置效率的影响是否具有滞后效应。

表 4 – 98 的第 3、第 4 和第 5 列为 post 滞后一期的回归结果，其中列 3 为全样本回归结果，在 post 滞后一期后，audit × post 的交互项系数仍是不具有显著性的正向，说明对于央企控股的上市公司，审计监督对企业资源配置效率的正向影响在后续期间仍不具有显著性。列 4 和列 5 给出了不同企业资源配置效率水平上的分组回归结果，相比高 ECP 时交互项具有不显著的正向系数，在企业资源配置效率较低时，审计监督对提升央企控股上市公司的资源配置效率具有更明显的滞后效应，交互项系数在 10% 统计水平上显著，"免疫系统"职能发挥更有效。

四、小结与建议

作为国企深化改革的重要环节，如何做优做强央企控股上市公司，优化上市公司的资源配置，是整个社会共同关注的话题。政府审计基于其独立性、全面性和专业性的监督特点，发挥着预防、揭示和抵御的"免疫系统"功能。本节利用每年有部分央企及其控股的上市公司会被实施审计监督的"准自然实验"环境，以 2010～2016 年央企控股上市公司数据为研究样本，首先采用 PSM 为被审计组匹配公司特征变量相近的对照组，通过双重差分检验发现，审计监督对央企控股上市公司资源配置效率具有不显著的正面效应；在企业资源配置效率较低时，这种正面效应更明显。可能的原因是审计监督尚未实现监督对象的全覆盖、监督过程全覆盖、监督方式多元化；虽然在审计央企时因为股权的纽带关系，会对控股子公司有辐射作用，但未直接作用于子公司。但不可否认，审计监督仍发挥着它的"免疫系统"职能，对央企及其控股上市公司的监督介入随着时间加深。进一步分析表明，审计监督对央企控股上市公司资源配置效率的正向影响在全样本中不具有滞后效应；分组样本中，在企业资源配置效率较低时，这种正向影响具有显著的滞后效应，审计监督的"免疫系统"职能发挥更有效。本节利用变换企业资源配置效率的衡量方法和固定效应回归进行了稳健性检验，与主体回归结果一致，确保了研究结果的可信度。

以往文献研究审计监督企业经营管理和社会审计的影响，本节研究审计监督对企业资源配置效率的影响，填补了审计监督文献的不足。审计监督对央企及其控股子公司发挥着"免疫系统"职能，但因为审计监督的覆盖面较小、介入深度不足，这种职能尚未发挥完全。因此加快完善审计监督机制建设，推进审计监督全覆盖是十分必要的。作为国家治理机制的子系统，更有效地发挥审计监督的"免疫系统"职能，同时突出审计监督对于国企经营管理的重要地位，使其成为国企深化改革路上有力的推动力量。

本节主要存在以下不足。首先，采用 PSM – DID 方法检验审计监督对企业资源配置效率的影响，在配对样本时选择公司特征变量可能存在一定的主观偏见，因此对照组的构建可能存在一定影响，从而进行双重差分时对结果造成影响。审计署每年选择部分央企进行审计，在衡量审计监督时选取了是否审计和审计前后两个虚拟变量，通过倾向得分匹配和多期双重差分法，研究审计监督对企业资源配置效率的影响，即使这种研究思路是多数文献采用的主流做法，但是未采用多维度、更全面的实变量进行更深入的研究。另外，研究审计监督的"免疫系统"职能，提及的审计监督是基于审计署层面的变量，未涉及地方审计机关，因此对地方审计机关是否在其中具有作用，无法回答。以往有文献研究发现制度环境对企业绩效和政府审计"免疫系统"功能的发挥，在设置控制变量时未考虑制度环境的影响，如市场化进程、地区经济实力等。这些将有待今后进一步研究和检验。

第十一节　审计监督促进企业创新分析

随着"大众创业，万众创新"的提出，企业创新成为政府部门、社会公众和相关学者关注的热点话题。中共十九大报告明确指出，创新是引领发展的第一动力，是建设现代化经济体系的战略支撑；2018 年 9 月 18 日，国务院下发《关于推动创新创业高质量发展打造"双创"升级版的意见》，指出要营造公平的市场环境，加快培育发展新动能，推动我国经济高质量发展。可见，创新能力不仅是一个企业获取竞争优势的关键，也是一个国家实现经济可持续发展的核心力量。尤其是作为我国国民经济支柱的中央企业，其创新能力的高低更是对我国经济体系的平稳发展起着至关重要的作用。在国家政策的推动和相关部门的监管下，虽然我国国有企业改革取得显著成效，企业创新能力不断提高，但是与发达国家相比还存在显著差距。因此，研究企业创新的影响因素，提高国有企业的创新能力，促进国民经济的持续健康发展成为当下急需解决的问题。

作为强有力的监管措施，审计监督在国有企业改革中发挥着越来越重要的作用。在全面深化改革和全面推进依法治国的新时期、新要求下，审计监督作为国家宏观调控介入国企的一种方式，有效发挥审计的职能作用，是保障经济社会健康发展、推进国家治理体系和治理能力现代化的重要环节。现有大量研究表明，审计监督能够降低企业经营活动的正外部性，降低股价崩盘风险（褚剑、方军雄，2017），减少央企高管的超额在职消费行为（褚剑、方军雄，2016），抑制企业的盈余管理（陈宋生等，2013；阮滢、赵旭，2017；崔昱晨、杨永森，2018），提高国企的治理效率和内部控制的有效性（蔡利、马可哪呐，2014；段训诚、唐立新，2018）。那么，审计监督会对央企控股上市公司的创新产生怎样的影响呢？

本节以 2011～2018 年的审计结果公告为基础，选取 2010～2017 年央企控股上市公司数据为研究样本，先后利用面板数据回归和 PSM－DID 的方法实证检验审计监督对央企创新的影响，回归结果表明审计监督有助于促进央企创新。本节进一步分析了审计监督质量和审计监督力度对央企创新的影响，研究发现，审计监督质量的提高有助于促进企业创新，且这种促进作用主要体现在发明专利和实用新型专利申请数量的增加上；审计监督力度越大，越有利于促进央企创新。

一、理论分析与假设提出

（一）审计监督的影响作用

国有企业由于其体系庞大、业务复杂，一直以来都是审计的难点和重点。而审计监督基于其独立性、强制性和专业性的特点，在推动国有企业改革和健康运行中发挥着重要的作用。在对企业盈余管理的影响上，陈宋生等（2013），阮滢、赵旭（2017），崔昱晨、杨永淼（2018）等学者指出，审计监督有效地减少了央企控股上市公司的真实盈余管理行为，保证了公司财务报告的准确性和真实性。在对企业经营绩效的影响上，学者们对审计监督的作用进行了大量探讨。蔡利、马可哪呐（2014）以2008～2012年央企控股上市公司为研究对象，研究发现，审计监督有利于促进央企业绩指标的完成，但是并未从根本上实现上市公司经营业绩的提高。张立民等（2015）指出，审计监督质量的高低对国有企业绩效的影响并不是单一的，随着审计监督质量的提高，国企高管政治关联对业绩的提升作用会下降，同时高管政治关联对国企业绩的损害作用也会下降。李江涛等（2015）基于我国的工业企业数据，实证研究表明审计监督能够促进国有企业绩效的提高，且这种影响是通过腐败治理功能发挥出来的。张培（2018）通过对2011～2016年央企上市公司进行研究发现，审计监督能够显著提高央企上市公司的经营绩效，且高管股权激励起着调节变量的作用。在对企业经营发展的影响上，审计监督也扮演着重要的角色。王兵等（2017）基于审计署公布的专项审计报告，研究发现，审计监督能够降低国有企业的过度投资行为，促进国有企业投资效率的提高。段训诚、唐立新（2018）探讨了审计监督对央企内部控制有效性的影响，与罗云（2016）的研究一致，发现审计监督能够促进央企内部控制有效性的提高，同时发现这种影响是具有周期性的。

（二）企业创新的影响因素

已有文献对企业创新的影响因素进行了大量研究，通过对已有文献的梳理发现，学者们从宏观和微观上两个层面进行了探讨。在宏观层面上，郝威亚等（2016）分析了经济政策不确定性对企业创新的影响，研究发现经济不确定性的增加抑制了企业创新能力的提高。李浩举（2017）研究发现，利率市场化水平的提高显著增加了企业的创新产出数量，推动了企业创新效率的提高；且这种正向推动作用在非国有企业中更明显。杨道广等（2017）则从媒体压力的角度阐述了对企业创新的影响，指出媒体报道数量总和与企业的创新水平呈正相关关系，但是同时也指出，媒体负面报道数量的增加会阻碍企业创新水平的提高。在微观层面上，王建忠、高明华（2017）从企业家能力的视角探讨了对企业创新的影响，研究表明，企业家能力的提升与企业创新能力的提高显著正相关。刘凤朝等（2017）则研究了整个高管团队的海外背景对企业创新的影响，研究发现在整个高管团队中，拥有海外背景的企业高管的比例越大，企业专利申请数量越多，创新能力越强。同时，也有学者指出，企业高管的发明家背景会促进企业创新效率的提高（虞义华，2018）。

（三）审计监督对企业创新的作用机制

企业创新由于周期较长、风险较高再加上收益的不确定性（Holmstrom，1989），使得很多上市公司尤其是国有企业高管缺乏创新的动力，不愿意冒险去推动国有企业的变革。而审计监督作为国家治理体系中一个免疫系统，基于其专业性、独立性、法制性的特点，能够降低信息不对称程度，有效地披露上市公司真实的经营状况，监督控制国企上市公司高管的责任履行情况，缓解国企管理层的短视行为（褚健，2018），推动国有企业不断增加研发投入和长期投资，从而促进国企上市公司创新水平的提高。同时，审计监督能够抑制国有企业的过度投资行为，提高投资效率，减少不必要的投资，缓解代理问题带来的弊端，保证充足的现金流；并通过扩大审计监督对象广度、加强审计监督权限行使力度和提高审计监督目标，实现深度促进国有资产的保值增值（吴秋生，2018），为国有企业改革和创新提供充足的资本积累。上市公司可支配盈余增加，有更充足的资金进行研发投入，从而推动创新产出的增加，提高国有企业的创新水平。基于此，提出假设4－11：审计监督有助于促进央企创新。

二、研究设计

（一）数据来源与预处理

数据选择上，以央企控股的全部上市公司为研究样本，研究期间为2010～2017年。同时，由于审计结果的公示年份具有滞后性，因此以审计监督介入年份衡量，样本区间定义为［2010，2017］，即选取了2011～2018年的审计结果公告，研究变量向前延伸一年。数据的预处理上，首先将中央企业名称与上市公司的"实际控制人名称"进行匹配，筛选出央企控股的上市公司；其次，与审计结果公告中涉及的中央企业名称进行匹配，以被审计过的央企控股上市公司作为实验组样本，未被审计过的作为对照组样本，得到共269家央企控股的上市公司，1612个观测值。在得到初始样本后，考虑到金融行业的特殊性，参照证监会2012年的分类标准，剔除了属于金融行业的上市公司；*ST和ST公司对公开披露的财务数据有操纵的可能性，因此将其剔除；同时删除研究变量缺失的数据，最终样本共264家公司，1417个观测值，为不平衡面板。除审计监督变量来源于审计署官网公布的审计结果公告，其他变量数据均来源于CSMAR数据库。对所有连续变量在1%和99%处进行缩尾处理，以降低异常值对研究结果的影响。

（二）变量定义

被解释变量央企创新。借鉴霍尔和哈霍夫（Hall and Harhoff，2012）、田等（Tian et al.，2014）、佟等（Tong et al.，2014）、黎文靖和郑曼妮（2014）以及江轩宇（2016）等学者的研究，采用央企控股上市公司发明专利申请数量作为央企创新的衡量变量，具体为，央企控股上市公司当年申请的发明专利数量加1的自然对数值。

解释变量审计监督。本节主要从两个方面对审计监督进行定义：第一，对于是否审计，定义"audit"变量。如果上市公司的控股央企在当年被审计署介入审计，则介入年份及以后年份audit赋值为1，否则为0。第二，对于审计前后，定义"post"变量。经过审计之后（即第一次审计的介入年份滞后一期）和以后年份赋值为1，审计当年和之前年份赋值为0。

另外，选取了企业规模（size）、盈利能力（roa）、偿债能力（lev）、每股收益（avp）、发展能力（ce）、经营性现金流（rocf）、总资产周转率（turnover）、第一大股东持股比例（firhold）以及固定资产比率（ppe）作为控制变量。同时利用年份虚拟变量（year）和行业虚拟变量（industry）来控制时间和行业变化对回归模型的影响。详细定义如表4-99所示。

表4-99　　　　　　　　　　　　　　变量定义

变量类型	变量名称	变量符号	变量定义
被解释变量	央企创新	inno	央企控股上市公司当年发明专利申请数量加1的自然对数

变量类型	变量名称	变量符号	变量定义
解释变量	是否审计	audit	如果控股央企在当年被审计署介入审计,则介入年份及以后 audit 赋值为 1;否则赋值为 0
	审计前后	post	审计以后年份赋值为 1,审计当年和之前年份赋值为 0
控制变量	企业规模	size	资产总额取自然对数
	盈利能力	roa	净利润/资产总额
	偿债能力	lev	负债总额/资产总额
	发展能力	ce	(本年资产总额—上年资产总额)/上年资产总额
	每股收益	avp	利润总额/总股本
	经营性现金流	rocf	经营性现金流净额/资产总额
	总资产周转率	turnover	营业收入/资产总额
	股权集中度	firhold	第一大股东持股比例
	固定资产比率	ppe	固定资产净额/资产总额
	行业虚拟变量	industry	参照证监会 2012 年的分类标准,按行业大类,共有 14 个行业虚拟量
	年份虚拟变量	year	样本区间[2010,2017],共 7 个年份虚拟变量

(三) 模型构建

为了验证研究假设的合理性,首先构建了式 (4-34),采用面板回归的方法进行初步回归,实证检验审计监督对央企控股上市公司创新的影响。其中,i,t 为 i 公司在第 t 年的变量,α_0 为截距项,$\varepsilon_{i,t}$ 为随机误差项;α_1 和 α_2 分别为审计监督衡量变量 audit 和 post 的系数,若系数为正,则说明审计监督有利于促进央企创新,假设 4-11 成立。

$$
\begin{aligned}
\text{inno}_{i,t} = {} & \alpha_0 + \alpha_1 \, \text{audit}_{i,t} + \alpha_2 \, \text{post}_{i,t} + \alpha_3 \, \text{size}_{i,t} + \alpha_4 \, \text{roa}_{i,t} + \alpha_5 \, \text{lev}_{i,t} \\
& + \alpha_6 \, \text{ce}_{i,t} + \alpha_7 \, \text{avp}_{i,t} + \alpha_8 \, \text{rocf}_{i,t} + \alpha_9 \, \text{turnover}_{i,t} + \alpha_{10} \, \text{firhold}_{i,t} \\
& + \alpha_{11} \, \text{ppe}_{i,t} + \varepsilon_{i,t}
\end{aligned}
\tag{4-34}
$$

同时,考虑到经过审计监督和未经审计监督的两组样本可能在实施审计监督前就存在着事前差异,仅通过单一的横向是否审计或纵向审计前后的对比,会忽略事前差异,继而导致对审计监督实施效果的有偏估计,因而构建模型 (4-35) 采用双重差分模型来控制两组样本的事前差异,重新对审计监督对央企创新的影响进行回归。重点关注交乘项 $\text{audit}_{i,t} \times \text{post}_{i,t}$ 的系数 β_3,若 β_3 为正,则说明审计监督确实有利于促进央企创新。

$$
\begin{aligned}
\text{inno}_{i,t} = {} & \beta_0 + \beta_1 \, \text{audit}_{i,t} + \beta_2 \, \text{post}_{i,t} + \beta_3 \, \text{audit}_{i,t} \times \text{post}_{i,t} + \beta_4 \, \text{size}_{i,t} \\
& + \beta_5 \, \text{roa}_{i,t} + \beta_6 \, \text{lev}_{i,t} + \beta_7 \, \text{avp}_{i,t} + \beta_8 \, \text{ce}_{i,t} + \beta_9 \, \text{rocf}_{i,t} \\
& + \beta_{10} \, \text{turnover}_{i,t} + \beta_{11} \, \text{firhold}_{i,t} + \beta_{12} \, \text{ppe}_{i,t} + \varepsilon_{i,t}
\end{aligned}
\tag{4-35}
$$

三、实证结果分析

（一）描述性统计

表4－100显示了所有变量的描述性统计结果。可以看出，被解释变量 in-no 的最小值为0，最大值为8.435，标准差为1.611，说明在我们选取的样本区间内，央企控股上市公司的企业创新差距较大；同时，inno 的均值仅为2.946，说明央企控股上市公司的创新水平有待提高。解释变量 audit 均值为0.508，说明在选取的年度区间中，我国上市公司的控股央企多数被政府审计过。另外，post 的数据部分缺失是因为对照组的公司样本 post 尚未赋值。

表4－100 变量的描述性统计

变量	观测数	均值	标准差	最小值	最大值
inno	1417	2.946	1.611	0.000	8.435
audit	1417	0.508	0.500	0.000	1.000
post	1163	0.483	0.500	0.000	1.000
size	1417	23.027	1.681	19.990	27.387
roa	1417	0.027	0.049	-0.184	0.333
lev	1417	0.541	0.200	0.068	0.979
avp	1417	0.450	0.684	-1.405	3.424
ce	1417	0.160	0.365	-0.298	2.639
rocf	1417	0.037	0.064	-0.167	0.212
turnover	1417	0.728	0.488	0.092	3.088
firhold	1417	0.419	0.143	0.130	0.740
ppe	1417	0.172	0.179	0.000	0.929

（二）相关性分析和多重共线性检验

在对变量的描述性统计分析之后，接着对所有变量进行了相关性分析和多重共线性分析，表4－101为所有变量的相关系数矩阵。可以看出，inno 与 audit 的系数为0.084且在1%的水平上显著，与 post 的系数为0.102且在1%的水平上显著，说明央企控股上市公司的创新能力与政府审计呈正相关关系，即审计监督有助于促进央企创新，初步证实了假设4－11。同时，本节所选取的控制变量与 inno 的关系基本上都是显著的，且各变量之间的相关系数基本上都小于0.5，说明本节选取的控制变量是比较合适的。另外，解释变量和控制变量的方差膨胀因子最大值为3.35，远小于10；平均方差膨胀因子的均值为1.87，小于2，说明不存在多重共线性，进一步说明本书选取的控制变量是合理的。

表 4 – 101

变量的相关性分析

变量	inno	audit	post	size	roa	lev	avp	ce	rocf	turnover	firhold	ppe
inno	1.000											
audit	0.084***	1.000										
post	0.102***	0.757***	1.000									
size	0.479***	0.162***	0.138***	1.000								
roa	0.071***	-0.018	-0.075**	-0.014	1.000							
lev	0.067**	-0.044*	-0.076***	0.454***	-0.399***	1.000						
avp	0.126***	-0.049*	-0.089***	0.236***	0.720***	-0.110***	1.000					
ce	0.063**	-0.064**	-0.062**	0.023	0.144***	0.009	0.156***	1.000				
rocf	0.011	0.137***	0.089***	0.164***	0.325***	-0.061**	0.257***	-0.067**	1.000			
turnover	-0.013	-0.011	-0.073**	-0.010	0.132***	-0.088***	0.107***	-0.023	0.107***	1.000		
firhold	0.245***	-0.040	-0.051*	0.435***	0.098***	0.135***	0.162***	-0.020	0.122***	0.107***	1.000	
ppe	-0.202***	-0.011	-0.028	0.070***	-0.070***	0.113***	-0.091***	-0.125***	0.254***	0.008	0.028	1.000
	Mean VIF	audit	post	size	roa	lev	avp	ce	rocf	turnover	firhold	ppe
VIF	1.87	2.42	2.38	1.90	3.35	1.79	2.72	1.07	1.38	1.08	1.34	1.16

（三）初步回归结果

首先运用模型（4-34）对审计监督对央企创新的影响进行研究，表4-102列示了初步回归的实证结果。列①在不考虑控制变量的情况下，仅对企业创新与审计监督的相关性进行研究，回归结果显示 audit 的系数为0.429且在1%的水平上是显著的；post 的系数为0.322且在1%的水平上显著，说明在不考虑其他因素的情况下，审计监督有助于促进企业创新，初步证实了假设4-11。列②列示了在加入控制变量之后审计监督对企业创新的影响，audit 的系数依然为正且在1%的水平上是显著的，post 的系数为0.116且在10%的水平上是显著的，说明审计监督确实有助于促进企业创新。

表4-102　　　　　审计监督对央企创新影响的初步回归结果

变量	inno	
	①	②
audit	0.429 ***	0.213 ***
	(0.000)	(0.003)
post	0.322 ***	0.116 *
	(0.000)	(0.098)
size	—	0.585 ***
	—	(0.000)
roa	—	-0.934
	—	(0.362)
lev	—	-0.486 *
	—	(0.056)
avp	—	-0.031
	—	(0.687)
ce	—	-0.010
	—	(0.862)
rocf	—	-0.417
	—	(0.350)
turnover	—	-0.037
	—	(0.699)
firhold	—	-1.211 ***
	—	(0.002)

变量	inno	
	①	②
ppe	—	− 0. 964 ***
	—	（0. 000）
Constant	2. 263 ***	− 9. 931 ***
	（0. 000）	（0. 000）
Observations	1163	1163
R – squared	0. 103	0. 224

（四） 分组回归结果

为了更好地研究政府审计对央企创新的影响，接下来利用 inno 均值进行分组回归，研究在不同的央企控股上市公司创新水平上，审计监督对央企创新的影响。表 4 – 103 列示了分组回归的实证结果。列①列示了当 in-no 小于均值时，审计监督对央企创新的影响，回归结果显示 audit 的系数为 0. 185 且在 5% 的水平上是显著的；列②列示了当 inno 大于均值时，审计监督对央企创新的影响，回归结果显示 audit 的系数为 0. 199 且在 1% 的水平上是显著的，说明当 inno 大于均值时，审计监督对企业创新的影响作用更显著。

表 4 – 103　　　　　审计监督对央企创新影响的分组回归结果

变量	Inno ≤ 2. 946	Inno > 2. 946
	①	②
audit	0. 185 **	0. 199 ***
	（0. 034）	（0. 004）
post	0. 027	0. 063
	（0. 769）	（0. 314）
size	0. 056	0. 505 ***
	（0. 201）	（0. 000）
roa	− 0. 348	1. 565
	（0. 762）	（0. 170）
lev	− 0. 112	− 0. 738 ***
	（0. 672）	（0. 005）

变量	Inno≤2.946	Inno>2.946
	①	②
avp	−0.078	−0.091
	(0.397)	(0.187)
ce	0.058	−0.043
	(0.518)	(0.383)
rocf	0.108	0.061
	(0.836)	(0.900)
turnover	−0.005	0.044
	(0.953)	(0.661)
firhold	−0.434	−0.421
	(0.279)	(0.194)
ppe	−0.756***	−0.490**
	(0.001)	(0.016)
Constant	0.693	−7.311***
	(0.448)	(0.000)
Observations	606	557
R−squared	0.022	0.405

(五) 双重差分检验结果

考虑到本书选取的解释变量为虚拟变量，同时也为了更好地研究审计监督对央企创新的影响，进一步利用式（4-35）双重差分模型进行回归。在进行双重差分前，首先运用 PSM 方法对实验组样本选择匹配的对照组。具体匹配方法如下：在实际控制人为中央企业的基本条件下，通过 1 对 1 最近邻匹配，以本节的控制变量作为协变量，应用 logit 模型对 audit 进行回归，然后根据模型预测值计算各公司各年的倾向值得分，即被审计的概率；对实验组的每个观测匹配相同年份中倾向值得分最接近的对照组观测，得到对照组样本，其中对照组的 post 变量取值参照对应实验组的 post 取值。共得到 433 条观测值，其中处理组为 212 条，控制组为 221 条。同时，为检验匹配是否有效、协变量在处理组与控制组之间是否平衡，对 logit 模型中的协变量进行了平衡检验，结果如表 4-104 所示，所有变量匹配后的标准化偏差（% bias）均小于 10%，说明匹配结果较好。

表 4 – 104

协变量的平衡检验

变量	匹配	Mean		% bias	% reduct |bias|	t – test	
		Treated	Control			t	p > |t|
size	匹配	23.040	23.028	0.8	96.9	0.18	0.858
roa	匹配	0.028	0.026	3.6	55.6	0.94	0.349
lev	匹配	0.543	0.541	0.9	95.4	0.22	0.825
avp	匹配	0.456	0.391	9.1	– 462.1	2.41	0.016
ce	匹配	0.150	0.137	4.1	63.8	1.14	0.256
rocf	匹配	0.038	0.035	4.1	88.2	1.03	0.302
turnover	匹配	0.707	0.724	– 3.8	77.7	– 0.97	0.330
firhold	匹配	0.417	0.414	2.1	0.4	0.49	0.624
ppe	匹配	0.170	0.174	– 2.4	77.1	– 0.56	0.575

在为对照组的 post 变量赋值后，使用匹配后的样本进行双重差分检验，表 4 – 105 列示了审计监督对央企创新的双重差分检验结果。列①和列②列示了在不考虑控制变量的情况下的回归结果，列③和列④列示了在考虑控制变量的情况下的回归结果。回归结果显示，在不考虑控制变量和年度变量，仅考虑行业变量时，交乘项 audit × post 的系数为正但不显著；在不考虑控制变量，仅考虑年度变量和行业变量时，交乘项 audit × post 的系数为 0.298 且在 10% 的水平上显著，表明在控制年度变量和行业变量后，审计监督对央企创新的影响是正向的。同时，在加入控制变量，不考虑年度变量和行业变量时，交乘项 audit × post 的系数为 0.274 且在 10% 的水平上显著；在加入控制变量且考虑年度变量和行业变量时，交乘项 audit × post的系数为 0.335 且在 5% 的水平上是显著的，表明审计监督与央企创新显著正相关，即审计监督确实有助于促进央企创新。

表 4 – 105

审计监督对央企创新的双重差分检验结果

变量	inno			
	①	②	③	④
audit	0.216 *	0.157	0.152	0.102
	(0.097)	(0.207)	(0.209)	(0.379)
post	0.080	– 0.017	– 0.020	– 0.079
	(0.451)	(0.871)	(0.841)	(0.413)

变量	inno			
	①	②	③	④
audit × post	0.271	0.298 *	0.274 *	0.335 **
	(0.126)	(0.079)	(0.095)	(0.034)
size	—	—	0.584 ***	0.757 ***
	—	—	(0.000)	(0.000)
roa	—	—	−1.239	−1.121
	—	—	(0.354)	(0.385)
lev	—	—	−1.449 ***	−1.334 ***
	—	—	(0.001)	(0.001)
avp	—	—	−0.073	0.069
	—	—	(0.504)	(0.512)
ce	—	—	0.137	0.142
	—	—	(0.452)	(0.420)
rocf	—	—	−0.564	−0.428
	—	—	(0.455)	(0.555)
turnover	—	—	0.146	0.004
	—	—	(0.437)	(0.981)
firhold	—	—	−1.023	−0.801
	—	—	(0.116)	(0.166)
ppe	—	—	−0.350	0.016
	—	—	(0.325)	(0.966)
Constant	1.225	0.676	−9.594 ***	−14.885 ***
	(0.413)	(0.650)	(0.000)	(0.000)
industry	yes	yes	no	yes
year	no	yes	no	yes
Observations	433	433	433	433
R − squared	0.116	0.139	0.231	0.485

（六）进一步分析

1. 审计监督质量对央企创新的影响

前文研究中，均采用是否审计和审计前后这两个虚拟变量对审计监督的影响作用进行分析，考虑到虚拟变量作为解释变量对模型解释的局限性，同时也为了更好地研究审计监督对央企创新的影响，进一步研究审计监督质量（quality）对央企控股上市公司创新的影响。采用审计监督央企的审计结果公告的篇幅来衡量审计监督质量，具体为采用审计结果公告中"基本情况"的字数来衡量审计监督质量。

表4-106列示了审计监督质量对央企控股上市公司企业创新的影响的回归结果。其中，Inno与quality的系数为0.482且在1%的水平显著，即央企控股上市公司专利申请数量之和与审计监督质量显著正相关；Invention与quality的系数为0.658且在1%的水平显著，即央企控股上市公司发明专利申请数量与审计监督质量显著正相关；Utility与quality的系数为0.464且在5%的水平上是显著的，即央企控股上市公司实用新型专利申请数量与审计监督质量显著正相关；Design与quality的系数为0.152但是并不显著，说明审计监督质量的提高对外观设计专利申请数量的影响并不明显。因此，回归结果表明审计监督质量的提高有助于促进企业创新，且这种促进作用主要体现在发明专利和实用新型专利申请数量的增加上。

表4-106　　　　审计监督质量对央企控股上市公司创新的影响

变量	Inno	Invention	Utility	Design
quality	0.482 ***	0.658 ***	0.464 **	0.152
	(0.004)	(0.000)	(0.050)	(0.467)
size	0.581 ***	0.584 ***	0.589 ***	0.124 *
	(0.000)	(0.000)	(0.000)	(0.074)
roa	3.663	6.273 *	3.793	6.743 **
	(0.227)	(0.053)	(0.297)	(0.019)
lev	-2.356 ***	-2.430 ***	-1.796 **	-0.410 ***
	(0.001)	(0.001)	(0.022)	(0.499)
avp	-0.625 ***	-0.810 ***	-0.702 ***	-0.403 **
	(0.003)	(0.000)	(0.003)	(0.027)
ce	0.197	0.269	0.159	0.064
	(0.328)	(0.211)	(0.504)	(0.731)
rocf	-1.101	-0.899	-0.786	-0.655
	(0.440)	(0.555)	(0.655)	(0.642)
turnover	0.104	0.167	-0.054	0.146
	(0.547)	(0.364)	(0.790)	(0.343)
firhold	0.821	1.072	1.032	-0.437
	(0.316)	(0.220)	(0.244)	(0.513)

变量	Inno	Invention	Utility	Design
ppe	−0.282	−0.538	−0.519	−0.559
	(0.576)	(0.319)	(0.386)	(0.233)
Constant	−11.226***	−13.291***	−12.318***	−2.708
	(0.000)	(0.000)	(0.000)	(0.104)
Observations	176	176	176	176
R−squared	0.401	0.413	0.366	0.083

2. 审计监督力度对央企创新的影响

接着,进一步研究了审计监督力度(effort)对央企控股上市公司创新的影响。分别采用央企控股上市公司所在省份有无审计署特派办、所在地级市有无审计署特派办、距离所属审计署特派办的距离三个指标来衡量审计监督力度。具体指标定义如表4−107所示。

表4−107　　　　　　　　　审计监督力度的衡量指标定义

变量名称	变量符号	变量定义
上市公司所在省份有无特派办	prov	若上市公司所在的省份有审计署特派办,则赋值为1;否则,赋值为0
上市公司所在地级市有无特派办	pref	若上市公司所在的地级市有审计署特派办,则赋值为1;否则,赋值为0
距离所属审计署特派办的距离	dist	上市公司距离所属审计署特派办的距离的自然对数

表4−108列示了审计监督力度对企业创新的影响的回归结果。Inno与prov的系数为0.309且在1%的水平上显著,说明企业所在的省份有无审计署特派办与企业创新显著正相关;Inno与pref的系数为0.362且在1%的水平上显著,说明企业所在的地级市有无审计署特派办与企业创新显著正相关;Inno与dist的系数为−0.122且在1%的水平上显著,说明企业距离所属审计署特派办的距离与企业创新显著负相关,即企业距离所属审计署特派办的距离越近,企业创新能力越强。综上所述,审计监督力度对企业创新的影响是显著正相关的,即审计监督力度越大,越有利于促进企业创新。

表 4 - 108　　　　　　　　　审计监督力度对企业创新的影响

变量	Inno		
prov	0. 309 ***	—	—
	(0. 001)	—	—
pref	—	0. 362 ***	—
	—	(0. 000)	—
dist	—	—	- 0. 122 ***
	—	—	(0. 002)
quant	—	—	—
	—	—	—
size	0. 638 ***	0. 640 ***	0. 642 ***
	(0. 000)	(0. 000)	(0. 000)
roa	3. 246 ***	3. 174 ***	3. 230 ***
	(0. 005)	(0. 006)	(0. 005)
lev	- 0. 702 ***	- 2. 430 ***	- 0. 685 ***
	(0. 002)	(0. 002)	(0. 002)
avp	- 0. 101	- 0. 101	- 0. 106
	(0. 188)	(0. 187)	(0. 168)
ce	0. 100	0. 098	0. 100
	(0. 279)	(0. 284)	(0. 278)
rocf	- 0. 861	- 0. 921	- 0. 955
	(0. 151)	(0. 123)	(0. 110)
turnover	- 0. 233 ***	- 0. 244 ***	- 0. 249 ***
	(0. 003)	(0. 002)	(0. 001)
firhold	0. 249	0. 273	0. 290
	(0. 348)	(0. 301)	(0. 273)
ppe	- 1. 182 ***	- 1. 190 ***	- 1. 172 ***
	(0. 000)	(0. 000)	(0. 000)
Constant	- 10. 732 ***	- 10. 761 ***	- 10. 205 ***
	(0. 000)	(0. 000)	(0. 000)
industry	yes	yes	yes
year	yes	yes	yes
Observations	1416	1416	1416
R - squared	0. 448	0. 449	0. 448

四、小节与建议

中共十九大报告以来，国有企业改革和企业创新成为政府部门、社会公众和相关学者关注的热点话题。审计监督作为国家宏观调控介入国有企业的一种方式，是保障经济社会健康发展，推进国有企业改革，提高国有企业创新水平的重要方式。本节利用 2011～2018 年央企审计结果公告，以 2010～2017 年央企控股上市公司数据为研究样本，并剔除金融、保险、ST、*ST 等性质特殊以及数据缺失的央企控股上市公司，分别利用面板数据回归和 PSM－DID 的方法实证检验了审计监督对企业创新的影响，研究发现审计监督与企业创新显著正相关，即审计监督有助于促进企业创新。进一步分析表明：审计监督质量的提高有助于促进企业创新，且这种促进作用主要体现在对企业发明专利和实用新型专利申请数量的增加上，对外观设计专利申请数量的促进作用并不显著；审计监督力度越大，越有利于促进企业创新。

本节的研究具有一定的理论意义和实践意义，一方面以央企控股上市公司为研究对象，实证研究了审计监督对企业创新的影响，丰富了审计监督治理作用的文献，拓宽了审计监督的研究方向；另一方面在实践作用上，基于本节的研究发现，提出如下政策建议：国有企业作为我国国民经济的命脉，要不断完善自身治理机制，增加企业研发投入，不断促进企业创新水平的提高；审计监督在当今国家治理体系扮演着重要的角色，目前我国的审计监督对企业覆盖的范围仍有待提高，要不断扩大审计监督范围，加强审计监督力度，提高审计监督质量，使其成为国企深化改革路上有力的推动力量。

第十二节　审计监督提升企业绩效分析

首届中国国际进口博览会在 2018 年 11 月 5 日至 10 日于上海成功举办，其间中国核工业集团有限公司、中国航天科技集团有限公司等 98 家中央企业全部参加并进行洽谈采购。这一盛会体现了新时代下中国政府坚定支持贸易自由化和经济全球化、主动向世界开放市场的决心，是中国政府坚定对外开放的创举，而中央企业及其下属企业、机构在国有资产监督管理委员会的组织指导下积极参会，彰显了对外开放政策下中央企业"走出去"和坚定改革的信心，是中央企业承载国防、民生、经济、科技、环保、文化等责任之上有助于提升企业绩效的举措。类似这一举措的企业行为，是企业自身具有强烈动机去改善经营绩效，并且带来一定的量化成效。在 2018 年 10 月 15 日国新办举行的新闻发布会上，发言人彭华岗指出，央企前三季度累计实现营业收入 21.1 万亿元，同比增长 11%，累计实现利润总额 13491 亿元，同比增长 21.5%，累计上交税费 1.7 万亿元，同比增长 7.3%，完成固定资产投资 1.5 万亿元，同比增长 2.7%，达到人均创收同比增长 12.5%，达到人均创利同比增长 23.1%，达到全员劳动生产率同比增长 8.4%，达到百元营业收入支付的成本费用同比减少 0.5 元，并且负债率下降。

中央企业在国资委的指导下和自身的改革中取得了企业绩效提高的成绩，但是仍存在产能过剩、非效率投资、高管超额在职消费、盈余管理、内部腐败等问题，导致中央企业的形象受损和绩效不佳，我们认为其要解决这些问题，不仅取决于企业内部控制的制度规章，如内部环境、风险评估、控制活动、信息与沟通、内部监督，还依赖于外部审计，如社会审计和政府审计。审计署作为中央企业的外部监督者，介入央企是扮演监督、预警的角色，在发挥着"免疫系统"的功能时，为审计过程中发现的问题提出了建设性、针对性的意见，从而一方面有利于央企治理效率的提升，另一方面有利于央企改革步伐的加快。审计署虽然从 2009 年起每年都会选取一些具有代表性的央企加以重点审计，但是被审计的央企数量明显增多即审计广度增加，审计所涉及的项目明显增多即审计宽度和深度增加，因为审计监督的重要职责是对中央企业的监督，能通过揭示、抵御与预防功能促进中央企业绩效的提升，达到审计事中和事后的发现、报告、矫正三位一体的目标。

审计署对央企审计加大力度，有理由认为审计监督能提升企业绩效，但是审计监督在多大程度上影响央企控制的上市公司绩效，另外由于审计署特派办每年抽查部分央企，那么这种影响是否具有持续性。在 2018 年的博鳌亚洲论坛开幕式上，习主席在主旨演讲中宣示新时代扩大开放的坚定决心，提出大幅度放宽市场准入、创造更有吸引力的投资环境、加强知识产权保护、主动扩大进口等重大举措。在中国坚持扩大开放的背景下，中央企业面临的外部风险，如技术风险、自然环境风险、市场风险、产业风险，以及内部风险，如战略风险、操作风险、运营风险、财务风险，都将有所增加，从而导致前述的一些央企问题更易发生，进而审计监督对企业运营的重要性更强，对央企控制的上市公司绩效的提升具有更积极的作用。因此，审计监督和中央企业绩效的研究更加具有明显的指示价值和现实意义，同样可以预见会有更多的类似研究。

本节创新之处在于，通过审计署的 10 年央企审计公告为事件期间能更加完整地反映审计监督的研究背景和研究意义，采用非金融央企控制的上市公司为样本，能更大程度地体现总体样本的特征而获得更加合理准确的研究样本，利用 PSM – DID 即倾向得分匹配#双重差分法能消除平行时间趋势，而获得更加科学、可靠的研究结论。因此，不仅具有较强的时代性、新颖性和前瞻性，而且能得出更加可靠和有指导意义的研究结论，一方面，有利于我国在继续推进中央企业绩效考核的过程中增加经验，另一方面，有利于我国在中央企业改革和审计署审计工作的过程中有效开展。

一、理论分析与假设提出

（一）基于受托责任观的审计监督

《中华人民共和国宪法》第九十一条规定："国务院设立审计机关，对国务院各部门和地方各级政府的财政收支，对国家的财政金融机构和企业事业组织的财务收支，进行审计监督"。《审计法》明确指出："国家审计对象包括国有企事业单位和金融机构等"。因此，审计署在法定职责范围内有权对中央企业进行审计监督、出具审计报告、提出审计意见等，但是不能与行政监督、党纪监督、法律监督等混同。现代企业的所有权与经营权分开，经营者为了履行所有者受托的经济责任，必须拥有一定的经济权力，但是由于经营者的道德风险和逆向选择问题，以及外部市场监管机制不健全等，会极大地影响企业绩效。苏回水（2017）提出，审计监督是一种外部监督机制，并且由于强有力的审计公职权力，会在一定程度上约束经营者，保证和促进受托经济责任的全面有效履行。姬霖、汪少英（2018）提出从审计监督、审计鉴证、审计评价、审计前瞻四个方面能发挥审计监督的治理功能，并认为公共受托责任具有三个阶段：在第一阶段，基于公共受托财务责任，国资委或地方政府重点关注公共资源利用的合法性、公共资金使用的安全性；在第二阶段，基于公共受托管理责任，由于公共资源的行政支出不断扩大和社会需求不断增加，国资委或地方政府对公共资源的使用效率提出更高要求；在第三阶段，基于公共受托社会责任，迅速发展的经济社会伴生凸显的社会矛盾，但是政府治理存在严重失灵的现象，国资委或地方政府需要重点关注受托方解决社会问题的能力。

基于受托责任观的审计监督，有助于理解审计监督和央企绩效的关系，即审计监督能对央企控制的上市公司绩效发生影响，但是这一正向影响的传导机制存在一些不足。汪立元（2013）提出目前国企高管经济责任的审计研究通常是政府委托代理的视角，侧重于财务收支合法性和合规性的审计，并且审计评价滞后于审计实践，经济责任审计的作用未能充分显现。康健（2016）提出，当前我国政府、企业、公众都没有正确认识中国特色下的绩效审计，并且国有企业绩效审计的评价体系存在一定的不足，指出国有企业的绩效审计无法满足公众对国有企业绩效审计的要求。张丽（2018）提出"5E"的国有企业绩效审计评价体系，包括经济性（Economy）、效率性（Efficiency）、效果性（Effectiveness）、环境性（Enviroment）、公平性（Equity）。

（二）审计监督与央企绩效的研究

李江涛、曾昌礼、徐慧（2015）以2004～2010年中国工业企业为样本，利用线性模型的多元回归后发现审计监督治理功能的作用有助于国企绩效的提升，利用Sobel检验后得出审计监督通过治理腐败产生的中介效应更加明显。在衡量国企绩效时，设定资产净利润率的指标，而在稳健性检验中使用利润总额，在衡量审计监督的治理功能时，分别设定审计查处的问题资金金额、违规违纪金额处理率、移送司法案件数、审计结果利用率的指标，而在稳健性检验中通过因子分析来合成一个指标，在衡量反腐效率时，设定每万名公职人员的贪污贿赂立案数的指标，控制变量选取市场化进程指数、审计机关规模、地区经济实力、企业资产规模、企业资产负债率、企业年龄等，并设定年度和行业两个虚拟变量。另外，由于审计监督是事后审计，其治理功能的作用往往具有滞后性，所以在考虑本期审计监督对下期国企绩效后，研究发现这种功能具有滞后性和持续性，以及腐败治理的中介效应也具有滞后性。作者提出，应将腐败审计的导向作为审计监督的直接目标之一，即将反腐败作为国家治理的关键途径之一，并且要连续性地开展，以促进审计监督的腐败治理效果。苏回水（2017）研究国有控股上市公司的审计监督对企业绩效的影响，采用相同的研究设计得出一致的结论。

崔昱晨（2018）以2009～2015年央企控股的上市公司为样本，采用F检验和Hausman检验加以判断后，利用固定效应模型进行回归分析，发现审计监督的介入能够提升国有企业价值，并且公司治理水平具有中介效应。在衡量企业价值时，选取托宾Q值和净资产收益率测量国有企业价值，而在稳健性检验中使用市值有形资产比和总资产净利率，在衡量审计监督介入程度时，先将审计监督介入及以后年度赋值为1，而未审年度赋值为0，再将样本企业当年及之前各年度的赋值加总求和，在衡量企业治理水平时，选取股东治理、董监会治理、管理层治理三个维度进行因子分析得出治理指标，控制变量选取资产总额、企业投资水平、资产负债率、长期负债权益比率、总资产增长率、存货周转率、股东权益周转率七个指标。另外，在模型中加入滞后一期和滞后二期的审计监督介入程度的变量进行研究。作者认为要合理安排审计时间、提高审计监督频率、扩大审计监督规模、进一步推动绩效审计、重点关注企业治理的健全和运转，从而提高审计监督水平和质量，推动审计监督做优做强。张培（2018）研究审计监督对央企上市公司绩效的影响，采用类似的研究设计得出了一致的结论，并且高管股权激励可以调节审计监督与企业绩效之间的正相关关系。

陈宋生、董旌瑞、潘爽（2013）以2011年审计署审计公告中的15个集团公司控制的25个上市公司为样本，通过多元线性回归分析发现，与审计前相比，审计后的央企控股上市公司的盈余管理得到了约束，与未接受审计的央企控股上市公司相比，接受审计的盈余管理程度减弱。张立民、邢春玉、温菊英（2015）以2008～2010年沪深两市A股非金融类公司为样本，利用多元回归分析发现，在考虑审计监督质量的情况下，审计监督质量会降低高管政治关联对企业绩效的提升作用，同样也会降低股权政治关联对企业绩效的损害作用。褚剑、方军雄（2016）以2010～2015年审计署的审计公告中选取央企控制的上市公司为样本，采用双重差分模型实证分析发现，审计监督能抑制央企控股上市公司高管的超额在职消费行为。褚剑、方军雄（2017）以2005～2015年的央企控股上市公司为样本，利用双重差分模型发现审计监督降低了企业的股价崩盘风险，并且存在溢出效应，即在审计事件发生后未被审计的央企的崩盘风险有所下降。曹源芳、蔡则祥、王家华（2017）以2007～2015年中信银行、浦发银行和南京银行三家股份制银行为样本，通过多元回归分析发现，审计监督能保障银行资管业务稳健性，并且显著降低系统性金融风险，同时审计监管具有显著的滞后效应。阮滢、赵旭（2017）以2010～2014年的央企控股上市公司为样本，采用最小普通二乘法回归发现，审计监督使企业的真实盈余管理行为得到约束。王兵、鲍圣婴、阚京华（2017）基于2010～2014年审计署公布的审计公告选取央企控股上市公司为样本，利用PSM匹配样本后分组回归发现，审计监督能抑制过度投资水平，并且无论是一次审计还是二次审计，审计监督对过度投资的抑制作用主要体现在非"十大"会计师事务所审计的客户公司。吴业奇（2017）以2014年审计公告发布的10家集团控股的38家央企上市公司为样本，通过审计样本和配对样本的多元回归发现，审计监督能改善央企的会计信息披露质量和较低程度上能提升央企的绩效和内部控制水平。程军、刘玉玉（2018）以2007~2015年的沪深A股上市公司为样本，通过多元回归分析发现审计监督能发挥治理效应，增强地方国企的创新强度。段训诚、唐立新（2018）以2008~2016年被审央企控制的A股上市公司为样本，通过多变量回归分析发现，审计监督介入能提升央企内部控制有效性。因此，围绕审计监督的主题可以进行央企控股上市公司的样本研究，包括对会计稳健性、股价波动、治理效率、高管超额在职消费、股价崩盘风险、盈余管理、过度投资等企业行为或现象的实证分析，并且发现审计监督对企业是有积极作用的。

（三）假设提出

审计监督是一种强制的外部审计机制，是由审计署特派办依据职权和职责范围开展中央企业的审计工作。根据《国务院国有资产监督管理委员会令第30号中央企业负责人经营业绩考核暂行办法》的规定，中央企业负责人年度经营业绩考核指标的基本指标包括利润总额和经济增加值，任期经营业绩考核指标的基本指标包括国有资本保值增值率和总资产周转率。蔡利和马可哪呐（2014）以2008~2012年央企控股上市公司为样本，在衡量被解释变量即上市公司的经营业绩时分别采用利润总额和总资产周转率的指标，进一步分析中采用净资产收益率和资产收益率的指标，稳健性测试中采用净利润和经营费用率的指标，在衡量解释变量即审计监督介入程度时采用介入年度及以后年度赋值为1并且各年度加总求和的方法测量，在多变量回归分析后发现审计监督能提升央企控股上市公司的经营业绩。因此，审计监督的介入在一定程度上给经营者带来积极效应，因为经营者无论是为了自身的业绩考核，还是担心有不好的审计公告，都会更加勤勉忠诚地履行受托责任。由此提出假设4-12-1：审计监督能提升央企控制的上市公司绩效。

审计署的审计公告年份一般滞后两年，比如审计公告年份是2009年，审计实施年份是2008年，企业所审计年份是2007年。蔡利和马可哪呐（2014）在研究时考虑了审计介入的当年度和以后4个年度，发现在被审计样本中，一方面审计监督对利润总额的影响从审计介入年度开始就有微弱的显现，一直持续到审计介入后的第三年，并且在审计介入后的第二年和第三年更加显著；另一方面审计监督对总资产周转率的影响从审计介入年度开始一直持续到审计介入后的第三年，并且审计介入当年度、审计介入后的第一年和第三年都在1%的水平上显著。因此，审计监督对审计介入的以后年度的企业绩效仍具有积极作用，因为治理层和管理层在获得财务收支审计或大型投资建设项目审计的公告后需要一定的时间对企业治理进行调整，并且这种积极的作为需要时间来显现效果，从而具备持续性的正向影响。由此提出假设 4 - 12 - 2：审计监督对央企控制的上市公司绩效有滞后效应。

二、研究设计

(一) 变量设定

本节以审计署对非金融央企审计公告的 2009 ~ 2018 年为事件期间，以 2008 ~ 2017 年央企控制上市公司的企业数据为研究样本。证券代码变量和年份变量的组合是一条观测值的唯一标识值，尤其是年份变量具有分类性，企业绩效、审计监督、公司规模、营业收入、股权集中度、事务所为"四大"会计师事务所、出具非标意见这些变量是一条观测值的其他属性值，具有分析价值。其中，被解释变量是企业绩效的代理变量基本每股收益（EPS），解释变量是审计监督（Audit），现实中审计公告年份一般滞后两年，比如审计公告年份是 2009 年，审计实施年份是 2008 年，企业被审计年份是 2007 年，因为审计监督在介入之后，才有可能对介入当年度和以后年度的企业绩效发挥作用，因此本书选取滞后一期（Audit1）、滞后二期（Audit2）、滞后三期（Audit3）的审计监督变量，控制变量是从企业规模、成长能力、股权分布、外部审计四个方面选取公司规模（Size）、营业收入（Sale）、股权集中度（Ownership）、事务所为"四大"会计师事务所（BIG4）、出具非标意见（MAO）。具体见表 4 - 109。

表 4 - 109　　　　　　　　　　变量的名称和计算

变量名称	变量代码	变量计算
证券代码	i - Stock	用于说明原始数据表中的一条观测值是某家公司某一年的数据,不计算也不用于回归分析
年份	t - Year	
企业绩效	EPS	基本每股收益
审计监督	Audit1	所属央企被审计署审计当年度取值为 1,否则为 0
	Audit2	所属央企被审计署审计后的第一个年度取值为 1,否则为 0
	Audit3	所属央企被审计署审计后的第二个年度取值为 1,否则为 0

变量名称	变量代码	变量计算
公司规模	Size	总资产的自然对数
营业收入	Sale	营业收入的自然对数
股权集中度	Ownership	第一大股东持股比例
事务所为"四大"会计师事务所	BIG4	"四大"会计师事务所审计当年度取值为1,否则取0
出具非标意见	MAO	出具非标准审计意见取值为1,否则取0

(二) 模型设计

审计监督是一种外部监督行为,在职权的强制力下由审计署开展财务收支审计或大型投资建设项目审计,而企业绩效是一家公司的经营成果,本节选取基本每股收益衡量企业绩效。因此,为了直接研究政府审计对企业绩效的影响,设定企业绩效是因变量,审计监督是自变量,建立线性概率模型的式 (4-36):

$$EPS_{i,t} = \alpha + \beta \times Audit_{i,t} + \varepsilon_{i,t} \tag{4-36}$$

在式 (4-36) 的基础上,为了控制其他因素对企业绩效的影响,借鉴已有文献的研究,设定公司规模、营业收入、股权集中度、事务所为"四大"会计师事务所、出具非标意见为控制变量,其中,Size、Sale、Ownership 是反映公司自身的特征,在一定程度上可以降低公司规模、营业收入、股权集中度对企业绩效的影响,BIG4、MAO 是反映公司的另一种外部审计即社会审计,在一定程度上可以降低事务所为"四大"会计师事务所、出具非标意见对企业绩效的影响。因此,选取滞后一期审计监督的解释变量建立线性概率模型的式 (4-37):

$$EPS_{i,t} = \alpha_1 + \beta_1 \times Audit_{i,t} + \beta_2 \times Size_{i,t} + \beta_3 \times Sale_{i,t} + \beta_4 \times Ownership_{i,t} + \beta_5 \times BIG4_{i,t} + \beta_6 \times MAO_{i,t} + \varepsilon_{i,t} \tag{4-37}$$

在式 (4-37) 的基础上,由于控制变量可能存在内生性问题,比如遗漏变量、测定偏误、反向因果、自回归问题,具体到本节的模型,需要解决遗漏变量这一可能的内生性问题,因此,采用 PSM-DID (倾向得分匹配-双重差分法) 研究,建立线性概率模型的式 (4-38):

$$EPS_{i,t} = \alpha_1 + \beta_1 \times Audit1_{i,t} \times POST1_{i,t} + \beta_2 \times Size_{i,t} + \beta_3 \times Sale_{i,t} + \beta_4 \times Ownership_{i,t} + \beta_5 \times BIG4_{i,t} + \beta_6 \times MAO_{i,t} + \varepsilon_{i,t} \tag{4-38}$$

三、实证结果分析

(一) 描述性统计

对线性概率模型的式 (4-37) 中的连续型变量进行上下 1% 的缩尾处理。Winsorize 处理即缩尾处理,是对边缘数值加以替换,不改变观测值的数量,从而消除极值影响,因为现实中不可避免地存在极少数企业在很大程度上不同于行业平均水平,以及国泰安数据库的错误统计,所以利用上下 1% 的缩尾处理来消除异常值可能对之后回归分析的影响。

进行描述性统计。由表 4-110 中数据可得:基本每股收益 (EPS) 变量的平均数是 0.2398,标准差是 0.6676,最小值是 -6.691,中位数是 0.1998,最大值是 6.280,说明央企控制的上市公司绩效水平总体偏低;公司规模 (Size) 变量的平均数是 22.46,标准差是 1.408,最小值是 18.59,中位数是 22.27,最大值是 28.04,说明央企控制的上市公司持有的总资产差异较小而且总体较大;营业收入 (Sale) 变量的平均数是 22.00,标准差是 1.478,最小值是 16.34,中位数是 21.79,最大值是 28.69,说明央企控制的上市公司的营业收入规模差异较小而且总体较大。因此,企业绩效有必要提升,并且存在提升的空间。股权集中度 (Ownership) 变量的平均数是 40.67,标准差是 13.86,最小值是 11.89,中位数是 41.34,最大值是 89.09,说明央企控制的上市公司的第一大股东持股比例差异较大;事务所为"四大"会计师事务所 (BIG4) 变量的平均数是 0.1134,标准差是 0.3172,说明央企控制的上市公司多被非"四大"会计师事务所审计;出具非标意见 (MAO) 变量的平均数是 0.0399,标准差是 0.1957,说明央企控制的上市公司被出具非标准审计意见很少。因此,审计监督的介入是有必要的,是有利于强化外部监督力度的。

根据各年度的观测值个数,比如 2008 年有 136 个观测值,2009 年有 77 个观测值,2010 年有 81 个观测值等,说明样本是非平衡面板数据,这是因为每年的央企集团会有变化,并且每年央企控制的上市公司也有变化,另外不排除央企集团名称的变化造成的影响,因此,之后的回归分析需要控制年度变量。

表 4-110　　　　　　　　央企控制的上市公司的变量统计

变量	平均数	标准差	最小值	中位数	最大值
EPS	0.2398	0.6676	-6.691	0.1998	6.280

变量	平均数	标准差	最小值	中位数	最大值					
Audit1	0.1408	0.3480	0	0	1					
Audit2	0.1329	0.3396	0	0	1					
Audit3	0.1169	0.3215	0	0	1					
Size	22.46	1.408	18.59	22.27	28.04					
Sale	22.00	1.478	16.34	21.79	28.69					
Ownership	40.67	13.86	11.89	41.34	89.09					
BIG4	0.1134	0.3172	0	0	1					
MAO	0.0399	0.1957	0	0	1					
Obs	1129									
Year	2008	2009	2010	2011	2012	2013	2014	2015	2016	2017
Obs	136	77	81	92	123	133	122	124	131	110

（二）相关性分析

运用线性概率模型的式（4-37），使用 Stata14.0 软件的"pwcorr"命令。由表4-111中数据可得：基本每股收益（EPS）与滞后一期的审计监督（Audit1）的相关系数是 0.0524，说明两者正相关，低度相关；基本每股收益（EPS）与公司规模（Size）的相关系数是 0.1369，说明两者正相关，中度相关；基本每股收益（EPS）与营业收入（Sale）的相关系数是 0.1809，说明两者正相关，中度相关；基本每股收益（EPS）与股权集中度（Ownership）的相关系数是 0.1118，说明两者正相关，中度相关；基本每股收益（EPS）与事务所为"四大"会计师事务所（BIG4）的相关系数是 0.0927，说明两者正相关，低度相关，基本每股收益（EPS）与出具非标意见（MAO）的相关系数是 -0.3144，说明两者负相关，中度相关；其他变量类比。因此，企业绩效与审计监督、企业特征、外部审计变量的相关性分析符合企业行为的一般逻辑。通常认为，相关系数的绝对值大于 0.5 即说明两个变量相关性较高，比如公司规模与营业收入，介于0.1 和 0.5 之间即说明两个变量中度相关，比如公司规模与股权集中度、公司规模与事务所为"四大"会计师事务所、公司规模与出具非标意见、营业收入与股权集中度、营业收入与事务所为"四大"会计师事务所、营业收入与出具非标意见、股权集中度与事务所为"四大"会计师事务所、股权集中度与出具非标意见，小于 0.1 即说明两个变量低度相关，比如审计监督与公司规模、审计监督与营业收入、审计监督与股权集中度、审计监督与事务所为"四大"会计师事务所、审计监督与出具非标意见、事务所为"四大"会计师事务所与出具非标意见。因此，被解释变量与控制变量相关性较低，说明选取的控制变量比较适当。相关性分析是局限于两个变量之间的关系研究，由于变量之间存在内生性或外生性的交叉影响，一个变量与另一个变量的关系未必被真实反映，因此需要在线性概率模型上应用多元回归分析，研究审计监督对企业绩效的影响。

表4－111　　　　　　　　　　相关性分析的结果

变量	EPS	Audit1	Size	Sale	Ownership	BIG4	MAO
EPS	1.000						
Audit1	0.0524	1.000					
Size	0.1369	0.0190	1.000				
Sale	0.1809	0.0117	0.8622	1.000			
Ownership	0.1118	−0.0104	0.2910	0.3477	1.000		
BIG4	0.0927	0.0078	0.3628	0.3956	0.1777	1.000	
MAO	−0.3144	−0.0174	−0.1166	−0.1889	−0.1039	−0.0729	1.000

（三）多元回归分析

运用线性概率模型的式（4－37），在固定效应回归和随机效应回归的结果基础上，通过豪斯曼检验发现模型适合进行随机效应回归，分别采用滞后一期、滞后二期、滞后三期的政府审计变量进行多元回归。由表4－112中数据可得：

（1）滞后一期的审计监督（Audit1）与基本每股收益（EPS）的相关系数是0.0901，并且在10%的水平上呈显著正相关关系；公司规模（Size）与基本每股收益（EPS）的相关系数是−0.0126，但不显著；营业收入（Sale）与基本每股收益（EPS）的相关系数是0.0559，并且在5%的水平上呈显著正相关关系；股权集中度（Ownership）与基本每股收益（EPS）的相关系数是0.0021，但不显著；事务所为"四大"会计师事务所（BIG4）与基本每股收益（EPS）的相关系数是0.0522，但不显著；出具非标意见（MAO）与基本每股收益（EPS）的相关系数是−0.9771，并且在1%的水平上呈显著负相关关系。因此，审计监督能提升央企控制的上市公司绩效，表明假设4－12－1得到验证。

（2）滞后二期的审计监督（Audit1）与基本每股收益（EPS）的相关系数是−0.0459，但不显著；滞后三期的政府审计（Audit1）与基本每股收益（EPS）的相关系数是 0.0708，但不显著。周微、刘宝华、唐嘉尉（2017）研究实际控制人是央企的上市公司的非效率投资对腐败案件曝光的影响，以及审计监督在两者之间的作用，发现审计监督促进了非效率投资引致的腐败被曝光。在设定审计监督变量时，以 2008～2014 年期间首次被审计署审计为分界点，审计实施当年及以后年度则赋值为 1，所审计年份及以前年度则赋值为 0。控制变量选取企业资产负债率、资产回报率、企业规模、企业成长能力、独立董事比例、董事会规模等。进一步分析中作者考虑到中共十八大之后反腐力度加强这一外部因素，引入反腐败力度变量进行分组的多元回归，即定义 2008～2011 年为反腐力度较弱年度和定义 2012～2014 年为反腐力度较强年度，另外还考虑了重复审计因素。稳健性检验中作者考虑到样本可能存在自选择问题，通过样本配对即从未接受审计的央企控股上市公司中选择审计年度、所属行业、资产规模匹配度高的作为控制组，缓解这一问题和控制总样本的一致性。基于已有研究，不妨把这一相悖的结果归因于模型设定的不准确，有可能没有考虑高层管理人员到期离职的因素，而导致审计监督没有持续性的正向影响。因此，审计监督对央企控制的上市公司绩效没有滞后效应，表明本书的假设 4 – 12 – 2 未得到验证。

表 4 – 112 　　　　　　　　　多元回归分析的结果

变量	被解释变量（EPS）					
	系数	P 值	系数	P 值	系数	P 值
Audit1	0.0901	0.096 *				
Audit2			– 0.0459	0.411		
Audit3					0.0708	0.232
Size	– 0.0126	0.637	– 0.0103	0.698	– 0.0146	0.586
Sale	0.0559	0.034 **	0.0543	0.039 **	0.0571	0.031 **
Ownership	0.0021	0.149	0.0021	0.152	0.0021	0.142
BIG4	0.0522	0.417	0.0538	0.404	0.0527	0.413
MAO	– 0.9771	0.000 ***	– 0.9809	0.000 ***	– 0.9754	0.000 ***

（四）PSM – DID 回归分析

由于控制变量可能存在内生性问题，采用 PSM 方法进行实验组和控制组的匹配。吴秋生、郭檬楠（2018）选取 2008～2016 年商业类央企上市公司为样本，采用倾向得分匹配法和双重差分法，实证分析发现，审计监督能发挥督促国企资产保值增值的功能，并且这一功能是通过增大审计监督对象的广度、提高审计监督监督权限行使力度、加强审计监督目标实现深度这三个路径来实现的。审计监督通过对经济活动的监督实现对经济权力的制约和监督，从而带动国家政治权力监督效应，促进国有资产的保值增值，防止国有资产流失。参考这一文献的研究设计，Audit 定义与前述相同，定义被审计央企控制上市公司为实验组，取值为 1，未被审计的央企控制上市公司为控制组，取值为 0。采用 Logit 回归，选取公司规模、营业收入、事务所为"四大"会计师事务所、出具非标意见作为特征变量，得到模型预测的倾向值得分和配对的样本组。再运用线性概率模型的式（4-37），估计央企控制的上市公司接受审计监督的倾向得分值（见图 4-12）。

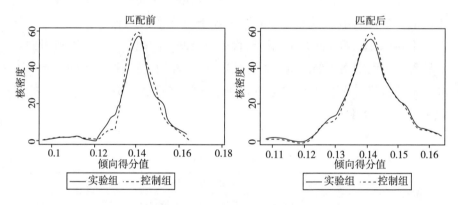

图 4-12 实验组和控制组的密度函数

运用线性概率模型的式（4-38），包含 Audit1 与 POST1 的交乘项。由表 4-113 中数据可得：滞后一期的审计监督和事件发生后的交乘项（Audit1×POST1）与基本每股收益（EPS）的相关系数是 0.0878，但不显著；公司规模（Size）与基本每股收益（EPS）的相关系数是 -0.0131，但不显著；营业收入（Sale）与基本每股收益（EPS）的相关系数是 0.0646，但不显著；股权集中度（Ownership）与基本每股收益（EPS）的相关系数是 0.0021，但不显著；事务所为"四大"会计师事务所（BIG4）与基本每股收益（EPS）的相关系数是 0.0367，但不显著；出具非标意见（MAO）与基本每股收益（EPS）的相关系数是 -0.7919，并且在 1% 的水平上呈显著负相关关系。因此，审计监督不能提升央企控制的上市公司绩效，表明假设 4-12-1 未得到验证。采用倾向得分匹配方法后，研究样本有 279 个观测值，实验组有 143 个观测值，控制组有 136 个观测值。统计学家提出使用倾向得分来度量距离，有 k 近邻匹配、卡尺匹配、卡尺内最近邻匹配、核匹配、局部线性回归匹配、样条匹配，PSM 虽然使得观测数据尽可能地接近随机实验数据，但是通常要求比较大的样本容量以得到高质量的匹配。因此，假设 4 - 12 - 1 未得到验证，不能排除样本的数据处理导致相悖结果的偏差，另外 Audit1 × POST1 交乘项的设定可能存在一定程度的不适当性。

表 4 - 113   PSM - DID 的结果

变量	被解释变量（EPS）	
	系数	P 值
Audit1 × POST1	0.0878	0.233
Size	− 0.0131	0.803
Sale	0.0646	0.223
Ownership	0.0021	0.464
BIG4	0.0367	0.760
MAO	− 0.7919	0.002 ***

（五）稳健性检验

设定企业绩效的代理变量是资产收益率，运用线性概率模型式（4 - 37），使用 Stata14.0 软件的"logit"命令。由表 4 - 114 中数据可得：滞后一期的审计监督（Audit1）与基本每股收益（EPS）的相关系数是 0.0039，但不显著；公司规模（Size）与基本每股收益（EPS）的相关系数是 − 0.0172，但不显著；营业收入（Sale）与基本每股收益（EPS）的相关系数是 0.0075，但不显著；股权集中度（Ownership）与基本每股收益（EPS）的相关系数是 − 0.0002，但不显著；事务所为"四大"会计师事务所（BIG4）与基本每股收益（EPS）的相关系数是 0.0112，但不显著；出具非标意见（MAO）与基本每股收益（EPS）的相关系数是 − 0.3086，并且在 1% 的水平上呈显著负相关关系。因此，审计监督不能提升央企控制的上市公司绩效，表明假设 4 - 12 - 1 未得到验证。ROA 是利润总额与总资产的比值，是一个相对数，具有可比性。基于已有研究，一些作者采用资产收益率衡量企业绩效时，审计监督与之有显著的正相关关系。稳健性检验中，Audit1 与 ROA 虽然没有通过显著性检验，但是有正相关的关系，不妨将之归因于解释变量设定不当或是数据处理问题，毕竟从理论分析的角度，用资产收益率衡量企业绩效是合理的，并且已有的实证文献也证明了审计监督能提升企业绩效。

表4-114 稳健性检验的结果

变量	被解释变量（ROA）					
	系数	P值	系数	P值	系数	P值
Audit1	0.0039	0.890				
Audit2			-0.0016	0.956		
Audit3					0.0008	0.979
Size	-0.0172	0.217	-0.0172	0.219	-0.0177	0.196
Sale	0.0075	0.583	0.0074	0.586	0.0084	0.535
Ownership	-0.0002	0.832	-0.0001	0.831	-0.0002	0.779
BIG4	0.0112	0.738	0.0112	0.737	0.0100	0.765
MAO	-0.3086	0.000 ***	-0.3088	0.000 ***	-0.3088	0.000 ***

四、小结与建议

审计署对中央企业开展财务收支审计或大型投资建设项目审计，是一种外部监督机制的职责履行，但是这种外部审计基于受托责任观，能很好地解释审计监督有利于企业绩效的提升，因为经营者无论是为了自身的业绩考核，还是担心有不好的审计公告，都会更加勤勉忠诚地履行受托责任。本节以审计署对非金融央企审计公告的2009~2018年为事件期间，以2008~2017年央企控制上市公司的企业数据为研究样本，通过描述性统计发现，企业绩效有必要提升，并且存在提升的空间；通过相关性分析发现，企业绩效与审计监督、企业特征、外部审计变量的相关性符合企业行为的一般逻辑；通过多元回归分析中发现，滞后一期的审计监督与基本每股收益在10%的水平上呈显著正相关关系，审计监督能提升央企控制的上市公司绩效，但是没有滞后效应。同时，考虑到内生性问题的存在，采用PSM方法匹配实验组和控制组，并且使用DID消除平行时间趋势检验审计监督对企业绩效的实际影响，但是未能得出之前的分析结果，在稳健性检验中选取资产收益率这一替代指标仍然未能得到一致的结果，因此结论有待进一步讨论。

本节所研究的主题——审计监督对企业绩效的影响，尽管有相关文献做过实证分析并且有较一致的结论，但是使用PSM-DID的方法实证研究不多。有学者指出，腐败在审计监督对企业绩效的影响中有中介效应，因此未来可以进一步研究传导机制的理论框架，还有不同的企业绩效指标、不同的政府变量设定、不同的样本期间在实证研究中的作用。

本节在政策方面的启示有两点：一是审计署应继续加大中央企业的审计力度，从央企覆盖面到审计项目都应拓宽，将外部监督机制的功能能更好地发挥出来，二是国资委在中央企业经营者的业绩考核规则上需要进一步地研究，不同类型的企业应该侧重不一样的指标，并且要注重改革过程中的趋势变化，这样才能有利于中央企业在承担国民经济的支柱责任的同时，能促使国有资产保值增值。

第五章　审计监督的企业外部协同
治理能力提升分析

从第四章的实证分析结果可知，审计监督与多种外部力量一起协同对企业进行治理。本章采用理论分析和实证检验审计监督与多种外部力量对企业进行协同治理：市场环境、纪委巡视、媒体监督、社会审计、其他。

第一节　审计监督与市场环境的企业协同治理能力提升分析

一、审计监督与市场环境企业治理的协调与冲突

基于结果模型，审计监督与市场环境的企业治理能相互协调。随着市场化进程不断加快，公众对公共受托责任更为关注。与此同时，市场化进程加速改善了制度环境，让普通民众对审计监督是否有效监督企业也更为关注。市场化进程越快，公众对国家治理的期望越高，市场监督也更加有效。市场化进程的加快，也让非国有经济主体更加关注审计监督对企业的监督作用。综上，审计监督企业完成后，通过公布企业审计结果，若该省市场化进程更好，企业审计报告提到的相关部门将面临更大的压力，促进审计监督企业作用的发挥。

基于需求模型，审计监督与市场环境的企业治理存在冲突。市场化进程加快时，政府干预市场减少；除了审计监督外，普通民众对公共受托责任履行的监督方式更加多样化，这导致民众对审计监督企业的监督需求和依赖下降。这可以从樊纲的市场化进程指数的五个二级指标进行更加深入的分析。比如，从政府对企业干预减少、企业税负降低、政府规模变小角度看，公众对审计监督的需求会有所下降。

二、审计监督与市场环境的企业协同治理：互补还是替代

为更好地研究审计监督与市场环境的企业协同治理效应，本部分以央企控股的全部上市公司为研究样本①，实证检验审计监督与市场环境对企业高质量发展的协同效应。

（一）变量定义

企业高质量发展。关于企业高质量发展指标的测算，现有学者主要采用多因子综合分析法或基于中间变量的单一指标替代的方式。借鉴陈昭和刘映曼（2019）、施本植和汤海滨（2019）、曹献飞和裴平（2019）等学者的研究，采用比较流行的指标——全要素生产率（Tfp）来衡量企业高质量发展。半参数法能较好地解决全要素生产率估计过程中的联立性偏误以及选择性偏误，因此采用半参数估计 LP 法来计算全要素生产率，同时为保证数据的可比性和消除异方差，对其进行标准化处理。

审计监督。主要从两个方面对审计监督进行定义：第一，对于上市公司是否被审计，定义"Audit"变量。如果企业在当年被审计署介入审计，则介入年份及以后年份 Audit 赋值为 1；否则赋值为 0。第二，对于上市公司接受审计前后，定义"Post"变量。经过审计署审计之后的年份，Post 赋值为 1（即第一次审计介入年份滞后一期，不考虑二次审计的情形），审计署审计当年和之前年份赋值为 0。②

市场环境。市场环境描绘了该地区的制度环境，衡量的主要维度是市场化水平。参考现有研究，采用王小鲁等编制的《中国分省份市场化指数报告》中的各省份相应年份的市场化指数（Market）衡量。该指数包含五个二级指标。

另外，考虑到企业规模越大、盈利能力和偿债能力等越强，企业会有更丰富的资源和更多的资本参与生产经营，从而有利于促进企业高质量发展，因此我们选取了企业的规模（Size）、成立时间（His）、盈利能力（Roa）、偿债能力（Lev）等作为控制变量。同时，利用年份虚拟变量（Year）和行业虚拟变量（Industry）来控制时间和行业变化对回归模型的影响。

（二）模型设定

为探究审计监督与市场环境的企业协同治理效应，我们构建了模型

---

① 第五章其他节的样本选取均与此相同，不重复介绍。

② 第五章其他节的实证分析的审计监督变量均与此相同，不重复介绍。

（5-1）和模型（5-2），并进一步按照企业所在省份的市场化指数的中位数进行分组回归。其中，Tfp 为被解释变量企业高质量发展；α_1 为审计监督衡量变量 $Audit_{i,t}$ 和 $Post_{i,t}$ 的系数，若系数为正，则说明审计监督有利于促进企业高质量发展。Control_ variables 为控制变量，包括企业规模、企业成立时间、盈利能力、偿债能力等；$\varepsilon_{i,t}$ 为随机误差项。

$$Tfp_{i,t} = \alpha_0 + \alpha_1 Audit_{i,t} + \alpha_2 Control\_ variables + Year + Industry + \varepsilon_{i,t}$$
$$(5-1)$$

$$Tfp_{i,t} = \alpha_0 + \alpha_1 Post_{i,t} + \alpha_2 Control\_ variables + Year + Industry + \varepsilon_{i,t}$$
$$(5-2)$$

（三）回归结果

表 5-1 列示了审计监督与市场环境的企业协同治理效应的分析结果。第（1）列和第（2）列列示了全样本下审计监督对企业高质量发展的影响，我们发现 Audit 和 Post 的系数分别为 0.134 和 0.146，且在 5% 的水平上是显著的，说明审计监督有利于促进企业高质量发展。第（3）列～第（6）列列示了按市场环境分组的回归结果，我们发现当市场环境相对较差的时候，Audit 和 Post 的系数分别为 0.031 和 0.038，且都是不显著的。当市场环境相对较好的时候，Audit 和 Post 的系数分别为 0.169 和 0.251，且在 5% 的水平上显著为正；而且我们发现，与全样本下的系数相比，Audit 和 Post 的系数显著增加，说明市场环境与审计监督在促进企业高质量发展方面呈现互补关系，即市场环境越好，审计监督对企业高质量发展的促进作用越强。

表 5-1　　　　审计监督与市场环境的企业协同治理效应分析

变量	Tfp					
	All		Market ≤ 7.94		Market > 7.94	
	（1）	（2）	（3）	（4）	（5）	（6）
Audit	0.134 ***		0.031		0.169 **	
Post		0.146 **		0.038		0.251 **
控制变量	控制	控制	控制	控制	控制	控制
Year	控制	控制	控制	控制	控制	控制
Industry	控制	控制	控制	控制	控制	控制
常数项	-2.855 ***	-3.483 ***	-1.220 ***	-1.491 ***	-4.471 ***	-4.982 ***
N	1420	1165	665	554	755	611
R^2	0.267	0.307	0.161	0.221	0.334	0.352

三、审计监督与市场环境企业协同治理的建议

为了更好地实现审计监督与市场环境对企业的协同治理，需要构建审计监督的企业审计公告制度，及时向市场传递和共享审计信息，更好地发挥审计监督拉动市场化进程，更好地抑制企业的腐败行为。另外，需要降低政府部门对企业审计信息的干预程度，提升审计署的独立性，使得审计署的企业审计结果能及时、公正地传递到市场中。审计署需要将企业审计结果，尤其是对企业的审计建议，积极与企业及相关部门进行充分沟通，才能切实促进市场化进程的加快。

第二节　审计监督与纪委巡视的企业协同治理能力提升分析

一、审计监督与纪委巡视企业治理的协调与冲突

（一）审计监督在纪委巡视工作中的定位

审计署参与企业巡视是"围绕中心、服务大局"，能更好地发挥审计监督的监督职能。

审计署对企业领导干部的经济责任审计、财务收支审计和工程项目审计，能监督企业经济业务的合法性与效益性。企业巡视中的审计署人员参与，能为查清被巡视企业存在的经济问题发挥重要的作用。而且，有时同一年对同一家企业会进行审计署审计和中纪委巡视，并且通常中纪委巡视是在审计署审计之后，这时，中纪委的企业巡视可以参考审计署的企业审计结果。

（二）审计监督与纪委巡视的异同

一方面，审计监督对企业的经济责任审计与中纪委对企业的巡视存在相同之处。第一，审计署和中纪委两者性质都是上位监督。第二，两者均将查处重大问题作为工作重点，既发挥了威慑力，又通过报告使得企业查出的问题尽快得到解决。第三，两者的工作流程相同，都涉及提前准备、组织实施、提供结果公告、向企业反馈信息、查处和落实等。第四，两者的最终目标都是促进企业高质量发展和可持续发展。

另一方面，两者也存在差异。第一，两者履职依据并不相同。中纪委巡视企业的法律依据是中共党员的行为规范，比如《中国共产党纪律处分

条例》等。审计署审计企业的法律依据是《审计法》等。第二，两者的监督对象也不一样。中纪委的巡视监督对象是企业的党组成员及普通党员。审计署审计企业的财务报告等。第三，两者的工作内容也有差异。中纪委的巡视企业的工作紧扣"六大纪律"，突出"四个着力"，盯住"三个重点"等。审计署审计企业的工作重点需结合审计类型来说，财务报告审计主要围绕企业的年报，经济责任审计主要围绕企业领导的经济责任。第四，两者的工作结果运用也有差异。中纪委的巡视直接向派出的本级党委负责。审计署的企业审计由审计署负责公示审计结果。

（三） 审计监督与纪委巡视协同治理的冲突

首先，两者存在较严重的重复监督问题。目前，很多政府监督部门，比如巡视、审计、财政各自为政，重复监督问题较为严重。这些监督部门年度安排监督工作时，并未在各监督部门之间进行沟通、协商，使一些企业同一年度需要接受多次不同的监督检查。

其次，两者沟通协调效率有待提升。企业巡视监督的抽调人员通常涉及监察、财政、审计等部门。目前，巡视与审计监督通常都力争监督全覆盖，这导致巡视和审计的工作均很繁重，人员紧缺。巡视或审计企业时，审计署与中纪委没有有效沟通，信息难以共享，难以形成优势互补，导致双方信息不对称，协作效率低。

最后，巡视和审计企业对政策和法规的把握和理解口径不同。比如，巡视企业时，抽调的审计人员与其他巡视人员通常会对相关政策法规的理解不同，导致对企业存在问题的定性存在分歧。

（四） 审计监督与纪委巡视的企业协同治理的实务分析

选取 2010～2016 年中央企业接受审计署审计的结果公告以及 2015 年 3 月至 2016 年 7 月中纪委的中央企业巡视公告。分析表 5 – 2 可知，103 家央企中，有 43 家央企既接受过政府审计又接受过巡视（其中 42 家先审计后巡视；1 家先巡视后审计）；8 家只接受过审计署审计；4 家只接受过巡视；剩余 48 家既没接受过审计也没接受过巡视。比如，中国核工业集团公司 2010 年和 2014 年两次接受了审计署审计，2015 年接受了巡视。中国核工业建设集团公司 2013 年接受了审计署审计，2015 年接受了巡视。

表 5 - 2　　　　　审计监督和纪委巡视对企业的协同治理

既接受过审计也接受过巡视	先审计后巡视	42 家
	先巡视后审计	1 家
只接受过审计署审计		8 家
只接受过巡视		4 家
既没经过审计也没接受巡视		48 家
合计		103 家

二、审计监督与巡视监督的企业协同治理：互补还是替代

（一）变量定义

巡视监督。参照党力等（2015）、钟覃琳等（2016）、以及孙德芝等（2018）对巡视监督的衡量，采用虚拟定义法来衡量巡视监督。2013 年 5 月，第十八届中央首轮巡视正式启动，因此将 2013 年作为样本起点，巡视监督政策用虚拟变量 Treat 表示，如果企业在 2013 年及以后年度被巡视，Treat 赋值为 1，否则为 0。

另外，考虑到企业规模越大、盈利能力和偿债能力等越强，企业会有更丰富的资源和更多的资本参与生产经营，从而有利于促进企业高质量发展，因此我们选取了企业的规模（Size）、成立时间（His）、盈利能力（Roa）、偿债能力（Lev）等作为控制变量。同时，利用年份虚拟变量（Year）和行业虚拟变量（Industry）来控制时间和行业变化对回归模型的影响。

（二）模型设定

为探究审计监督与巡视监督的企业协同治理效应，我们构建了模型（5 - 3）和模型（5 - 4），并进一步按照企业是否被巡视进行分组回归。其中，Tfp 为被解释变量企业高质量发展；α_1 为审计监督衡量变量 $Audit_{i,t}$ 和 $Post_{i,t}$ 的系数，若系数为正，则说明审计监督有利于促进企业高质量发展。Control_ variables 为控制变量，包括企业规模、企业成立时间、盈利能力、偿债能力等；$\varepsilon_{i,t}$ 为随机误差项。

$$Tfp_{i,t} = \alpha_0 + \alpha_1 Audit_{i,t} + \alpha_2 Control\_ variables + Year + Industry + \varepsilon_{i,t}$$
$$(5 - 3)$$

$$Tfp_{i,t} = \alpha_0 + \alpha_1 Post_{i,t} + \alpha_2 Control\_ variables + Year + Industry + \varepsilon_{i,t}$$
$$(5 - 4)$$

（三）回归结果

表 5-3 列示了审计监督与巡视监督的企业协同治理效应的分析结果。第（1）列和第（2）列列示了全样本下审计监督对企业高质量发展的影响，我们发现 Audit 和 Post 的系数分别为 0.133 和 0.146，且分别在 1% 和 5% 的水平上是显著的，说明审计监督有利于促进央企高质量发展。第（3）～第（6）列列示了按巡视监督分组的回归结果，我们发现企业未接受巡视监督时，Audit 的系数为 0.137，且在 10% 的水平上是显著的；接受巡视监督时，Audit 的系数为 0.158，且在 5% 的水平上是显著的；同时似不相关检验结果表明，其差异在 5% 水平上显著，说明企业接受巡视监督时，审计监督对企业高质量发展的影响更显著。企业未接受巡视监督时，Post 的系数为 0.140，但不显著；接受巡视监督时，Post 的系数为 0.203，且在 5% 的水平上是显著的，再次说明巡视监督与审计监督在促进企业高质量发展方面呈现互补关系，即企业接受巡视监督时，审计监督对企业高质量发展的促进作用越来越强。

表 5-3　　　　　　　审计监督与巡视监督的企业协同治理效应分析

变量	Tfp					
	All		Treat = 0		Treat = 1	
	(1)	(2)	(3)	(4)	(5)	(6)
Audit	0.133 ***		0.137 *		0.158 **	
Post		0.146 **		0.140		0.203 **
控制变量	控制	控制	控制	控制	控制	控制
Year	控制	控制	控制	控制	控制	控制
Industry	控制	控制	控制	控制	控制	控制
常数项	-2.849 ***	-3.479 ***	-2.228 ***	-3.442 ***	-3.606 ***	-3.421 ***
N	1416	1165	546	323	870	842
R^2	0.267	0.307	0.255	0.289	0.339	0.338

三、审计监督与纪委巡视的企业协同治理的建议

一方面，当审计人员被抽调参与巡视时，为巡视和审计企业的联合监督构建统一的领导工作机制。通常是审计人员被抽调到巡视工作组中，巡视企业也历来比较重视与其他监督部门的沟通与协调。审计人员作为巡视的抽调人员，应明确自身的工作定位，充分发挥审计人员的专长，积极配

合和参与巡视。当巡视中遇到的口径理解不一致时，由巡视办协调各个监督部门共同商讨，共同确定一致的口径。

另一方面，在中纪委的企业巡视监督和审计署的企业审计的各自年度安排前，需要进行沟通、协商。既避免同一年度的重复监督导致的资源浪费，又要对监督成果实现共享。力争既能节省监督的财政资金，又能共同为企业的高质量发展和可持续发展当好监督使者。

第三节 审计监督与媒体监督的企业协同治理能力提升分析

一、审计监督与媒体监督企业治理的协调与冲突

（一）媒体监督对审计监督的促进作用

首先，媒体监督能给审计署审计企业提供相关有用信息，能降低审计监督成本。在审计企业的准备阶段，各种媒体能利用其布局广泛的新闻网络，能给审计署工作人员了解被审企业的相关信息，有利于合理判断审计风险大小，判断被审企业可能面临的重大问题。在审计企业的实施阶段，审计署的审计人员需要规避可能的审计风险，需要结合各种媒体提供的信息，合理识别被审企业年报中可能面临的重大错弊，明确下一步重点审计的方向。通常，负面新闻更与被审企业的破产、舞弊等违规违纪问题相连。审计人员关注企业的负面新闻，能为审计企业的重点提供一些线索和思路，帮助审计人员找到被审企业年报中可能存在的重大问题。

其次，媒体报道的负面消息能为审计提供有价值的线索，能提高审计企业的效果。审计人员审计企业时，收集被审企业的相关媒体报道，能为被审企业的违规行为提供审计线索。这样既可以增加审计企业的线索来源渠道，还能降低审计成本，提升审计效率。而且，通常媒体报道传播非常迅速，传播范围更广，能吸引公众的关注。审计企业时，将媒体新闻报道的企业作为审计线索类似于将企业这个审计对象置于公众监督和媒体监督之下，审计企业取得的成绩和面临的问题均是媒体与公众关心的热点。这能提升审计人员的工作热情，改进审计人员认真负责的态度。既能督促审计人员依法对企业进行审计，避免审计腐败；又能督促被审企业认真落实审计建议，切实进行审计整改，能让审计监督的效果更好。

最后，媒体监督能在一定程度上促进审计企业的公正原则更好的实现。第一，新闻媒体报道被审企业的负面新闻会受到被审企业各利益相关

者的广泛关注。在社会舆论监督下，被审企业的审计特派办及其审计人员会接受广大民众的关注和监督。放大镜的作用下，审计人员的职业态度会更加谨慎，增加审计投入，增加审计程序，补充审计证据。第二，媒体能深入现场，嗅觉敏锐，反应快速，通常能非常迅速地发现财务舞弊等违法违规行为，并在媒体上报道与评论。通过新闻对企业违法违规行为的披露，能对被审企业产生很强的舆论压力，形成威慑效应，促进审计被审企业的客观公正。

（二）媒体监督与审计监督也存在冲突

首先，审计监督的独立性对媒体监督的自由性存在一定的冲突。审计监督的独立性要求审计企业应秉承实事求是的原则，不受任何单位和个人干预的影响，也不受媒体见解的左右。审计监督是一项专业性和独立性均很强的监督机制，审计监督人员需要具备较好的专业素质。为了使得企业的审计结论更加客观公正，审计监督过程中，审计人员的专业判断不应屈从于他人。

其次，媒体监督对审计监督的独立性构成一定的侵犯性。媒体在收集、处理和传递新闻时，媒体是高度自由的。而审计监督具有特殊性，媒体报道审计监督企业时，媒体的自由性势必受到一定的约束和限制。审计人员需要保守企业审计涉及的国家秘密和商业秘密。而媒体收集信息时通常过于主张舆论自由，却忽略了审计人员的保密要求。而且有些媒体为了吸引眼球，会根据公众偏好进行选择性报道，这样的不当新闻很可能导致审计人员面临更大的舆论压力。这不利于审计人员独立性的保持。

最后，不当报道的新闻及有偏性评论可能冲击审计监督的权威性与公信力。媒体的评论通常忽略了审计监督的专业性要求，导致媒体的结论有时与审计监督证据支撑的审计结论形成较大差异。由于新闻媒体是普通民众获取审计信息的重要渠道，媒体的不实报道可能会影响审计监督的公信力。甚至有些媒体受利益驱动，恶意取得被审企业的财务信息及其审计监督信息，并对审计结论进行不当评论。

二、审计署对年度企业审计结果答记者问

从表5-4可知，2012~2018年，每年5~6月，在审计署官网均会公开各年企业财务收支审计结果答记者问。记者每年会提出5~7个问题，主要涉及几个方面的问题：审计企业的总体评价；如何得出总体评价结果；审计目标；审计重点；审计发现的问题与企业整改情况；审计署下一步企业审计打算等。审计署有关部门负责人对记者提问均进行了详细的解

答，较好地实现了审计监督与新闻媒体对企业的协同治理。

表 5 – 4   审计署有关部门负责人就企业年度审计结果答记者问

各年答记者问
审计署有关部门负责人就 15 户中央企业 2010 年度审计结果答记者问
审计署有关部门负责人就 10 户国有企业 2011 年度审计结果答记者问
审计署有关部门负责人就 11 户国有企业 2012 年度审计结果答记者问
审计署有关部门负责人就 10 户国有企业 2013 年度审计结果答记者问
审计署有关部门负责人就 10 户中央企业 2014 年度财务收支审计结果答记者问
审计署有关部门负责人就 20 户中央企业 2015 年度财务收支审计结果答记者问
审计署有关部门负责人就 35 户中央企业 2016 年度财务收支等情况审计结果答记者问

三、审计监督与媒体监督的企业协同治理：互补还是替代

（一）变量定义

媒体监督。借鉴相关学者的研究，媒体监督的数据来自 CSMAR 的新闻证券子库，按照公司代码和年份进行手工整理，通过整理得到的新闻条数界定为媒体监督（Media），新闻条数越多，说明媒体监督力度越高。为了保证数据分布的正态性以及更科学合理地反映媒体监督的情况，将媒体报道数加 1 并取自然对数处理。

另外，考虑到企业规模越大，盈利能力和偿债能力等越强，企业会有更丰富的资源和更多的资本参与生产经营，从而有利于促进企业高质量发展，因此我们选取了企业的规模（Size）、成立时间（His）、盈利能力（Roa）、偿债能力（Lev）等作为控制变量。同时，利用年份虚拟变量（Year）和行业虚拟变量（Industry）来控制时间和行业变化对回归模型的影响。

（二）模型设定

为探究审计监督与媒体监督的企业协同治理效应，我们引入媒体监督变量（Media）以及媒体监督与审计监督的交乘项 Audit × Media 和 Post × Media，构建了式（5 – 5）和式（5 – 6）。其中，Control_variables 为控制变量，包括企业规模、企业成立时间、盈利能力、偿债能力等；$\varepsilon_{i,t}$ 为随机误差项。

$$\begin{aligned}
\text{Tfp}_{i,t} = {} & \alpha_0 + \alpha_1 \text{Audit}_{i,t} + \alpha_2 \text{Media}_{i,t} + \alpha_3 \text{Audit}_{i,t} \times \text{Media}_{i,t} \\
& + \alpha_4 \text{Control\_variables} + \text{Year} + \text{Industry} + \varepsilon_{i,t}
\end{aligned} \quad (5 – 5)$$

$$Tfp_{i,t} = \alpha_0 + \alpha_1 Post_{i,t} + \alpha_2 Media_{i,t} + \alpha_3 Post_{i,t} \times Media_{i,t}$$
$$+ \alpha_4 Control\_variables + Year + Industry + \varepsilon_{i,t} \qquad (5-6)$$

（三）回归结果

表 5-5 列示了审计监督与媒体监督的企业协同治理效应的分析结果。我们发现，第（1）~（3）列中：Audit 的系数为 0.135 且在 1% 的水平上显著，Post 的系数为 0.146 且在 5% 的水平上显著，Media 的系数为 0.724 且在 1% 的水平上显著。这说明审计监督和媒体监督都有利于促进企业高质量发展。第（4）列和第（5）列中，交乘项 Audit × Media 和 Post × Media 的系数分别为 -0.024 和 -0.107，且在 5% 的水平上显著，说明媒体监督与审计监督在促进企业高质量发展方面呈现替代关系，即媒体监督越弱时，审计监督对企业高质量发展的促进作用越强。

表 5-5　　　　　　　审计监督与媒体监督的企业协同治理效应分析

变量	Tfp				
	（1）	（2）	（3）	（4）	（5）
Audit	0.135 ***			0.223	
Post		0.146 **			0.556 **
Media			0.724 ***	0.741 ***	0.794 ***
Audit × Media				-0.024 **	
Post × Media					-0.107 **
控制变量	控制	控制	控制	控制	控制
Year	控制	控制	控制	控制	控制
Industry	控制	控制	控制	控制	控制
常数项	-2.859 ***	-3.481 ***	-5.441 ***	-5.484 ***	-6.155 **
N	1418	1165	1418	1418	1165
R^2	0.267	0.307	0.351	0.355	0.386

四、审计监督与媒体监督的企业协同治理的建议

首先，构建审计监督与媒体监督的互动机制。第一，审计署应重视企业审计中的媒体监督作用，改进保护和奖惩媒体的制度。第二，拓宽媒体监督审计监督企业的渠道和途径，建立各种宣传平台，比如通过微信公众号等增加信息收集渠道，确保信息及时收集、处理和回应。第三，力争达到兼顾新闻自由与审计独立与保密，合理引导新闻导向，提升媒体能动

性，鼓励新闻报道企业违规行为，支持媒体跟踪企业审计整改落实情况，让审计监督功能更好地发挥作用。

其次，不断改进审计监督企业的审计结果公告制度，这既是审计署的职责所在，更是提升审计监督企业能力的重要体现。

再次，通过媒体提升民众对审计监督企业的关注度和参与度，提升审计监督促进企业治理的能力，最终服务于国家治理现代化。新闻是民众关注审计监督企业的重要渠道，新闻传播是民众了解审计监督的基础，需要充分采用媒体的传播平台，增强审计监督与民众的沟通，促进民众参与审计监督，让审计监督更好地进行企业审计。

另外，审计监督方面。第一，需要坚持审计监督的独立性，基本立场不受媒体干扰。新闻监督不能取代审计监督，审计署在企业审计时，需要坚持原则，抵制媒体干扰审计监督独立性的行为。审计监督既要重视新闻媒体，又不能过于依赖媒体。第二，审计监督可以增强对媒体监督的引导。应积极面对媒体，增强正面的引导，力争审计监督与新闻媒体监督实现良性互动。

最后，媒体监督方面。第一，媒体需要保持舆论的相对独立，拓宽媒体监督的范围。媒体是民众的代表，应相对独立。第二，新闻媒体应当尊重审计监督。媒体与审计机关相处时，应秉承审计监督第一位，媒体第二位。

第四节　审计监督与社会审计的企业协同治理能力提升分析

一、审计监督与社会审计企业治理的协调与冲突

（一）审计监督与社会审计企业协同治理的困境

首先，审计监督与社会审计遵循的审计准则不同，分别为《政府审计准则》和《注册会计师审计准则》。两套审计准则在审计程序、审计意见内容、审计关注的重点问题、审计风险的接受程度等方面存在差异。

其次，审计监督并不涉及对企业的审计收费，而社会审计可能考虑审计收费、维持客户关系等事项，审计企业时，社会审计的独立性要弱于审计监督。

最后，审计监督与社会审计不存在直接的业务指导关系。社会审计的会计师事务所接受各级注册会计师协会的指导，但各级注册会计师协会是

由各级财政部门主管。

（二）审计监督与社会审计企业协同治理的统一

首先，审计署的企业年报审计可以借鉴社会审计的审计成果。企业的年度财务报告一般均会经过会计师事务所的社会审计。审计署审计企业时，通常年度财务报告也是其主要审计的内容，而且审计署对企业的年报审计通常在社会审计之后，所以，审计署对企业年度财务报告进行的审计监督，可以借鉴年报的社会审计成果，比如审计意见的类型、审计报告揭示企业存在的问题等。审计监督也可以与企业年报审计的会计师事务所进行沟通，了解企业的内控风险等基本情况。

其次，审计监督企业，在审计力量不足时，可以通过政府采购的方式，将部分审计业务委托给社会审计。社会审计通过接受委托可以参与审计监督企业的部分业务。

最后，审计监督企业的审计结果公告，会给下年企业的社会审计提供风险等级判断的依据和审计收费的重要参考。

二、审计监督与社会审计的企业协同治理：互补还是替代

（一）变量定义

社会审计。社会审计主要指会计师事务所对上市公司的审计，我们采用具体的审计意见类型来衡量社会审计。参照张勇（2013）、梁刚和张沥月（2017）等学者的做法，采用虚拟变量衡量社会审计（Social），若上市公司被出具标准审计意见，则 Social 赋值为1；否则赋值为0。

另外，考虑到企业规模越大，盈利能力和偿债能力等越强，企业会有更丰富的资源和更多的资本参与生产经营，从而有利于促进企业高质量发展，因此我们选取了企业的规模（Size）、成立时间（His）、盈利能力（Roa）、偿债能力（Lev）等作为控制变量。同时，利用年份虚拟变量（Year）和行业虚拟变量（Industry）来控制时间和行业变化对回归模型的影响。

（二）模型设定

为探究审计监督与社会审计的企业协同治理效应，我们构建了式（5-7）和式（5-8），并进一步按照审计意见类型进行分组回归。其中，Tfp 为被解释变量企业高质量发展；α_1 为审计监督衡量变量 $Audit_{i,t}$ 和 $Post_{i,t}$ 的系数，若系数为正，则说明审计监督有利于促进企业高质量发展。Control_variables 为控制变量，包括企业规模、企业成立时间、盈利能力、偿债能力等；$\varepsilon_{i,t}$ 为随机误差项。

$$Tfp_{i,t} = \alpha_0 + \alpha_1 Audit_{i,t} + \alpha_2 Control\_variables + Year + Industry + \varepsilon_{i,t}$$
$$(5-7)$$

$$Tfp_{i,t} = \alpha_0 + \alpha_1 Post_{i,t} + \alpha_2 Control\_variables + Year + Industry + \varepsilon_{i,t}$$
$$(5-8)$$

(三) 回归结果

表5-6列示了审计监督与社会审计的企业协同治理效应的分析结果。第（1）列和第（2）列列示了全样本下审计监督对企业高质量发展的影响，我们发现，Audit 的系数为 0.134 且在 1% 的水平上显著，Post 的系数为 0.146 且在 5% 的水平上显著，说明审计监督有利于促进企业高质量发展。第（3）~第（6）列列示了按社会审计意见类型分组的回归结果，我们发现，上市公司被出具非标准审计意见时，Audit 和 Post 的系数分别为 0.214 和 0.214，大于上市公司被出具标准审计意见时的系数，而且似不相关检验结果显示这种差异是显著的，说明社会审计与审计监督在促进企业高质量发展方面呈现替代关系。

表5-6 审计监督与社会审计的企业协同治理效应分析

变量	Tfp					
	All		Social = 0		Social = 1	
	(1)	(2)	(3)	(4)	(5)	(6)
Audit	0.134***		0.214**		0.135***	
Post		0.146**		0.214**		0.145**
控制变量	控制	控制	控制	控制	控制	控制
Year	控制	控制	控制	控制	控制	控制
Industry	控制	控制	控制	控制	控制	控制
常数项	-2.855***	-3.483***	-0.105	-0.105	-2.905***	-3.558***
N	1420	1165	17	17	1403	1148
R²	0.267	0.307	0.951	0.951	0.269	0.310

三、审计监督与社会审计企业协同治理的建议

一方面，如果审计监督委托社会审计参与企业审计，需要加强对审计署采购事务所审计服务的政府采购的管理和监督。审计监督需要完善利用事务所审计的权力制约机制，而且让该制约机制兼容纪委监督，来规范外购事务所审计业务的行为和质量。采购社会审计选择的事务所应不同于企

业的社会审计的事务所。这样能在一定程度降低事务所通过为审计监督提供社会审计服务之便进行"寻租"的可能。

另一方面，审计监督利用企业年报的社会审计成果时，需要平衡好降低成本和把握质量的关系。既要充分利用社会审计的工作成果，又要保持审计监督的独立性，严格把控企业的审计监督质量。

第五节　审计监督与其他外部力量的企业协同治理能力提升分析

一、审计监督与全国人大对企业的协同治理

首先，完善全国人大监督审计监督的企业整改机制。一是完善审计监督指出企业存在的突出问题需要进行整改之处向全国人大报告的制度。该制度有助于推动企业整改的制度化，加强人大监督企业的针对性，从而更好地发挥人大企业监督的重要作用。审计署审计长通过向全国人大报告企业整改情况，方便全国人大了解企业年报审计整改情况和仍然存在的问题，并向审计监督提出加强企业审计整改的具体建议。

其次，通过全国人大中的专题询问缓解，加强全国人大对企业的直接监督。全国人大可以围绕企业贯彻国家重大政策的情况、对审计监督提出重点问题的回复、对审计监督提出的整改内容的落实情况等展开提问。全国人大企业监督坚持问题导向，询问企业的一把手，企业的一把手需要接受全国人大的询问并给予答复，听取全国人大提出的建议。值得注意的是，企业一把手针对全国人大询问的回复既不能超时，更不能走过场或答非所问。全国人大在企业一把手回答不清晰、不全面时仍可以追问，还可以补充提问。这些环节能让全国人大的企业监督更加落到实处。

最后，全国人大可以组建企业监督小组，不定期地跟踪调查企业审计公告指出问题的整改落实情况，并公开跟踪调查结果，接受民众监督。与此同时，全国人大还可以定期开展专题研究企业审计查出问题的整改情况，专题内容涉及企业贯彻国家重大政策、实现企业保值增值、企业整改效果等。全国人大通过问询、跟踪调查和专题研究，切实履行全国人大的企业监督权。

二、审计监督与国资委对企业的协同治理

国资委对企业的监督可以采取考核和监管等方式。国资委作为国有资产的受托者，有责任经营管理好国有资产。但由于信息不对称，国资委需要委托审计署，对企业进行审计监督并公示审计结果，来接受公众监督。这同样也是审计署的审计监督服务国家治理的重要表现。针对企业存在的违法违规行为，通过审计署的企业审计确认后，国资委根据具体情况，针对企业接受审计监督指出的具体问题，国资委通过制定对应的惩罚措施，防止企业违法违规行为的再次发生。国资委和审计署对企业的联合监督是一项非常有效的举措，既能提升企业的内控质量，还能激励企业负责人，并对其他未审企业形成威慑效应。对于企业负责人的惩罚措施，根据问题的严重程度，包括解除领导职位、降级、降薪等措施，还可以进行评判教育。

三、审计监督与证监会及银保监会对企业的协同治理

证监会与银保监会也应加大对企业的监督和查处力度。证监会与银保监会是监管企业的重要政府机构，对于维护企业经济安全发挥着重要作用。两者均应履行好各自职责，促进企业良性发展。同时，两者针对审计监督指出的企业的违法违规和不作为等问题，应该进行关注，并采取对应措施发挥其监督作用。

第六章　审计监督的企业内部治理能力提升分析

从第四章的实证分析结果可知，审计监督与多种内部力量一起协同对企业进行治理。本章采用理论分析和实证检验审计监督与多种内部力量对企业进行协同治理：公司治理；内部审计；内部控制。

第一节　审计监督与公司治理的协同治理能力提升分析

一、审计监督能提升企业的公司治理水平

良好的公司治理包括股权结构合理，董事会治理机制完善，监事会监督机制健全，经营管理机制高效。提升企业的公司治理质量，是保护企业各利益相关者的重要举措。

通过陆续出台的各项政策法规，审计署通过审计监督对企业公司治理的完善发挥着重要作用。而企业公司治理的完善，也能更好地配合审计署的审计监督。两者能相互促进，共同促进企业的高质量发展和可持续发展。

二、审计监督与公司治理的企业协同治理：互补还是替代

为更好地研究审计监督与公司治理的企业协同治理效应，本部分以实际控制人性质为中央企业，即以央企控股的上市企业为样本,[①] 实证分析审计监督和公司治理对企业高质量发展的协同效应。

（一）变量定义

公司治理。基于数据的可量化和可获得的考虑，本书从董事会的特征、高管特征、股权结构的特征三方面来衡量央企的公司治理。采用因子

---

① 本章第二节实证分析的样本与本节相同。

分析得出能体现企业公司治理水平的指标，八个指标（X1，X2，…，X8）包括董事会规模（X1）、独立董事比例（X2）、董事会持股比例（X3）、监事会持股比例（X4）、前三大董事薪酬（X5）、前三名高管薪酬（X6）、第一大股东持股比例（X7）和前三大股东持股比例（X8）。采用这八个指标，通过因子分析进行降维，最后得到总因子得分作为公司治理（CGI）的衡量指标。

另外，考虑到企业规模越大、盈利能力和偿债能力等越强，企业会有更丰富的资源和更多的资本参与生产经营，从而有利于促进企业高质量发展，因此我们选取了企业的规模（Size）、成立时间（His）、盈利能力（Roa）、偿债能力（Lev）等作为控制变量。同时，利用年份虚拟变量（Year）和行业虚拟变量（Industry）来控制时间和行业变化对回归模型的影响。

（二）模型设定

为探究审计监督与公司治理的企业协同治理效应，我们引入公司治理变量（CGI）以及公司治理与审计监督的交乘项 Audit×CGI 和 Post×CGI，构建了式（6-1）和式（6-2）。其中，Control_variables 为控制变量，包括企业规模、企业成立时间、盈利能力、偿债能力等；$\varepsilon_{i,t}$ 为随机误差项。

$$Tfp_{i,t} = \alpha_0 + \alpha_1 Audit_{i,t} + \alpha_2 CGI_{i,t} + \alpha_3 Audit_{i,t} \times CGI_{i,t}$$
$$+ \alpha_4 Control\_variables + Year + Industry + \varepsilon_{i,t} \quad (6-1)$$

$$Tfp_{i,t} = \alpha_0 + \alpha_1 Post_{i,t} + \alpha_2 CGI_{i,t} + \alpha_3 Post_{i,t} \times CGI_{i,t}$$
$$+ \alpha_4 Control\_variables + Year + Industry + \varepsilon_{i,t} \quad (6-2)$$

（三）回归结果

表6-1列示了审计监督与公司治理的企业协同治理效应的分析结果。我们发现，第（1）列~第（3）列中，Audit 的系数为 0.133 且在 1% 的水平上显著，Post 的系数为 0.145 且在 5% 的水平上显著，CGI 的系数为 1.017 且在 1% 的水平上显著，说明审计监督和公司治理水平的提高都有利于促进企业高质量发展。第（4）列和第（5）列中，交乘项 Audit× CGI 和 Post×CGI 的系数分别为 -0.561 和 -0.634，且在 1% 的水平上显著，说明公司治理与审计监督在促进企业高质量发展方面呈现替代关系，即公司治理水平越低时，审计监督对企业高质量发展的促进作用越强。

表 6 - 1　　　　　　　　审计监督与公司治理的企业协同治理效应分析

变量	Tfp				
	（1）	（2）	（3）	（4）	（5）
Audit	0.133 ***			0.287 ***	
Post		0.145 **			0.348 ***
CGI			1.017 ***	1.395 ***	1.342 ***
Audit × CGI				−0.561 ***	
Post × CGI					−0.634 ***
控制变量	控制	控制	控制	控制	控制
Year	控制	控制	控制	控制	控制
Industry	控制	控制	控制	控制	控制
常数项	−2.853 ***	−3.480 ***	−2.876 ***	−2.943 ***	−3.507 ***
N	1415	1160	1415	1415	1160
R²	0.267	0.307	0.316	0.322	0.357

第二节　审计监督与内部审计的协同治理能力提升分析

一、审计监督与内部审计企业治理的协调与冲突

审计监督对内部审计工作质量的控制有待加强。审计机关必须履行的法定职责是对内部审计的工作进行指导和监督。审计机关进行指导和监督的基础是对企业内部审计的工作质量进行衡量，而衡量的客体则是企业内部审计所需要遵循的规范。审计监督需对其所遵循的规范进行评价，并以这一规范作为衡量其工作质量的尺度。在内部审计工作有了内容科学和明确完整的专业规范，并在工作过程中得到了有效实施的前提下，审计机关的人员才能够对内部审计的工作质量进行衡量，否则，也就不能利用其工作成果，更难以对内部审计工作进行指导监督。

审计监督要对企业内控中的重点领域以及重点岗位开展有针对性的监督检查，并提出重要的改进意见和建议，使企业建立一套严密有效的内部控制网络，从而成为审计机关所依赖的基础，并且可以以此作为依据用来确定审计的范围和方法。

二、审计监督与内部审计的企业协同治理：互补还是替代

为了更好地研究审计监督与内部审计的企业协同治理效应，本节以实

际控制人为中央企业的上市公司，实证分析审计监督与企业内部审计对企业高质量发展的协同效应。

（一）变量定义

内部审计，即企业的内部控制水平，借鉴现有学者的研究，采用迪博内部控制数据库发布的内部控制指数作为企业内部控制水平的代理变量。该指标为正向指标，即指标数值越大，表明企业内部控制越完善。当该指标值为 0 时，表明企业内部控制失效。考虑到数据的可比性和消除异方差，对其进行标准化处理。

另外，考虑到企业规模越大、盈利能力和偿债能力等越强，企业会有更丰富的资源和更多的资本参与生产经营，从而有利于促进企业高质量发展，因此我们选取了企业的规模（Size）、成立时间（His）、盈利能力（Roa）、偿债能力（Lev）等作为控制变量。同时，利用年份虚拟变量（Year）和行业虚拟变量（Industry）来控制时间和行业变化对回归模型的影响。

（二）模型设定

为探究审计监督与内部审计的企业协同治理效应，我们构建了式（6-3）和式（6-4），并进一步按照内部控制指数的中位数进行分组回归。其中，Tfp 为被解释变量企业高质量发展；α_1 为审计监督衡量变量 $Audit_{i,t}$ 和 $Post_{i,t}$ 的系数，若系数为正，则说明审计监督有利于促进企业高质量发展。Control_ variables 为控制变量，包括企业规模、企业成立时间、盈利能力、偿债能力等；$\varepsilon_{i,t}$ 为随机误差项。

$$Tfp_{i,t} = \alpha_0 + \alpha_1 Audit_{i,t} + \alpha_2 Control\_ \ variables + Year + Industry + \varepsilon_{i,t}$$
$$(6-3)$$

$$Tfp_{i,t} = \alpha_0 + \alpha_1 Post_{i,t} + \alpha_2 Control\_ \ variables + Year + Industry + \varepsilon_{i,t}$$
$$(6-4)$$

（三）回归结果

表 6-2 列示了审计监督与内部审计的企业协同治理效应的分析结果。第（1）列和第（2）列列示了全样本下审计监督对企业高质量发展的影响，我们发现 Audit 的系数为 0.135 且在 1% 的水平上显著，Post 的系数为 0.146 且在 5% 的水平上显著，说明审计监督有利于促进企业高质量发展。第（3）~ 第（6）列列示了按内部控制指数的中位数分组的回归结果，我们发现，上市公司内部控制水平较高时，Audit 和 Post 的系数分别为 0.193 和 1%，且在 5% 的水平上十分显著；内部控制水平较低时，Audit 的系数

为 0.099 且在 5% 水平上显著，Post 的系数为 0.148，但是不显著的；说明内部审计与审计监督在促进企业高质量发展方面呈现互补关系，即上市公司内部控制水平较高时，审计监督对企业高质量发展的促进作用更显著。

表6-2　　　　　审计监督与社会审计的企业协同治理效应分析

变量	Tfp					
	All		IC≥0.1144504		IC<0.1144504	
	(1)	(2)	(3)	(4)	(5)	(6)
Audit	0.135 ***		0.193 **		0.099 **	
Post		0.146 **		0.167 ***		0.148
控制变量	控制	控制	控制	控制	控制	控制
Year	控制	控制	控制	控制	控制	控制
Industry	控制	控制	控制	控制	控制	控制
常数项	− 2.836 ***	− 3.433 ***	− 4.863 ***	− 5.190 ***	− 1.192 ***	− 1.481 ***
N	1414	1161	707	570	707	591
R^2	0.269	0.308	0.340	0.359	0.171	0.206

三、审计监督与内部审计企业协同治理的建议

1. 审计监督应加强对企业内部审计的指导与监督

《审计法》授予了审计监督在业务上对内部审计进行监督指导的权利。审计机构可以直接或间接地通过内部审计协会向被审计单位提供内部审计工作方面的指导，推进组织内部审计制度的建立和改善，并推动内部审计发展。作为企业的内部审计机构，其应由审计监督领导，所从事的审计活动的出发点也应符合审计监督的工作目标。为实现服务国家治理的目的，审计监督必须确保内部审计的目标符合国家组织的治理目标。审计监督应加强关于企业内部审计工作质量的准则。由于信息不对称，审计监督难以对企业的政策执行情况进行全面和真实的监管，而内部审计作为公司治理的重要组成部分，最熟悉公司的执行情况的机构，有助于有效预防企业可能面临的风险，降低审计监督程序的复杂性，提高审计监督的效率。因此，尤为迫切地需要在审计监督和内部审计之间建立长期和有效的沟通机制，不论是在审计监督人员和企业内部审计人员之间，还是两者对实施审计时的方法、技术、经验教训方面的沟通和借鉴。审计监督通过对企业内部审计提供指导，能够有效评价内部审计的工作质量，并确定内部审计的

工作成果能否运用于审计监督控制。企业建立严格的内部审计的审计和监督机制，在将下级子公司有关国家政策的行为信息向上级传递的过程中，也能够真实反映出国家政策在下级部门的执行情况。这一方面有助于上级部门对下级部门的政策执行情况实施监管；另一方面也使下级部门不敢轻易违反政策措施，从而在企业内部起到了约束作用。同时，为了使企业内部审计部门发挥更加精准的监督和纪律作用，审计人员在审计过程中，必须查明不符合国家政策措施的问题，从而促使本企业客观地整改自己的政策，使其与国家政策措施相一致，同时内部审计机构也应及时落实整改情况并反馈给审计监督。另外，内部审计在向企业提供咨询服务时，应侧重于改进企业的内部制度，以确保企业内部采取的政策措施符合国家政策的需要并得到有效执行。因此，在执行审计项目时，若审计监督和内部审计能够进行有效结合，并在审计业务间产生有益互动，审计署可扩大整体审计的范围，有助于促进企业健康平稳发展。

2. 审计监督应积极推动企业内部审计的转型升级

内部审计的转型需要审计部门的支持和指导，而内部审计成果的成功转型又会进一步有助于审计监督的工作。目前，审计机关可以通过以下几个措施为企业内部审计工作的转型升级做出贡献。一是提高审计理念，加强审计宣传。审计署应与内部审计机构合作，通过各方会议和多种渠道宣传内部审计转型的重要性和措施，强调内部审计在加强企业管理和增加企业价值等的关键作用，注重改善企业内部制度，确保企业政策符合国家需要。二是组织开展内部审计理论研究，探索中国特色内部审计转型之路。审计署已经支持和多次参与由中国内部审计协会举办的关于内部审计理论研究和经验交流的研讨会，这促使企业内部审计部门不断对其审计内容和审计方式进行调整完善，以适应国家的不断发展。对国家政策措施执行情况的内部监督，应侧重于运用非通用的财务审计技术、方法，将定性和定量结合起来，并建立健全国家政策措施评价指标体系。这就需要进行审计相关资料的研究，确定用于检测企业执行国家政策措施的标准，并且确定出一套能对其执行国家政策措施的经济性、效率性和效果性进行量化评估的方法。审计监督对企业政策执行情况的监督是一个持续不断的过程，需要企业内部审计人员的合作和协助，及时发现、跟踪问题，积极革新审计方式和内容，符合国家发展的需要。另外，对企业执行国家政策的审计，需要进行政策评估和分析，而国家政策涉及国家经济社会生活的各个方面，这对审计人员的知识和能力要求很高，需要不断通过专业培训提高能力，打造一支具有强大战斗能力的内部审计专业人才队伍，以适应国家不断发展的需要。在对企业内部开展政策审计时，要做到收集、分析、整理数据的可靠性、及时性、准确性，必须不断加强审计信息化建设，这既是提升内部审计管理水平的需要，更是适应形势不断变化的要求。审计署应号召内部审计协会举办内部审计专题研讨会，针对企业、政府部门、金融机构等单位内部审计工作的特点和规律，使得内部审计人员将理论和实践相结合，适应不断变化的情况，以此来推动内部审计的转型与发展。

3. 审计监督应确保对企业内部审计工作的质量进行监督检查

根据《审计法》和《中国内部审计准则》，对内部审计机构的建立和运作进行全面审查，以期在加强内部审计管理方面确立质量标准。在考虑当地实际情况的前提下，最好采用百分制和量化考核标准评估内审机构建设、人员配备、工作成果、业务质量、档案管理和信息化建设等方面。一是要重点考核内部审计信息化情况。内部审计工作的质量和效率可以通过审查各单位的计算机辅助审计情况以及鼓励在内部审计工作中应用信息技术来提高，从而使内部审计工作实现现代化。二是要重点对内部审计项目进行考核评价，通过检查和评价内部审计工作，查明存在的问题，来督促和指导内部审计工作。一方面，审计机关要根据《内部审计准则》制定内部审计质量标准。另一方面，要坚持展开内部审计的年度评估，对内部审计机构的结构、人员、质量和业绩等情况进行全面审查，及时报告考核的结果，不断提高内部审计工作能力。

4. 审计监督应加强与企业内部审计的协调沟通

审计机关对被审计单位的情况缺乏了解，再加上难以对企业的信息进行全面真实监管，针对这一状况，进行审计前，必须组织审前调查，加强与内部审计协调沟通。尤其是加强与企业内审工作主管的沟通联系，互相启迪，取长补短，比如交流内部审计信息、进行质量检查以及培训审计人员，到内部审计开展好的单位进行现场观摩等。对企业内部审计人员来说，自己的单位是比较清楚的，知道哪些环节容易产生问题，如何及时降低风险，节约审计成本。审计署在进行审计项目时，对被审计单位的内审工作应给予高度的重视，企业内部审计人员应该参加审计小组的进点会和出点，内部审计可以给出意见并与审计组人员合作。加强与被审计单位及其内部审计工作人员的沟通，特别是在审计知识、范围、结果和审计建议等方面。审计组可以充分利用内部工作的成果，从而提高审计工作的效率。

5. 加强对企业内部审计宣传的表现之一是宣传内部审计工作成果

审计监督处于内部审计工作的"前线"，有助于发现内部审计机构的最佳做法和经验，充分利用各级审计网站及审计刊物等平台，树立企业内部审计的典范，带动内部审计部门及其人员参与宣传活动。这样有助于扩大影响，最终确保企业领导及高管认识到提高内部审计工作能力的重要。审计监督可利用的企业主要内部审计成果主要为以下三种：第一种是内部审计机构对内管单位及专项进行审计的结果。审计监督人员在审计专业审计能力的基础上，审计重点资金和重点部门，内部审计机构则负责对其余资金和部门进行审计，或者两者相互合作，可以减少审计监督的工作量。第二种是内部审计的技术和方法。一些企业内部审计目标是采用先进的技术和方法实现的，例如计算机辅助审计和远程网络审计等，审计监督也可以通过借鉴这些审计成果，从而直接切入审计的中心。第三种是内部审计机构的科研成果，这是内部审计工作的理论和实践的核心，为审计监督提供了良好的基础。

第三节　审计监督与内部控制协同治理分析

在现代国家治理框架下，审计监督既要发挥监督作用，也应发挥积极的建设作用。充分发挥审计监督的建设性作用，是提高审计在国家治理体系中价值的内在要求，也是审计监督发展到一定阶段的必然趋势。

许多中央企业名义上是公司，实际是国有企业改制成为国有独资公司的，仍按《企业法》注册，受《企业法》调整影响。这种股权结构单一的公司治理结构存在先天缺陷。决策层与管理层交叉任职，关键时刻往往是管理层"人治"代替"法治"，董事会的监督和制衡功能被严重削弱，内部监督也难以真正发挥作用，导致企业内部控制环境薄弱。此外，管理链条过长，必然造成信息传递不畅，母公司战略意图难以贯彻。此外，一些企业历史上形成的多种经营、主业不突出问题尚没有得到彻底解决，部分企业又因为在发展过程中缺乏战略性思考，贪大求快，盲目追求多元化，造成新的主业不明问题，使得企业面对更加复杂条件下的内部控制设计，不得不加大内部控制成本。

在观念上还有不少人将内部控制活动与内部控制体系画等号。例如，通常所说的授权审批、不相容岗位的分离等，仅仅是内部控制中与会计控制相关联的一小部分控制活动。除此之外，内部环境、风险评估、信息与沟通、内部监督也是内部控制不可缺少的要素。五个要素构成一套完整的体系，贯穿于企业经营的全过程。

另外，高级管理人员往往被排除在控制体系之外。然而，恰恰由于经营层所处地位和掌握的权力远非基层员工可比，一旦发生问题，造成的后果将更加严重。

审计监督、内部审计与社会审计共同构成我国审计监督模式，其中审计监督为主导，内部审计为基础，两者联动，成为审计监督全覆盖实现的主体。

审计署自 2009 年开始定期实施企业审计，为检验审计监督对企业内部控制有效性的影响提供了恰当的研究环境——部分企业受到审计署审计，而其他企业未被审计。这样便于采用双重差分法缓解内生性问题的负面影响。

基于此，本节选取 2009～2016 年审计署实施的企业审计，采用面板数据多元回归及双重差分模型考察审计监督对企业内部控制有效性的影响。研究发现，审计监督并不能改善被审计企业内部控制设计和运行有效性，相反地，经过审计监督的企业内部控制有效性明显降低。造成这一结论的原因可能为相较未经审计时，经过审计监督的公司面对较小的审计监督压力，放松警惕，从而可能在经营管理方面降低对内部控制的关注度。另一个可能的解释是审计监督的有效性不足，不足以发现公司在内部控制方面的漏洞。

一、研究设计

（一）理论分析与假设提出

1. 内部控制相关理论

内部控制与全面风险管理是内外部监管环境的要求。根据我国经济发展需要，逐渐出台了关于企业内部控制与全面风险管理的相关规定，对我国企业进行一定的内部控制与风向管理指导，并使我国企业对于内部控制的全面风险管理足够重视，使企业内部的管理体系不断趋于完善。我国企业已经不仅仅是为了企业未来的发展而建立完善的内部控制体系，更是为了响应国家的号召，在内外部环境双重影响下，不断加强内部控制与全面风险管理是保证企业健康稳定发展的必要措施。

内部控制与风险管理有利于企业持续、稳定发展。在经济全球化的影响下，我国企业的竞争对象已经不仅仅是国内企业，而是世界各国的企业，市场变大意味着更大的风险，而加强内部控制与风险管理可以使企业更好地与全球化市场相接轨，可以极大地提高企业的企业管理水平，高超的管理水平可以在极大程度上提高企业的国际竞争力，这对我国企业面向国际市场提供了有利条件；不断加强企业内部控制与全面风险管理，可以更好地发现企业内部存在的控制问题，加强企业控制。对于上市公司来说，则可以在一定程度上降低企业上市风险，提高上市公司应对风险的能力；不断加强企业内部控制与全面风险管理，对我国上市公司信息披露有一定的作用，可以不断地增强企业工作人员的内部控制意识和风险管理意识，明确每个员工在企业中的角色，这对整个企业的工作效率都有着巨大的促进作用。

大量研究聚焦于考察内部控制的经济后果，如良好的内部控制可以改善会计信息质量（Doyle et al.，2007a；董望和陈汉文，2011），降低代理成本（Ashbaugh - Skaifeet al.，2013），减少冒险行为（Bargeron et al.，2010），提高投资效率（李万福等，2011）和生产效率（罗劲博，2017），约束避税行为（陈骏和徐玉德，2015），降低企业融资成本（Ashbaugh - Skaife et al.，2009；陈汉文和周中胜，2014）、审计费用（Hogan and Wilkins，2008；张旺锋等，2011）、诉讼风险（毛新述和孟杰，2013）。相反，较差的内部控制以及内部控制缺陷的存在会导致更低的会计信息质量、更差的投资效率、更高的融资成本以及更高的审计费用和诉讼风险。尽管历经数年的实践，中国上市公司内部控制建设和内部控制有效性依然存在较多问题（周守华等，2013）。研究者随之开始关注公司内部控制建设及其有效性的影响因素（Ge and McVay，2005；Doyle et al.，2007b；张颖和郑洪涛，2010；刘启亮等，2012；池国华等，2014）。现有研究主要集中于以下三个方面：一是公司的经营状况和财务状况。国内外研究均表明，公司规模、业务复杂度、发展阶段、成立时间等对内部控制具有重要影响（Ge and McVay，2005；Doyle et al.，2007b；林斌和饶静，2009；张颖和郑洪涛，2010）；公司的财务状况越差，内部控制有效性越低（Doyle et al.，2007b；林斌和饶静，2009；张颖和郑洪涛，2010）。二是公司内部治理特征。大量研究表明，公司治理结构越完善（Doyle et al.，2007b）、股权结构越合理（张颖和郑洪涛，2010；刘运国等，2016）、审计委员会组成质量越高（Krishnan，2005）、CEO 激励程度越高（逯东等，2014）以及实施股权激励（余海宗和吴艳玲，2015），内部控制越有效。此外，公司的产权性质（刘启亮等，2012）、管理层权力（赵息和许宁宁，2013）、高管背景特征（池国华等，2014）、审计师声誉（方红星和戴捷敏，2012）等也对内部控制产生重要影响。三是公司外部制度环境。刘启亮等（2012）研究表明，公司所在地区的市场化程度越高，内部控制质量越高；程博等（2016）则发现，儒家文化在一定程度上能够改善信息环境和强化合约履行，提升内部控制质量。

2. 审计监督与企业内部控制有效性

企业的健康发展需要内部控制和外部控制双系统保驾护航，且内外控制系统存在互补配合关系，按照次优化理论，单一的内部控制所达到的效率总是次优的，而只有通过内部控制和外部控制的相互结合，才有可能达到效率的最大化（赵渊贤、吴伟荣，2014）。审计监督作为外部控制的主要表现形式之一，相对于企业委托的社会审计，具有更全面、更独立、更彻底、更透明的特点，能够不避讳地披露企业所存在的问题。2017 年上半年中共中央办公厅、国务院办公厅相继印发了《关于深化国有企业和国有资本审计监督的若干意见》和《国务院办公厅关于进一步完善国有企业法人治理结构的指导意见》，意见均强调了审计监督要重点挖掘国有企业和国有资本管理运营中存在的普遍性、倾向性、典型性问题，关注体制性障碍和制度性缺陷，并明确要求对国有企业领导人员履行经济责任情况进行审计，早在 2014 年中纪委、审计署及国资委等七大中央部门联合发布的《党政主要领导干部和国有企业领导人员经济责任审计规定实施细则》也已经体现出审计监督要以经济责任审计为重点这一理念。这就使得审计监督的重点已经由原来单一的财务收支层面逐渐转向内部管理、体制机制的完善以及政策的落实层面上。

审计监督除了审计内容与内部控制有效性高度相关外，审计监督本身的威慑力理论上能够保障其对企业内部控制有效性的改善作用（褚剑，2018）。段训诚（2018）认为，审计监督主要通过以媒体为中介来发挥社会监督对企业内控的促进效果。

但是，纵观 2010 年至今的中央企业审计结果公告，不难发现，不少与内部控制失效有关的经营管理问题"屡审屡犯"，这些"屡审屡犯"的问题都与企业内部控制制度不完善、执行不到位密切相关。这不禁令人质疑审计监督是否真正从制度建设层面提升了企业内部控制有效性，或者说审计监督对企业内部控制有效性的提升作用是否存在时效性。这一问题值得深入探究，而审计署自 2009 年开始定期实施的企业审计为本节检验审计监督对企业内部控制有效性的影响提供了恰当的研究环境。由此，提出假设 6 – 1：审计监督介入与企业内部控制有效性有显著关系。

（二）样本选择

本节使用的数据包括 2007 ~ 2016 年的中国上市公司数据及审计监督相关数据。其中上市公司数据来自 CSMAR 数据库，审计监督数据来自审计署官网。由于审计署自 2009 年开始定期实施企业审计，当年发布审计公告为前一年介入，实际审计其之前一年财务报告，即审计公告存在两年的滞后期，故研究对象自2007年起。采用中国证监会2012年发布的《上市公司行业分类指引》进行行业划分，并根据研究需要对样本公司进行以下筛选：①剔除金融业（J）上市公司；②剔除主要变量缺失的公司。为减少异常值的影响，用STATA 14.0对主要连续变量进行了上下1%的缩尾处理。得到本节共1303个样本数据。

（三）研究模型与变量定义

$$Con = \beta_0 + \beta_1 Post + \beta_2 Controls + \sum Year + \sum Industry + \varepsilon \qquad (6-5)$$

被解释变量。内部控制指数（Con）。采用迪博·中国上市公司内部控制指数衡量企业内部控制有效性。该指数以2014年迪博与证监会和中山大学合作国家自然科学基金重点项目"基于中国情境的企业内部控制有效性研究"为背景，基于企业内部控制五要素视角，即内部环境、风险评估、控制活动、信息与沟通、内部监督等而构建，能较完善衡量企业内部控制规范实施的效率和效果。

解释变量。审计署是否介入上市公司开展审计（Post）。虚拟变量，企业被审计署介入审计当年及以后年度取1，否则取0。

控制变量。为了控制上市公司特征对内部控制有效性的影响，参考相关文献并实证筛选后，得到本节的控制变量。本节的变量界定见表6-3。

表6-3 控制变量定义

变量	含义	定义
lnSize	公司规模	年末总资产的自然对数值
Lev	资产负债率	负债合计/资产总计
ROE	加权平均净资产收益率	
Growth	营业收入增长率	（营业收入本年本期金额－营业收入上年同期金额）/（营业收入上年同期金额）
DUAL	董事长和总经理兼任情况	虚拟变量，当董事长兼任总经理时取值为1，否则为0
INDEP	独立董事比例	独立董事人数/董事总人数
MHOLD	高管是否持股	虚拟变量，当高管持有公司股份时取值为1，否则为0
Big4	是否由"四大"会计师事务所审计	虚拟变量，当年被"四大"会计师事务所审计时取1，否则为0
Indcd	行业代码	
Year	年份	

Post 的系数 β_1 反映被审计署审计的企业在被审计前后内部控制有效性的变化相比未被审计企业内部控制有效性变化的差异。如果 β_1 显著为正，则意味着审计监督提升了内部控制有效性；反之，则表明审计监督降低了内部控制有效性。

为进一步排除内生性问题的干扰，同时便于观察审计监督的时效性（短期/长期），借鉴伯特兰和穆莱纳桑（Bertrand and Mullainathan，2003）提出的跨期动态效应模型，在式（6-1）的基础上进一步采用式（6-2）进行检验：

$$Con = \beta_0 + \beta_1 Post_{-1} + \beta_2 Post_0 + \beta_3 Post_1 + \beta_4 Post_2 + \beta_5 Post_3 + \beta_6 Controls$$
$$+ \sum Year + \sum Industry + \varepsilon \qquad (6-6)$$

式（6-6）中，$Post_{-1}$ 为虚拟变量，进驻审计的前一个年度取 1，否则取 0；$Post_0$ 为虚拟变量，进驻审计年度取 1，否则取 0；$Post_1$ 为虚拟变量，进驻审计的后一个年度（审计结果公告年度）取 1，否则取 0；$Post_2$ 为虚拟变量，进驻审计的后第二个年度取 1，否则取 0；$Post_3$ 为虚拟变量，进驻审计的后第二个年度取 1，否则取 0。通过比较 β_1 至 β_5，观察审计监督对审计后各期内部控制的影响。控制变量同上。

二、实证结果分析

（一）描述性统计

表 6-4 列示了全样本相关变量的描述性统计。样本的内部控制运行效果和制度的指数值与已有研究（程博等，2016；刘运国等，2016）基本一致；平均有 73.7% 的企业被审计署审计。此外，样本企业的总资产自然对数平均值为 22.41，财务杠杆率平均为 0.52，净资产收益率平均为 5.21，主营业务收入增长率平均为 0.218，聘请国际"四大"会计师事务所审计的平均占比为 11.3%，独立董事比例平均为 35.9%，董事长和总经理兼任占比为 5.8%。

表 6-4 全样本描述性统计

变量	样本数	均值	标准差	最小值	最大值
Con	1303	651.6768	161.7518	0	986.98
Audit	1303	0.7367613	0.4405599	0	1
Post	1303	0.4059862	0.4912704	0	1

变量	样本数	均值	标准差	最小值	最大值
$Post_{-1}$	1303	0.1204912	0.32566	0	1
$Post_0$	1303	0.1320031	0.3386241	0	1
$Post_1$	1303	0.1312356	0.3377875	0	1
$Post_2$	1303	0.113584	0.3174272	0	1
$Post_3$	1303	0.0874904	0.2826608	0	1
lnSize	1303	22.40556	1.381412	19.89422	26.47247
Lev	1303	0.5198351	0.2132404	0.06459	0.973231
ROE	1303	5.209589	15.85284	-81.62	36.17
Big4	1303	0.113584	0.3174272	0	1
DUAL	1303	0.0583269	0.2344506	0	1
INDEP	1303	35.92731	4.81594	28.57143	57.14286
MHOLD	1303	0.4750576	0.4995692	0	1
Growth	1303	0.2182135	0.6944915	-0.539502	5.285919

（二）相关性分析

表6-5列示了全样本相关变量的 Pearson 相关系数矩阵。内部控制有效性（Con）与是否介入审计监督（Post）显著正相关，表明审计监督的介入可能导致内部控制有效性下降；而其对应的不同时点变量（$Post_{-1}$、$Post_0$、$Post_1$、$Post_2$、$Post_3$）与内部控制有效性（Con）相关性不同，需后文进一步探讨。此外，资产规模越大、盈利能力越高、董事会独立性越高、被国际"四大"会计师事务所审计的公司，内部控制有效性越高；而资产负债率越高、董事长兼任总经理的公司，内部控制有效性越低。在每次回归后都做了 VIF 方差膨胀因子检验，结果均显示自变量间不存在严重的多重共线性。

表6－5　　全样本 Pearson 相关系数矩阵

变量	Con	Audit	Post	BPost	$Post_0$	$Post_1$	$Post_2$	$Post_3$	InSize
Con	1								
Audit	0.0160	1							
Post	-0.103***	0.494***	1						
$Post_{-1}$	0.071**	0.221***	-0.0130	1					
$Post_0$	-0.0120	0.233***	0.00100	-0.089***	1				
$Post_1$	-0.064**	0.232***	0.470***	-0.074***	-0.071**	1			
$Post_2$	0.0120	0.214***	0.433***	-0.0510	-0.0470	-0.0460	1		
$Post_3$	-0.0400	0.185***	0.375***	0.086***	0	0	0.0260	1	
InSize	0.197***	0.0540	0.148***	-0.0100	0.0240	0.058**	0.086***	0.075***	1
Lev	-0.101***	-0.116***	-0.060**	-0.0230	-0.0250	-0.0400	-0.0450	-0.0430	0.449***
ROE1	0.489***	0.063**	-0.055**	0.0380	-0.0270	0.00300	-0.00100	0.00700	0.082***
Big4	0.139***	0.0110	0.00500	-0.0140	-0.0110	0.00400	0.0400	0.0180	0.376***
DUAL	-0.0320	-0.0520	-0.066**	-0.0320	-0.0100	-0.0290	-0.0370	-0.0420	-0.0500
INDEP	0.064**	-0.085***	0.0270	-0.0250	-0.0110	0.00500	0.0170	-0.00800	0.145***
MHOLD	0.098***	0.0420	0.0370	-0.00700	-0.0400	0.00300	0.0420	-0.00600	0.140***
Growth	0.0440	0.00300	-0.0500	-0.0110	-0.0160	0.0360	-0.059**	-0.068**	0.076**

变量	Lev	ROE1	Big4	DUAL	INDEP	MHOLD	Growth
Lev	1						
ROE1	-0.213***	1					
Big4	0.065**	0.058**	1				
DUAL	-0.00100	-0.0340	0.0350	1			
INDEP	0.0240	0.0400	0.140***	0.085***	1		
MHOLD	0.0400	0.0450	0.0130	0.091***	-0.085***	1	
Growth	0.069**	0.193***	-0.0320	0.00700	0.00800	-0.057**	1

(三) 回归结果分析

表6-6第 (1) 列为基于模型 (6-1) 的审计监督对企业内部控制有效性影响的回归结果。结果显示，Post 的系数为-40.496，在1%的水平上显著为负，表明审计监督介入对企业内部控制有效性有负向影响，即审计监督的介入可能导致公司内控减弱。一个可能的解释是企业形式上已经建立了较为完备的内部控制制度，相较未经审计时，经过审计监督的公司面对较小的审计监督压力，放松警惕，从而可能在经营管理方面降低对内部控制的关注度。另一个可能的解释是审计监督的有效性不足，不足以发现公司在内部控制方面的漏洞。

表6-6　　　　　　　审计监督与企业内部控制有效性的回归结果

变量	Con	
	(1)	(2)
Post	-40.496 ***	
	(-4.89)	
$Post_{-1}$		26.858 **
		(-2.3)
$Post_0$		0.60
		(-0.05)
$Post_1$		-35.451 ***
		(-3.11)
$Post_2$		-4.521
		(-0.37)
$Post_3$		-34.331 **
		(-2.53)
lnSize	27.564 ***	25.531 ***
	(6.83)	(6.39)
Big4	19.086	24.040 *
	(1.35)	(1.70)
Lev	-92.853 ***	-84.659 ***
	(-3.97)	(-3.63)
DUAL	-26.489	-23.408
	(-1.55)	(-1.37)
ROE1	4.119 ***	4.198 ***
	(15.43)	(15.73)
INDEP	0.800	0.614
	(0.92)	(0.70)

变量	Con	
	（1）	（2）
MHOLD	16.484 **	16.468 **
	(1.99)	(1.98)
Growth	−9.375 *	−8.664
	(−1.67)	(−1.54)
Year	YES	YES
Industry	YES	YES
_cons	18.239	62.972
	(0.17)	(0.58)
N	1303	1303
R^2	0.366	0.365
R^2_a	0.335	0.332

表 6 - 6 第（2）列为基于式（6 - 2）的审计监督与企业内部控制有效性的回归结果。结果显示，$Post_{-1}$、$Post_0$ 的系数为正，其中 $Post_{-1}$ 的系数在 5% 的水平上显著为正，$Post_1$、$Post_2$、$Post_3$ 的系数都为负，其中 $Post_1$ 的系数在 1% 水平上显著为负，$Post_3$ 的系数在 5% 水平上显著为负，表明相较未被审计监督，在审计监督介入后，公司内部控制有效性降低，证明了式（6 -1）的结论。

那么，为什么实证结果与我们所预期的大相径庭呢？传统的代理理论认为，控股股东通过有效监督公司经营管理活动，能够抑制管理层机会主义行为，发挥公司治理作用（Jensen and Meckling，1976）。但是，在中央企业集团中，从上至下的委托代理关系层级较多，在"所有者虚位"情况下控股股东难以对企业管理层进行有效监督，造成管理层权力过大，引发严重的内部人控制问题。内部人控制问题使得企业的内部控制有效性面临较大挑战，例如内部人凌驾于内部控制之上，造成内部控制失效，最终导致经营管理问题"屡审屡犯"。而董事会以及相关的制度安排是缓解企业代理问题的核心机制（Fama and Jensen，1983；李文贵等，2017），国资委自 2005 年开始在中央企业建设和规范董事会工作，但是部分研究却表明引入的不少外部董事只是"花瓶"，而且董事会职权没有真正落实，企业的诸多治理问题并未得到遏制（熊锦秋，2015）。而根据 2012 年国资委发布的《关于加快构建中央企业内部控制体系有关事项的通知》，国资委将内部控制有效性作为中央企业董事会履职评估的重要内容，但是如果董事会职权没有真正落实，那么即使面对审计监督对企业内部控制相关问题的曝光，企业管理层依然缺乏足够的监督压力，应从根本上完善内部控制制度、通过制度建设主动约束自身的权力，从而更倾向于采取整改审计监督发现的违规问题这一"治标"策略。

除此之外，笔者大胆猜想：第一，审计机关对企业审计查出的问题只是提出整改意见，并不能直接做出相应的处罚，解决"屡审屡犯"问题的主导权在主管部门，而作为主管部门的国资委由于多层委托代理关系的存在，对企业的长期有效监督是有限的；第二，对于审计机关查处的违规问题，往往限于促其改正，对相关责任人的追责问责力度有待加强，导致审计监督的威慑力不能持久；第三，被审计企业高管也可能存在侥幸心理，因为审计署每年开展的审计也只是选择一小部分企业，当年被审计的企业再次被审计一般也会间隔两三年，有的间隔时间甚至更长，导致高管只是应付性地改正违规问题，"屡审屡犯"问题依然没有得到根治。

综上所述，本节的研究表明，审计监督并不能改善被审计企业内部控制设计和运行有效性，相反的，经过审计监督的企业内部控制有效性明显降低。

（四）稳健性分析

1. 对数化处理的内部控制变量

将内部控制变量（Con）取自然对数值作为对应的新的内部控制代理变量。回归结果如表 6 - 7 所示，仍与本节主要结论一致。

表 6 - 7　　　对数化处理内部控制变量的稳健性分析回归结果

变量	lnCon	
	（1）	（2）
Post	-0.031^{***}	
	（-3.98）	
$post_{-1}$		0.013
		（-1.19）
$Post_0$		0.003
		（-0.26）
$Post_1$		-0.031^{***}
		（-2.87）

变量	lnCon	
	（1）	（2）
Post₂		-0.003
		(-0.27)
Post₃		-0.031^{**}
		(-2.39)
N	1201	1201
R^2	0.376	0.375
R^2_a	0.343	0.341

2. 改变控制变量

通过改变控制变量（见表6－8），对式（6－1）、式（6－2）分别再次回归。回归结果如表6－9所示（因篇幅所限，没有展示控制变量回归结果），仍与本节主要结论一致。

表6－8　　　　　　　　稳健型分析中控制变量定义表

变量	含义	定义
lnSize	公司规模	年末总资产的自然对数值
Lev	资产负债率	负债合计/资产总计
ROE2	扣除非经常性损益后的加权平均净资产收益率	
Growth2	营业总收入增长率	（营业总收入本年本期金额—营业总收入上年同期金额）/（营业总收入上年同期金额）
DUAL1	前十大股东是否存在关联	虚拟变量，前十大股东存在关联时取值为1，否则为0
INDEP1	监事总规模	
MHOLD1	高管持股数量	
Big4	是否由"四大"会计师事务所审计	虚拟变量，当年被"四大"会计师事务所审计时取1，否则为0
Year	年份	

表 6-9　　　　　　　　　　　改变控制变量的稳健性分析回归结果

变量	Con	
	（1）	（2）
Post	-38.389***	
	（-2.85）	
$Post_{-1}$		26.400
		（-1.46）
$Post_0$		-20.225
		（-1.21）
$Post_1$		-44.042***
		（-2.37）
$Post_2$		-22.903
		（-1.23）
$Post_3$		-56.134***
		（-2.64）
N	565	565
R^2	0.411	0.420
R^2_a	0.349	0.353

（五）进一步分析

1. PSM – DID

尽管上文已经采用跨期动态效应模型缓解内生性问题，但是被审计的企业和未被审计的企业仍然可能存在一定的差异，公司异质性可能对本节研究产生影响。因此，借鉴通行做法，本节采用倾向性评分匹配（PSM）方法进行检验。

倾向性评分匹配（PSM）方法用于处理观察研究（Observational Study）的数据。在观察研究中，由于种种原因，数据偏差（bias）和混杂变量（confounding variable）较多，倾向评分匹配的方法正是为了减少这些偏差和混杂变量的影响，以便对实验组和对照组进行更合理的比较。

考虑到部分公司是先后被审计署审计的，因此，借鉴伯特兰和穆莱纳桑（Bertrand and Mullainathan，1999）以及陈等（Chan et al.，2012）提出的双重差分模型来考察审计监督对企业内部控制有效性的约束作用：

$$Con = \beta_0 + \beta_1 Audit + \beta_2 Post + \beta_3 Audit \times Post + \beta_4 Controls + \sum Year + \varepsilon$$

$$(6-7)$$

式（6-7）中，Audit 为虚拟变量，被审计年份及之后取 1，否则取

0。交互项系数 β_3 为分析对象，若 β_3 为负，说明审计监督介入对企业内部控制有效性影响为负，即证明上述结论。

具体地，从未被审计的企业中构造一组与被审计的企业最为接近的样本当作匹配的控制组，构造方法如下：首先，为被审计公司被审计当年样本寻找对应的控制组样本，选取模型（1）中的控制变量（包括年份和行业哑变量）通过 Logistic 回归得到每个观测值的倾向性评分；其次，采用最相邻匹配法进行控制组的选取和匹配；最后，得到与每个被审计公司被审计当年样本特征最为接近的控制组样本。匹配模型如下：

$$Con = \beta_0 + \beta_1 TREATMENT + \beta_2 Controls + \sum Year + \varepsilon \qquad (6-8)$$

式（6-8）中，TREATMENT 为虚拟变量，审计监督介入过的公司取1，否则取0。

由此，本节得到基于 PSM 方法的匹配样本，图 6-1 列出了匹配前后倾向匹配得分密度曲线图。匹配后整体上看，各变量的标准化偏差在匹配后缩小了，匹配后大部分变量的标准化偏差（% bias）小于 10%，可以接受。说明倾向得分的匹配效果较好。基于这一倾向得分匹配样本进行回归分析，结果如表 6-10 所示，表示倾向得分匹配下的回归结果，回归系数显著为负，证明了上文观点。

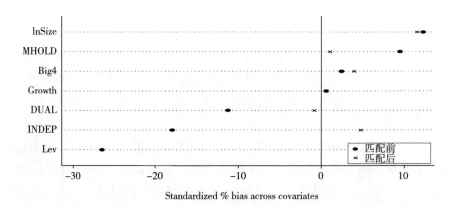

图 6-1　匹配效果

表 6-10　　　　　　　　　倾向得分匹配下的回归结果

变量	(1)	(2)	(3)
	PSM	treated	matched
ap	-80.002 **	-43.966 **	0.000
	(-2.17)	(-2.32)	(.)

变量	（1）	（2）	（3）
	PSM	treated	matched
lnSize	17. 733 **	17. 048 ***	22. 779 **
	(2. 33)	(2. 83)	(2. 06)
Lev	− 194. 364 ***	− 111. 863 ***	− 264. 893 ***
	(− 4. 52)	(− 3. 17)	(− 4. 47)
Big4	77. 775 **	8. 163	38. 337
	(2. 36)	(0. 38)	(0. 77)
DUAL	− 15. 827	− 22. 915	− 35. 370
	(− 0. 56)	(− 0. 93)	(− 0. 74)
INDEP	− 0. 808	1. 171	1. 075
	(− 0. 46)	(0. 89)	(0. 42)
MHOLD	37. 226 **	39. 974 ***	8. 590
	(2. 21)	(3. 26)	(0. 35)
Growth	− 5. 998	17. 135 ***	− 13. 536
	(− 0. 64)	(2. 68)	(− 0. 93)
N	465	960	236

2. 以 2012 年为分界点分组回归

2012 年国资委发布《关于加快构建中央企业内部控制体系有关事项的通知》，将内部控制有效性作为中央企业董事会履职评估的重要内容，这可能较大程度地影响到企业内部控制有效性。由此以 2012 年为分界点分组回归，观察国资委发布文件前后审计监督介入对企业内部控制的影响。

由表 6 - 11 可以看出，以 2012 年为分界点进行分组，2012 年前审计监督介入对企业内部控制有效性在 10% 水平上显著为负，2012 年后影响不显著。说明国资委通知的发布加强了企业内部控制，同时增加了审计监督介入对企业的监管效果。但 2012 年后审计监督介入对内部控制有效性回归系数仍为负数，可能是因为：虽然《通知》将内部控制有效性作为企业董事会履职评估的重要内容，但如果董事会职权没有真正落实，那么即使面对审计监督对企业内部控制相关问题的曝光，企业管理层依然缺乏足够的监督压力，从根本上完善内部控制制度、通过制度建设主动约束自身的权力，而更倾向于采取整改审计监督发现的违规问题这一"治标"策略。

表 6 - 11　　　　　　　　　　以 2012 年为分界点分组回归结果

变量	2012 年以前	2012 年及以后
Post	-18.514 *	-0.400
	(-1.66)	(-0.03)
lnSize	46.275 ***	11.944
	(9.71)	(1.61)
Big4	6.882	19.002
	(0.41)	(0.78)
Lev	-138.752 ***	-45.347
	(-5.07)	(-1.11)
DUAL	-20.967	-2.696
	(-1.04)	(-0.09)
ROE1	3.757 ***	4.235 ***
	(11.95)	(9.12)
INDEP	0.012	0.098
	(0.01)	(0.07)
MHOLD	4.677	22.071
	(0.48)	(1.55)
Growth8	-10.149	-6.922
	(-1.51)	(-0.74)
N	762	541
R^2	0.449	0.410
R^2_a	0.404	0.354

三、小结与建议

如何提升企业内部控制有效性，不仅事关企业的可持续经营和发展，更事关国民经济的健康长远发展。本节基于 2009～2016 年审计署实施的企业审计，采用面板数据多元回归及双重差分模型考察审计监督对企业内部控制有效性的影响。研究发现，审计监督并不能改善被审计企业内部控制设计和运行有效性，相反的，经过审计监督的企业内部控制有效性明显降低。造成这一结论的原因可能为相较未经审计时，经过审计监督的公司面对较小的审计监督压力，放松警惕，从而可能在经营管理方面降低对内部控制的关注度。另一个可能的解释是审计监督的有效性不足，不足以发现公司在内部控制方面的漏洞。

尽管审计监督本质上是作为一种法定的监督与评价制度而存在的，但其完整的功能不仅包括查错纠偏，还包括对公共管理实践乃至相关治理制度设计和实施过程中存在的缺陷提出建设性建议，从而促进国家治理体系的完善和治理能力的提高。然而，长期以来，无论是相关制度的设计者、研究者还是审计实务工作者，对审计监督功能的理解均较多地偏重于监督。片面强调审计的监督功能而忽视其建设功能，不仅降低了审计的价值，而且会阻碍审计工作的顺利开展，从而阻碍审计监督功能的发挥。

具体地，如上文分析：第一，审计机关对企业审计查出的问题只是提出整改意见，并不能直接做出相应的处罚，解决"屡审屡犯"问题的主导权在主管部门，而作为主管部门的国资委由于多层委托代理关系的存在，对企业的长期有效监督是有限的；第二，对于审计机关查处的违规问题，往往限于促其改正，对相关责任人的追责问责力度有待加强，导致审计监督的威慑力不能持久；第三，被审计企业高管也可能存在侥幸心理，因为审计署每年开展的审计也只是选择一小部分企业，当年被审计的企业再次被审计一般也会间隔两三年，有的间隔时间甚至更长，导致高管只是应付性地改正违规问题，"屡审屡犯"问题依然没有得到根治。

根据这些研究发现提出以下建议。一是加强对行政权力的监督与管理，完善审计监督制度，加强企业监督，形成完善的监督制度，从而形成有效的运行与监督体系，这也是我国审计监督对国有企业内部控制的影响，同时对其绩效也有一定的影响。二是现阶段，我国审计监督工作中存在的诸多问题，比如在我国审计监督的过程中其独立性不完整、审计结果透明度不高、在审计监督职业道德素质上不够明确等问题，并以此存在的问题采取和完善相应的措施，通过健全审计监督相关的法律法规、建立与我国国情相符监督模式、提高审计监督人员的综合素质以及审计监督工作的透明度等。三是与此同时，国企作为政府重要的经济执法部门，代表国家行使征税权力，但是在其行使权力过程中也存在着一定的风险，并且这些风险仅凭自觉、教育来约束是无法全面控制的。因此，国企也需要通过建立一套行之有效的内部控制体系，使企业在有效的监督机制下合理行使自身的权力，从根源上杜绝贪污腐败现象的出现。四是首先通过完善企业法人治理结构，突出董事会、监事会等内部核心监督机制的作用，防止内部人控制问题的发生和恶化，保障内部控制的建立、完善和有效运行，为审计监督成果落到实处提供制度保障。其次在国资监管机构内部监督检查基础上，发挥外部评价监督机制的协同作用，实现审计监督和社会审计的互补融合优势，多管齐下促进企业内部控制优化。最后强化审计机关的独立性和权威性，适当提高审计监督的频率，监督企业落实整改意见，对于问题未改正或重复再犯的应当加大处罚力度，保持"政策回头看"的高压态势，监督企业切实完善内部控制体系。

第七章　审计监督自身能力提升分析

审计监督为了更好地治理企业，可以从自身出发进行改进：优化审计公告质量和审计结果利用；优化企业审计安排；优化审计监督的机构、人员与方法。

第一节　审计公告质量与审计结果利用的优化

一、列示审计整改情况，加强审计整改情况的监管

审计整改是审计结果公告的最终目标。因此，为了推动审计整改工作的深入开展，提出以下几点实施建议。第一，把审计整改报告纳入审计结果公告制度中。第二，审计署应当定期或不定期地将审计整改报告提交给政府单位，同时，每年向全国人大报告审计整改汇总情况。第三，根据审计整改的现状，采取一定的跟踪审计。第四，大力增强社会监督的作用。积极在互联网上披露整改信息，加大社会公众参与审计整改监督工作的力度，使社会公众全面了解整改情况，以此来达到舆论监督的目的，使审计待整改问题能够得到及时纠正。

审计整改监察力度的加大，有利于审计监督作用的真正落实和审计全覆盖的实现。实现审计全覆盖的最大动因是为了更好地发挥审计免疫系统的作用，提高国家治理的效率。所以，发现和揭露问题后，审计监督人员一方面需要进一步明确被审计单位和审计机关在审计整改中的角色和责任；另一方面，应当注重监督、检查审计整改进程，并及时公告。如果存在未及时整改或拒不整改甚至是屡改屡犯的现象，应该建立奖惩机制，加大对相关人员责任的追究。此外，审计机关应逐步完善审计整改情况的考核制度，把审计报告中披露问题的整改情况加入考核内容中。同时，建立健全整改情况通报公报制度，在整改落实工作中，积极发挥社会舆论监督

的作用，促进审计目标的实现。开展一个审计项目，就要实现其应有的效果，而不是把审计当成表面工程，走个过场，要努力实现真正意义上的审计作用发挥的全覆盖。

健全审计监督对企业的追责问责机制。要想有效甚至从根本上解决企业一些屡审屡犯、屡整屡犯的共性问题，审计监督在处理具体问题的同时应当着力加强制度建设，建立健全追责问责机制。在审计监督领域内率先建立问责机制，既可以促进审计发现问题的有效解决，也可以更好地促进审计监督工作发挥作用。另外，审计部门要严格追究监督、监管和领导责任，将审计结果和整改情况作为考核企业内部及其领导干部的重要参考。如果不能保证追责问责机制的健全，那么审计出来的问题是很难得到有效解决的。相关审计部门应高度重视审计整改工作，对违法违规问题进行严肃追究和问责，强化对整改工作的督促检查，逐条整改。同时，针对一些屡审屡犯问题，企业自身也要加强管理，深化改革，从源头上找出问题所在，对管理体制中存在的问题及时整改，将问题彻底解决。审计监督要加大追责问责机制，对企业存在的一些恶意骗取财政资金、违反国家规定和财务规定、内部腐败行为等要落实到个人并进行严肃处理。另外，实现企业追责问责机制也需要与国家和政府各级部门（如各级人大、司法机关、纪检部门等）的紧密协作配合，通过加强与相关部门的沟通与协作，能够大大加强追责问责机制的落实，从而实现审计监督与纪律检查、追责问责的有效结合，积极发挥整改追责整体合力的作用，形成倒逼机制。此外，审计监督应该完善国有企业整改检查追责制度，强化实现审计机关对国有企业的追踪督促，针对尚未整改的问题详情，应建立更为详细的台账，明确各部门的检查督促责任，遵守"谁审计、谁负责"的原则，贯彻实施整改落实销号制度。同时督促企业建立职责明确的整改责任制，督促企业主要领导人认真履行整改第一责任人的义务，对重大问题要亲力亲为，避免审计发现的问题屡查屡犯现象的发生。

二、畅通国有企业审计成果的利用渠道

解决各利益相关方与企业管理层之间的信息不对称问题是国有企业审计的重要作用，深化国有企业审计必须能够及时提供满足各方利益需求的审计成果。

一是把审计成果以审计报告的形式呈现出来。作为选拔任用或评价企业领导人员的依据，经济责任审计结果报告要提供给组织部门。财务收支审计报告应作为核实应缴国有资产经营收益的依据，社会审计质量核查报

告应作为国资委和企业董事会选聘社会审计机构的依据。落实社会审计质量核查报告的约束作用，推动社会审计机构成为政府审计的重要支持和补充力量。

二是在审计调查报告和审计信息中提出深化国有企业改革的政策建议。为了保证新一轮国企改革中出台的新政策和新措施健全有效，需要向改革方案的设计方和国有企业的监管方提出具有全局性、前瞻性和可实施性的审计建议。

三是加强与纪检机关和司法部门的协作配合。基于国企改革和经营中涉及的腐败问题大都呈现出金额巨大、窝案串案多发、隐蔽性强等特点，今后应积极建立审计机关与纪检机关和司法部门合作办案的机制，提高审计查处和移交国企腐败案件的工作效率。

四是以审计结果公告的方式回应社会公众对国企改革的关心。今后应该更加详细和更加全面地披露国有企业审计结果，充分发挥审计监督和舆论监督的作用，共同推动国有企业深化改革。

三、提高审计结果公告的时效性

及时准确地披露审计结果公告，一方面有助于发挥审计监督的监督治理功能，督促企业完成对公告披露问题的整改，提高企业治理水平；另一方面也可以保障社会公众的知情权，充分发挥他们的监督作用。所以，审计机关需要提高审计结果披露的及时性，通过审计披露方式的创新、审计报告形式的简化、互联网＋、云技术、大数据等高科技手段等来提高审计效率，确保审计结果公告的时效性。

四、完善审计公告内容

2003 年，基于对防治 SARS 相关资金及捐赠的专项审计，我国审计公告掀开了帷幕。在 10 余年的"审计风暴"中，审计公告的框架和内容不断创新改进，给社会公众传递出越来越详细的审计信息。自 2016 年起，以前年度审计查出问题的整改情况开始在国有企业财务收支审计公告中披露。"以前年度审计查出问题整改情况"内容位置的调整，反映出审计监督对问题跟踪审计的重视。但是，通过对审计公告中审计建议相关内容的分析可以发现，其可操作性和效益性有待探讨，其公告跟踪审计内容的公开度和透明度也有待改进。

审计问题整改情况公告不透明是审计公告内容最需要改进的问题之一。在查看某一专项审计的审计公告时可以发现，随着时间的推移，审计公告的内容越来越丰富，审计查出的问题越来越多，审查问题的归类也越来越清晰明了。但是，审计的作用并不是简单地发现和查出问题，提出有效的审计建议并解决问题才是审计的核心作用所在。然而，审计公告中提出的审计建议并不具体，大都属于宏观性指导，如提出将相关问题及建议转移到相关监管部门，由其对被审计单位进行后续的指导整改等。基于委托代理理论，由于审计建议的非强制性、问题整改任务监管的转移性、问题解决归属部门指示的模糊性，导致相关问题整改任务很难分配到位。除此之外，对于被审计单位审计问题的整改结果，审计公告中披露的也并不详细，一般仅以一句话来概括未整改问题，对已整改问题以及整改效果等并没有进行详细披露。在跟踪审计中，基于风险导向审计理论的指导，我国审计机关大多都采用抽样审计的方式，而这种审计问题整改情况的公告方式，难以体现跟踪审计效果的优越性。

针对审计问题整改情况公告方面的工作，美国 GAO 的审计公告内容则更加透明。对于专项审计，GAO 会将本年度被审计单位审查出的问题进行清单式罗列；在之后跟踪审计的过程中，会将历年的跟踪审计结果以"主要内容＋附表"的形式进行记录与公告，充分展示被审计单位整改的效率和效果。这种审计公告形式和方法，使审计问题整改情况有迹可循，给被审单位带来整改压力的同时，也可以在一定程度上避免屡审屡犯的陷阱。美国 GAO 的这一审计实践值得我国审计机关学习借鉴。

第二节　企业审计安排的优化

一、优化审计对象遴选及审计重点决策程序

制定选样政策性指引。指的是在对审计对象进行遴选并确定审计重点的过程中，虽大部分需依靠审计人员的专业能力来进行职业判断，但相关的职业判断也需要政策法规的指引。以美国政府问责局（GAO）为例，该国是最早采用跟踪审计这一方法的国家之一，对于审计对象的筛选早已有较为明确和清晰的标准和程序性的指导文件，还会定期发布有关《确定绩效和问责的挑战和高风险领域》的相关报告。报告中所指的高风险项目主要包括一些较容易发生舞弊、滥用、缺乏管理和正在进行改革的项目。基于此，各级审计机关应该把审计过程和审计结果结合起来综合考虑，制定行之有效的对象遴选方案以及应用相应的指引来确定审计重点，以达到有

效地实施国企去杠杆政策，进而使审计工作在职业判断和政策规范两者结合的基础上得以有效实施的目的。

加强与第三方的沟通。在主张全面审计的同时，审计机关不仅应考虑潜在被审计对象的覆盖范围，还应注意审计工作的准确性和效率。跟踪审计具有高成本、低见效的性质，而这些特有的性质也对审计署选择审计项目提出了更高更严格的要求。因此，审计机关要选择有代表性的被审计对象作为样本，在进行第一次样本筛选工作时，要删掉不具有严重杠杆问题的国企，这就需要审计机关加强与第三方（如各级国资委、金融办）的联络沟通。沟通主要包括以下三种：前期沟通可以全面了解当地国有企业的营运情况；中期沟通使审计机构对国企去杠杆政策执行情况的评估更加公平公正；在初步确定审计对象后，进行相应的后期沟通，能优化和完善审计机关对审计对象的遴选。综合考虑多方观点，可以更加科学地选择审计项目，使审计效果更加明显，也使有限的审计资源实现收益最大化。

二、力争实现审计全覆盖

2015 年初，"审计全覆盖"成为热点高频词汇，实现对国有资源和资产等方面审计全覆盖的方法主要包括加强审计资源协调、改革优化审计技术等。实施全面审计给审计监督提出了更高的要求，可以通过加强审计监督、加大审计力度来实现对企业全面覆盖审计，审计全覆盖可以促进国家政策的进一步落实，以提升国家的治理水平。

根据审计署发布的《关于实行审计全覆盖的实施意见》，其中对于审计监督的监督覆盖面涉及较窄，其应提高对企业的审计次数，对企业的财务收支、工程项目尽可能做到每年都进行审计，较为重点和重要的项目要做进一步的更深层次的审计。

审计监督的内容主要限制在以往的几个方面，所以应该对企业的审计内容进行进一步加深，不应只局限在常见的财务问题和只集中在几个典型的领域，对于企业的重要、重点事项要实施专项跟踪审计。其中包括企业的重大改组并购、重大的投资项目、国有产权的处置转让等，审计要实施于全过程，以达到维护国有资产安全的目的。

另外，鉴于审计监督的滞后性，审计署应将审计的结果公告及时公开发布，避免从实施审计到发布公发的时间过长，以保证审计结果公告发挥其监督作用。同时，如若想要实现审计全覆盖，也需要审计署改善政府审计的时间，也应加强企业境外资产的相关审计工作，不能将其脱离于审计监督之外，以防止国有资产发生对外投资风险。

在审计监督实现审计全覆盖的过程中，增加审计人员的预算经费和编制是很关键的因素之一。审计人员作为审计署对企业进行监督的基石，审计人员的数量不充足会使审计的质量受到影响。基于此，为了保证审计署的充足人力来匹配被审计单位繁多的业务量，国务院可以考虑扩大审计人员的编制。另外，审计人员拥有足够的审计经费是保证各项工作顺利开展的前提，并且也能够促进各项审计工作的顺利开展。因此，保证审计机关有足够的审计资源可以进一步提高审计质量。

三、加强对企业境外资产的审计监督

当前，随着企业所拥有的分支机构或海外公司数量越来越多，其在海外拥有的资产也随之增多，所以审计部门对于制定一个行之有效的境外监管制度就显得十分重要和迫切。从宏观层面的角度考虑，企业的境外投资也急切地需要明确清晰的政策进行约束和监管。从企业治理层面考虑，为了保证公司境外资产的有效利用也为了避免国有资产的流失，公司的董事会和监事会要充分发挥其对管理层进行境外投资决策的科学性的分析和研究。现存的关于境外国有资产管理的主要法规包括：《境外国有资产产权登记管理暂行办法》《境外国有资产产权登记管理暂行办法实施细则》《境外国有资产管理暂行办法》《中央企业境外投资监督管理暂行办法》等。

从总体上来看，相关法律法规还没有较清晰地细化境外经营活动的相关细则，所以我国急切地需要一部主要针对企业进行相关境外经济活动的监管条例，并随着经济社会的飞速发展，不断进行修改和完善，以保护好国有资产的安全。

为了保护企业所在境外相关资产的安全，有必要和需求专门设立一个公司境外资产的相关监管部门，借用此部门来更加准确全面地审计监督企业的境外经济活动。目前，我国只依靠每年对一小部分企业进行审计时的微弱关注，并没有设立专门的监管部门。这此种情况下，成立一个关于国家境外资产审计部门已成为一种趋势，这个部门能够站在国家利益的角度对境外经济活动实施有效监督，也可以协调管理各种问题和风险。

另外，在对企业境外资产进行审计时，应把大量的精力放在境外国有资产的保值增值和运营情况上。从企业层面上分析，要确立清晰地境外经营战略目标。这是进行公司相关境外经济活动的第一步，所以非常关键，应深入全面地进行项目的可行性分析，并综合考虑境外风险和相应的应对策略，做出科学合理的决策。防止发生不加思考盲目进入境外市场的现象发生。

四、完善持续审计制度

审计监督具有其特有的鉴证、证明和评价作用，也有一定的威慑力，将其涉入国有企业，可以及时有效地发现一些违法违规、管理层不尽职等现象。但随着审计监督对国企展开相关的审计工作，审计出来的问题也不断涌现，有些企业经过审计后不久还是会存在违法违规、整改不当的现象发生。为了解决这些问题，审计机关应建立和完善持续审计制度，针对被审计单位的状况实施持续审计制度。持续审计主要针对虽已经过审计监督，但审计出的相关问题始终没有得到有效的解决。其目的主要是为了减少普遍问题的重复发生，显著提高审计效果的审计方法。为了显著提高审计监督的效果，相应的审计机关就应不断完善持续审计制度，以解决不断出现的各种各样的新问题，提高审计信息的真实性。所以，持续审计法是强有力的审查和监管国企的重要方法。

第三节　审计监督的机构、人员与方法的优化

一、调整企业审计的宏观审计目标

深化审计署对企业的审计监督，需要针对企业改革中的重大风险，调整宏观审计目标，开展四种类型的企业审计。首先需要明确改革性审计的目标；然后明确经营性审计的目标；还需明确监管性审计的目标和责任性审计的目标。

二、改革企业审计的组织模式

现有审计署的企业审计模式的最大问题是经济责任审计项目承载了过多审计目标。在企业的审计监督新模式中，强调以其他类型审计项目分担企业审计目标，同时兼顾审计监督全覆盖的要求。首先，坚持以经济责任审计为主体审计类型，同时调整经济责任审计的节奏和覆盖面。其次，与事务所审计质量核查相结合，加强企业的财务收支审计。再次，以审计调查的形式组织企业绩效审计。最后，以审计调查的形式跟踪检查国家重大决策部署和政策措施贯彻落实情况。

三、创新审计监督组织方式

审计监督与社会审计、内部审计存在一定的关系。在目前审计监督资源有限的情况下，为实现审计全覆盖，审计署审计企业时，应积极整合民间审计和内部审计力量。审计署若能较好地协同"三审"，在制定审计计划时，将审计资源更为集中地分配到与政策相关的审计目标上，同时又能通过内部审计和注册会计师审计实现在短时间内对被审单位较为全面的了解，避免"管中窥豹"式审计建议的出现，这将大大提高审计机关的资源配置效率和审计质量。

四、加快实现审计监督职业化建设

实行审计监督人员职业化的目的，是为了建立一支高素质有纪律的审计机关队伍，以此来提高审计监督工作的独立性、权威性，巩固审计工作成果，发挥审计机关在国家政治经济生活中应发挥的作用，切实提高审计效率。面对众多的、复杂的国有企业，审计机关必须培养一批职业化队伍。

五、设立企业审计专门机构：企业审计司、派出企业审计局

目前审计署下设企业审计司，还有企业审计一局、企业审计二局等，还有 18 个分布在全国各地的审计署特派办。审计署的这些机构能更好地进行企业审计。

第八章　结论与建议

第一节　审计监督企业治理效应的结论与建议

一、审计监督促进企业财务合规

利用 PSM - DID 进行实证检验发现：在其他条件不变的情况下，审计监督与企业的财务违规行为发生频率存在负相关关系，即审计监督可以有效地抑制企业财务违规行为。当重新定义变量或者更换倾向评分匹配变量时，结果也是一致的。当进行进一步分析时，审计监督也会影响企业发生的财务违规行为程度，即当接受审计监督后，上市公司发生财务违规行为的严重程度会减弱。不仅如此，二次审计监督在一定程度上也会抑制企业财务违规行为，但抑制情况并不显著，从侧面说明一次审计已经可以很好地抑制企业财务违规行为。当考虑审计署特派办公室的地理位置时，研究发现：当企业与审计署特派办公室位于同一省份的同一市区内时，审计监督可以更好地发挥抑制企业财务违规行为发生频率的作用。当两者仅位于同一省份但未限定同一市区时，结果并不显著。同时，企业接受非"四大"会计师事务所审计较接受"四大"会计师事务所审计，审计监督对企业财务违规行为发生概率的抑制作用更明显。最后，分析了城市市场环境对审计监督的影响，发现市场化程度高、市场化指数高的城市，反而并没有更好地推动审计监督抑制企业财务违规行为。

二、审计监督提升企业财务报告质量

利用 PSM - DID 研究发现：审计监督对接受审计的企业发生财务报告重述行为有负向阻碍作用，降低了财务报告重述，但是作用不显著。进一步研究中，检验了审计监督的监督力度和上市公司自身治理结构在审计监

督影响财务报告重述中所起的作用，以及不同会计师事务所层次下所起作用的差异。发现企业在接受审计监督后，对财务报告重述降低的影响主要取决于审计监督的监督力度，公司本身治理结构的作用相对较小；审计监督的监督力度越强，能够相对在越大程度上降低被审计企业的财务报告重述；非"十大"会计师事务所审计的上市公司，审计监督所起的作用更大。但在总体上，审计监督在被审计上市公司财务重述方面所起作用较小。这可能与审计监督具有偶然性有关，相对于外部事务所的社会审计，审计监督采用抽审的方式，审计频率较低，对其所起作用有影响。对于上市公司的财务重述行为，标准不断提高的事务所审计已经起到了重要作用，事务所审计质量越高，财务重述频率越低。在此基础上，审计监督所起的作用就在很大程度上被削弱。

三、审计监督规范企业纳税行为

采用 PSM – DID 研究发现：首先，审计监督实施后，公司的避税激进程度有所降低，主要体现在所得税相关的衡量指标中；另外，与日常营业活动相关的避税行为变得更加激进，这些推论还需要进一步加强验证。其次，上市公司距离审计署越远，受到的审计监督越弱，在受到审计时，其避税程度缓和作用越明显；再者，审计监督的频度也会进一步对上市公司避税造成影响，与通常认为的相反，审计次数的增加会伴随避税激进程度的增强，可能是因为上市公司在熟悉了审计流程的内容后，转而从其他一些方向探索避税的途径降低税负，这在被审计次数较少的上市公司中体现得尤为明显，而在被审计次数较多的上市公司中并不显著；另外，经国际"四大"会计师事务所审计的上市公司在受审计监督后，实际税率得到了显著提升，避税行为也受到了抑制；最后，上市公司的避税激进程度在治理环境和所处地区市场化程度不同的情况下，对接受审计监督的反应也会有显著差别。

四、审计监督提升企业盈余质量

采用 PSM – DID 分析发现，审计监督对企业的盈余管理行为并没有显著影响，不论是对于操控性应计盈余管理，还是真实盈余管理，均没有显著影响。主要原因是审计监督的直接审计主体是央企集团公司，只对部分央企控股上市公司进行延伸审计。也可能是因为审计体量庞大，上市公司被边缘化，使得审计监督的震慑效应减弱，综合作用结果下，审计监督对上市公司盈余管理行为没有产生显著的影响。另外的分析显示，企业与所属的审计署特派办的空间位置与其盈余管理程度没有显著的相关关系。由于道路交通的发展，地理距离空间位置不再成为影响事物发展的重要因素，所以审计署特派办与企业的空间位置对企业进行盈余管理产生震慑作用不显著。

五、审计监督控制企业适度金融化水平

研究发现，审计监督对于企业金融化有促进作用，审计监督在一定程度上给了企业一个监督和考察的信号，使得企业更加重视利润，导致企业有动机提高金融资产的持有率，从而获得更高的短期收益，提高企业利润。同时，对于审计监督而言，区别于社会审计，审计监督作用效果的滞后性更加明显，企业的反应与审计监督的介入和公告有较大的关系。同时，对于存在亏损的企业而言，审计监督对企业的金融化水平影响更加明显，表现为企业在亏损的情况下，更愿意投资金融市场，获得短期报酬，进而改善企业利润。通过研究发现，审计监督在一定程度上会促进企业金融化程度，主要还是表现为政府对企业的监管要求使得企业追求短期利润，使得企业绩效指标更容易接受。但是在这样的情况下，有可能导致企业过分注重短期利益，忽视长期发展，将资本投入到金融市场，影响了企业的创新开发，不利于企业的长期发展。因此在金融化飞速发展的大形势下，审计监督应该将企业金融化作为更加直接的监督和考察指标，避免企业过度投资金融市场。

六、政审计监督规范企业股权质押

运用 PSM – DID 实证分析发现，审计监督确实在一定程度上抑制了企业的过度股权质押，但这种抑制作用并不显著。具体而言，企业进行股权质押融资以后，控股股东为了使公司保持看似良好的业绩水平，会进行更多的盈余管理行为。无疑，盈余管理行为的增加将会使审计师面临更高的审计风险水平。审计师为了增强被诉讼时的抗辩能力，减小自身所承担的法律责任，会增加审计投入，会更加可能发现财务报告中的重大错弊并会出具非标准无保留审计意见，因而会影响上市公司的声誉，导致公司价值降低。企业为了恢复声誉，保证公司绩效，会减少企业的过度股权质押。此外，股权质押以后，如果股票价值下降使得债务到期大股东无法按期偿还，那么质押的股权就可能被法院冻结乃至被拍卖，进而产生控制权转移的风险，当审计师在审计时会考虑到大股东股权质押所带来的相关风险，可能会做出不利于公司发展的审计意见，因而公司也有动机减少股权质押

的比重。因此，突出审计监督的作用，能够在一定程度上促进企业的稳定发展。

七、审计监督规范企业高管薪酬

采用 PSM – DID 研究发现：审计监督有助于提高企业高管薪酬业绩的敏感性；同时，审计监督有助于降低企业高管薪酬黏性。另外，发现审计监督对企业高管薪酬有效性的提升作用在高管薪酬高于平均水平时更显著，即当企业高管薪酬高于平均水平时，审计监督"免疫系统"的功能更有效。这可能是因为当前政府和相关部门对高管"天价薪酬"进行严格管控的原因造成的，当企业高管薪酬高于平均水平时，政府对上市公司的关注增加，审计监督会发挥更大的作用。

八、审计监督提升企业产能利用率

首先，运用总资产周转率作为产能利用率的代理变量，对倾向值得分匹配后的样本使用双重差分模型进行回归分析，结果表明，审计监督与企业产能利用率呈显著正相关关系，审计监督确实能够在一定程度上使企业的产能利用率提升。然后，更换样本年度对主分析结果进行稳健性检验，选取 2007 年和 2017 年两年的样本数据，同样采用 PSM – DID，回归结果与主分析一致，验证了研究结果的稳健性。其次，进一步分析表明，审计监督对非"十大"会计师事务所组的上市公司产能利用率有显著影响，而在"十大"会计师事务所组的上市公司中，这种影响并不显著；二次审计与一次审计相比，并没有对上市公司的产能利用率有进一步影响，说明政府审计的威慑力有一定的持续性，且这种结果在 PSM 样本、"十大"会计师事务所组、非"十大"会计师事务所组中表现一致。最后，在大多数的实证结果中，公司规模和管理费用率指标均与产能利用率呈显著的负相关关系，企业上市年龄与产能利用率呈显著的正相关关系，说明资产规模大的企业产能过剩问题更加突出，管理费用支出对企业产能利用率有直接影响，相关政府部门应该重点关注。

九、审计监督提升企业全要素生产率

运用随机效应回归分析以及倾向得分匹配与双重差分的方法，对审计监督是否能够提高企业全要素生产率进行研究。研究发现，审计监督对企业全要素生产率存在促进作用，经过审计监督的企业的全要素生产率与未经过审计监督的企业的全要素生产率相比，前者的企业全要素生产率有显著的提高。但是审计监督对企业全要素生产率的促进作用的发挥存在一定的时滞，在选择的三个审计监督后窗口期（分别是经审计监督后之后一年；经审计监督后之后二年；经审计监督后之后三年）中只有在第三个窗口期与企业全要素生产率 TFP 呈显著正相关，即在经审计监督后的第三年也就是审计结果公布的那年，审计监督对企业全要素生产率的促进作用才真正开始发挥。这也与以往研究审计监督对企业的治理发挥效应存在时滞的结果相一致。

十、审计监督提升企业资源配置效率

实证检验审计监督对企业资源配置效率的影响，通过双重差分检验发现，审计监督对企业资源配置效率具有不显著的正面效应；在企业资源配置效率较低时，这种正面效应更明显。可能的原因是审计监督尚未实现监督对象的全覆盖、监督过程全覆盖、监督方式多元化；虽然在审计央企时因为股权的纽带关系，会对控股子公司有辐射作用，但未直接作用于子公司。但不可否认，审计监督仍发挥着它的"免疫系统"职能，对企业的监督介入随着时间加深。进一步分析表明，审计监督对企业资源配置效率的正向影响在全样本中不具有滞后效应；分组样本中，在企业资源配置效率较低时，这种正向影响具有显著的滞后效应，审计监督的"免疫系统"职能发挥更有效。本节利用变换企业资源配置效率的衡量方法和固定效应回归进行了稳健性检验，与主体回归结果一致，确保了研究结果的可信度。

十一、审计监督促进企业创新

实证检验审计监督对企业创新的影响，研究发现，审计监督与企业创新显著正相关，即审计监督有助于促进企业创新。进一步分析表明：审计监督质量的提高有助于促进企业创新，且这种促进作用主要体现在对企业发明专利和实用新型专利申请数量的增加上，对外观设计专利申请数量的促进作用并不显著；审计监督力度越大，越有利于促进企业创新。

十二、审计监督提升企业绩效

实证检验审计监督对企业绩效的影响，描述性统计发现，企业绩效有必要提升，并且存在提升的空间；相关性分析发现，企业绩效与审计监督、企业特征、外部审计变量的相关性符合企业行为的一般逻辑；多元回归分析发现，滞后一期的审计监督与基本每股收益在10%的水平上呈显著正相关关系，审计监督能提升企业控制的上市公司绩效，但是没有滞后效

应。同时，考虑到内生性问题的存在，采用 PSM 方法匹配实验组和控制组，并且使用 DID 消除平行时间趋势检验审计监督对企业绩效的实际影响，但是未能得出之前的分析结果。

第二节　审计监督企业治理路径的结论与建议

一、审计监督的企业外部协同治理路径的结论与建议

（一）审计监督与市场环境的企业协同治理路径

首先采用理论分析审计监督与市场环境进行企业治理的协调与冲突；其次采用实证分析审计监督与市场环境的交互项，看审计监督与市场环境的企业协同治理路径是互补还是替代；最后提出审计监督与市场环境进行企业协同治理的建议。

（二）审计监督与纪委巡视的企业协同治理路径

首先采用理论分析审计监督与纪委巡视进行企业治理的协调与冲突；其次采用实证分析审计监督与纪委巡视的交互项，看审计监督与纪委巡视的企业协同治理路径是互补还是替代；最后提出审计监督与纪委巡视进行企业协同治理的建议。

（三）审计监督与媒体监督的企业协同治理路径

首先采用理论分析审计监督与媒体监督进行企业治理的协调与冲突；其次采用实证分析审计监督与媒体监督的交互项，看审计监督与媒体监督的企业协同治理路径是互补还是替代；最后提出审计监督与媒体监督进行企业协同治理的建议。

（四）审计监督与社会审计的企业协同治理路径

首先采用理论分析审计监督与社会审计进行企业治理的协调与冲突；其次采用实证分析审计监督与社会审计的交互项，看审计监督与社会审计的企业协同治理路径是互补还是替代；最后提出审计监督与社会审计进行企业协同治理的建议。

（五）审计监督与其他外部力量的企业协同治理路径

首先采用理论分析审计监督与其他外部力量进行企业治理的协调与冲突；其次提出审计监督与其他外部力量进行企业协同治理的建议。

二、审计监督的企业内部协同治理路径的结论与建议

（一）审计监督与公司治理的企业协同治理路径

首先通过理论推导证明审计监督与公司治理能进行企业协同治理，其次采用实证数据通过审计监督与公司治理的交互项证明两者能进行企业协同治理。

（二）审计监督与内部审计的企业协同治理路径

首先通过理论推导证明审计监督与内部审计能进行企业协同治理，其次提出两者协同治理的优化建议。

（三）审计监督与内部控制的企业协同治理路径

研究发现，审计监督并不能改善被审计企业内部控制设计和运行有效性，相反地，经过审计监督的企业内部控制有效性明显降低。造成这一结论的原因可能为相较未经审计时，经过审计监督的公司面对较小的审计监督压力放松警惕，从而可能在经营管理方面降低对内部控制的关注度。另一个可能的解释是审计监督的有效性不足，不足以发现公司在内部控制方面的漏洞。

三、审计监督企业治理中审计监督自身能力提升的结论与建议

审计监督为了更好地治理企业，可以从自身出发进行改进：优化审计公告质量和审计结果利用；优化企业审计安排；优化审计监督的机构、人员与方法。

参考文献

一、审计监督企业的国际经验文献

［1］蒋丽．德国联邦审计院公共企业审计情况与借鉴［J］．审计研究，2016（2）：26－43．

［2］李颖．澳大利亚联邦国有企业审计的特点及启示［N］．中国审计报，2016－07－13（5）．

［3］刘力云．澳大利亚联邦预算管理、政府会计和决算（财务报表）审计［M］．北京：中国时代经济出版社，2015．

［4］孙国庆．澳大利亚国有企业审计现状［J］．中国审计，2009（14）：61－62．

［5］王东光．德国联邦公共企业的监管制度［J］．法学，2014（6）．

［6］许宁舒．法国审计法院国有企业审计情况与借鉴［J］．审计研究，2016（3）：26－31．

［7］杨建荣．英国国有企业审计研究［J］．审计研究，2016（2）：22－35．

［8］审计署国际合作司．十国审计长谈政府审计［M］．北京：中国时代经济出版社，2014．

［9］审计署审计科研所［R］．国外国有企业比较研究的子报告，2015．

［10］审计署审计科研所，境外审计司，国际合作司．国外审计监督制度研究［M］．中国时代经济出版社，2013．

［11］审计署审计科研所．世界主要国家和国际组织审计概况［M］．北京：中国时代经济出版社，2014．

二、审计监督企业治理效应文献

［1］蔡利，马可哪呐．政府审计与国企治理效率——基于央企控股上市公司的经验证据［J］．审计研究，2014（6）．

［2］曹源芳等．跨市场资产管理业务的风险控制与政府审计［J］．山西大学学报（哲社版），2017（1）．

［3］崔昱晨，杨永淼．政府审计对国企真实盈余管理行为影响研究［J］．财会通讯，2018（1）．

［4］陈海红．政府审计提升投资效率研究［J］．中国审计评论，2014（2）．

［5］陈茹等．政府审计改革提高了地方国有企业全要素生产率吗？［J］．经济管理，2020（11）．

［6］陈宋生等．审计监管抑制盈余管理了吗［J］．审计与经济研究，2013（3）．

［7］陈宋生，陈海红，潘爽．审计结果公告与审计质量——市场感知和内隐真实质量双维视角［J］．审计研究，2014（2）．

［8］陈筱玥．政府审计监督对国企盈余管理行为的影响研究——以审计署公布的2011年财务收支审计国企上市公司为例［J］．赤峰学院学报（自科版），2014，30（17）：32－33．

［9］程军，刘玉玉．政府审计与地方国有企业创新——基于经济责任审计的视角［J］．研究与发展管理，2018b（4）．

［10］储剑，陈骏．审计监督、国资监管与国有企业治理——基于审计官员国资监管背景的研究［J］．财经研究，2021（3）．

［11］褚剑，方军雄．政府审计能够抑制国有企业高管超额在职消费吗？［J］．会计研究，2016（9）．

［12］褚剑，方军雄．政府审计的外部治理效应：基于股价崩盘风险的研究［J］．财经研究，2017（4）．

［13］郭檬楠等．社会审计质量、政府审计监督与国企资产保值增值［J］．审计与经济研究，2021（3）．

［14］郝素利，李梦琪．政府审计监督抑制国企盈余管理行为的演化博弈分析［J］．审计与经济研究，2019（12）．

［15］胡志颖，余丽．政府审计、高管隐性腐败和公司创新投入——基于政府审计公告的研究［J］．审计与经济研究，2019（6）．

［16］姬霖，汪少英．政府审计对央企治理功能研究［J］．财会通讯，2018（10）．

［17］李斐，焦跃华．政府审计、审计力度与银行股利政策［J］．审计与经济研究，2019（7）．

［18］李江涛等．政府审计与国有企业绩效——基于中国工业企业数

据的经验证据［J］. 审计研究, 2015 (4).

［19］李小波, 吴溪. 政府审计公告的市场反应: 基于中央企业审计结果的初步分析［J］. 审计研究, 2013 (4).

［20］李校红, 郭檬楠. 大股东持股、政府审计与国有企业资产保值增值——来自中央企业控股上市公司的经验证据［J］. 东岳论丛, 2020 (12).

［21］李映照, 孙秀利. 经济责任审计、企业绩效与 CEO 强制变更——基于国有企业的实证研究［J］. 财会月刊, 2017 (21).

［22］李志强等. 政府审计、媒体报道与央企高管在职消费行为［J］. 会计之友, 2020 (1).

［23］刘瑾等. 管理层权力与国企高管腐败——基于政府审计调节效应的研究［J］. 审计与经济研究, 2021 (4).

［24］刘争. 政府审计对上市央企会计信息质量影响的研究［D］. 西南财经大学, 2014.

［25］马东山等. 政府审计央企治理效应研究: 基于企业价值的视角［J］. 华东经济管理, 2019 (8).

［26］潘俊等. 政府审计结果公告语调与国有企业社会责任［J］. 审计研究, 2020 (11).

［27］潘俊等. 政府审计影响国有企业现金持有吗? ——基于中央企业控股上市公司的经验证据［J］. 会计与经济研究, 2020 (9).

［28］审计署济南特派办理论研究会课题组. 全面深化改革背景下的国有企业审计研究［J］. 审计研究, 2015 (2).

［29］苏回水. 政府审计、经济权力异化治理与国有企业经营绩效关系研究——基于 2007 - 2014 年国有控股上市公司的经验数据［J］. 西安财经学院学报, 2017 (10).

［30］阮滢, 赵旭. 政府审计监督能抑制盈余管理吗——基于央企控股上市公司的经验数据［J］. 会计之友, 2017 (1).

［31］王兵等. 政府审计能抑制国有企业过度投资吗? ［J］. 会计研究, 2017 (9).

［32］王成龙, 冉明东, 刘思义. 政府审计改革对地方国有企业税负的影响研究——以省以下地方审计机关人财物管理改革为背景［J］. 财政研究, 2018 (10).

［33］王海林, 张丁. 政府审计对企业真实盈余管理的治理效应——基于审计公告语调的分析［J］. 审计研究, 2019 (9).

［34］王美英等. 政府审计、国有企业内部治理与风险承担研究［J］. 审计研究，2019（9）.

［35］王如燕等. 政府审计介入与国企经营表现关联度研究［J］. 财会通讯，2019（8）.

［36］王新奎. 高质量的内部控制能促进国企去杠杆吗——兼论政府审计监督的调节效应［J］. 会计之友，2019（12）.

［37］吴秋生，郭檬楠. 政府审计督促国企资产保值增值的功能及其实现路径——基于十九大关于国企与审计管理体制改革要求的研究［J］. 审计与经济研究，2018a（5）.

［38］吴秋生，郭檬楠. 政府审计"监"与"督"对国有企业资产保值增值的影响［J］. 财经理论与实践，2018（9）.

［39］杨华领，宋常. 政府审计与央企控股上市公司虚增收入［J］. 审计与经济研究，2019（12）.

［40］张立民等. 国有企业政治关联、政府审计质量和企业绩效——基于我国A股市场的实证研究［J］. 审计与经济研究，2015（5）.

［41］张兴亮，罗红雨. 政府审计能提升财政补贴对企业创新的促进作用吗［J］. 南京审计大学学报，2021（5）.

［42］张曾莲，赵用雯. 政府审计能提升国企产能利用率吗？——基于201－2016年央企控股的上市公司面板数据的实证分析［J］. 审计与经济研究，2019（9）.

［43］周微等. 非效率投资、政府审计与腐败曝光——基于央企控股上市公司的经验证据［J］. 审计研究，2017（5）.

［44］Becker C M. Defond, Jiambalvo, and K. R. Subramanyam. The Effect of Audit Quality on Earnings Management［J］. *Contemporary Accounting Research*，1998，15（1）：1－24.

［45］D. Paul Newman，Evelyn R. Patterson，J. Reed Smith. The Role of Auditing in Investor Protection［J］. *The Accounting Review*，2005，80（1）：289－313.

［46］Paul Hribar，Todd Kravet，Ryan Wilson. A New Measure of Accounting Quality［J］. *Review of Accounting Studies*，2014，19（1）：506－538.

［47］Pittman J A，Fortin S. Auditor Choice and the Cost of Debt Capital for Newly Public Firms［J］. *Journal of Accounting and Economics*，2004，37（1）：113－136.

三、审计监督与外部治理的协同治理文献

（一）与市场环境的协同治理

［1］李越冬，周蕾，周阳．政府审计、市场化进程与腐败治理［J］．财会月刊，2018（20）．

［2］唐雪松，罗莎，王海燕．市场化进程与政府审计作用的发挥［J］．审计研究，2012（3）．

（二）与巡视的协同治理

［1］陈彬彬．政府审计与巡视工作协作途径新探索［J］．中共太原市委党校学报，2018（5）．

［2］丁爱民．建立审计巡视强强联合机制初探［J］．审计与理财，2016（10）．

［3］郭檬楠等．基于资产保值增值的国企审计和巡视频度安排与协同［J］．南京审计大学学报，2020（12）．

［4］乔林等．"审计"与巡视工作的相互关系［J］．现代审计与经济，2016（2）．

［5］王会金．反腐败视角下政府审计与纪检监察协同治理研究［J］．审计与经济研究，2015，30（6）：3－10．

（三）与媒体监督的协同治理

［1］陈艳娇，张兰兰．媒体关注、政府审计与财政安全研究［J］．审计与经济研究，2019（1）．

［2］池国华，杨金，谷峰．媒体关注是否提升了政府审计功能？——基于中国省级面板数据的实证研究［J］．会计研究，2018（1）．

［3］傅樵，高晓雅．政府审计、媒体关注与腐败治理［J］．财会月刊，2018（14）．

［4］金晓红．新媒体环境下的政府审计结果公告制度研究［D］．浙江工商大学硕士学位论文，2014．

［5］华金秋，刘传红．如何协调政府审计与媒体监督的关系——以救灾资金管理为例［J］．经济纵横，2009（9）．

［6］蒲丹琳，王善平．政府审计、媒体监督与财政安全［J］．当代财经，2011（3）．

［7］王慧敏，王会金．新媒体背景下政府审计与媒体监督的关系协调［J］．会计之友，2014（19）．

［8］王会金，马修林．政府透明度、媒体监督与政府审计绩效——基

于省级面板数据的经验研究〔J〕. 南京审计大学学报, 2017 (3).

〔9〕张琦, 郑瑶, 宁书影. 新闻的信息增量、审计监督与政府财务信息披露〔J〕. 审计研究, 2016 (6).

(四) 与社会审计协同治理

〔1〕白雪珺. 政府审计对社会审计质量和央企绩效的影响研究〔D〕. 河南大学硕士学位论文, 2018.

〔2〕方哲. 关于会计师事务所业务质量检查审计结果公告的市场反应〔J〕. 审计研究, 2008 (6).

〔3〕李青原, 马彬彬. 政府审计与社会审计定价: 顺风车还是警示灯? ——基于我国央企控股上市公司的经验证据〔J〕. 经济管理, 2017 (7).

〔4〕李晓慧, 蒋亚含. 政府审计对注册会计师审计的影响: "顺风车"还是"威慑力"?〔J〕. 会计研究, 2018 (3).

〔5〕李晓慧, 蒋亚含. 政府审计对年报审计市场的影响——基于供需双方力量变化的视角〔J〕. 中央财经大学学报, 2019 (6).

〔6〕刘国常, 许婷. 政府审计与社会审计协同治理问题研究〔J〕. 财会通讯, 2020 (8).

〔7〕柳宁. 浅析政府审计对社会审计组织上市公司审计质量的监督检查〔J〕. 审计研究, 2003 (10).

〔8〕聂丛薇. 政府审计对社会审计资源的利用和管理研究——基于合作平台构建的视角〔J〕. 北京交通大学硕士学位论文, 2018.

〔9〕孙文远, 等. 政府审计利用社会审计资源的路径、风险及防范〔J〕. 会计之友, 2020 (1).

〔10〕吴秋生, 王婉婷. 政府审计影响社会审计收费的机理是寻租吗? ——来自央企及其控股上市公司的经验证据〔J〕. 山西财经大学学报, 2019 (1).

〔11〕许汉友, 等. 政府审计对 CPA 审计效率提升有传导效应吗? ——基于国有控股上市公司审计的经验数据〔J〕. 审计研究, 2018 (3).

〔12〕朱洪泽, 王淑梅. 审计机关核查社会审计质量的结果处理差异的实证研究〔J〕. 审计研究, 2009 (6).

〔13〕张杰. 政府审计整合社会审计资源的研究——基于 CQ 市 JNX 区审计局案例〔D〕. 西南政法大学硕士学位论文, 2017.

〔14〕钟文胜, 张艳. 政府审计购买社会审计服务的风险防范——基于湖南省高速公路跟踪审计的案例分析〔J〕. 南华大学学报 (社科版),

2018（4）.

［15］朱晓文，王兵．政府审计对注册会计师审计质量与审计收费的影响研究［J］．审计研究，2016（5）.

［16］Hardiman P F, Squires Q, Smith R. Audit Quality for Governmental Units Party［J］. *The CPA Journal*, 1987, 57（9）：22 – 30.

四、审计监督与内部治理的协同治理文献

（一）与内部审计的协同治理

［1］鲍圣婴．政府审计、注册会计师审计与内部审计的定位与协作［J］．审计与经济研究，2016（6）：12 – 19.

［2］毕秀玲，郭骏超．我国政府审计与内部审计互动关系研究［J］．中国内部审计，2015（1）：35 – 37.

［3］和秀星，潘虹，赵青．政府审计对内部审计资源的利用和风险防范——基于国际视野的经验数据［J］．审计与经济研究，2015（5）：24 – 31.

［4］田峰，孟佳琪．政府审计机关监督指导内部审计方法的有效性研究［J］．会计之友，2017（13）.

［5］时现．政府审计与内部审计耦合联动机制研究［J］．会计之友，2019（7）.

［6］张文慧．浅谈内部审计、注册会计师审计及政府审计的关系与协作［J］．财会研究，2010（21）：62 – 64.

（二）与内部控制的协同治理

［1］段训诚，唐立新．政府审计介入与央企内部控制有效性——基于审计署公告的证据［J］．财会通讯，2018（13）.

［2］池国华等．政府审计能促进内部控制制度的完善吗——基于中央企业控股上市公司的实证分析［J］．南开管理评论，2019（2）.

［3］张曾莲，刘一婷．政府审计能提升企业内部控制有效性吗？——基于审计署央企审计结果公告的 PSM – DID 实证分析［J］．经济体制改革，2019（5）.

［4］褚剑，方雄军．政府审计能提升中央企业内部控制有效性吗？［J］．会计与经济研究，2018（9）.

五、审计监督自身质量提升以更好地促进企业治理文献

［1］韩丽荣，赵彩虹．新时代背景下政府审计机关审计风险管理研究

[J]．济南大学学报（社科版），2019（9）.

[2] 马薇，金太军．新时代政府审计体制的基本定位与改革路径选择[J]．学习与探索，2019（12）.

[3] 唐衍军，蒋煦涵．政府审计职业化建设中工匠精神的协同培育——基于元治理理论视角 [J]．江西社会科学，2019（8）.

[4] 周维培．从"鉴证"到"问责"——全球视野下政府审计服务国家治理的路径分析 [J]．审计研究，2019（7）.